W0174384

Hans Günther Homfeldt • Stephan Sting

Soziale Arbeit und Gesundheit

Eine Einführung

Ernst Reinhardt Verlag München Basel

Prof. Dr. *Hans Günther Homfeldt*, Professur für Sozialpädagogik / Sozialarbeit an der Universität Trier und Herausgeber der UTB-Reihe „Soziale Arbeit im Gesundheitswesen".

Prof. Dr. phil. *Stephan Sting*, Professur für Sozial- und Integrationspädagogik an der Alpen-Adria-Universität in Klagenfurt, zus. mit C. Blum Autor des UTB „Soziale Arbeit in der Suchtprävention".

Cover unter Verwendung eines Fotos von PixelQuelle.de

Bibliografische Information der Deutschen Bibliothek

Die Deutsche Bibliothek verzeichnet diese Publikation in der Deutschen Nationalbibliografie; detaillierte bibliografische Daten sind im Internet über <http://dnb.ddb.de> abrufbar.
ISBN 10: 3-497-01867-8
ISBN 13: 978-3-497-01867-3

© 2006 by Ernst Reinhardt, GmbH & Co KG, Verlag, München

Dieses Werk, einschließlich aller seiner Teile, ist urheberrechtlich geschützt. Jede Verwertung außerhalb der engen Grenzen des Urheberrechtsgesetzes ist ohne schriftliche Zustimmung der Ernst Reinhardt GmbH & Co KG, München, unzulässig und strafbar. Das gilt insbesondere für Vervielfältigungen, Übersetzungen in andere Sprachen, Mikroverfilmungen und für die Einspeicherung und Verarbeitung in elektronischen Systemen.

Printed in Germany
Reihenkonzeption Umschlag: Oliver Linke, Augsburg
Satz: Buch&media GmbH, München
Druck und Bindung: Friedrich Pustet, Regensburg

Ernst Reinhardt Verlag, Kemnatenstr. 46, D-80639 München
Net: www.reinhardt-verlag.de E-Mail: info@reinhardt-verlag.de

Inhalt

1 Soziale Arbeit und Gesundheit 9

1.1 Gesundheitswissenschaften und Gesundheitspsychologie
im Blickfeld Sozialer Arbeit 11

1.2 Bezugspunkte einer gesundheitsbezogenen Sozialen Arbeit . . . 13

2 Strukturen 19

2.1 Gesundheitswesen und gesundheitliche Lage in
Deutschland, Österreich und der Schweiz 19
2.1.1 Grundzüge des Gesundheitswesens in Deutschland 21
2.1.2 Gesundheitliche Lage in Deutschland 24
2.1.3 Grundzüge des Gesundheitswesens in Österreich 27
2.1.4 Grundzüge des Gesundheitswesens in der Schweiz 30

2.2 „Gesundheit für alle":
europäische und internationale Perspektiven 31

2.3 Gesundheitspolitik – Herausforderung für Soziale Arbeit? . . . 34

3 Historische Zusammenhänge 37

3.1 Zur Entwicklung der Körperkultur 37

3.2 Vorläufer des modernen Gesundheitsbewusstseins 40

3.3 Gesundheitsaufklärung und Hygiene 42

3.4 Von der Hygiene zur Gesundheitsfürsorge 45

3.5 Gesundheitsfürsorge zwischen Verwissenschaftlichung
und Politisierung 50

3.6 Tuberkulosefürsorge als Mittel zur Zivilisierung
gesellschaftlichen Lebens 55

3.7 Von der Säuglingsfürsorge zur Schwangerenberatung 61

4   Gesundheitsverständnisse in Wissenschaft und Alltag 68

4.1   Wissenschaftliche Begriffe und Modelle von Gesundheit 69
4.1.1   Das biomedizinische Modell von Gesundheit und Krankheit ... 69
4.1.2   Risikofaktorenmodell 71
4.1.3   Sozial-kognitive Gesundheitspsychologie 73
4.1.4   Lebensweisen-Modell 74
4.1.5   Salutogenese-Modell 76
4.1.6   Biografie und Gesundheit 80
4.1.7   Die anthropologische Perspektive auf Gesundheit –
        der Mensch als Subjekt 87

4.2   Alltagsvorstellungen von Gesundheit 90
4.2.1   Die Bedeutung des alltäglichen Gesundheitshandelns 90
4.2.2   Gesundheitsvorstellungen und Gesundheitsbewusstsein 92
4.2.3   „Fitness" und „Stress" als Leitorientierungen alltäglicher
        Körperkultur 96

5   Herausforderungen für die Soziale Arbeit 99

5.1   Gesundheitliche Ungleichheit 99
5.1.1   Horizontale und vertikale Ungleichheit 100
5.1.2   Erklärungsansätze zum Zusammenhang von
        gesundheitlicher und sozialer Ungleichheit 103

5.2   Gesundheit und Migration 108

5.3   Resilienz und „sense of coherence" 112

5.4   Soziale Bildung und Gesundheitsförderung 117

6   Gesundheit im Spiegel der Lebensalter 123

6.1   Familien 123
6.1.1   Die Bedeutung der Familie für die Gesundheit 124
6.1.2   Der Stellenwert familialer Gesundheitsarbeit 127

6.2   Kinder und Jugendliche 130
6.2.1   Gesundheitliche Ungleichheit bei Kindern 131
6.2.2   Asthmakranke Kinder 133
6.2.3   Übergewichtige Kinder 137
6.2.4   Gesundheit im Jugendalter 139

6.3   Männer und Frauen 146

6.4   Alte Menschen 153

7 Handlungsfelder 157

7.1 Prävention, Rehabilitation und Gesundheitsförderung 158
7.1.1 AIDS-Prävention als Aufgabenfeld Sozialer Arbeit 164
7.1.2 Soziale Arbeit in der Suchtprävention 168
7.1.3 Mutter-, Vater-Kind-Kuren als Beispiel für Rehabilitation ... 178
7.1.4 Schulbezogene Jugendhilfe und Gesundheitsförderung 180

7.2 Gesundheitsförderung in sozialen Netzwerken
und in Gemeinwesen 183
7.2.1 Netzwerkinterventionen 185
7.2.2 Gesundheitsbezogene Gemeinwesenarbeit 187

7.3 Soziale Arbeit in der Krankenversorgung 191
7.3.1 Soziale Arbeit im Krankenhaus 191
7.3.2 Soziale Arbeit in der Rehabilitationsklinik 194
7.3.3 Zwischen Konkurrenz und Kooperation:
Jugendhilfe und Jugendpsychiatrie 196
7.3.4 Klinische Sozialarbeit 198
7.3.5 Integrierte Versorgung 201

7.4 Interprofessionelle Kooperation 204

8 Problemstellungen und Zukunftsaufgaben 208

8.1 Gesundheitsförderung in Handlungsfeldern
der Sozialen Arbeit: Stand und Aufgaben 208

8.2 Qualität und gesundheitsbezogene Soziale Arbeit 210

8.3 Ausbildung und Beschäftigung 212

8.4 Forschungsaufgaben 214

Ein Wort des Dankes 216
Anmerkungen 217
Literatur 218
Sachregister 242

1 Soziale Arbeit und Gesundheit

Das Verhältnis von Sozialer Arbeit und Gesundheit ist ambivalent. Auf der Seite der *Profession* lassen sich vielfältige Bezüge erkennen. So ist es evident, dass soziale und gesundheitliche Probleme eng miteinander verknüpft sind: Gesundheit hat eine starke soziale Komponente, die sozialpolitische und sozialpädagogische Zugänge erforderlich macht. Zugleich sind zahlreiche Absolventen mit Universitäts- oder Fachhochschulabschlüssen aus dem Bereich der Sozialen Arbeit in gesundheitsbezogenen Arbeitsfeldern tätig. Beispielsweise zeigt eine berufliche Verbleibstudie der Universität Halle, dass für Diplom-Pädagogen das Arbeitsfeld Gesundheitswesen / Rehabilitation mittlerweile zum zweitgrößten Berufsfeld geworden ist: Anteil Ost: 15 %, Anteil West: 25 % (Grunert 2003, 8).

Demgegenüber ist das Verhältnis von Sozialer Arbeit und Gesundheit auf der Seite der *Disziplin*, zumindest der universitär verankerten – also im Bereich der fachlichen und wissenschaftlichen Auseinandersetzungen – von einem Vergessen dieser Bezüge und von wechselseitiger Ignoranz gekennzeichnet. Innerhalb der universitären Auslegung Sozialer Arbeit taucht Gesundheit bestenfalls als Randthema auf. Auch findet sie im gesamten Kinder- und Jugendhilfegesetz außer in kurzen Hinweisen in den Abschnitten zur Jugendarbeit und zum erzieherischen Kinder- und Jugendschutz keine Erwähnung. Umgekehrt werden im Bereich Public Health zwar Psychologie, Soziologie, Ökonomie, Pflegewissenschaften und Medizin als Bezugswissenschaften gesehen, nicht aber Soziale Arbeit (Homfeldt / Sting 2005, 41).

Die Soziale Arbeit droht mit dem häufigen Vergessen ihres Gesundheitsbezugs eigene Entwicklungsmöglichkeiten zu verspielen, die sich ihr aus aktuellen Akzentverschiebungen im Gesundheitsbereich anbieten. Beispielsweise wurde mit der Neufassung des §20, SGB V im Jahr 2000 die „Verminderung sozial bedingter Ungleichheit von Gesundheitschancen" als Ziel von Prävention und Gesundheitsförderung sowie als Aufgabe der gesetzlichen Krankenkassen festgeschrieben. Für die Soziale Arbeit böten sich hier vielfältige Anknüpfungspunkte. Doch eine niedersächsische Studie von Altgeld et al. hat gezeigt, dass der Sozialbereich Entwicklungen im Gesundheitssektor nach wie vor wenig zur Kenntnis nimmt. Die geringe Zahl bisher etablierter Projekte gesundheitsbezogener Sozialer Arbeit ist Ausdruck massiver Informationsdefizite sowie eines zu engen Gesundheitsverständnisses, das sich zwar programmatisch auf umfassende Perspektiven im Sinne der Ottawa-Charta bezieht, die gesundheitsrelevanten Handlungsspielräume im eigenen Arbeitsfeld jedoch nicht erkennt. Die Autoren der Studie kommen zu dem Schluss, dass eine stärkere Kooperation zwischen Sozial- und Gesundheitssektor dringend erforderlich ist und dass sich Sozial- und Gesundheitsberufe angesichts veränderter, zukünftiger Aufgabenstellungen neu positionieren müssen (Altgeld et al. 2003).

Blickt man auf die geschichtliche Entwicklung der Sozialen Arbeit, dann ist erkennbar, dass soziale und gesundheitliche Probleme von Anfang an miteinander verknüpft waren. Der Gesundheitszustand wurde häufig als Indikator für soziale Probleme und Benachteiligungen genutzt. Beispielsweise waren für Pestalozzi Ende des 18. Jahrhunderts ein ungepflegtes Erscheinungsbild, Ungezieferbefall und Mangelernährung Indizien für die soziale Vernachlässigung von Kindern. Ebenso dienten Marx und Engels Anfang des 19. Jahrhunderts in der Frühphase der Industrialisierung körperlicher Verfall und frühe Sterblichkeit als Symptome für die Deklassierung der Arbeiterschaft. Bis heute belegen sozialepidemiologische Befunde immer wieder den Zusammenhang von sozialer und gesundheitlicher Ungleichheit. Soziale Benachteiligung bringt in vielen Fällen gesundheitliche Beeinträchtigung mit sich. Dies hat in der Phase der Herausbildung der modernen Medizin dazu geführt, dass Rudolf von Virchow die Medizin selbst als eine „sociale Wissenschaft" begriffen und die Ärzte zu „natürlichen Anwälten der Armen" erklärt hat (Hörmann 1997, 11).

Im historischen Verlauf hat die Soziale Arbeit die „soziale Komponente" der Medizin zu großen Teilen übernommen. Sie war von Anfang an in die Entstehung des Krankenhauswesens integriert; und der Krankenhaussektor ist bis heute ein wichtiges Arbeitsfeld für die Soziale Arbeit (Ansen et al. 2004). Mitte der 1990er Jahre waren über 4.100 Sozialarbeiter/-innen im Sozialdienst von Krankenhäusern tätig. Sie stellen damit eine größere Berufsgruppe in den Krankenhäusern als Psychologen/-innen und Diätassistenten/-innen (Hey 1997, 29).

Außerdem war die Soziale Arbeit in den Feldern des Gesundheitswesens schon immer für eine Klientel mit Negativimage und hohem Armutsrisiko zuständig, gegen welche die Gesundheitsdienste selbst (Krankenhäuser, Ärzte, Krankenkassen usw.) häufig eine ausgeprägte Abwehr entwickeln: Suchtkranke, psychisch Kranke und chronisch Kranke. Aber auch besonders gesundheitsgefährdete Gruppen wie Schwangere, Säuglinge und Kleinkinder zählten zu ihren Zielgruppen (Brieskorn-Zinke/Köhler-Offierski 1997, 76; Labisch 1992, 72 f). Aus dieser Zuständigkeit entstand Anfang des 20. Jahrhunderts mit der „Gesundheitsfürsorge" ein eigenständiger Bereich der Sozialen Arbeit, der neben der Armen- und der Jugendfürsorge als dritte Säule in der Entwicklungsgeschichte der modernen Sozialen Arbeit betrachtet werden kann. Insbesondere in den

20er Jahren des 20. Jahrhunderts galt die Gesundheitsfürsorge als innovativstes Feld des Fürsorgewesens (Tennstedt 1998, 98 f). Für Alice Salomon war sie selbstverständlicher Bestandteil des „Gesamtgebietes der Wohlfahrtspflege", in der es darum ging, den Menschen in seiner gesamten äußeren Existenz zu sichern, „in seiner Lebenshaltung, im Erwerbsleben, in körperlicher und geistiger Gesundheit, in der Selbstbehauptung gegenüber der Umwelt, als Glied der Kulturgemeinschaft des Volkes" (Salomon 1998, 134).

Es stellt sich heute die Frage, warum diese Wurzel der Sozialen Arbeit inzwischen weitgehend in Vergessenheit geraten ist (Homfeldt / Sting 2005). Wir vermuten, dass dies zumindest zum Teil an der spezifisch deutschen Geschichte des sozialen und gesellschaftlichen Zugangs zur Gesundheit liegt. Während Deutschland zu Beginn des 20. Jahrhunderts in der Beschäftigung mit den Wechselwirkungen von Individuum und Gesellschaft bei der Entstehung von Krankheiten führend war, zog dieser Blick auf die gesellschaftliche Relevanz gesundheitlicher Fragen unter der veränderten Perspektive der „Rassenhygiene" und „Eugenik" eine verhängnisvolle Herrschaft der „öffentlichen Gesundheit" über das Wohlbefinden des Individuums nach sich. Im Dienst der Gesunderhaltung der Allgemeinheit wurde für „lebensunwert" erklärtes Leben sowie als „rassisch minderwertig" bezeichnetes Erbgut vernichtet. Diese Extremform der öffentlichen Gesundheitspflege im Dritten Reich hat nicht nur deren historische Vorläufer gründlich diskreditiert, sondern sie hat bis heute ein berechtigtes Misstrauen gegenüber Gesundheitsansprüchen geschürt, die die Gesellschaft dem Einzelnen zum Wohl des Allgemeinen – womöglich gegen seine Selbstbestimmungsbestrebungen – auferlegt (Hurrelmann / Laaser 1998, 5. 20 f).

1.1 Gesundheitswissenschaften und Gesundheitspsychologie im Blickfeld Sozialer Arbeit

Bei der Lektüre gesundheitswissenschaftlicher Literatur wird deutlich, dass es keine allgemein anerkannte Definition gibt. So sind für Waller (1996) die Bedeutungen „Public Health" und „Gesundheitswissenschaften" nicht identisch, hingegen verstehen Hurrelmann / Laaser (1998) beide Begriffe als synonym. Mühlum trifft in Bezug auf die Begriffe „Gesundheitswissenschaft" und „Gesundheitswissenschaften" folgende Unterscheidung:

„Gesundheitswissenschaft als wissenschaftliche Reflexion der Gesundheitsförderung und eines Gesundheitsmanagements soll die Prozesse des kulturellen Wandels und der gesundheitsbezogenen Restrukturierung öffentlicher Organisationen und Institutionen empirisch fundieren helfen. (...) Gesundheitswissenschaften in der Form einer transdisziplinären Wissenschaftsbasis sollen dagegen einen Rahmen für eine metatheoretische Reflexion grundlegender gesellschaftlicher Orientierungsprobleme schaffen" (Mühlum et al. 1997, 80).

Kolip (2002) verweist darauf, dass der Plural verdeutlichen soll, dass es sich bei Public Health um eine Multidisziplin handelt, die vielfältige methodische und inhaltliche Facetten aufweist. Ähnlich formulieren Gerber/v. Stünzner (1999, 62): Die Gesundheitswissenschaften würden „das Thema Gesundheit in den Mittelpunkt stellen und die Kompetenzen aller Wissenschaftsdisziplinen, die zu diesem Thema beitragen können, zu integrieren" versuchen. Zentrale Themen sind Gesundheitsforschung und Gesundheitssystemforschung. In der Gesundheitsforschung geht es um die Analyse körperlicher, seelischer und sozialer Bedingungen für Gesundheit und Krankheit sowie der Ermittlung des Gesundheits- und Krankheitsstatus der Gesamtbevölkerung, aber auch einzelner Bevölkerungsgruppen (z. B. Migranten, alleinerziehender Mütter und Väter) sowie um die Formulierung und Erfassung des Versorgungsbedarfs. In der Gesundheitssystemforschung hingegen geht es um die Analyse der Versorgungsbereiche Gesundheitsförderung, Prävention, Therapie/Kuration, Rehabilitation und Pflege sowie deren Vernetzung, Steuerung, Organisation und Finanzierung. Aus der Perspektive Sozialer Arbeit sehen Mühlum et al. (1997) die Gefahr, dass sich die Gesundheitswissenschaften – trotz anders lautender Ansprüche – letztlich doch wieder mit Krankheitsthemen und Versorgungsaspekten, vor allem aber mit der Gesundheitssystemgestaltung beschäftigen. Homfeldt/Ots nennen ein weiteres Problem (1997, 72): Sie sehen das Dilemma, dass die Gesundheitswissenschaften zwar auf ein großes Wissen über gesundheitliche Defizite zurückgreifen könnten, „aber nicht über das Know-How und vor allem Be-How verfügen, Gesundheit an den Mann und die Frau zu bringen". Ähnlich heißt es bei Ortmann/Schaub:

„Die Wirkungen der universitären gesundheitlichen Forschungen finden sich zwar im wissenschaftlichen Diskurs, es ist jedoch in vielen Fällen daran zu zweifeln, ob sie im Sinne einer Verbesserung der Gesundheit die Menschen ‚erreichen', die ihr eigentlicher Forschungsgegenstand sind" (Ortmann/Schaub 2003, 87).

Eine für die Soziale Arbeit wichtige Frage ist somit, welche Rolle sie in den Gesundheitswissenschaften spielt bzw. spielen soll. Eigentlich liegt es nahe, dass sie einen festen Platz innerhalb von Public Health einnehmen sollte, weil sie im Gesundheitswesen stark verankert ist (vgl. dazu die im Ernst Reinhardt Verlag erschienene Buchreihe „Soziale Arbeit im Gesundheitswesen") und auch im Sozialwesen mit Gesundheit und Krankheit befasst ist. Eine Sichtung gesundheitswissenschaftlicher Literatur belehrt jedoch eines Besseren. Sozialer Arbeit kommt allenfalls eine Randstellung zu. Im Handbuch von Hurrelmann / Laaser (1998, 31) findet sich ein Überblick, der für die Gesundheitswissenschaften relevant ist. Soziale Arbeit ist darin nicht zu finden. Dies ist auch in dem von Hurrelmann et al. (2004) herausgegebenen „Lehrbuch Prävention und Gesundheitsförderung" der Fall. Ortmann / Schaub stellen nach Sichtung der deutschsprachigen gesundheitswissenschaftlichen Literatur fest,

> „dass die Sozialarbeit in den Gesundheitswissenschaften nicht zu den Kerndisziplinen zählt und für das gesundheitswissenschaftliche Denken und Handeln nahezu bedeutungslos ist" (Ortmann / Schaub 2003, 80 f).

Dieser Umstand ist umso erstaunlicher, zumal die Soziale Arbeit seit mehr als hundert Jahren mit Fragen von Public Health (früher „Sozialhygiene") befasst gewesen ist, und auf eine lange Tradition in der öffentlichen Gesundheitspflege und -fürsorge zurückblicken kann. Überdies bilden die Sozialarbeiter neben den Ärzten die zweitgrößte Berufsgruppe im Öffentlichen Gesundheitsdienst in Deutschland. Eine weitere Parallele findet sich im Menschenbild beider Disziplinen. So schreiben Gerber / v. Stünzner (1999, 52): „Die Menschen sind nicht länger Objekt einer professionellen gesundheitlichen Versorgung, sondern sie sind handelndes und gestaltendes Subjekt." Diese Sichtweise operiert implizit mit dem Konzept von agency (Homfeldt et al. 2006), in welchem der Mensch als Akteur vorrangig für seine Gesundheit Verantwortung übernimmt, indem er die maßgeblichen Bedingungen mitgestaltet.

Insgesamt gilt: Das in den beiden zurückliegenden Jahrzehnten (wieder-)gewonnene gesundheitsbezogene und ressourcenorientierte Aufgabenverständnis Sozialer Arbeit und die im zurückliegenden Jahrzehnt entwickelten sozialepidemiologisch fundierten Fragestellungen durch die Gesundheitswissenschaften „bieten die Chance, ein in Teilen gemeinsames Befähigungs- und Forschungsfeld zu beackern" (Ortmann / Schaub 2003, 82). So können in der Sicht von Ortmann / Schaub die Gesundheitswissenschaften von der Sozialen Arbeit lernen, „wie Praxis mit kleinen sozialen Systemen (einzelnen Menschen, Gruppen, Netzwerken und Gemeinwesen) umgeht und wie Zugänge und Umgehensweisen mit sozial verletzlichen bzw. verletzten Menschen gefunden werden". Im Gegenzug könnte die Soziale Arbeit „insbesondere lernen, über ihre Einzelfälle hinaus systematische Bevölkerungsbezüge herzustellen bzw. fallübergreifende Muster zu erkennen" (Ortmann / Schaub 2003, 90).

1.2   Bezugspunkte einer gesundheitsbezogenen Sozialen Arbeit

Die Vernachlässigung der Sozialen Arbeit in den Gesundheitswissenschaften und in der Gesundheitspsychologie macht es notwendig, dass Soziale Arbeit ihre Bezugspunkte zu gesundheitlichen Fragestellungen aus ihrer eigenen Geschichte ableiten muss. Daher nehmen historische Ausführungen in dieser Einführung einen relativ breiten Raum ein.

Ein *erster Bezugspunkt* bei der Bestimmung des Verhältnisses von Gesundheit und Sozialer Arbeit ergibt sich daraus, dass Soziale Arbeit schon in ihrer klassischen Ausprägung auf gesundheitliche Fragestellungen bezogen ist: Die Bearbeitung sozialer Probleme enthält immer Überschneidungen mit anderen Bereichen, z. B. mit dem Bildungsbereich, mit dem Rechtsbereich oder eben mit dem Gesundheitsbereich (Hörmann 1997, 18 f). Etablierte Vorgehensweisen der Sozialen Arbeit wie Familienhilfe, Jugendarbeit oder Gemeinwesenarbeit enthalten bereits einen Gesundheitsbezug, dessen Wahrnehmung und Reflexion für die Profilierung und Qualifizierung sozialpädagogischer Maßnahmen wichtig ist. Neben den vielfältigen Aufgaben der Sozialen Arbeit im Gesundheitssektor selbst – der traditionellen „Sozialarbeit im Gesundheitswesen" – gilt es den Bereich auszubauen, den Waller „Gesundheitsarbeit im Sozialwesen" nennt (Waller 2001, 303). Aus dieser Perspektive ist es weniger notwendig, ein besonderes sozialpädagogisches „Expertentum für Gesundheit" auszubilden; vielmehr sollte versucht werden, in erster Linie für gesundheitliche Belange in den bestehenden Arbeitsfeldern und bei den Arbeitsweisen der Sozialen Arbeit zu sensibilisieren (Brieskorn-Zinke / Köhler-Offierski 1997, 10).

Ein *zweiter Bezugspunkt* für die Bestimmung des Verhältnisses von Sozialer Arbeit und Gesundheit lässt sich aus sozialepidemiologischen Erkenntnissen der Gesundheitswissenschaften und der Public-Health-Forschung ableiten. Diese verweisen darauf, dass sich im Verlauf des 20. Jahrhunderts das Krankheitsspektrum entscheidend verändert hat. In den industrialisierten Ländern stellen nicht mehr akute Infektionskrankheiten, sondern chronisch-degenerative Erkrankungen wie Herz-Kreislauf-Krankheiten, Krebs, Atemwegserkrankungen und Allergien, aber auch Unfälle und Suchtprobleme die dominanten Gesundheitsgefährdungen dar. Sie verursachen inzwischen 85 % aller Todesfälle (Hurrelmann / Laaser 1998, 17f; Hörmann 1999, 10). Diese Gesundheitsprobleme sind mit der gesamten „Lebensweise" von Bevölkerungsgruppen und Gesellschaften verschränkt. Sie lassen sich als Kosten der modernen Lebensweise begreifen (Hurrelmann 1994, 11 ff) und sind eng mit physischen, psychischen, sozialen und ökologischen Belastungen verbunden, die eine Folge der veränderten gesellschaftlichen Lebensbedingungen sind.

Charakteristisch für diese Krankheitsbilder ist, dass sie der individuumzentrierten, biomedizinischen Sichtweise nur unzureichend zugänglich sind. Die Entdeckung psychosomatischer Wechselwirkungen bildete den Ausgangspunkt dafür, dass diese Erkrankungen inzwischen auf vielfältige Weise mit unterschiedlichsten Aspekten der gesamten Lebensführung verflochten erscheinen. Sie erfordern eine ganzheitliche biografische Perspektive auf die Person, deren subjektive Sicht des Gesundheits- und

Krankheitsgeschehens und ihre subjektiven Möglichkeiten zur Bewältigung von Belastungen und Krisen (Hanses 2002); zugleich sind sie nicht
eindeutig heilbar. Stattdessen wird eine Verzahnung der verschiedenen
Stadien der Krankheitsbearbeitung und -bewältigung notwendig: Von
der Gesundheitsförderung über die Prävention und Therapie bis hin zur
Rehabilitation und Pflege. Diese Aufgabe ist nicht durch eine Profession
allein, sondern nur durch ein interdisziplinäres, kooperatives Vorgehen zu
erfüllen, an dem auch die Soziale Arbeit beteiligt ist (Hurrelmann/Laa-
ser 1998, 23 f). Als spezifische Zugänge der Sozialen Arbeit kommen in
diesem Zusammenhang Maßnahmen wie Gemeinwesenarbeit, soziale
Unterstützung und Netzwerkinterventionen, Lebensweltgestaltung und
Empowerment, außerdem pädagogische Aktivitäten wie Beratung, Gesundheitsbildung und Kompetenzentwicklung in Betracht. Ziel ist dabei
weniger die Beseitigung akuter Symptome, als die langfristige Verbesserung der gesundheitlichen *Lebensqualität*. Lebensqualität ist eine Kategorie, die den Einfluss des Gesundheitszustands auf das subjektive Erleben
und Wohlbefinden beschreibt. Die Orientierung an Lebensqualität beinhaltet auch das Sich-Arrangieren mit unvermeidlichen Belastungen wie
z.B. chronischen Schmerzen, Demenz oder Behinderung. Sie trägt damit
der Entwicklung Rechnung, die chronische Erkrankungen ins Zentrum
der gesundheitlichen Probleme gerückt hat (BZgA 2003, 67 f).

Als *dritten Bezugspunkt* für die Bestimmung des Verhältnisses von
Gesundheit und Sozialer Arbeit ergibt sich daraus ein Umdenken im
Verständnis von Gesundheit und Krankheit. Das etablierte medizinische Denken ist „pathogenetisch" ausgerichtet, d.h. es orientiert sich an
Krankheiten und deren Bekämpfung. Und es ist individualisierend, d.h.
es orientiert sich bei der Suche nach Krankheitsursachen am einzelnen Individuum und dessen internen biologischen Funktionen. In diesem Verständnis ist kein Platz für einen eigenständigen Begriff von Gesundheit;
Gesundheit wird als bloße „Abwesenheit von Krankheit", als Abwesenheit von Symptomen und organischen Störungen definiert. Soziale, psychische und ökologische Wechselwirkungen werden ausgeblendet.

Gegen diese Sichtweise haben kulturhistorische und sozialmedizinische
Studien zum Vorschein gebracht, dass „Gesundheit" und „Krankheit"
keine objektiven oder natürlichen Kategorien darstellen, sondern dass
sie je nach historischem, sozialem oder kulturellem Kontext variieren.
Es handelt sich um „soziale Konstrukte" oder „kulturelle Erfindungen",
die in die jeweiligen gesellschaftlichen Umgangsweisen mit Gesundheit
und Krankheit eingebettet sind (Lenzen 1991; Labisch 1992, 12 ff). Eine
wichtige Basis für unser gegenwärtiges Verständnis von Gesundheit und
Krankheit liefert das Ende des 19. Jahrhunderts entstandene Krankenver-
sicherungs-Prinzip: Isolierbare Symptome und Krankheiten führen zu
Ansprüchen, die der einzelne Kranke der Gemeinschaft der Versicherten und der Allgemeinheit gegenüber geltend machen kann. Er kann z.B.

Leistungen der Gesundheitsdienste in Anspruch nehmen oder sich von der Erwerbsarbeit befreien lassen (Hurrelmann/Laaser 1998, 21f). Nicht eindeutig identifizierbare und lokalisierbare Befindlichkeitsstörungen oder die Förderung von Gesundheit spielen jedoch in diesem Sicherungssystem keine Rolle.

Inzwischen gibt es zahlreiche Versuche, ein umfassendes und positives Gesundheitsverständnis zu entwickeln. Ausgangspunkt dieser Bemühungen war die Gründung der Weltgesundheitsorganisation (WHO), die sich in ihrer Verfassung aus dem Jahr 1948 deutlich von der dominierenden medizinischen Sichtweise absetzte und die Gesundheit als „Zustand des vollkommenen körperlichen, seelischen und sozialen Wohlbefindens und nicht nur das Freisein von Krankheit und Gebrechen" definierte (Hurrelmann 1994, 16). In anderen Kontexten wird Gesundheit als ein aktiver, dynamischer Prozess beschrieben – z.B. als Bestreben eines lebenden Organismus, „eine lebensfähige Übereinstimmung zwischen seinem inneren und äußeren Milieu herzustellen" (Milz 1995, 20); als Herstellung einer Balance zwischen den sozialen Anforderungen und den Handlungsmöglichkeiten des Einzelnen (Laaser/Hurrelmann 1998); oder sie erscheint als ein labiles und aktives „Schwimmen" im Fluss des Lebens gegen den Strom der Entropie. In all diesen Fällen wird Gesundheit

1. nicht nur als biologische Kategorie, sondern als multidimensionaler Zusammenhang aus unterschiedlichsten Faktoren aufgefasst
2. in einem Kontinuum mit Krankheit betrachtet (man ist demnach nicht entweder gesund oder krank, sondern vielmehr ein mehr oder weniger „gesunder Kranker" bzw. „kranker Gesunder")
3. nicht nur als Resultat der Beseitigung von Symptomen, Krankheits- oder Risikofaktoren gesehen, sondern ebenso als eine positiv anzustrebende Aufgabe, die durch die Stärkung von Ressourcen, Schutzfaktoren und gesunderhaltenden Kräften eingelöst werden kann.

Vor diesem Hintergrund hat die WHO im Jahr 1986 in der vielzitierten „Ottawa-Charta" ein Konzept zur positiven und umfassenden „Gesundheitsförderung" formuliert, das eine Reihe von Berührungspunkten mit Aufgabenfeldern und Grundprinzipien der Sozialen Arbeit aufweist. Im Hinblick auf die strategischen Prinzipien und die feld- und gemeindebezogenen Handlungsvorgaben wird die Gesundheitsförderung sogar als verdeckte und ahnungslose „Leihmutter" für das Konzept der Gesundheitsförderung betrachtet (Franzkowiak/Wenzel 2001, 720). Sie soll sowohl am Individuum als auch an sozialen Gruppen, Gemeinden, Institutionen und der Gesellschaft insgesamt ansetzen. Sie stellt eine sozialpolitische Strategie der Aktivierung, der Erschließung von sozialen Ressourcen und Partizipationschancen und der Entfaltung von individuellen Kompetenzen und Handlungsmöglichkeiten dar. Sie soll nicht erst beim Auftreten von Krankheiten, sondern unabhängig davon zum Einsatz kommen.

Damit deckt sie sich mit dem Anspruch der Sozialen Arbeit, nicht nur Problembearbeitung zu betreiben, sondern bereits im Vorfeld möglicher Problemlagen „präventiv" zu arbeiten (Böllert 1995). Zusammenfassend ergeben sich damit drei zentrale Ansatzpunkte für eine gesundheitsbezogene Soziale Arbeit:

1. *Soziale Arbeit im Gesundheitswesen*: Tätigkeitsfelder in den etablierten Gesundheitsdiensten wie z. B. Sozialdienst im Krankenhaus und in der Rehabilitation, Sozialarbeit in Gesundheitsämtern, in der Pflege, in gesundheitsbezogenen Beratungsstellen, in der Suchthilfe usw.
2. *Gesundheitsarbeit im Sozialwesen*: Berücksichtigung der gesundheitlichen Aspekte etablierter Felder der Sozialen Arbeit wie Familienhilfe, Jugendarbeit, Gemeinwesenarbeit, psychosoziale Versorgung usw.
3. *Sozialpädagogische Gesundheitsförderung*: Entwicklung neuer Strategien und Handlungskonzepte in der schulischen und außerschulischen Prävention, in Betrieben und Organisationen, in der Gemeinwesenarbeit (z. B. Netzwerkarbeit, Milieubildung, Empowerment) usw.

Übersicht über die einzelnen Kapitel

Nach der Einleitung gibt das zweite Kapitel einen Einblick in die Struktur und Politik zur Gesundheit im Lichte Sozialer Arbeit. Der Darstellung der strukturellen Rahmenbedingungen von Gesundheit folgen historische Facetten des Zusammenhangs von Sozialer Arbeit und Gesundheit in einem einführenden Überblick sowie in Form von zwei beispielbezogenen Einblicken in die Entwicklung der Tuberkulosefürsorge sowie der Säuglingsfürsorge bis zur Schwangerenberatung in der Gegenwart.

Nach dem historischen Abriss werden im vierten Kapitel die für die Soziale Arbeit relevanten Formen von „Gesundheitsverständnis" in Wissenschaft und Alltag vorgestellt. Danach folgt die Beschreibung von zentralen „Herausforderungen" für die gesundheitsbezogene Soziale Arbeit (Kap. 5) und von gesundheitlichen Aufgabenstellungen „im Spiegel der Lebensalter" (Kap. 6). Auch bei der Skizzierung von lebensalterspezifischen Gesundheitsaufgaben sind wir bemüht, neben einführenden Überblicken beispielhafte Einblicke zu geben. Sie beziehen sich auf den Familienkontext, auf „asthmakranke Kinder" und „übergewichtige Kinder", auf „neue" Gesundheitsrisiken für Kinder und Jugendliche, die im Zusammenhang mit veränderten Lebensbedingungen in der westlichen Zivilisation stehen.

Im siebten Kapitel werden zentrale Handlungsfelder vorgestellt, die exemplarisch die Spannbreite der gesundheitsbezogenen Sozialen Arbeit von der Gesundheitsarbeit in den sozialen Diensten über spezifische Professionsfelder in Prävention und Gesundheitsförderung bis hin zur Sozialen Arbeit in der Krankenversorgung aufzeigen. Im achten Kapitel werden schließlich Stand und *Zukunftsaufgaben* im Schnittfeld von Gesundheit und Sozialer Arbeit in Ausbildung, Forschung und Beschäftigung betrachtet. Der Blick in die Zukunft soll Anregungen zur disziplinären und professionellen Weiterentwicklung der Sozialen Arbeit durch eine stärkere Berücksichtigung des Gesundheitsthemas liefern und Perspektiven für eine Verbesserung der Kooperation zwischen Gesundheits- und Sozialsektor eröffnen.

2 Strukturen

2.1 Gesundheitswesen und gesundheitliche Lage in Deutschland, Österreich und der Schweiz

Um den Stellenwert der gesundheitsbezogenen Sozialen Arbeit im Sozial- und Gesundheitswesen zu verdeutlichen, skizzieren wir im Hinblick auf gesundheitliche Aufgaben Grundzüge des Sozial- und Wohlfahrtsstaates im deutschsprachigen Raum (Deutschland, Österreich, Schweiz). Nach Kaufmann zeichnet sich jeder Wohlfahrtsstaat durch eine einzigartige historische Entwicklung und Tradition aus. Er bringt eine „eigenständige Kosmologie" hervor, in deren Rahmen soziale Probleme betrachtet und bearbeitet werden. Die jeweilige Sozialpolitik vermittelt zwischen Wirtschaft, Politik und Kultur. Es handelt sich um einen immer umstrittenen, veränderbaren Kompromiss zwischen unterschiedlichen gesellschaftlichen Interessen, Gruppen und Akteuren, der im Verlauf von historischen Auseinandersetzungen geschlossen wurde (Kaufmann 2003, 32ff). Zugleich lassen sich ähnlich gelagerte nationale Funktionslogiken zu relativ einheitlichen, übergreifenden Typen zusammenfassen. Am bekanntesten ist die Sozialstaatstypologie von Esping-Andersen, der in Europa drei verschiedene Typen von Sozialpolitik unterscheidet (Esping-Andersen 1990; Rosenbrock 1998).

Typ 1: Wirtschaftsliberales Modell (GB, USA, Australien, Neuseeland)

In diesem Modell ist die Logik der monetären Marktwirtschaft vorherrschend. Gesundheitsrisiken werden durch individuell abzuschließende Krankenversicherungen auf der Basis freiwilliger Mitgliedschaft abgesichert. Dies beinhaltet die Berücksichtigung von Anwartszeiten, ein eng begrenztes Leistungsspektrum sowie eine privatwirtschaftliche Leistungserstellung. Staatliche Interventionen bleiben auf eine streng subsidiäre Armenfürsorge auf der Basis des Bedürftigkeitsprinzips beschränkt. In seinen Auswirkungen ist dieses Modell sozial selektiv. Es führt nicht zu einer Verminderung des Niederschlags sozialer Ungleichheit in der gesundheitlichen Versorgung und den gesundheitlichen Risiken der Bevölkerung. Eine Folge davon ist, dass in den USA ca. 40 Mio. Personen ohne Krankenversicherung leben und weitere 40 Mio. unterversichert sind (Bäcker et al. 2000, 126).

Typ 2: Konservatives Modell (D, A, F, I)

Dieses Modell ist durch einen staats- und unternehmensorientierten Paternalismus gekennzeichnet, d. h. der Staat spielt eine aktive, interventionistische Rolle, und der Einzelne bleibt dem Staat und dem „Arbeitgeber" untergeordnet. Historischer Ausgangspunkt dieses Modells ist die Sozialgesetzgebung Bismarcks im Deutschen Reich. Die dem Einzelnen zustehenden Rechte und Leistungen der gesundheitlichen Versorgung hängen hier von beruflich bedingten Hierarchien ab. Insgesamt handelt es sich um eine gemischtwirtschaftliche Leistungserbringung, deren Basis ein Versicherungssystem mit einkommensabhängigen Beiträgen unter staatlicher Aufsicht darstellt. Das System enthält einen Solidarausgleich zwischen den Versicherten und den einzelnen Versicherungsgemeinschaften, die meist spezifische Berufsgruppen und soziale Schichten zusammenfassen. Die formale Zuständigkeit der Krankenkassen für bestimmte Berufsgruppen wurde in Deutschland 1996 zugunsten des freien Wettbewerbs abgeschafft. Das Solidarprinzip soll nun durch den „Risikostrukturausgleich" gewährleistet werden, der eine Balance zwischen den verschiedenen Risikobelastungen der einzelnen Krankenkassen herzustellen versucht (Jaeschke 1999, IV 1, 17). In diesem Sozialstaatsmodell sind Interventionen zum Abbau sozialer Ungleichheit in zweifacher Form möglich: per Sicherung formal gleicher Zugangschancen zu Leistungen der sozialen und gesundheitlichen Versorgung oder per aktiver Lebenslagenpolitik.

Typ 3: Sozialdemokratisches Modell (Skandinavien)

Dieses Modell basiert auf dem Grundprinzip der Egalität, d. h. es beruht auf der Angleichung der Verteilung und Stabilisierung individueller Lebenschancen. Es enthält institutionell geregelte Kompromisse zwischen Kapital und Arbeit, wobei der Staat die sozialpolitische Gesamtverantwortung übernimmt. Sozialleistungen und Krankenversorgung sind weitgehend staatlich finanziert und organisiert. Der Staat kann eine stark ausgeprägte Regulierungsfunktion wahrnehmen, was einerseits den Gesamtumfang der gesellschaftlichen Ausgaben für Gesundheit und andererseits die flächendeckende Versorgung mit gesundheitlichen Leistungen betrifft (Kaufmann 2003, 194 ff). In diesem Modell sind der Abbau von Unterprivilegierung und eine gesundheitsgerechte Gestaltung von Lebens- und Arbeitsbedingungen am besten möglich (Rosenbrock 1998, 711 f).

Im internationalen Vergleich zeigt sich, dass ein durch Steuern finanziertes, staatlich reguliertes Gesundheitssystem am effektivsten auf veränderte Anforderungen und Kostensteigerungen reagieren kann. Allerdings

Tab. 1: Anteil der gesamten Gesundheitsausgaben am Bruttosozialprodukt

	1970	2001
USA	6,9%	13,9%
Deutschland	6,2%	10,7%
Schweden	6,7%	8,7%

Tab. 2: Anteil der öffentlichen Ausgaben an den Gesamtausgaben für Gesundheit (inkl. gesetzliche Sozialversicherungen)

	1970	2001
USA	36,4%	44,4%
Deutschland	72,8%	74,9%
Schweden	86,0%	85,2%

erfordert dies eine starke egalitaristische und demokratische Tradition, in der sozialpolitische Interventionen mit einem breiten gesellschaftlichen Konsens rechnen können (Kaufmann 2003, 170ff). Aktuelle Statistiken der OECD lassen erkennen, dass die Kostensteigerung in privatwirtschaftlich organisierten Gesundheitssystemen relativ hoch ist und dass hier trotz permanenter Privatisierungsbestrebungen ein Druck zur Erhöhung der öffentlichen Ausgaben für Gesundheit bestehen bleibt. Die höchsten Gesundheitsausgaben weltweit und die größte Kostensteigerung sind in den USA zu verzeichnen. Deutschland liegt im Hinblick auf die Gesundheitskosten international auf dem dritten Platz; Schweden weist eine relativ stabile Ausgabenentwicklung auf (OECD 2004).

2.1.1   Grundzüge des Gesundheitswesens in Deutschland

Die zentrale Institution des deutschen Gesundheitswesens ist die gesetzliche Krankenversicherung (GKV). Ende der 1990er Jahre waren knapp 90% der Gesamtbevölkerung Mitglieder der gesetzlichen Krankenversicherung, ca. 9% waren privat versichert (mit steigender Tendenz); 0,1% waren ohne Krankenversicherungsschutz (Bäcker et al. 2000, 47). Die gesetzliche Krankenversicherung ist staatlich reguliert, wobei sich die Gesetzgebung des Bundes und der Länder ergänzen bzw. z. T. miteinander konkurrieren. Insgesamt herrscht folgende Verteilung der Zuständigkeiten vor: Der Bund ist für die GKV, die Länder sind für die Krankenhausplanung und die Öffentlichen Gesundheitsdienste zuständig; Kreise und Städte sind Träger kommunaler Gesundheitsämter und Krankenhäuser, die Leistungserbringer sind überwiegend privat (Ärzte, Apotheken, medizinisches Handwerk). Auch die Krankenkassen sind trotz regulierender Rahmengesetzgebung nach den Prinzipen der Selbstverwaltung und des Kassenpluralismus organisiert, wobei gegenwärtig ein spürbarer Konzentrationsprozess zu verzeichnen ist. In Deutschland existierten im Jahr 1992 1223 eigenständige gesetzliche Krankenkassen, im Jahr 2004 waren es nur noch 280 (BMGS 2005).

Neben der GKV sind noch andere Parteien an der Finanzierung der Gesundheitsausgaben beteiligt. Im Jahr 1996 deckte der Anteil der GKV 46,5 % der Gesamtausgaben für Gesundheit ab. Der Anteil der übrigen gesetzlichen Sozialversicherungen (Renten-, Pflege- und Unfallversicherung) betrug zusammen 14,3 %; die öffentlichen Haushalte finanzierten 12,1 %. Die privaten Haushalte übernahmen 8 % der Gesundheitskosten, während sich der Anteil der privaten Krankenversicherungen auf 5,1 % beschränkte (Bäcker et al. 2000, 125). Die Gesundheitsreformen der letzten Jahre führten allerdings durch neue Zuzahlungsregelungen, Praxisgebühr usw. zu einer spürbaren Kostenverlagerung zu Lasten der privaten Haushalte.

Das Gesundheitswesen ist durch folgende Grundprinzipien charakterisiert: Es herrscht eine strikte Trennung zwischen Finanzierungs- und Versorgungsstrukturen vor, d. h. bis auf wenige Ausnahmen ist es den Krankenkassen rechtlich nicht möglich, eigene gesundheitliche Leistungen anzubieten (Bäcker et al. 2000, 47). Es gibt eine ausgeprägte Differenzierung zwischen ambulanter und stationärer Versorgung; die ambulante Versorgung ist nahezu ausschließlich privat, die stationäre Versorgung ist sowohl durch die öffentliche Hand als auch durch freie Träger und gewinnorientierte private Unternehmer gewährleistet. Die Leistungserbringung nach dem Sachleistungsprinzip zieht Probleme der Individualisierung und Pathologisierung in der Wahrnehmung gesundheitsbezogener Aufgaben nach sich (Jaeschke 1999, IV 1, 17 f). Eine Folge dieser Organisationsstruktur sind „Fehlsteuerungen", auf die der Sachverständigenrat zur Begutachtung der Entwicklung im Gesundheitswesen in seinem Gutachten zur „Koordination und Qualität im Gesundheitswesen" hingewiesen hat: Es dominieren medizinisch und ökonomisch fragmentierte Behandlungsarten, da zu wenig Anreize für eine sektorenübergreifende Versorgung gegeben werden, die ambulante und stationäre Behandlung sowie Rehabilitation und Pflege umfasst (Gutachten 2005, 37).

Insgesamt lässt sich eine dezentrale Mischorganisation feststellen, die auf dem Zusammenspiel unterschiedlicher Akteure und deren Interessenvertretungen und Verbänden beruht. Der Staat etabliert einen gesetzlichen Rahmen, innerhalb dessen eine korporatistische Steuerung und Selbstkontrolle der verschiedenen Verbände stattfindet (Kaufmann 2003, 292 ff). Dieses System weist einerseits eine erstaunliche historische Kontinuität auf, indem es einen Interessenausgleich zwischen allen Beteiligten ermöglicht. Andererseits führt es durch unterschiedliche Zuständigkeitsbereiche zu zahlreichen „Schnittstellenproblemen"; darüber hinaus zeichnet sich das Gesundheitssystem gegenwärtig durch eine hohe Reformresistenz aus.

Im historischen Verlauf lassen sich folgende Entwicklungstendenzen und Kontinuitäten nachzeichnen (Rosenbrock 1998, 745 ff):

- **Krankenkassen:** Die Mitgliederzahlen sind von 11 % der Gesamtbevölkerung im Jahre 1885 auf 90 % angestiegen. Bei der Finanzierung wurde der Arbeitgeberanteil schon früh auf 50 % festgeschrieben. Seit 1989 wurde das Tätigkeitsspektrum der Krankenkassen um Primärprävention und Gesundheitsförderung erweitert, was bisher jedoch nur einen geringen Teil der Gesamtaufgaben ausmacht. Als Tendenz lässt sich eine Entwicklung der Krankenkassen zu ökonomischen Machtsubjekten bei gleichzeitiger Einschränkung des Solidarprinzips (z.B. durch neue Zuzahlungsregelungen und Bonussysteme) feststellen.
- **Niedergelassene Ärzte als zentrale Berufsgruppe:** Sie bewahren das Monopol auf die ambulante Versorgung, welches z.T. auch die Individualprävention mit einschließt. Stationäre Versorgung, Medikamentenabgabe usw. geschehen in der Regel auf ärztliche Verordnung. Seit der Diskussion um die Kostenexplosion im Gesundheitswesen zeigt sich eine Tendenz zur Ökonomisierung des Versorgungshandelns (durch Budgetierungen und Punktesysteme), die zu Spannungen zwischen verschiedenen Ärztegruppen führt.
- **Prävention** ist historisch nicht im Leistungsspektrum der GKV enthalten: Zu diesem Zweck hat sich seit der Weimarer Republik ein staatlicher Gesundheitsdienst etabliert, der ursprünglich für die Gesundheitsvorsorge und für gesundheitlich besonders gefährdete Gruppen zuständig war. Inzwischen leistet der Öffentliche Gesundheitsdienst ergänzende Angebote für all das, was aus dem Repertoire persönlicher ärztlicher Untersuchungen und Beratungen herausfällt. Seine heutigen Aufgaben umfassen die Gesundheitsvorsorge (Prävention, Gesundheitsförderung), die Jugend- und Schulgesundheitspflege, die Betreuung Behinderter, die sozialpsychiatrischen Dienste, den Gesundheitsschutz (Verhütung übertragbarer Krankheiten, Arbeitsschutz). Als Entwicklungstendenz lässt sich eine Ausweitung des Aufgabenspektrums durch Bezugnahme auf die neuere „Public Health"-Forschung beobachten, nach der Aufgabenbereiche der Gesundheitsförderung, der Gesundheitsberichterstattung, -planung und -koordination in die Zuständigkeit des staatlichen bzw. öffentlichen Gesundheitsdienstes fallen.

Durchforstet man das deutsche Gesundheitswesen nach Bezugspunkten für die Soziale Arbeit, so ist festzustellen, dass die Soziale Arbeit lediglich in Rand- und Nischenbereichen eine institutionelle und finanzielle Verankerung findet. Die Hauptinstitutionen des Gesundheitssystems – die Krankenkassen und die niedergelassenen Ärzte – fallen als mögliche Einsatzbereiche fast gänzlich weg. Einen zentralen Ansatzpunkt stellt dagegen das Aufgabenspektrum der Gesundheitsämter dar (Steen 2005). Obwohl die stationäre Versorgung medizinisch dominiert ist, finden sich in den Bereichen „Betreuung" und „Verwaltung" in Krankenhäusern, in Vorsorge- und Rehabilitationseinrichtungen (Kurkliniken) sowie in Pflegeeinrichtungen für ältere Menschen und Behinderte Aufgabenfelder für die Soziale Arbeit (Mühlum / Gödecker-Geenen 2003). Ebenso übernimmt die Soziale Arbeit Aufgaben in der nichtmedizinischen, ambulanten Betreuung von Pflegebedürftigen, Behinderten sowie von psychisch und chronisch Kranken. Einen letzten Ansatzpunkt bietet die Unterstützung der „Selbsthilfe" von Betroffenen (z. B. AIDS-Gruppen, Krebskranke, Rheumaliga, Suchtkranke), die mittlerweile bundesweit zur Herausbildung von ca. 70.000 Selbsthilfegruppen geführt hat.

Die bislang begrenzte Bedeutung der Sozialen Arbeit für die gesundheitliche Versorgung spiegelt sich auch in den Ausgaben für die Gesundheit wider. Nach dem statistischen Taschenbuch des Bundesministeriums für Gesundheit wurden im Jahr 2003 insgesamt 239,7 Mrd. EUR für den Gesundheits- und Pflegebereich aufgewendet. Soziale Arbeit taucht dabei nicht als eigenständige Position auf, sondern bleibt unterschiedlichen Leistungsbereichen untergeordnet. 52,7 % (126,6 Mrd. EUR) der Gesundheitsausgaben wurden für medizinische Behandlungen ausgegeben (Arztkosten, Arznei- und Hilfsmittel); 18,7 % (44,8 Mrd. EUR) betrug der Anteil der Pflegeleistungen, während Maßnahmen der Prävention und des Gesundheitsschutzes insgesamt 4,6 % (11,1 Mrd. EUR) ausmachten. Der Ausgabenanteil der gesetzlichen Krankenkassen für soziale Dienste und Krankheitsverhütung betrug 0,8 % der Gesamtausgaben. Insgesamt waren 2003 4,2 Mio. Personen im Gesundheitswesen beschäftigt, das sind ca. 11 % aller Erwerbstätigen. Im Vergleich der Berufsfelder weist der Gesundheitssektor ein überdurchschnittliches Beschäftigungswachstum auf, v. a. (aber nicht nur) im Pflegebereich (BMGS 2005).

2.1.2 Gesundheitliche Lage in Deutschland

Ein wichtiger Indikator für den Gesundheitszustand der Bevölkerung ist die durchschnittliche Lebenserwartung der Bevölkerung. Für Deutschland ist dabei wie in anderen Industriestaaten im letzten Jahrhundert ein markanter Anstieg der Lebenserwartung zu verzeichnen, der bisher noch nicht beendet zu sein scheint. Betrug die durchschnittliche Lebenserwartung zu Anfang des 20. Jahrhunderts für Männer 44,8 Jahre und für Frauen 48,8 Jahre, so errechnet der Gesundheitsbericht 1998 für das Jahr 1995 eine Lebenserwartung von 73,3 Jahren für Männer und 79,8 Jahren für Frauen. Neuere Statistiken zeigen sogar eine Lebenserwartung von 75,6 Jahren für Männer und 81,3 Jahren für Frauen (BMGS 2005). Auffällig ist die markante Geschlechterdifferenz sowie die unterschiedliche regionale Verteilung der Lebenserwartung in Deutschland. Frauen haben eine durchschnittlich sechs Jahre höhere Lebenserwartung als Männer. Außerdem weist die Verteilung der Lebenserwartung in den verschiedenen Bundesländern eine klare Entsprechung zur wirtschaftlichen Prosperität des jeweiligen Bundeslandes auf. Im Jahr 1995 findet sich die höchste Lebenserwartung in den reichen Bundesländern Baden-Württemberg, Bayern und Hessen, die niedrigste in den ärmsten ostdeutschen Bundesländern Sachsen-Anhalt und Mecklenburg-Vorpommern. In Ostdeutschland gab es seit der Wiedervereinigung einen vorübergehenden Anstieg der Sterblichkeit bei den unter 65-Jährigen, vor allem bedingt durch Verkehrsunfälle und durch alkoholassoziierte Mortalität. Die steigende Lebenserwartung der Gesamtbevölkerung führt in Verbindung mit den sinkenden Geburtenraten zu einer rapiden Alterung der Gesellschaft, was einen zunehmenden Bedarf an Pflege und medizinischer Versorgung für die Zukunft erwarten lässt.

Neben der steigenden Lebenserwartung ist die gesundheitliche Lage durch eine Veränderung des Krankheitsspektrums charakterisiert. Zu Beginn des zwanzigsten Jahrhunderts starben die Menschen überwiegend an akuten (Infektions-)Krankheiten, die jedoch inzwischen von der Dominanz chronischer Erkrankungen abgelöst wurden. Der Vorrang der Todesursachen ist dabei stark altersabhängig: Bei den 15- bis 24-Jährigen stellen Unfälle, u. a. Verkehrsunfälle, die dominante Todesursache dar. Mit zunehmendem Alter werden die Unfälle durch bösartige Neubildungen (Krebs) und mit weiter zunehmendem Alter durch Herz-Kreislauf-Erkrankungen als Haupttodesursachen abgelöst. Im Jahr 2003 wurden 41,3 % der männlichen und 51,5 % der weiblichen Sterbefälle durch Herz-Kreislauf-Erkrankungen verursacht, an zweiter Stelle standen Krebserkrankungen mit 28,9 % der männlichen und 22,8 % der weiblichen Sterbefälle.

Verglichen mit akuten Krankheiten gelten chronische Erkrankungen als stark durch das Gesundheitsverhalten und die Lebensweise der Bevölkerung beeinflussbar. Im Gegensatz zu einem weit gefassten Gesundheitsverständnis, das in diesem Zusammenhang auch psychische und soziale Faktoren berücksichtigt (z. B. Stress), trifft dies laut dem letzten vorliegenden Gesundheitsbericht von 1998 schon für medizinisch relevante Aspekte im engeren Sinn zu. Dabei werden folgende Bereiche der Lebensführung betrachtet:

1. **Gesundheitseinstellung und -verhalten:** Nach Befragungen im Rahmen des Gesundheitsberichts achten 40 % der Bevölkerung stark auf ihre Gesundheit, knapp 50 % halten sportliche Betätigung für wichtig. Allerdings zeigt sich eine Diskrepanz zwischen Einstellung und Verhalten, denn nur 4 % geben an, konsequent gesundheitsbewusst zu leben.

2. **Ernährung:** Für bestimmte Erkrankungen ist nachgewiesen worden, dass eine spezifische Diät gesundheitserhaltend wirkt. Ansonsten ist der Einfluss der Ernährung auf das Krankheitsgeschehen bislang weitgehend unklar. Ein zunehmendes Problem wird in der unregelmäßigen Ernährung bei Kindern und Jugendlichen gesehen. Nach einer Repräsentativbefragung von 12- bis -16-Jährigen kommen beispielsweise 15 % dieser Altersgruppe ohne Frühstück in die Schule.

3. **Rauchen:** 2003 rauchten 31 % der Frauen und 37 % der Männer zwischen 18 und 59 Jahren (Augustin et al. 2005). Rauchen wird mit zahlreichen Krankheiten in Verbindung gebracht, bei Männern besteht z. B. ein 20-fach höheres Lungenkrebsrisiko. Nach Schätzungen werden jährlich 100.000 Todesfälle durch Rauchen verursacht. Während für die Zeit von Mitte der 1970er bis Mitte der 1990er Jahre ein deutlicher Rückgang des Rauchens in der Bevölkerung zu verzeichnen ist, ist die Entwicklung in den letzten Jahren etwas unklarer geworden. Insbesondere bei Jugendlichen und jungen Erwachsenen sind vereinzelt wieder steigende Tendenzen zu verzeichnen.

4. **Alkoholkonsum:** Deutschland nimmt im Hinblick auf die Menge des Alkoholkonsums regelmäßig einen Spitzenplatz unter den zehn Ländern der Welt mit den höchsten Konsumraten ein. Der durchschnittliche Verbrauch an reinem Alkohol pro Kopf und Jahr liegt bei ca. 11 Litern. 40.000 Todesfälle jährlich werden den Auswirkungen des Alkoholkonsums zugerechnet; unter Experten gibt es allerdings einen Streit um das Ausmaß der Gesundheitsgefährdung durch die „Kulturdroge" Alkohol. Die WHO erklärt einen Verbrauch von 20 g reinem Alkohol pro Tag für Frauen und 40 g reinem Alkohol für Männer zu Grenzwerten für die Gesundheitsgefährdung. Zum Vergleich: In Deutschland trinken Männer *im Durchschnitt* 42 g Alkohol pro Tag und Frauen 17 g pro Tag. Deutschland hat sich mit zahlreichen anderen Ländern dem „Aktionsplan Alkohol" der WHO angeschlossen, der darauf abzielt, den Alkoholkonsum der Gesamtbevölkerung in den beteiligten Ländern durch Maßnahmen der Prävention und Gesundheitsförderung deutlich zu senken. Alkoholforscher wie Spode weisen demgegenüber auf das sogenannte „French Paradox" hin, das darin besteht, dass Frankreich als das Land mit einer der höchsten Alkoholkonsumraten weltweit zugleich mit die höchsten Lebenserwartungsdaten der Welt aufweist (Spode 1998).

5. **Illegale Drogen:** Schätzungen gehen von 2–3 Mio. Cannabiskonsumenten in Deutschland aus; zugleich existieren 250.000–300.000 Konsumenten harter Drogen, wobei ca. 100.000 den besonders gesundheits-

gefährdenden intravenösen Konsum ausüben. Insgesamt lässt sich unter Jugendlichen und jungen Erwachsenen eine steigende Tendenz verzeichnen: In der Drogenaffinitätsstudie von 2004 geben ca. 32 % der 12- bis 25 Jährigen Erfahrungen mit illegalen Drogen an, was überwiegend Cannabiskonsum bedeutet (BZgA 2004). Gesamtgesellschaftlich betrachtet hat der Konsum illegaler Drogen eine relativ geringe gesundheitliche Bedeutung; allerdings ist eine Zunahme an Problemen und Beratungsbedarf durch den gestiegenen Cannabiskonsum zu verzeichnen (Sting 2004).

6. **Unfälle:** Im Jahr 1995 wurden 1,8 Mio. Arbeitsunfälle sowie 4,8 Mio. Unfälle in Haushalt und Freizeit und 2,23 Mio. Straßenverkehrsunfälle gemeldet. Im Straßenverkehr kamen dabei 9454 Personen ums Leben, bei Haushalts- und Freizeitunfällen 13.522 Personen (Statistisches Bundesamt 1998).

7. **Medikamentenabhängigkeit:** Schätzungen gehen bei sehr unklarer Daten- und Beweislage von ca. 1,4 Mio. Medikamentenabhängigen in Deutschland aus; betroffen von dieser „stillen Sucht" sind vor allem Frauen. Medikamentenabhängigkeit lässt sich als eine Nebenwirkung unseres Umgangs mit Gesundheit und Krankheit begreifen, bei dem die Bekämpfung von Befindlichkeitsstörungen mittels biochemischer Präparate eine zentrale Rolle spielt.

Ein weiteres Kennzeichen der gesundheitlichen Lage stellt der Anstieg psychischer Krankheiten dar. Nach Schätzungen sind ca. 10 % der Bevölkerung von psychischen Erkrankungen betroffen, 6 % leiden an Depressionen. Außerdem ist eine Zunahme an Atemwegserkrankungen (Asthma, chronische Bronchitis) und Allergien zu verzeichnen.

Grundsätzlich hat sich die gesundheitliche Lage in Deutschland im letzten Jahrhundert verbessert. Die Lebenserwartung ist angestiegen, der Gesundheitszustand in der Gesamtbevölkerung ist besser geworden. Dabei ergeben sich (letztlich als Resultat des Erfolgs im Gesundheitssystem bei der Bekämpfung von Infektionskrankheiten) Verschiebungen zu chronischen Erkrankungen und zu den damit verbundenen pflegerischen und betreuenden Aufgaben. Eine Sonderentwicklung hat sich allerdings im Jugendalter ereignet: Jugendliche sind die einzige Altersgruppe, in der – historisch gesehen – steigende Mortalitätsraten und eine Verschlechterung des Gesundheitszustands zu beobachten sind (Kolip et al. 1995).

2.1.3 Grundzüge des Gesundheitswesens in Österreich

Das Gesundheitswesen in Österreich weist auf den ersten Blick große Ähnlichkeiten mit dem deutschen Gesundheitswesen auf. Nach der Typologie von Esping-Andersen entspricht es ebenso dem „konservativen

Modell" des Wohlfahrtsstaates. Gesundheit wird als eine „öffentliche Aufgabe" verstanden, für deren Erfüllung der Staat mit Hilfe der Bundesgesetzgebung eine Regulierungsfunktion übernimmt. Im Rahmen der staatlichen Steuerung wird die Gewährleistung der gesundheitlichen Versorgung von einer breiten und pluralen Trägerlandschaft übernommen, zu der neben dem Bund, den Ländern und den Kommunen die Sozialversicherungsträger, die Kirchen und Wohlfahrtsverbände sowie private Anbieter und niedergelassene Ärzte zählen (BMSG 2002).

Im Gegensatz zu Deutschland herrscht in Österreich das Prinzip der Pflichtversicherung vor, die über den Arbeitgeber festgelegt ist. Da die Krankenkassen nur ca. 80 % der Behandlungskosten übernehmen, gibt es daneben private Zusatzversicherungen, die jedoch die Pflichtversicherung nicht ersetzen können. Dadurch sind 99 % der Bevölkerung Mitglied der Pflichtversicherung. Insgesamt ist die Finanzierung der gesundheitlichen Versorgung durch eine Mischung charakterisiert: Sie setzt sich aus Sozialversicherungsbeiträgen von Arbeitgebern und Arbeitnehmern, aus Steuermitteln und aus privaten Anteilen (private Zusatzversicherungen, Selbstbehalte, Zuzahlungen etc.) zusammen. Die im Vergleich zu Deutschland stärkere Regulierungsfunktion des Bundes und die leistungsgebundenen Eigenanteile der Patienten und Klienten tragen vermutlich dazu bei, dass die Gesundheitsausgaben in Österreich weit weniger expansiv sind als in Deutschland und der Schweiz. Mit einem Anteil von 7,5 % des BIP im Jahr 2003 bewegt sich Österreich mit den Gesundheitskosten im Mittelfeld der Industrieländer, wobei dieser Anteil seit 1985 relativ konstant ist. Der Anteil der öffentlichen Gesundheitsausgaben an den gesamten Gesundheitskosten liegt im Jahr 2003 mit 67,6 % zwischen Deutschland mit 78,2 % und der Schweiz mit 58,5 % (OECD 2005).

Ein wichtiges Element für die Zukunftsfähigkeit der Gesundheitsversorgung ist die Reorganisation des Krankenhauswesens. Das Wiener Krankenhaus „Rudolfstiftung" nahm in diesem Zusammenhang eine internationale Vorreiterrolle ein, indem dort in Zusammenarbeit mit dem Wiener Ludwig-Boltzmann-Institut für Medizin- und Gesundheitssoziologie im Jahr 1989 das Pilotprojekt „Gesundheit und Krankenhaus" initiiert wurde. In Anlehnung an die Ottawa-Charta zur Gesundheitsförderung ging man von der Überlegung aus, dass ein Ansetzen der Gesundheitsförderung in der Situation der Krise der Gesundheit – also im Falle einer schwereren Erkrankung, welche vorrangig im Setting Krankenhaus versorgt wird – eine besonders wirksame und nachhaltige Strategie der Krankenbehandlung darstellt (Pelikan/Nowak 2002). Die Gesundheitsförderung im Krankenhaus sollte entsprechend des Settingansatzes sowohl individuelle als auch kontextuelle Möglichkeitsstrukturen für gesundheitsgerechtes Handeln etablieren und die Krankenbehandlung durch eine positive Ausrichtung auf Copingressourcen und Lebensqualität ergänzen. Aus dem Pilotprojekt entstand das europäische WHO-Pi-

lotkrankenhausprojekt „Gesundheitsförderndes Krankenhaus", das seit
1995 in Form von internationalen, nationalen und regionalen Netzwerken „Gesundheitsfördernder Krankenhäuser" institutionalisiert werden
konnte (Pelikan / Wolff 1999). In Österreich sind inzwischen 111 von insgesamt 321 Spitälern, also mehr als ein Drittel aller Krankenhäuser, an
dieser Vernetzung beteiligt (BMSG 2002, 60).

Die Initiativen im Krankenhauswesen führten dazu, dass Österreich
schon im Jahr 1997 zu einer fallbezogenen, „leistungsorientierten Kran-
kenanstaltenfinanzierung" (LKF) überging, die mit verbindlichen Vorgaben zur Dokumentation und Qualitätssicherung verknüpft wurde (BMSG
2002, 102). Der Gesundheitsförderung wurde insgesamt ein eigenständiger Stellenwert im Rahmen der gesundheitlichen Versorgung eingeräumt,
was durch die Einführung des bundesweiten „Gesundheitsförderungsgesetzes" im Jahr 1998 unterstrichen wurde. Gesundheitsförderung zählt
seither zu den verbindlichen „Angelegenheiten" des Gesundheitswesens. Darunter fallen eine Reihe von Aufgaben, die potentielle und z. T.
auch schon faktische Betätigungsfelder für die Soziale Arbeit darstellen:
Schutz vor Gefahren für den allgemeinen Gesundheitszustand; Angelegenheiten der Gesundheitspflege, -erziehung, -beratung; Angelegenheiten der Gesundheitsvorsorge einschließlich der Gesundheitsvorsorge für
die schulbesuchende Jugend; Überwachung und Bekämpfung übertragbarer Krankheiten; Überwachung und Bekämpfung des Missbrauchs von
Alkohol und Suchtgiften (BMSG 2002, 17).

Die Akzentsetzung auf „Gesundheitsförderung" trifft allerdings auf
eine nur schwach ausgeprägte und institutionalisierte Soziale Arbeit. Sie
wird bisher nur an zwei österreichischen Universitäten als eigene Studien-
richtung angeboten (Graz und Klagenfurt); Fachhochschul-Studiengän-
ge für Soziale Arbeit gibt es erst seit wenigen Jahren.

Bis zu diesem Zeitpunkt war die Soziale Arbeit in Österreich eine relativ eng geführte, nicht-akademische Profession (Scheipl / Heimgartner
2004), die im Gesundheitswesen keine sichtbare Position einnehmen
konnte. Dementsprechend tauchen soziale Berufe in Übersichten zu den
Berufsgruppen im Gesundheitswesen nicht auf. Eine Studie des Österreichischen Bundesinstituts für Gesundheitswesen (ÖBIG) zur Entwicklung der öffentlichen Aufgaben für Prävention und Gesundheitsförderung im Zeitraum von 1996 bis 2001 zeigt, dass der überwiegende Teil der
Mittel für medizinische Prävention und Rehabilitation verwendet wird.
9,2 % der öffentlichen Gesundheitsausgaben wurden demnach für Prävention und Gesundheitsförderung ausgegeben. Davon entfielen 68,6 %
auf den Bereich der Tertiärprävention (inkl. medizinischer Rehabilitation
und Selbsthilfe), 16,2 % auf die Sekundärprävention (v. a. medizinische
Früherkennung und -behandlung), 13,5 % auf die Primärprävention und
1,7 % auf die Gesundheitsförderung (ÖBIG 2004).

Die Aufwendungen für die nicht-medizinische Primärprävention und

Gesundheitsförderung betrugen im Jahr 2001 nur 2,31 % der öffentlichen Gesundheitsausgaben bzw. 0,09 % des österreichischen BIP. Durch das Gesundheitsförderungsgesetz besteht die Notwendigkeit, den Stellenwert der Gesundheitsförderung im Rahmen der gesundheitlichen Versorgung kenntlich zu machen. Die Gesundheitsförderung weist – von einer niedrigen Basis ausgehend – in den letzten Jahren hohe Steigerungsraten auf; die Ausgaben für Primärprävention haben sich von 1996 bis 2001 mehr als verdoppelt, die Ausgaben für Gesundheitsförderung sind um 78,5 % gestiegen (ÖBIG 2004). Durch die politische Schwerpunktsetzung auf die Zielgruppe Kinder und Jugendliche, auf Gesundheitsförderung am Arbeitsplatz und auf spezielle Zielgruppen wie chronisch Kranke, ältere Menschen, Schwangere und Säuglinge dürfte die Beteiligung der Sozialen Arbeit am österreichischen Gesundheitswesen zukünftig an Bedeutung gewinnen.

2.1.4 Grundzüge des Gesundheitswesens in der Schweiz

Jede(r) Schweizer(in) ist gegen Krankheit versichert (auch aufenthaltsberechtigte Ausländer). Die Schweiz hat als bislang einziges Land weltweit seit 1997 die Gesundheitsprämie in der Krankenversicherung eingeführt. Betrug die Gesundheitsprämie („Kopfprämie") bei ihrer Einführung noch 166 CHF, so beträgt die Monatsprämie 2005 für Erwachsene ab 26 Jahren durchschnittlich 290 CHF (Kanton Appenzell-Innerrhoden: 193 CHF, Kanton Genf: 411 CHF). Die Höhe der Prämie wird von der betreffenden Kasse je nach Region ermittelt und unterliegt der Genehmigung durch das Bundesamt für Gesundheit (BAG). Überdies zahlt jede(r) erwachsene Patient(in) die ersten 300 CHF an Arzt- und Krankenhausrechnungen pro Jahr selbst (http://de.wikipedia.org/wiki/Gesundheitswesen_Schweiz, 20.10.05). Hervorzuheben ist ferner, dass der Anteil der nicht durch Versicherungen gedeckten Ausgaben („Selbstzahlerbelastung") so hoch ist wie in keinem anderen OECD-Land, höher sogar als in den USA (1085 US-Dollar gegenüber 735 US-Dollar kaufkraftbereinigt).

Entsprechend hoch liegen die Kosten für das Gesundheitswesen im internationalen Vergleich (in Prozent des Bruttoinlandprodukts (BIP), 2003): USA 15 %, Schweiz 11,5 %, Deutschland 11,1 %, Norwegen 10,3 %, Österreich 7,5 % (OECD 2005). Kaufkraftbereinigt ergibt der Kostenvergleich (in US-Dollar, 2003): USA 5635, Norwegen 3807, Schweiz 3781, Luxemburg 3190, Deutschland 2996. Im Wesentlichen ist die Gesundheitspolitik noch Sache der Kantone. Wegen der erkannten Notwendigkeit einer Verbesserung der Koordination in der Gesundheitsversorgung verschieben sich die Kompetenzen in Richtung „Bund". So wurde zwischen 2000 und 2003 ein Entwurf für eine nationale Strategie zum Schutz, zur Förderung, Erhaltung und Wiederherstellung der psychischen Gesundheit der Bevölkerung in der Schweiz erarbeitet, dessen Grundlage in der Ottawa-Charta zu finden ist (mit den biopsychosozialen Determinanten von Gesundheit). Die mit dem Projekt beauftragte Institution ist die Nationale Gesundheitspolitik Schweiz (NGP). Dieses Projekt fügt sich ein in einen Europäischen Aktionsplan für psychische Gesundheit. In einer Europäischen ministeriellen WHO-Konferenz „Psychische Gesundheit" (Helsinki 15.1.2005) bekennen sich die Mitgliedsstaaten in einer Europäischen Erklärung zur psychischen Gesundheit zu 12 Etappenzielen, die sie bis 2010 erarbeiten wollen. Das erste Etappenziel lautet „eine Politik erarbeiten und Aktivitäten umsetzen, die gegen Stigma und Diskriminierung vorgehen und das psychische Wohlbefinden fördern", u. a. an gesundheitsförderlichen Schulen und Arbeitsplätzen.

2.2 „Gesundheit für alle": europäische und internationale Perspektiven

Sprechen wir von Europa, dann stellt sich die Frage: Welches Europa ist gemeint? Das Europa sozialer Widersprüche? Das sich in Spannung von Arm und Reich polarisierende Europa? In der EU angestrebte Ausgleichsvorgänge vollziehen sich trotz entgegenlaufender Beteuerungen unter dem Primat von ökonomischem Kalkül. In Bezug auf Migration, Armut, ökologische Bedrohungen, Krankheit und Gesundheit, Benachteiligung und Marginalisierungstendenzen hat dies soziale Implikationen; deren Verschattungen zu bearbeiten ist Aufgabe von Sozial- und Gesundheitspolitik. Ebenso wenig wie die Bildungspolitik hat sich bis dato die Gesundheitspolitik und in ihrer Folge eine gesundheitsbezogene Soziale Arbeit den grenzüberschreitenden Notwendigkeiten gestellt – geschweige denn adäquate Lösungen entwickelt.

Im Zuge der Ottawa-Charta haben sich im Sinne einer sozialpädagogischen Gesundheitsförderung europäische Netzwerke zur „gesunden" Schule, zum „gesunden" Krankenhaus, zum „gesunden" Betrieb, zur „gesunden" Stadt usw. gebildet. Sind wir damit jedoch einem „gesunden" Europa näher gekommen? Dies sollte zuallererst ein Europa ohne soziale Ausgrenzung sein.

In den zurückliegenden Jahren haben sich im Zeichen der Deregulierung und einer Veränderung der wirtschaftlichen Rahmenbedingungen die Vorzeichen für Sozial- und Gesundheitspolitik verändert. War noch vor zehn Jahren die Rede von sozialer Gerechtigkeit in der Wirtschaftspolitik, so wird nun auf höchster Ebene in Deutschland von „Sozialdienstleistungsschmarotzern" gesprochen: Die Verlierer werden zu Räubern – „Auf dem Markt bestehen oder untergehen!" ist zu einem geflügelten Wort geworden.

Gibt es auf der Ebene der Gesundheit Gegenströmungen? Als solche sehen wir jene der WHO ab „Alma Ata" 1978 (vgl. dazu die kritischen Hinweise von Banerji 2002, 249) bis zur „Bangkok Charter 2005 für Gesundheitsförderung in der globalisierten Welt", verabschiedet von der 6. Weltkonferenz für Gesundheitsförderung.

Mehrere zentrale Themenfelder zur Verbesserung von Gesundheit über alle Grenzen hinweg sind als Aufgabenfeld einer gesundheitsbezogenen Sozialen Arbeit identifizierbar: Zum einen, sozial benachteiligten Menschen zu ermöglichen, durch Gesundheitsförderung an sozialer Entwicklung (Social Development) zu partizipieren, zum anderen der stärksten Bedrohung von Gesundheit entgegenzutreten: kriegerischen Konflikten in der Welt. Während sich Gesundheitsförderung größtenteils um eine Verbesserung von Lebensstilen bemüht, wird übersehen, dass die massivsten Bedrohungen in kriegerischen Konflikten, in Umweltzerstörungen, in politischer und materieller Unterdrückung liegen.

„Gesundheit für alle" bedeutet allerdings etwas anderes für Europa als für Afrika und Teile Asiens. Für die Europäische Union stellt sich beispielsweise die Aufgabe, die Auswirkungen der gesellschaftlichen Alterung, die durch Übergewicht und Tabakkonsum bedingten Zivilisationskrankheiten und die Bedrohung durch neue Krankheiten wie SARS (Byrne 2004, 1) zu bekämpfen. Gesundheit in Afrika – vor allem in den Ländern südlich der Sahara – ist bedroht durch absolute Armut und durch HIV / AIDS-Epidemien (Kap. 7.1.1). Während die Menschen in der EU insgesamt gesünder sind als je zuvor (Byrne 2004, 2), sinkt die Lebenserwartung in den 35 am stärksten von HIV betroffenen Ländern Afrikas auf durchschnittlich 48,3 Jahre. Ohne AIDS könnte die Lebenserwartung um 6,5 Jahre höher sein. In Botswana ist die Lebenserwartung von 60,2 Jahren auf 44,4 Jahre gefallen; erwartet wird in näherer Zukunft ein weiterer Rückgang auf 36,6 Jahre. Fast 900.000 Kinder im südlichen Teil Afrikas haben ihre Lehrer im Jahr 1999 durch AIDS verloren. 2005 sterben in Kenia 50.000–60.000 Kinder an AIDS. Im Jahr 2010 wird für Kenia eine Steigerung der Kindersterblichkeitsrate von 100 bei 1.000 Geburten vorhergesagt (Kaseje et al. 2002, 26). Ohne HIV / AIDS wäre eine Kindersterblichkeitsrate von 45 zu 1.000 erwartet worden. Außerdem hat AIDS ein geschlechtsbezogenes „Gesicht": AIDS verbreitet sich in den Regionen am meisten, in denen Frauen am stärksten unterdrückt werden.

„Gesundheit für alle" zu ermöglichen impliziert, sich mit den Entstehungsgründen gesundheitlicher Probleme auseinander zu setzen: mit Armut und sozialer Ausgrenzung. Armut ist ein Nährboden für HIV / AIDS; vice versa verschärft HIV / AIDS aber Armut. Die Hauptlast von HIV / AIDS wird von denen getragen, die für den Broterwerb zu sorgen haben. Familienmitglieder wenden ihre Zeit und Energie für die Pflege der Erkrankten auf, so dass letztlich „die gesamte Dynamik des wirtschaftlichen Lebens erlahmt" (Kaseje et al. 2002, 26). Eine europäische Strategie mit dem Ziel „Gesundheit für alle" sollte sich nicht darauf beschränken, innerhalb der Grenzen der 25 EU-Mitgliedsstaaten auf eine gesundere Gesellschaft hinzuarbeiten, Gesundheit zu ermöglichen hat eine globale Dimension. Ein insbesondere in Subsahara-Afrika erschwerter gleichberechtigter Gesundheitszugang resultiert aus dem Mangel bzw. gänzlichen Fehlen öffentlicher Gesundheits- und Sozialversicherungssysteme. Arme Bevölkerungsgruppen haben darunter besonders zu leiden, so dass wiederum der Erfolg der von der UN initiierten Poverty Reduction Strategies (PRS) in Frage gestellt wird. Ohne die gleichzeitige Bekämpfung von HIV/AIDS wird es nicht gelingen, den Anteil der extrem Armen an der Weltbevölkerung bis 2015 zu halbieren (Kirsch-Woik/Fährmann 2003, 59).

In welcher Weise ist Soziale Arbeit einbeziehbar? Ergeben sich Möglichkeiten über Social-Development-Projekte? So registriert J. Midgley (1996, 13–24) drei Schlüsselbereiche im Bereich von Social Development, in denen Soziale Arbeit mitwirken kann:

- Ressourcenstabilisierung
- Gemeinwesenarbeit, um Entwicklung zu fördern
- Hilfe für vulnerable Gruppen.

Sozialarbeiter arbeiten in transnationalen Organisationen wie auch in Organisationen, die lokal verortet sind (Community-Based Organizations – CBOs). Besonders in den CBOs können Ansätze entwickelt werden, vulnerable Gruppen darin zu unterstützen, ihre agency zu entfalten. Die Unterstützung von Handlungsbefähigung gelingt am besten dann, wenn sie zielgruppengerecht und lokal angesiedelt ist (Mancoske 1997, 139f).

Praktische Sozialarbeit auf der Handlungsebene lokaler Gemeinschaften vollzieht sich z.B. durch finanzielle Unterstützung von Jugendverbänden, wie der Deutschen Pfadfinderschaft Sankt Georg (DPSG) für die ASR (die Partnerorganisation in Ruanda), die Präventionsarbeit zu HIV/AIDS und anderen übertragbaren Krankheiten zu ihren Schwerpunkten Sozialer Arbeit vor Ort rechnet. Eine solche materielle Unterstützung ist gleichzeitig ein Beispiel für die begriffene Interdependenz von „global und lokal". Das Lokale ist die Familie, die Stadt, die Region, der eigene Verband. Vorstellbar ist, dass – analog zu sich entfaltenden Jugendkulturen im Gravitationsfeld globaler Prozesse (Villányi/Witte 2004, 58ff)– sich auch „Gesundheit für alle" in naher Zukunft im Sinne einer „Globalisierung von unten" verorten lässt. Ob dafür auf der Makroebene vorrangig agierende Organisationen wie die WHO und UNICEF geeignete Träger sind, ist fraglich (Carpenter 2000, 347).

Erfolgversprechend ist es – für arme Länder in Afrika, aber auch für andere benachteiligte Regionen grundsätzlich –, das soziale Kapital vor Ort zu entfalten und Menschen aus dem lokalen Kontext so weiterzubilden, dass sie zu „social entrepreneurs" werden, die dann vor Ort soziale und gesundheitsbezogene Entwicklung fördern und eine ökosoziale Sicht zur Gesundheit entwickeln.

2.3   Gesundheitspolitik – Herausforderung für Soziale Arbeit?

Gesundheitspolitik sei die Kunst der Regierung, den Zuwachs der Ausgaben für die Krankenversorgung zu senken; dies sei eine gängige Auffassung gewesen und möglicherweise bis in die Gegenwart gültig – so Rosenbrock (2000, 187). Die Reduktion von Gesundheitspolitik auf Krankenversorgungspolitik ermöglicht es, Prävention und Gesundheitsförderung sowie zentrale Aspekte des gesellschaftlichen Umgangs mit Gesundheit und Krankheit auszusparen (Rosenbrock 2000, 188). In den zurückliegenden Jahren hat sich der Blick erweitert. Entsprechend formuliert Rosenbrock (2000, 189f), das Ziel von Gesundheitspolitik sei die Verbesserung der gesundheitlichen Lage der Bevölkerung durch Minderung krankheitsbedingter Einschränkungen der Lebensqualität und durch Vermeidung des vorzeitigen Todes. Dies schließt die Senkung von Erkrankungswahrscheinlichkeiten (Prävention) durch die Minderung pathogener Belastungen und die Förderung salutogener Ressourcen ebenso ein wie die Gestaltung und Steuerung von Krankenversorgung und Rehabilitation. Eine geeignete Grundlage bietet der § 20 SGB V. Anknüpfungspunkte bieten ebenso das – bezogen auf Deutschland – im Gesetzgebungsverfahren steckende Präventionsgesetz oder das in Österreich schon seit 1998 gültige Gesundheitsförderungsgesetz. Diese zumindest allgemein Mut machenden gesundheitspolitischen Initiativen sind allerdings erst dann wirkungsvoll, wenn ihnen eine solide Finanzierung für entsprechende Maßnahmen zugrunde liegt. Kritisch merkt Rosenbrock an, es sei nicht nur eine neue Präventionsgesetzgebung nötig, sondern auch ihre Finanzierung, denn schon oft kreißte der präventionspolitische Berg, heraus kam „aber schließlich nur ein Mäuslein mit ein paar neuen Plakaten oder Ermahnungen oder eine neue hilflose Institution" (Rosenbrock 2004, 147).

Die Schweiz hat auf der Grundlage des 1996 in Kraft getretenen Krankenversicherungsgesetzes (KGV, Art. 19, Abs. 2) das eingerichtet, worüber in Deutschland 2006 immer noch diskutiert wird: eine Stiftung für Gesundheitsförderung. Die „Gesundheitsförderung Schweiz" wird von allen Einrichtungen des Gesundheitswesens getragen und ist bemüht, als eine nationale Organisation die Gesundheit der Gesamtbevölkerung zu verbessern (Rosenbrock/Gerlinger 2004, 265). Eine wichtige Grundlage für die Aktivitäten der Stiftung bilden die Handlungsebenen der Ottawa-Charta von 1986. Zentrale Aufgaben sieht die Stiftung in der Stärkung von Gesundheitsförderung und Prävention, im Bereich „Ernähren – Bewegen – gesundes Körpergewicht" sowie in der psychischen Gesundheit

(Kap. 2.1.2). Durch diese Stiftung ist eine nationale Einrichtung geschaffen worden, die es ermöglicht, Menschen in ihrer Arbeit wie in ihrer Freizeit darin zu unterstützen, zu ihrer Gesundheit (Wohlbefinden, Freisein von Krankheit, Schaffung von Lebensfreude, Verbesserung von Lebensqualität) selbst beizutragen. Zu den Rahmenbedingungen von „Gesundheitsförderung Schweiz" gehört auch die Chancengleichheit zwischen Männern und Frauen sowie Mädchen und Jungen. „Gesundheitsförderung Schweiz" ist bemüht, eine nationale Gesundheitsförderungs-Policy zu entwickeln, die Anregungen für gesundheitspolitische Strategien von Bund und Kantonen schaffen soll.

In Österreich wurde die Einführung des Gesundheitsförderungsgesetzes von der Gründung des gemeinnützigen „Fonds gesundes Österreich" begleitet. Dieser ist für die Ausführung der Aufgaben in Prävention und Gesundheitsförderung zuständig, und er verteilt die öffentlichen Aufwendungen für diesen Bereich im Rahmen der Einzelförderung von innovativen Projekten und Aktivitäten zur Gesundheitsförderung.

Gesundheitspolitik für Kinder und Jugendliche im sozialpädagogischen Blickfeld

Wie bereits erwähnt, gelangt Gesundheit in Deutschland sehr zögerlich in den Blick der deutschen Sozialen Arbeit. Erst im 11. Kinder- und Jugendbericht von 2002 erhält Gesundheit einen eigenen Abschnitt mit dem Titel „Prävention und Gesundheitsförderung als Aufgabe der Kinder- und Jugendhilfe" (BMFSFJ 2002, 227 ff). Die für den Bericht verantwortlich zeichnende Kommission plädiert für eine stärkere Verankerung von Prävention und Gesundheitsförderung in der Kinder- und Jugendhilfe. Rothenburg schreibt entsprechend, wesentliche Ressourcen für die Erziehungsfähigkeit einer Familie seien in ihrer Gesundheit begründet (Rothenburg 2001, 317–327). Das SGB VIII biete – so die Autorin – zu wenig Signale für eine gesundheitspräventive und -förderliche Soziale Arbeit im Sinne eines salutogenetischen Grundverständnisses.

Im Zuge einer sozialwissenschaftlich begründeten Fassung von Gesundheit hat sich in der Sozialen Arbeit eine Vorstellung zu deren Förderung entwickelt, die neben anderen auch sozioökonomische und umweltbezogene Determinanten einbezieht. Diese implizieren die gesundheitspolitische Philosophie, die Akteure bei der aktiven Umsetzung ihrer gesundheitsbezogenen Aufgaben zu unterstützen.

Der Gesundheitspolitik fällt die Aufgabe zu, die nötigen Rahmenbedingungen zu schaffen. Dazu zählen zukunftsweisende plausible Finanzierungsformen (Göpel 2002, 69 f), u. a.:

■ Steuermittel für die Gestaltung gesundheitsförderlicher, ökologisch verträglicher Lebensbedingungen in Städten und Kommunen zu verwenden (Forderung der Gesundheitsministerkonferenz am 21./22.6.2001: Mittel zur Gesundheitsförderung vor allem für Kinder und Jugendliche im Zusammenhang mit Alkohol- und Tabakkonsum zu gewinnen)

- Gemeinwohl-Initiativen durch Gesundheitsförderungs-Fonds zu unterstützen, „die durch Abgaben auf gesundheitsschädigende Waren und Produkte (Tabak, Alkohol)… gebildet werden" (Göpel 2002, 69)
- einen Zukunfts-Fonds „Gesundheitsförderung" zu schaffen, der „zwischen individueller Krankheitsversicherung und staatlicher Rahmenverantwortung neue Initiativen für eine gesundheitsfördernde Lebenskultur" (Göpel 2002, 69) ermöglicht.

Die zentralen Determinanten für gesundheitliche Ungleichheit (wie sozioökonomische Bedingungen) liegen außerhalb des Gesundheitsbereiches im engeren Sinne. Sie wirken aber auf diesen ein. So stellt Navarro (2002, 1) fest, in der Literatur zu Ungleichheit und Gesundheit würden in vielen Fällen sozioökonomische und politische Gründe für das Anwachsen sozialer Ungleichheit und ihre Konsequenzen für Gesundheit übersehen. Wenn Gesundheit und ihre Risiken immer wieder erfolgreich als persönliches und privates Phänomen etikettiert würden, dann sei dies deshalb möglich, weil das Grundprinzip kapitalistischen Wirtschaftens – die soziale Ungleichheit – sich durchzusetzen vermag gegen das den Bürgerrechten zugrundeliegende Prinzip der Gleichheit. Trotz 50-jährigen Ringens der UN um eine weltweite Durchsetzung sozialer Rechte wie Gesundheit, freie Entfaltung der Persönlichkeit und geregeltes Mindesteinkommen ist deren Umsetzung nicht annähernd erreicht. Das Ziel einer gesunden Weltgesellschaft könnte zur zentralen Aufgabe des 21. Jahrhunderts werden. Ein gestiegenes Gesundheitsinteresse in modernen Gesellschaften – u. a. auch in Deutschland – kann dieses Anliegen maßgeblich unterstützen; die Soziale Arbeit in Disziplin und Profession kann dazu einen wichtigen Beitrag leisten.

3   Historische Zusammenhänge

Gesundheitsbezogene Fragen sollten eine rein medizinisch-naturwissenschaftliche Betrachtungsweise überschreiten. Eine Geschichte der Gesundheit hat sich mit der Entwicklung der materiellen Verhältnisse zu befassen: mit der Ernährung, den Wohnverhältnissen, der Kleidung und der Körperhygiene; aber auch mit den Arbeitsbedingungen, den Anforderungen an die körperliche und psychische Leistungsfähigkeit (Göckenjan 1985, 23). Ärzte und Medizin kommen hier nur am Rande vor. Aber Fragen nach dem „gesunden Leben", nach dem „Wert der Gesundheit" für den Einzelnen und die Gesellschaft oder nach Maßnahmen, die Gesundheit erhalten und fördern können, sind immer schon mit pädagogischen, sozialen und kulturhistorischen Perspektiven verknüpft. Gesundheit stellt ein Problem- und Aufgabenfeld unterschiedlicher Disziplinen und Professionen dar. Die Monopolisierung von Gesundheit durch Medizin und Ärzteschaft ist zum einen ein recht spätes Produkt in der Geschichte unserer Gesellschaft und zum anderen von vielfältigen politischen und sozialen Rahmenbedingungen abhängig. Ein breit angelegter Rückblick auf die Entwicklung des Gesundheitsthemas bringt zum Vorschein, dass die Frage nach der Gesundheit in zwei Kontexte einzuordnen ist:

1. in die Frage nach der Bedeutung des Körpers, der Regulierung körperlichen Verhaltens und der vorherrschenden Körperkultur.
2. in die Herausbildung einer jeweils spezifischen „biologischen Normativität", an der sich das individuelle und gesellschaftliche Gesundheitsbewusstsein sowie die individuellen und sozialen Bemühungen um Gesundheit orientieren.

3.1   Zur Entwicklung der Körperkultur

Die Entwicklung der Körperkultur der modernen europäischen Gesellschaften führt bis in die mittelalterliche Gesellschaft zurück. In dieser Zeit wurde durch den Rückbezug auf antike Formen der Diätetik, durch die Etablierung christlicher Lebenspraktiken und durch die Konstitution neuer Verhaltensanforderungen in der weltlichen Oberschicht eine rudimentäre Regulierung des körperbezogenen Verhaltens eingeführt und erweitert. Die wichtigsten sozialen Orte für die mittelalterliche Körper-disziplinierung waren das Kloster und der fürstliche Hof.

Im *Kloster* herrschte das Leitmodell der „Askese" und des Lebens nach der „Regel" vor. Dieses beinhaltete eine Regulierung und Ordnung des Gemeinschaftslebens (des alltäglichen Sozialverhaltens, des Tagesablaufs etc.), aber keine explizite Orientierung am Körper und dessen Wohler-gehen. Bis in die Neuzeit wurde das Leben vom Tode her betrachtet, der durch die Gewissheit des Ewigen Lebens erleichtert werden sollte (Labisch 1989, 16). So war das Leben im Kloster auf das jenseitige, nicht auf das diesseitige Heil ausgerichtet; die Körperdisziplinierung fand zu-gunsten des Jenseits und des Heiligen statt, was mitunter zu extremen Ausprägungen körperlicher Selbstzüchtigung führte (wie z.B. Geiße-lungen). Zugleich hatte das Leben im Kloster im Unterschied zum we-niger geregelten Leben „draußen" – in der weltlichen Gesellschaft – eine „paradoxe", positive Wirkung auf die Gesundheit (Labisch 1992). Mit dem Wunsch nach einem langen Leben – beginnend mit der Renaissance – wird der Tod entzaubert, der Leib um seiner selbst willen in den Blick genommen.

Am *Hof* etablierte sich die „Courtoisie" bzw. das „höfische oder höf-liche Benehmen" als besonderes, „edles" Verhalten, das Adlige vor dem gemeinen Volk und den Bauern auszeichnete. Es setzte sich ein Standard rudimentärer Verhaltensregeln durch, der nach den Analysen von Elias für mehrere Jahrhunderte konstant blieb (ca. vom 12. bis zum 15. Jahr-hundert). Gesundheitsbezogene Überlegungen blieben zu diesem Zeit-punkt unberücksichtigt. Es handelte sich um Regeln für das Verhalten bei Tisch, für den Umgang mit natürlichen Bedürfnissen und körperlichen Ausscheidungen (z.B. Spucken, Schneuzen), für das Verhalten im Bett usw. (Elias 1981).

Die Begründungen für die geforderte Körperkontrolle waren sehr schlicht: Es ging vor allem darum, sich vom Verhalten der Bauern ab-zuheben und bei den anderen Anwesenden keine „Peinlichkeit" zu er-zeugen. In der Gesamttendenz ließ sich eine recht geringe Regulierung von körperlichen Trieben und Bedürfnissen, von Affekten und Emotio-nen festhalten. Das körperliche Verhalten äußerte sich relativ direkt, ohne Notwendigkeit der Selbstkontrolle, der rationalen Steuerung oder gar der Instrumentalisierung.

Um 1500 setzte ein „Prozess der Zivilisation" ein, der die Körperkul-tur und die Verhaltensstandards entscheidend veränderte. Im Verlauf von ca. 300 Jahren etablierten sich Verhaltensweisen, die für uns bis heute selbstverständlich sind, z.B. der Gebrauch des Taschentuchs, die Ein-führung der Gabel beim Essen, die „Privatisierung" der körperlichen Bedürfnisse und Ausscheidungen. Ausgehend von der Adelsgesellschaft und den Höfen fand eine permanente „Verfeinerung" und „Zivilisierung" des Verhaltens statt, die unter dem Leitbegriff der „Civilité" zusammengefasst wird. Die Begründungen für diese fortschreitende Zivilisierung des Verhaltens wechselten im historischen Verlauf. Gesundheitliche und hygienische Begründungen finden sich erst relativ spät, ab der zweiten Hälfte des 18. Jahrhunderts. Vor diesem Zeitpunkt standen Begründungen wie der Respekt vor sozialen Anderen, das Bemühen um soziale Distinktion und das Vorrücken der Scham- und Peinlichkeitsschwelle im Vordergrund (Elias 1981).

Dieser Prozess lässt sich am Beispiel des Schneuzens verdeutlichen: Im 16. Jahrhundert wurde hierzu das Taschentuch eingeführt. Es diente jedoch zunächst weniger seinem unmittelbaren Zweck denn als Prestigeobjekt (Damen hängten es mit kostbaren Verzierungen an den Gürtel; junge „Snobs" boten es anderen an oder trugen es im Mund herum). Mit der Zeit breitete sich der Gebrauch des Taschentuchs von sozial Höherstehenden auf niedrigere Schichten aus. Die in der sogenannten „höfischen Gesellschaft" – der gesellschaftlichen Elite – entwickelte Verhaltenspraxis wurde zunächst im niederen Adel und später auch in den bürgerlichen Schichten üblich. 200 Jahre später war der Gebrauch des Taschentuchs allgemein geworden; Regeln zur Benutzung des Taschentuchs richteten sich nur noch an Kinder. Zugleich verschob sich in der Oberschicht das Schneuzen „hinter die Kulissen", in die Sphäre der Heimlichkeit. Ein Bann des Schweigens verhüllte das Interesse an körperlichen Ausscheidungen.

Die Gesamtrichtung des Zivilisationsprozesses bestand in der zunehmenden Affektregulierung und Disziplinierung des Körpers, in der Unterordnung des körperlichen Verhaltens unter soziale Zwecke und rationale Erwägungen. Durch die Verinnerlichung der Körperkultur mit Hilfe der Verschiebung vom Fremdzwang zum Selbstzwang entstand die Möglichkeit der Selbstkontrolle und der Langsicht (des zukunftsgerichteten, zweckbestimmten Verhaltens).

Im Übergang von der höfischen zur bürgerlichen Gesellschaft wurden die erreichten Verhaltensstandards mit geringen Modifikationen als allgemeingültige „Zivilisation" festgeschrieben. Die Zivilisation wurde zum Leitbegriff, mit dessen Hilfe sich nun das europäische Abendland insgesamt von den sogenannten Wilden und Barbaren unterschied. Die moralisch-sittlichen Begründungen der Körperregulierung wurden im Zuge der Aufklärung wissenschaftlich untermauert. Erst jetzt tauchten nachträgliche hygienische und gesundheitliche Argumentationen auf (z. B. die Furcht vor Ansteckung).

Eine Verhaltensregulierung um der Gesundheit willen ist demnach nicht voraussetzungslos. Sie setzt die Verinnerlichung der neuzeitlichen Körperkultur, die Notwendigkeit des Selbstzwangs und des zweckgerichteten körperlichen Verhaltens voraus. Sie erfordert also „Zivilisation" im Sinne einer auf Affektkontrolle und Körperdisziplinierung basierenden Körperkultur.

3.2   Vorläufer des modernen Gesundheitsbewusstseins

Auch wenn das Interesse an Gesundheit bis zum Beginn der modernen Gesellschaft kein handlungsleitendes Motiv ist, kommt parallel zu den Anfängen der „Civilité" der „Wunsch nach einem langen Leben" auf. Labisch führt dafür drei Gründe an:

Die neu geforderte Zurückhaltung und der Triebaufschub lassen ein langes Leben zur Erreichung der Lebensziele notwendig erscheinen.

Es lässt sich generell ein gewachsenes Interesse am Körper konstatieren; der Körper wird als Voraussetzung und Werkzeug für unterschiedliche Tätigkeiten erkannt, z. B. auch für die „geistige Arbeit".

Es zeigt sich eine neue Betonung der Selbstbestimmung und der Machbarkeit; in diesem Zusammenhang erscheint auch körperliche Gesundheit nicht mehr nur als Ausdruck des Schicksals und der göttlichen Gnade, sondern zumindest z. T. auch als ein Bereich, der in der Verfügung des Menschen liegt (Labisch 1992).

Die Zuständigkeit des Menschen für seine Gesundheit wird paradigmatisch von Paracelsus in der ersten Hälfte des 16. Jahrhunderts beschrieben. In seinem „Regiment der Gesundheit" bezeichnet er Gesundheit als eine nicht-natürliche Ordnung und als eine Möglichkeit, „den Leib höher zu bringen als die angeborene Natur anzeigt". Diese beruht auf einer individuellen gesundheitsgerechten Lebensführung, für die antike Erkenntnisse zur Diätetik aufgegriffen werden; auf gesundheitsgerechten öffentlichen Verhältnissen, die z. B. auch die Beachtung der Sternkonstellationen einschließen und auf der Bekämpfung und Heilung von Krankheiten, die der Medizin und den Ärzten obliegt. Das „Regiment der Gesundheit" war also nur zu einem kleinen Teil Krankenversorgung (wie heute vorherrschend) und zu einem größeren Teil Gesundheitslehre, d. h. „Körperkultur", „Höherbringen" des Leibes durch eine Art von körperlicher Bildung und Beeinflussung der sogenannten sechs „nicht-natürlichen" Lebensbedingungen:

1. Umgang mit Licht und Luft
2. Kultur von Speise und Trank
3. Wechsel von Bewegung und Ruhe, Arbeit und Muße
4. Rhythmus von Schlafen und Wachen
5. Ausscheidungen und Aussonderungen
6. Umgang mit Emotionen und Affekten, mit sich selbst und seinesgleichen.

Neben der Zuständigkeit der Ärzte für die Kranken existierte damit eine individuelle Zuständigkeit für die eigene Lebensführung und eine gesellschaftliche Zuständigkeit für die öffentlichen Verhältnisse (Schipperges 1990).

Die individuelle Zuständigkeit für Gesundheit wird im 17. Jahrhundert vor allem im Bürgertum aufgegriffen. Im Schatten der aristokratischen Körperkultivierung wird dort die Notwendigkeit des Erhalts von Leistungsfähigkeit, Geschäftstüchtigkeit und Wachheit – z. B. im Handel – gesehen. Auf diese Weise entsteht eine Differenz zwischen der Körperkultur der arbeitenden Bürgerschicht und der Körperkultur der nicht-arbeitenden Adelsschicht. Die Instrumentalisierbarkeit des Körpers wird für die Erreichung arbeitsbezogener, bürgerlicher Lebensziele genutzt. Schlagworte in dem Zusammenhang sind „Mäßigung" und „Nüchternheit" – in Mitteleuropa setzt sich neben dem Bier der Kaffee als Alltagsgetränk durch (Schivelbusch 1983, 45 ff).

Die gesellschaftliche Zuständigkeit für Gesundheit wird im Zuge der Pest deutlich. Die verheerenden Auswirkungen der Seuche führen zu einem neuen Blick auf die sogenannte „öffentliche Gesundheit". Zwischen 1347 und 1351 starb ca. 1/3 der europäischen Bevölkerung an der „Schwarzen Pest", danach folgten immer wiederkehrende Epidemien bis 1666. Zur Bekämpfung der Seuche schienen drastische Maßnahmen notwendig. Die Stadt Venedig war hierbei Vorreiter mit Maßnahmen gegen die Ausbreitung der Seuche, die in zahlreichen anderen Städten und Ländern Nachahmung fanden. In Venedig gab es bereits vor der ersten Pestwelle sogenannte „Stadtärzte" im öffentlichen Dienst, die für die Ärmsten der Stadt sowie bei Epidemien zuständig waren. Ende des 15. Jahrhunderts kam es zur Einrichtung einer städtischen „Gesundheitsbehörde" und zum Übergang von der fallbezogenen zur permanenten Seuchenabwehr. Die öffentliche Gesundheit wurde als eigenständiges Ziel erkannt – als Voraussetzung für ein florierendes Stadtleben und als „biologische" Grundlage für die soziale Stabilität und Ordnung (Labisch 1992, 51 ff).

Die städtische Gesundheitsbehörde wurde nicht von Ärzten, sondern von städtischen Führungsschichten und Beamten geleitet. Das Ziel „öffentliche Gesundheit" diente zugleich als Legitimation für die Machterweiterung der Herrschenden: Sie übernahmen zahlreiche Aufsichts- und Kontrollfunktionen; sie waren zuständig für die Zulassung der Stadtärzte, für Hospitäler, für Ordnungen des Marktes und des öffentlichen Verkehrs. Dies führte zu massiven Eingriffen in die Freiheit von Personen und Gruppen: zur Regulierung von Zu- und Abwanderung, zur Überwachung von Randgruppen wie Armen, Leprakranken, Prostituierten und Juden, z. T. zur Unterbindung des Warenhandels, zur Ausstellung von „Gesundheitspässen", zur sozialen Isolation von Pestbezirken und zum Verbot von Massenveranstaltungen wie Prozessionen.

Die Bemühungen um die öffentliche Gesundheit brachten damit massive ordnungspolitische Interventionen – ohne genaues Wissen über die Ursachen der Pest – mit sich. Dies rief massiven Widerstand hervor, z. B. bei Kaufleuten und Handelsfirmen. Es bildeten sich erste Ansätze zu einer auf umfassender Überwachung und Kontrolle beruhenden Machtausübung, zur Durchdringung der gesamten Gesellschaft mit Machtwirkungen. Zugleich zeigte sich aber auch die Notwendigkeit zur Kompromissbildung zugunsten der Ökonomie und dem Freiheitsanspruch der Bürger. Gesundheit wird auf diese Weise zu einem Ziel, das mit anderen gesellschaftlichen Zielen konkurrieren muss. Gesundheit wird darüber hinaus eher Voraussetzung als Ziel kollektiven Handelns und wird in dieser Form zu einem Teilbereich der öffentlichen Stabilität und Ordnung (Labisch 1992, 58 ff).

3.3   Gesundheitsaufklärung und Hygiene

Im Hinblick auf die *individuelle Zuständigkeit für Gesundheit* verschränken sich mit der Entstehung der modernen bürgerlichen Gesellschaft im 18. Jahrhundert die beiden Aspekte der Körperkultur: die Durchsetzung einer sozial angemessenen, zivilisierten Körperdisziplinierung und die Etablierung einer gesundheitsgerechten Lebensweise. In die bürgerliche Körperkultur gehen die Verhaltenszwänge der Adelsgesellschaft wie Selbstkontrolle, Langsicht und Affektregulierung ein. Darüber hinaus wird Gesundheit als Erhalt der Arbeits- und Leistungsfähigkeit zunehmend wichtig. Sie verknüpft damit die auf soziales Prestige gerichtete, expressive Seite der Körperdisziplinierung und Körperstilisierung mit der auf Zweckmäßigkeit und Nützlichkeit ausgerichteten Lebensführung. Die neue Form der Körperkultur lässt sich in den zahlreichen Schriften zur Gesundheitsaufklärung Ende des 18. Jahrhunderts auffinden, die Gesundheit zu einem pädagogischen Programm erheben.

Faust z. B. verfasst 1792 den „Entwurf zu einem Gesundheits-Katechismus". Es handelt sich um ein an Kinder gerichtetes, für Kirche, Schule und Haus einsetzbares Lehrbuch zur Gesundheitserziehung. Kinder werden als Hypothek für die Zukunft betrachtet, was eine öffentliche Gesundheitserziehung wichtig macht. Dabei werden gesundheitliches Verhalten, Sittlichkeit und Religiosität verknüpft. Als Leitbegriff dient der im Verlauf des 19. Jahrhunderts zentral werdende Begriff der „Reinlichkeit":

> „Was nützt dem Menschen die Reinlichkeit? Sie erhält und befestigt die Gesundheit, die Sittlichkeit und die Wuerde des Menschen; sie erheitert seinen Verstand und ermuntert ihn zur Thätigkeit; sie verschafft ihm Achtung und Liebe bei Andern und nur der reinliche Mensch ist eines sittlichen, frohen und gluecklichen Lebens faehig" (Faust in: Labisch 1992, 95).

Eine weitere populäre Schrift wird von Hufeland 1797 veröffentlicht: „Die Kunst, das Leben zu verlängern" bzw. die „Makrobiotik". Dieses Buch gilt als Meilenstein in der Gesundheitserziehung des Bildungsbürgertums und es prägt den gesundheitsaufklärerischen Diskurs des 19. Jahrhunderts. Physische und moralische Gesundheit erscheinen Hufeland wie Leib und Seele verwoben. Sie werden als dem Verstand zugängliche

Wertsysteme betrachtet, die von Gott und der göttlichen Natur abgekoppelt sind. Der Mensch ist mit einer endlichen Lebenskraft ausgestattet, mit der er sorgsam haushalten muss. Durch gesundheitsgerechtes Verhalten kann er sie erhalten und bewahren.

Der Philosoph Kant erstellt im Anschluss an Hufeland eine Gesundheitsschrift mit dem Titel „Von der Macht des Gemüts, durch den bloßen Vorsatz seiner krankhaften Gefühle Meister zu sein". Durch Anknüpfen an Grundsätze der Diätetik plädiert er für die Gesunderhaltung durch eine vernunftgeleitete, rational geplante Lebensführung, die ein langes Leben zum Resultat eigener Anstrengungen macht (Kant 1993).

Jenseits rationaler Erwägungen wird der „Kult der Gesundheit" schließlich zum Markenzeichen des aufstrebenden Bürgertums. Er dient zur Absetzung von den Unterschichten sowie von den aristokratischen Formen der Körperdisziplinierung. Er ist charakterisiert durch Leistungsfähigkeit und Zukunftsorientierung (z. B. wird die Gesundheit der Nachkommen wichtig). Er enthält Rationalität durch Bezug auf Medizin und Biologie, aber er bleibt mit Moral und sozialen Normen verknüpft. Arme und Kranke werden in einer Gesellschaft, in der man Gesundheit ebenso wie Reichtum durch eigene Leistung erwerben muss, gleichermaßen als sozial Minderwertige an den Rand gedrängt. Ihnen gelingt es am wenigsten, die den Gesundheitslehren zugrunde liegenden Körperübungen und Speisegebote umzusetzen. Von daher erscheint es konsequent, dass Arme wie Kranke im 19. Jahrhundert gleichermaßen zu Zielgruppen privater Hilfstätigkeit werden. Die Versorgung der Armen und die Pflege der Kranken stellen den Ausgangspunkt moderner Fürsorgetätigkeiten dar, die noch wenig zwischen Gesundheitsfürsorge und Armenfürsorge unterscheiden (Hering / Münchmeier 2003, 68).

Dieser Sachverhalt hat eine lange Tradition. Im Mittelalter ist die Pflege der Kranken in, aber auch außerhalb von Spitälern und Anstalten eng mit der Fürsorge für Arme verbunden gewesen (Fischer 1933, 133). „Nicht selten war es so, daß in einem Saale Kranke in Betten liegen, und daß in dem angrenzenden Raum Arme, ein Krüppel (...) Nahrungsmittel erhalten" (Fischer 1993, 135). Wandlungen größerer Art ergaben sich im 16. Jahrhundert. Hervorzuheben ist Vives' Schrift als erstes Lehrbuch der sozialen und hygienischen Fürsorge (Fischer 1993, 157). Das erste Lehrbuch öffentlicher Hygiene stammt aus der Feder von Struppius von Gelnhausen im Jahr 1573. Ziel seiner Ausführungen war die Verbesserung der öffentlichen Gesundheitsverhältnisse. Sie wurde erst im Zuge der Industrialisierung im 19. Jahrhundert für das Proletariat grundlegend in Angriff genommen. „Der Umgang mit dem eigenen Körper geriet zum Politikum, das in vielfältiger Weise beeinflussbar erschien" (Frevert 1984, 21). Dabei ging es nicht nur um ökonomische und militärische Interessen, sondern auch um Sozialdisziplinierung, „die die Integration aller Bevölkerungsgruppen (...) in ein auf Rationalität, Vorhersagbarkeit, Effizienz und

Machtvergesellschaftung beruhendes soziales System zum Ziel hatten" (Frevert 1984, 84). Als Voraussetzung für Interventionen differenzierte sich der Blick für Arme in der zweiten Hälfte des 19. Jahrhunderts zunehmend aus: in Bettler, Hilfsbedürftige und Arme. Die Hilfsbedürftigen (Frevert 1984, 90 ff) waren oft geprägt durch Altersschwäche und Krankheit. Das Leben der Armen war durch materiellen Mangel geprägt. Zu ihnen zählten ländliche Tagelöhner, Kätner, Boten, Händler. Die Grenzen zu den Hilfsbedürftigen waren fließend – der Schritt von der Dürftigkeit zur Bedürftigkeit war oftmals klein.

Abzugrenzen vom Leben der Armen ist im 19. Jahrhundert das Leben im Bürgertum. Der Leitbegriff der bürgerlichen Körperkultur – die „Reinlichkeit" – umfasst mehr als Körperpflege und Hygiene. Reinlichkeit wird darüber hinaus zu einem moralischen Begriff und zu einem sozialen Distinktionsmittel. Zusammen mit ihrem Gegenmodell – dem „Ekel" – wird sie Teil der bürgerlichen Affektregulierung. Und sie dient als Kennzeichen des Alltagsverhaltens und darauf bezogener technischer Neuerungen (wie z. B. des in der ersten Hälfte des 19. Jahrhunderts aufkommenden „Duschschranks"), die dem neuen bürgerlichen Reichtum und Lebensstil zum Ausdruck verhelfen (Frey 1998). Durch den prinzipiell egalitären Anspruch der bürgerlichen Gesellschaft, durch die pädagogisch gewendete Gesundheitsaufklärung und durch die Verpflichtung der gesamten Bevölkerung auf produktive Arbeit und Arbeitsfähigkeit wird der Gesundheitskult des Bürgertums jedoch zugleich zu einer sozialen Norm erhoben; er etabliert eine neue „biologische Normativität" und wird zum Medium einer volkspädagogischen Belehrung nach „unten".

Als Bedingung für den Erhalt der Arbeitsfähigkeit wird das Gesundheitsmotiv schließlich auf die Gesamtheit der lohnabhängigen Bevölkerung ausgedehnt. Volksaufklärerische Bemühungen zur Hebung der Sittlichkeit enthalten im Verlauf des 19. Jahrhunderts eine starke gesundheitliche, an der Ausbreitung der Reinlichkeit orientierte Komponente. Darüber hinaus wird deutlich, dass der Erhalt der Arbeitsfähigkeit insbesondere im Proletariat einer sozialpolitischen Grundsicherung bedarf, die Maßnahmen der Sozialhygiene und der öffentlichen Gesundheitspflege einschließt (Labisch 1989, 23). Neben einem *volks- oder sozialpädagogischen Zugang*, der auf die Ausbreitung gesundheitsbezogener Normen, Werte und Vorstellungen zielt und der bestrebt ist, die Individuen auf ein gesundheitsgerechtes Handeln zu verpflichten, entstehen dementsprechend gesundheitsbezogene *sozialpolitische Aktivitäten*, die auf die Verbesserung der gesellschaftlichen Voraussetzungen für Gesundheit zielen und die eine gesellschaftliche Zuständigkeit für Gesundheit zum Ausdruck bringen. Beide Dimensionen – die sozialpädagogische und die sozialpolitische, die individuelle und die gesellschaftliche Zuständigkeit für Gesundheit – werden zum Ausgangspunkt für die Etablierung einer gesundheitsbezogenen Sozialen Arbeit, die sich zu Beginn des 20. Jahrhunderts als eigenständiger Zweig der Fürsorge verselbständigt und institutionalisiert.

Die *gesellschaftliche Zuständigkeit* für Gesundheit realisiert sich zum einen in ordnungspolitischen Maßnahmen zur Kontrolle und gesundheitlichen Aufsicht und zum anderen in leistungsbezogenen Maßnahmen zur Sicherstellung einer gesundheitlichen Versorgung und Infrastruktur. Eine extreme Ausprägung des Kontrollaspekts findet sich an der Schwelle zur Moderne im „System einer vollständigen medizinischen Polizey" von Johann Peter Frank (1779): Unter der Perspektive der öffentlichen Gesundheit wird das gesamte öffentliche und private Leben reguliert (von der Fortpflanzung über die Kinderaufzucht bis zur Ernährung, Kleidung und Wohnung). In diesem Programm verbinden sich Gesetzgebung, Kontrolle und obrigkeitliche Intervention bis zur Gefahr einer völligen Aufhebung der menschlichen Freiheit (Labisch 1992, 88 ff). Mit der Zeit setzt sich gegenüber solch totalitären Visionen eine Trennung und Verteilung der Aufgaben im öffentlichen Gesundheitswesen durch, die maßgebend von Lorenz von Stein in Preußen vorangetrieben wurde (1867). Die herrschaftlichen Elemente gingen von den Städten auf den Staat über (Gesetzgebung, Aufsicht über Medizinalberufe, Gerichtsmedizin); das auf Personen gerichtete leistungspolitische Moment verblieb bei den Städten (Armenkrankenpflege, Krankenhäuser und Krankenpflege, später weitere Leistungen der Gesundheitsfürsorge).

3.4 Von der Hygiene zur Gesundheitsfürsorge

Die Prozesse der Industrialisierung und Urbanisierung brachten im 19. Jahrhundert zahlreiche neue soziale Probleme und Formen der Desintegration mit sich. In diesem Zusammenhang wurden soziale Missstände oft an gesundheitlichen Problemen festgemacht, die diese körperlich sichtbar und damit in ihren Konsequenzen wahrnehmbar und erfahrbar machten. So diente z. B. Pestalozzi in seinem Stanser Brief die Beschreibung des körperlichen Zustands seiner Kinder als Symptom für ihre Hilfsbedürftigkeit:

> „Viele von ihnen traten mit eingewurzelter Krätze ein, dass sie kaum gehen konnten, viele mit aufgebrochenen Köpfen, viele mit Hudeln, die mit Ungeziefer beladen waren, viele hager, wie ausgezehrte Geripppe" (Pestalozzi 1799, 9).

In ähnlicher Weise wurden die Cholera-Epidemien, die sich ab 1831 in verschiedenen europäischen Ländern ausbreiteten und die vor allem in Arbeiter- und Armenvierteln wüteten, zum Signal für die oft miserablen Lebensbedingungen der städtischen Unterschichten in der Frühphase der Industrialisierung. Die Cholera wurde (wie später Tuberkulose

und AIDS) zu einer „skandalisierten Krankheit", die umfassende soziale Missstände sichtbar machen konnte (entgegen der hohen öffentlichen
Aufmerksamkeit in England stand sie zwischen 1850 und 1859 erst an
6. Stelle der Todesursachen). Sie bot Anlass, gegen umfassende Probleme
der sozialen Sicherung und des sozialen Zusammenlebens vorzugehen.
Dieses Gesundheitsmotiv rief zahlreiche soziale Bewegungen auf den
Plan (christliche Frauenvereine, das englische „Sanitary Movement"); es
legitimierte weitreichende Maßnahmen zur Verbesserung des sozialen
Lebensstandards, v. a. in den Unterschichten, aber auch zur moralisch-
sittlichen Verhaltensregulierung der Bevölkerung (Labisch 1992, 114 ff).
Leitbegriff des englischen „Sanitary Movement" wurde der Begriff „filth"
(„Schmutz"), der sich auf sehr Verschiedenartiges bezog:

1. auf die übergroße Wohndichte in den rasch wachsenden Städten, auf
   Schmutz, dreckiges Wasser schlechte Ernährung und minderwertige
   Nahrungsmittel
2. auf ein moralisch und physisch sauberes Leben (Luft, Sauberkeit, gute
   Ernährung und Sittlichkeit).

Auch die Innere Mission in Deutschland befasste sich mit gesundheitlichen Problemen, wobei sie die sittlichen Aspekte und den Verfall der Religiosität zum Grundübel der modernen Lebensprobleme erklärte. Nach
Wichern sind die sozialen und gesundheitlichen Missstände in deutschen
Großstädten vor allem durch folgende Faktoren bedingt: Suchtverhalten
(Lese- und Trunksucht), Prostitution und uneheliche Geburten. Es handelt sich also um Probleme, die einer pädagogischen und religiösen Beeinflussung zugänglich sind (Wichern 1849).
   Die negativen Begleiterscheinungen der veränderten Lebensbedingungen und Lebensweisen wurden in vielen Fällen am Bild der „Stadt" festgemacht. Die moderne Stadt wurde insgesamt zum „Krankheitsfaktor"
und zur Stätte des sittlichen Verfalls erklärt. Das moderne Großstadtle-
ben wurde dementsprechend in der zweiten Hälfte des 19. Jahrhunderts
zur Zielscheibe der Kulturkritik. Statistiken bestätigten diese Perspektive
zunächst, da die Sterblichkeitsrate noch in den 70er Jahren des 19. Jahrhunderts in den expandierenden Industriestädten höher lag als auf dem
Land.
   Gleichzeitig wurde die Stadt zum Ausgangspunkt umfangreicher gesundheitsfördernder Maßnahmen. Gesellschaftsreformerische Sanitäts-
bewegungen und kommunalpolitische umwelthygienische Aktivitäten
beförderten die sogenannte „Assanierung" – ein Kooperationsprojekt von
Architekten, Ingenieuren, Kommunalpolitikern, Chemikern und schließlich Ärzten; ein umfangreiches sozialpolitisch-technisches Gesundheits-
förderungsprogramm auf der Basis neuer wissenschaftlicher Erkenntnisse
der „experimentellen Hygiene" (v. Pettenkofer / v. Ziemsen 1882).
   Die „Assanierung" beinhaltete eine starke Akzentuierung der sozia-

len Missstände und des sozialpolitischen Zugangs zur Gesundheit angesichts der sich ausbreitenden Arbeiterbewegung und der Verschärfung der sozialen Frage. Als Maßstäbe setzende Initiative gründete sich im Jahr 1869 der „Niederrheinische Verein für öffentliche Gesundheitspflege" (NVöG) – ein Zusammenschluss zahlreicher Städte und Gemeinden, der durch umfangreiche politische Forderungen die Entwicklung der öffentlichen Gesundheit voran trieb. Die Aktivitäten dieses Vereins hatten nachhaltige Konsequenzen: z.b. das preußische Schlachthofgesetz von 1881; Investitionen in die Gesundheit durch massive städtebauliche Maßnahmen (Wohnungsbau, Kanalisation, Straßenbau, Müllabfuhr, Markthallen usw.). Obwohl die Assanierungsmaßnahmen nicht nur von humanitären und moralisch-ethischen, sondern ebenso von ökonomischen Überlegungen geleitet waren, da es um den Erhalt des Produktivfaktors „Arbeitskraft" ging (Hering/Münchmeier 2003, 68), wurde Gesundheit zu einem zentralen Kriterium für die Einhaltung und Verbesserung sozialer Mindeststandards erhoben. Die Mortalitäts- und Morbiditätsraten dienten als Maßstäbe für die soziale Situation der Gesellschaft insgesamt.

Die Kommunen betrieben vor allem eine sozialpolitisch orientierte Gesundheitsförderung; der Staat (das Deutsche Reich) trieb durch verschiedene gesetzgeberische Maßnahmen letztlich eine Individualisierung von Gesundheit und Krankheit voran. Hierbei erschienen Arbeiterbewegung, Kommunismus und Sozialdemokratie als bedrohliche gesellschaftliche Strömungen, die zu einer Lösung der „sozialen Frage" drängten. Im historischen Verlauf führten schließlich verschiedene staatliche und gesellschaftliche Entwicklungen dazu, dass sich die individualisierende Sicht auf Gesundheit und Krankheit an der Schwelle zum 20. Jahrhundert durchsetzen konnte:

1. Die Einführung der gesetzlichen Krankenversicherung: Die Krankenversicherung förderte das Individualprinzip. Sie war zunächst weniger auf die gesundheitliche als auf die soziale Versorgung bedacht (z.B. durch Lohnersatzzahlungen im Krankheitsfall), die sie mit ärztlicher Kontrolle verband. Die Kontrollfunktion wurde an die Berufsgruppen selbst zurückgegeben, wodurch engagierte Teile der Arbeiterschaft eingebunden werden konnten (Jaeschke 1999). Mit ihrer Kopplung an Berufsgruppen bei individueller Leistungsgewährung und mit ihrer Funktion eines komplizierten Ausgleichs zwischen verschiedenen Interessen, Trägern und Akteuren stiftete die Krankenversicherung die Grundlage der modernen Gesundheitssicherung.

2. Die Verallgemeinerung der gesundheitlichen Überwachung: In Preußen wurde ab 1899 die schulärztliche Überwachung aller Volksschüler/-innen eingeführt. Dies führte zur Etablierung des Schularztwesens (1903 existierten ca. 200 Schulärzte, 1914 etwa 1200–1500 Schul-

ärzte im Deutschen Reich). Seine Aufgaben umfassten die Kontrolle der hygienischen Verhältnisse in den Schulgebäuden, die Bekämpfung ansteckender Krankheiten unter Schülern, die Überwachung der Einschulungsuntersuchungen. Die Schulärzte wurden ab 1908 in einigen Städten um „Schulschwestern" ergänzt, die bei gesundheitlichen Problemen bzw. Auffälligkeiten und Nichtbefolgung der ärztlichen Verordnungen Hausbesuche unternahmen und pädagogisch-kontrollierend auf die Eltern einzuwirken versuchten (Stroß 2000, 218, 222). Sachße und Tennstedt bezeichnen das Schularztwesen als die entscheidende Institution für den systematischen Ausbau der Gesundheitsfürsorge (Sachße/Tennstedt 1988, 121).

3. Neue wissenschaftliche Erkenntnisse der „Bakteriologie": Die Medizin erzielte auf der Basis bakteriologischer Erkenntnisse neue Heilungserfolge, z.B. bei Typhuserkrankungen. Infektionskrankheiten erschienen in der Folge eher durch medizinische als durch soziale und sozialpolitische Maßnahmen bekämpfbar (durch Desinfektion, durch spezifische Isolierung und Immunisierung). Dies führte zur Einführung von Impfgesetzen (z.B. Pflicht zur Pockenschutzimpfung) und brachte den eigentlichen Durchbruch der modernen Medizin mit sich. Krankenhäuser waren keine „Sterbehäuser" und Armenanstalten mehr, sondern tatsächlich Heilanstalten, die der gesundheitlichen Versorgung aller Bürger dienten (Sachße/Tennstedt 1988, 133 f). Vom Staat wurde die Einrichtung „bakteriologischer Institute" unterstützt – gegen die z.T. massive Gegenwehr der Universitäten. Letztlich fand eine Umkehr von einer moralisch-sittlich begründeten gesundheitlichen Überwachung hin zu wissenschaftlichen Begründungen für gesundheitsbezogenes Verhalten statt. In diesem Zusammenhang entbrannte ein Streit um den Stellenwert der Schulärzte in Schule und Unterricht um die Frage, wie stark diese in pädagogische Angelegenheiten involviert sein sollten (Labisch 1992, 132 ff; Stroß 1995).

4. Die Individualisierung von Gesundheit und Krankheit wurde durch soziale Veränderungen und das Bedürfnis nach neuen Alltags- und Lebensorientierungen begünstigt: Das Leben in der modernen Stadt löste tradierte Beziehungsnetze und Ordnungen auf. Zahlreiche Verhaltensweisen wurden anachronistisch (z.B. das Halten von Haustieren in der Wohnung); Krankheit war dabei der offensichtlichste Indikator. Der Individualisierungsschub machte neue Lebensweisen und Verkehrsformen notwendig; die kulturelle und soziale Formung der Lebenspraxis einschließlich des körperbezogenen Verhaltens wurde zu einem offenen Problem. Die individuelle „Gesundheit" wurde zu einem wichtigen Leitkriterium bei der Propagierung neuer Lebensmodelle und Lebensstile.

Von staatlicher Seite war die Schule ein wichtiger Ausgangspunkt für die Verbreitung „hygienisch" ausgerichteter Lebensmodelle: Fragen der

Reinlichkeit, der Haltung und Ordnung, aber auch der Durchsetzung von Frei- und Schonräumen für die Erholung (Ferien, Pausenzeiten, Wandertage) sowie die Verbreitung von Leibesübungen bzw. Sport sollten über die Schule hinaus in die Bevölkerung ausstrahlen (Bennack 1990, 464 f).

Dass das Interesse an gesundheitlichen Fragen sich nicht nur auf den Staat und dessen Ordnungsbemühungen beschränkte, sondern auch die einzelnen Bürger erfasste, zeigt sich exemplarisch an den Ausstellungsaktivitäten des Dresdner Hygieneartikel-Fabrikanten Karl August Lingner. Seine Ausstellung „Volkskrankheiten und ihre Bekämpfung" 1903 wurde ein Publikumserfolg. Die erste internationale Hygieneausstellung 1911 zog über 5 Mio. Besucher an und verhalf zu einem Reingewinn von über einer Million Mark, der die Gründung des Deutschen Hygienemuseums in Dresden ermöglichte. Diese Ausstellungen waren von einem besonderen Charakter geprägt: Es handelte sich um große soziale Ereignisse, vom Bürgertum organisierte Veranstaltungen, die an das Volk zu dessen Belehrung gerichtet waren. Sie vermittelten Anschaulichkeit in Bezug auf Risikohandeln und gaben Impulse für eine gesundheitsbezogene Bewusstseinsbildung (Münch / Lazardzig 2002, 78–95). Letztlich wurden „aufklärerische Freizeit- und Konsumereignisse" geschaffen, die die Propagierung eines gesundheitsbewussten Lebensstils mit dem Konsum von Hygieneartikeln verknüpften. Gesundheit wurde zu einem Konsumprodukt, zur Aufgabe einer individuellen Gesundheitsvorsorge, die sich am Leitbild des gesunden, aktiven Konsumenten orientierte (Böhnisch et al. 1999, 177 f).

Einen tiefen Einschnitt in diese Entwicklungen brachte der Erste Weltkrieg und die unmittelbare Zeit nach dem Krieg. Im und nach dem Ersten Weltkrieg waren Armenpflege und -fürsorge kaum ihren Aufgabenfeldern gewachsen. Arlt (1921, 7) hebt hervor, besonders die Länder, die aus dem Krieg geschwächt hervorgingen, seien in Bedrängnis: im Hinblick auf Ernährung, Kleidung und Wohnung. So ging es nach dem Ersten Weltkrieg vor allem um die Hebung des „Volkswohles" im Sinne einer „Volkspflege". Arlt versteht Volkspflege als eine Hilfsweise, "welche nach genauer Not die Hilfe stets unter gleichzeitiger Berücksichtigung aller Grundbedürfnisse volkswirtschaftlich richtig aufbaut und bei der Durchführung Volksart und Volkssitte berücksichtigt" (Arlt 1921, 79 f). Sie beginnt mit der Vermittlung elementarer Hilfe in der Ernährung, der Körperpflege, der Bekleidung etc.

Die Verschlechterung der Lebensbedingungen während des Krieges hatte außerdem gravierende Versorgungsprobleme bei Lebensmitteln mit sich gebracht. Um Abhilfe zu schaffen, wurden Städte und Gemeinden mit der Beschaffung und Verteilung von Lebensmitteln beauftragt. Überdies wurden in Massenspeisungen fertige Mahlzeiten in Volks- und Kriegsküchen an Hilfsbedürftige abgegeben. Dabei hatte die öffentliche Speisung die gesamte Bevölkerung im Blick. Als erste Stadt führte Hamburg Massenspeisungen ein. Bereits Mitte 1914 wurde die Stadt mit einem Netz von Speisehallen überzogen, in denen zwischen 12 und 14 Uhr ein Eintopf gegen ein geringes Entgelt abgegeben wurde. Die Abgabe des Essens erfolgte ohne Prüfung der Bedürftigkeit (Gottstein 1918, 254). Im Verlauf der nächsten Jahre wurde die Notwendigkeit einer Einführung von Massenspeisungen immer größer. Dem Beispiel Hamburgs folgten bald weitere Großstädte (Gottstein 1918, 257). Die Speisungen konnten in verschiedenen öffentlichen Räumen eingenommen werden. Spezifische Adressaten der Speisung waren Kinder.

Die Kinderspeisung umfasste die mit öffentlichen und karitativen Mitteln geförderte gemeinsame Speisung von Kleinkindern, Schulkindern und Jugendlichen. Während des Ersten Weltkrieges wurden Schulspeisungen immer mehr in die allgemeine Notstandsspeisung einbezogen. Nach dem Ersten Weltkrieg setzte sich u. a. ein Hilfswerk amerikanischer und englischer Spender für die Versorgung der Not leidenden Kinder und Jugendlichen ein (Henriques 1929, 399).

Eine besondere Stellung innerhalb der Kinderspeisung nahm die Schulkinderspeisung ein. Sie hatte bereits im 19. Jahrhundert zu Zeiten der Industrialisierung begonnen, als viele Frauen – bedingt durch ihre Berufstätigkeit – ihre Kinder nicht mehr angemessen versorgen konnten. Waren die Gründe für die Speisung zunächst wohltätiger Natur, so kamen Ende des 19. Jahrhunderts hygienische Aspekte hinzu. Aus der Speisung von Schulkindern wurde die Schulspeisung, die von der Schule geleitet und z. T. auch finanziell getragen wurde (Gottstein 1918, 265). Die Schulspeisung umfasste ein Frühstück und / oder ein Mittagessen. Die Austeilung eines Schulfrühstücks erfolgte an drei Gruppen:

- an Kinder, die zu Hause kein regelmäßiges Frühstück erhielten
- an Kinder, die nur unregelmäßig Frühstück erhielten
- an Kinder, die ein Frühstück erhielten, aber aufgrund körperlicher Schwäche einer zusätzlichen Mahlzeit bedurften (Gottstein 1918, 274).

3.5   Gesundheitsfürsorge zwischen Verwissenschaftlichung und Politisierung

In der Weimarer Republik wurde die im Kaiserreich etablierte „Hygienisierung der Bevölkerung" ab Mitte der 20er Jahre fortgesetzt. Es wurden Lücken im System entdeckt, für die neue Zuständigkeiten und neue wissenschaftliche Konzepte geschaffen werden mussten. Private Initiativen führten immer wieder zur Aufdeckung öffentlicher Missstände. Rund um Gesundheitsprobleme wie Alkoholismus oder Tuberkulose entstanden Vereine mit freiwilligen Helfern – „intermediäre Instanzen" – die engagierte Bürger, Experten und Unterstützer aus der politischen Elite vereinigten. Über die Skandalisierung von Gesundheitsproblemen und daran geknüpfte soziale Forderungen konnten gruppen- und problembezogene Dienstleistungen auf kommunaler Ebene durchgesetzt und in der Nachfolge professionalisiert werden. Teilweise fanden die Forderungen Eingang in die gesamtstaatliche Gesetzgebung (Alkoholprohibition in den USA, Opiumgesetz in Deutschland 1929).

Parallel zur Ausbreitung der Jugendbewegung Anfang des 20. Jahrhunderts entstand eine vielfältige „Gesundheitsfürsorgebewegung", die bis dahin nicht oder nur ungenügend bearbeitete Gesundheitsprobleme und gesundheitliche Gefährdungen in unterschiedlichsten Lebensbereichen thematisierte (Münchmeier 1997, 277 f). Ergebnis dieses Prozesses war die Entstehung einer eigenständigen „Gesundheitsfürsorge" neben der Armenfürsorge und der sich gleichzeitig etablierenden Jugendfürsorge. Ihr Ansatzpunkt waren gesundheitliche Probleme, die aus dem etablierten, erwerbszentrierten System der Krankenversicherung und der medizinischen Versorgung herausfielen: Entweder handelte es sich um von diesem System nicht erfasste Personengruppen wie chronisch und psychisch Kranke, Suchtkranke, Schwangere, Mütter mit Säuglingen und Kleinkindern usw.; oder es handelte sich um nicht-medizinische psychosoziale Aufgaben in Krankenhäusern, Rehabilitationseinrichtungen und Beratungsstellen (Salomon 1998, 142). Hauptagenten dieser Entwicklung waren Frauen, die dabei neue Formen weiblicher Erwerbsarbeit auf der Basis einer „geistigen" bzw. „sozialen" Mütterlichkeit hervorbrachten.

Zugleich wurde von wissenschaftlicher Seite erkannt, dass die Bakteriologie alleine nicht alle gesundheitlichen Fragen erklären konnte. So wurde z. B. festgestellt, dass nahezu alle Menschen mit Tuberkulosekeimen infiziert waren, aber nur ein kleiner Teil von ihnen tatsächlich erkrankte. Die Tuberkulosekranken zeichneten sich in besonderer Weise durch schlechte Lebensbedingungen aus; Tuberkulose eignete sich damit ähnlich wie Cholera im 19. Jahrhundert zur Demonstration der gesundheitlichen Folgen von sozialen Missständen. Die Einsicht in die Zusammenhänge von sozialen und gesundheitlichen Problemen führte zur Entstehung der „Sozialhygiene": Ihr ging es um den Blick auf die „sozialen Momente der Medizin" bzw. um die „Wechselwirkungen von Gesundheit, Krankheit, Tod und der bestimmten sozialen Lage bestimmter Gruppen von Menschen" (Labisch 1992, 146 ff).

Die Sozialhygiene versuchte, die bakteriologischen Erkenntnisse in ein umfassendes Gesundheitsverständnis zu integrieren, das die Ausweitung und Institutionalisierung der Gesundheitsfürsorge in der Weimarer Republik legitimierte. Ein grundlegendes Werk hierzu war Alfred Grotjahns „Soziale Pathologie" (1912): Statt unspezifischer öffentlich-technischer Hygiene oder spezifischer Seuchenbekämpfung durch Sanierung der sozialen Umwelt ging es Grotjahn um eine Verallgemeinerung der „hygienischen Kultur", insbesondere durch an bestimmte soziale Gruppen gerichtete Maßnahmen. Hygienisches Wissen sollte bis in die „ärmsten Arbeiterwohnungen" getragen werden. Auf die Verwissenschaftlichung der individuellen Bedeutung von Gesundheit folgte nun die Verwissenschaftlichung der sozialen Bedeutung von Gesundheit. Gesundheitsgerechtes Verhalten wurde als „wissenschaftlich begründete Lebensführung" allgemein verbindlich; der ehemals spezifisch bürgerliche Lebensstil der Reinlichkeit wurde zur generellen Verhaltens- und Lebensnorm in der modernen Gesellschaft. Der moderne Mensch lässt sich damit nach Labisch als „homo hygienicus" bezeichnen.

Ein weiterer sozialhygienischer Ansatz findet sich in Ferdinand Hueppes „Konstitutionshygiene" (1893). Hueppe entwarf ein dynamisches Modell, das die veränderlichen individuellen Anlagen, die veränderlichen auslösenden Reize und die veränderlichen Außenbedingungen integrierte. Daraus ergab sich eine Hygiene der Reizdosierung, der Degeneration und Regeneration und der Erhaltung von Art und Rasse. Er entwickelte ein „Dispositions-Expositions-Modell", nach dem alles Mögliche in die „Disposition" eingehen konnte (z. B. Körperkultur / Schulsport, Hygiene der Arbeit durch ein ausgewogenes Verhältnis von Arbeit und Erholung, aber auch Fortpflanzungshygiene bzgl. genetischer Veranlagungen). Alle denkbaren Lebensbereiche wurden zu Gegenständen der Gesundheitswissenschaften bzw. ließen sich aus einer gesundheitlichen Perspektive betrachten.

Die Gesundheitsfürsorge der Weimarer Republik stellte die „Praxis" der Sozialhygiene dar. Ihre wissenschaftliche Fundierung in der Sozialhygiene führte dazu, dass die Gesundheitsfürsorge in den 20er Jahren des 20. Jahrhunderts den größten Aufschwung aller Handlungsfelder der Sozialen Arbeit erlebte (Hering / Münchmeier 2003, 71). Im weiteren Sinn konnte mit der Ausbreitung des Gesundheitsdiskurses die gesamte Soziale Arbeit als Gesundheitsfürsorge betrachtet werden: Im „Frauenbuch" von Eugenie von Soden beispielsweise wurde Gesundheitsfürsorge zum immanenten Bestandteil aller Arbeitsbereiche der Sozialen Arbeit (1914). Im engeren Sinn bildeten sich drei Aufgabenfelder der Gesundheitsfürsorge heraus, welche die gesundheitlichen Infrastrukturmaßnahmen, die staatliche Überwachung und Gesundheitsgesetzgebung sowie die individuelle gesundheitliche Versorgung ergänzten:

1. die dauernde ärztliche Beobachtung der gesundheitlich gefährdeten Gruppen
2. die Feststellung von Krankheitsanlagen und -anfängen sowie die Vermittlung von Behandlung (Prävention und Beratung)
3. hygienische Beratung, Aufklärung und Erziehung (Gesundheitserziehung).

Im Kontext dieser Aufgabenfelder entstanden in der Folge neue, gesundheitsbezogene Berufsbilder und Arbeitsfelder:

- in der Schulgesundheitspflege (Reihenuntersuchungen, Gesundheitserziehung)
- Fürsorgeärzte (ein neues professionelles Profil des politisch engagierten, von sozialem Verantwortungsbewusstsein geprägten Kommunalarztes, der gruppenbezogene Gesundheitsvorsorge leistete)
- Gesundheitsfürsorgerinnen (professionelle soziale und gesundheitspflegerische Arbeit nach dem Leitmodell der „sozialen Mütterlichkeit").

Die Gesundheitsfürsorge etablierte sich auf der Basis einer medizinischen Zweigdisziplin der Sozialhygiene. Aufgrund der Komplexität und Ganzheitlichkeit der Problemlagen war sie aber von Beginn an mit wirtschaftlicher und mit pädagogischer Unterstützung verbunden (Salomon 1998, 142). Hering und Münchmeier bezeichnen die Gesundheitsfürsorge als umfangreichsten und schwierigsten Bereich in der Geschichte der Sozialen Arbeit, da sie vielfältige Aufgaben und Perspektiven miteinander verknüpft und von Anfang an dazu tendiert die soziale Hilfe der medizinischen Oberaufsicht unterzuordnen, was die Entwicklung eines eigenen sozialen Profils erschwert (Hering / Münchmeier 2003, 67 f).

Die Gesundheitsfürsorge beinhaltete das Angebot einer breiten Palette sozialarbeiterischer oder sozialpädagogischer Hilfen aus dem Blickwinkel der Gesundheitsförderung: wirtschaftliche Hilfe (z. B. zusätzliche Nahrung oder Kleidung für Säuglinge), Familien- und Jugendfürsorge (Hilfe und Beratung in Erziehungsfragen, bei materiellen Problemen), Gesundheitserziehung. Die Gesundheitsfürsorge zielte auf die Verbesserung der Lebenssituation besonders Gefährdeter in Verbindung mit der Kontrolle und dem Eindringen in die Privatsphäre durch Hausbesuche bei der Unterschichtsbevölkerung. Sie enthielt die pädagogische Verbreitung des „Normalitätsprofils Familienleben" mit entsprechenden Maßstäben an Reinlichkeit, Gesundheit (frische Luft, Ernährung) und modernem Lebensstil (z. B. galt eine saubere, helle Wohnung als Zeichen von „Modernität") und betrieb auf diese Weise eine positive Hygiene. Zugleich handelte es sich um eine „Kontroll-Pflege" (Böhnisch et al. 1999, 179), die Verhaltens- und Verhältnisprävention kombinierte und eine umfassende Assimilation der Lebenspraxis der Unterschichten bis in die intimsten Lebensbereiche förderte.

Sachße und Tennstedt verweisen auf die grundlegende Ambivalenz der Gesundheitsfürsorge in Bezug auf das Verhältnis von positiven und negativ-repressiven Maßnahmen.

> „In dem Maße, in dem die Gesundheitsfürsorge ihre privaten und sporadischen Anfänge verließ, kommunalisiert und mit Hilfe sozialhygienischer Richtlinien und Gesetze standardisiert und verallgemeinert wurde, weitete sich der öffentliche Zugriff auf alle Staatsbürger aus. Der Gesund-

heitssektor wurde zu einer Gefahrenzone neuen Typs und neues Gebiet gesellschaftsgestaltender Politik. Von hier aus wurden neue Interventionsanlässe und -formen entwickelt und legitimiert, die auf den einzelnen und seine Privatsphäre einwirkten" (Sachße/Tennstedt 1988, 136).

Am Beispiel der Schulhygiene ist gezeigt worden, dass die daraus resultierende soziale Disziplinierung als Beitrag zum „Prozess der Zivilisation" betrachtet werden kann. Zu Beginn des 20. Jahrhunderts noch notwendige vereinheitlichende Regulierungen unter dem Gesundheitsaspekt wurden im Laufe der Zeit verinnerlicht, mit Scham und Peinlichkeit besetzt und hinter die Kulissen verbannt. Durch die Gewöhnung an eine gesundheitsgemäße Lebensweise sind für uns heute Maßnahmen wie

„Reinlichkeitskontrollen, gemeinsames Duschen bzw. Zähneputzen in den Schulen, Regeln zur Lüftung der Schulklassen oder zur (Onanie-)Kontrolle der Schüler auf den Toiletten, Spuckverbote, tägliche Freiübungen und ein gemeinsames Milchfrühstück nicht mehr erforderlich, ja kaum mehr vorstellbar" (Bennack 1990, 475 f).

Die damit verbundene soziale Formierung und Kultivierung der Lebensweise wurde von der Bevölkerung nicht abgelehnt, sondern vor dem Hintergrund der Auflösung tradierter Lebenspraktiken in der Moderne gezielt und bewusst aufgegriffen. Das Gesundheitsmotiv blieb in Fragen der Wohn- und Körperkultur, der Kleidung, Körperpflege und Ernährung verknüpft mit dem Interesse an Lebensstil, am Ausdruck von Eleganz und Modernität und damit an der Teilhabe am gesellschaftlichen und kulturellen Fortschritt. Ein Beispiel dafür ist die Werbe-Ikone des Waschmittels Persil, die „weiße Dame", die als populäre Leitfigur und Imageträgerin in den 1920er und 1930er Jahren Reinlichkeit mit Lebensstil verknüpfte (Sting 1994, 55).

Münchmeier hat darauf hingewiesen, dass die im ersten Drittel des 20. Jahrhunderts entstandenen fachlichen Konzepte, Arbeitsformen, Handlungsfelder, organisatorischen Strukturen, Rechtsgrundlagen und Berufe bis heute das Grundmuster der Sozialen Arbeit prägen. Für den Bereich der Gesundheitsförderung gilt dies mit der Einschränkung, dass die Ansätze der öffentlichen Gesundheitsfürsorge durch die Entwicklungen im Dritten Reich unterbrochen und nachhaltig diskreditiert wurden. Unter dem Stichwort der „Vernichtung lebensunwerten Lebens" setzte sich im Bereich der öffentlichen Gesundheit eine ökonomische Perspektive durch. Es ging nicht mehr um die Effektivierung der gesundheitlichen Versorgung für diejenigen, die durch das etablierte System der Gesundheitssicherung nicht erfasst wurden, sondern um die Erfassung der Schwachen zum Zweck der Selektion und Vernichtung – bis hin zu Euthanasie-Programmen (Hering/Münchmeier 2003, 178 ff). Die verstaatlichte Gesundheitsfürsorge des Dritten Reichs propagierte eine gezielte Isolierung und

Exklusion von gesundheitlichen Problemgruppen wie psychisch Kranken, Menschen mit Behinderungen oder Suchtkranken. Zugleich wurde die Sozialhygiene auf eine „Fortpflanzungshygiene" reduziert, die sich auf Fragen der „Eugenik und Rassenhygiene" konzentrierte. Die Eheberatung unter eugenischen Vorzeichen, die sich schon im Verlauf der Weimarer Zeit als Gegenmodell zur sozialpolitisch ausgerichteten Sexualberatung und Geschlechtskrankenfürsorge ausbreitete und auf eine Verminderung von als „rassisch minderwertig erklärtem Erbgut" zielte, war der praktische Zugang der Rassenhygieniker zu einer umfassenden Politisierung der Gesundheitsfürsorge im Sinne der NS-Ideologie (Sachße/Tennstedt 1988, 138). Dies führte zur fatalen Umkehrung der sozialhygienischen Frage „Wie können die gesundheitlichen Folgen sozialer Missstände gelindert, möglicherweise vorbeugend beseitigt werden?" in die Frage „Wie können die sozialen Kosten gesundheitlicher Missstände reduziert und möglicherweise vorbeugend beseitigt werden?" (Labisch 1992, 188ff).

In den nachfolgenden Kapiteln 3.6 und 3.7 wollen wir am Beispiel zweier Spezialfürsorgen, der Tuberkulose- und der Säuglingsfürsorge, Entwicklungen gesundheitsbezogener Maßnahmen nachzeichnen. Sie liefern nach dem allgemeinen Überblick einen spezifischen Einblick in die historischen Entwicklungen.

3.6 Tuberkulosefürsorge als Mittel zur Zivilisierung gesellschaftlichen Lebens

Die speziellen Fürsorgen waren die Folge einer Ausdifferenzierung spezifischer Armutsrisiken Ende des 19. Jahrhunderts. Die neuen Armutsrisiken gingen einher mit der Industrialisierung und der Verstädterung. Die größeren Städte entwickelten Ende des 19. Jahrhunderts eine eigenständige Gesundheitsfürsorge, die – abgekoppelt von der Armenfürsorge – sich auf Maßnahmen und Problemgruppen konzentrieren sollte, die die gesetzliche Krankenversicherung nicht erfasste: Säuglinge, Kleinkinder, Schwangere, Wöchnerinnen. Überdies sollte sie sich auf spezifische Krankheitsgruppen konzentrieren: Tbc-Erkrankte, Geschlechtskranke, Alkoholiker, Körperbehinderte.

Die Anfänge der Tuberkulosefürsorge im Deutschen Kaiserreich: Die Tuberkulose war gegen Ende des 19. Jahrhunderts eine der am meisten verbreiteten Volkskrankheiten in Deutschland und eine der größten Aufgabenfelder der Gesundheitsfürsorge. Forciert durch den Zustrom großer Menschenmassen in den industriellen Städten breitete sich die Tuberkulose vor allem über die Arbeiterviertel aus und galt als die „Proletarierkrankheit" (Baron 1983, 53). Lange Arbeitszeiten bei gleichzeitig miserablen Arbeitsbedingungen, enge und feuchte Wohnungen sowie unzureichende Ernährung verbreiteten die Krankheit (Vossen 2001, 107), sodass diese auch besser gestellte Bevölkerungsgruppen heimsuchte. Diese Tatsache begründete die Bereitschaft zum Handeln. Da die Tuberkulose die häufigste Ursache für Invalidität war, reagierten die Sozialversicherungsträger am schnellsten, um die Arbeitsfähigkeit der Patienten möglichst bald wieder herzustellen. Dem war die Sorge um den körperlichen Zustand untergeordnet (Gredig 2000, 121). Auf Initiative und mit Mitteln der Sozialversicherungsträger wurden bis 1903 71 große Lungenheilstätten errichtet (Baron 1983, 54). Die Heilstättentherapie richtete sich an die Gruppe der Leichterkrankten und schloss Schwerkranke und Unheilbare aus. Die in einem frühen Stadium der Erkrankung befindlichen Personen wurden in der Anstalt durch Ärzte mittels Belehrung und Erziehung auf ein hygienisch diszipliniertes Leben außerhalb der Heilstätte eingestellt. Vom Standpunkt der öffentlichen Gesundheitspflege bildeten die Patienten des fortgeschrittenen Stadiums, die nicht in die Heilstätten aufgenommen wurden, die allergrößte Ansteckungsgefahr (Vossen 2001, 105). Überdies machte die Rückkehr der Patienten in ihre ungünstigen Wohnverhältnisse erneute Infektionen wahrscheinlich (Weindling 1989, 44). Sofern sich nicht auch die häuslichen sowie die sozialen Verhältnisse der Arbeiter verbesserten, konnten die Heilstätten keine Heilung auf Dauer bewirken. Für Dauererfolge waren die persönlichen Voraussetzungen jedes einzelnen Erkrankten – Beruf, Wohnung, Ernährung, Lebensverhältnisse und -gewohnheiten – wichtiger als die Kur selbst (Gredig 2000, 125). So entwickelte sich in Ergänzung der Heilstättenbewegung Ende des 19. Jahrhunderts eine Fürsorgestellenbewegung (Vossen 2001, 109). Zuvorderst oblag der Fürsorgestelle die Aufgabe, die lungenkranken Familien zu ermitteln und festzustellen, wieweit eine Weiterverbreitung auf andere Familienmitglieder eingetreten war. Dann galt es zu prüfen, ob Heilstättenbehandlung einzuleiten war und die aus den Heilstätten Zurückgekehrten einer durchgängigen Beobachtung zu unterstellen. Die an Tuberkulose Erkrankten, denen die Heilstätte wegen ihrer fortgeschrittenen Krankheit verschlossen blieb, hatte die Tuberkulosefürsorge zu einer gesundheitsgemäßen Lebensweise anzuleiten, um die von ihnen ausgehende Ansteckungsgefahr zu minimieren. Überdies gehörte zu den Aufgaben eine Sauberkeitsüberprüfung der Wohnungen und gegebenenfalls die Einleitung einer räumlichen Trennung von den anderen Familienmitgliedern (Gottstein 1913, 766 ff). Oft scheiterte dies jedoch an fehlenden finanziellen Mitteln (Hähner-Rombach 1998, 68). Die Tuberkulosefürsorge hielt auch Verbindung zu den anderen Ämtern und Anstalten, z. B. mit der Desinfektionsanstalt, dem Wohnungsamt und den städtischen Krankenhäusern.

Eine zentrale Aufgabe war die Erziehung der Tuberkulösen durch Aufklärung und Information über Bekämpfungsmöglichkeiten der Tuberkulose. Sie fand in der Heilstätte, aber auch zu Hause statt. So wurde der Erkrankte im Umgang mit seiner wichtigsten Beigabe, dem Spucknapf – „Blauer Heinrich" genannt – eingewiesen. Dieser musste täglich desinfiziert werden. Überdies war Sorge zu tragen und möglichst zu kontrollieren, dass der Kranke sein eigenes Essgeschirr und seine eigene Bettwäsche bekam. Seine Kleidung war regelmäßig zu reinigen und durfte von anderen nicht benutzt werden (Hähner-Rombach 1998, 67).

Waren die Träger der Heilstättenbehandlung im Kaiserreich hauptsächlich die Sozialversicherungen, so waren die Vereine der freien Wohlfahrtspflege die Träger der Fürsorgestellen, die von Gemeinden und industriellen Werken unterstützt wurden (Blümel 1929, 692). Leiter der Fürsorgestellen waren größtenteils Ärzte. Sie untersuchten die Erkrankten und ordneten die Maßnahmen an. Die Belehrungen sowie die Erziehung erfolgten durch Fürsorgeschwestern. Diese versorgten die Tuberkulosekranken in den Familien und hatten sie in regelmäßigen Hausbesuchen zu überwachen, zu beraten und ihre Beobachtungen den Ärzten mitzuteilen (Gottstein 1913, 767).

Tuberkulosefürsorge in der Weimarer Republik: Die rigorosen Erziehungsmittel ermöglichten Fortschritte in Bezug auf die Reduktion der Tuberkulosesterblichkeit und die Häufigkeit der tuberkulösen Neuerkrankungen, wenngleich der Erste Weltkrieg massive Rückschläge brachte (Sachße / Tennstedt 1988, 126). Der im Kaiserreich entstandene organisatorische Apparat blieb in der Weimarer Republik weitgehend erhalten. Die Fürsorgestellen wurden vermehrt und in neu geschaffene Zentralstellen der Gesundheitspflege, in die kommunalen Wohlfahrts- und Gesundheitsämter eingegliedert (Vossen 2001, 173). Nur wenige Tuberkulosefürsorgestellen blieben in Händen privater Vereine (Blümel 1929, 694). Wie zu Zeiten des Kaiserreichs konzentrierten sich die Aufgaben der Fürsorgestellen hauptsächlich auf:

- die Erfassung möglichst aller Tuberkulösen, Verdächtigen und Gefährdeten
- die Überwachung der Kranken und ihrer Umgebung
- die Schulkinderuntersuchung durch Tuberkulinproben
- die möglichst weitgehende Isolierung der Kranken
- den Schutz der Gesunden und Kranken durch Anleitung und Aufklärung über Sauberkeit sowie durch allgemein-hygienische Belehrung und Erziehung zur Gesundheitspflege und zur Stärkung der Physis (Sachße / Tennstedt 1988, 126 f).

Zunehmend wichtiger wurden in der Zeit nach dem Ersten Weltkrieg die Anstrengungen zur Früherkennung der Krankheit und die Einleitung entsprechender Maßnahmen im Falle einer Tbc-Erkrankung. Geleitet wurden die Fürsorgestellen nach wie vor von Ärzten. Mitarbeiterinnen

waren Fürsorgeschwestern mit einer Grundausbildung als Kranken-
schwester und einer Zusatzqualifikation als Gesundheitsfürsorgerin
(Sachße / Tennstedt 1988, 128).

Unterschieden wurde zwischen Innendienst und Außenfürsorge. Die
Außenfürsorge wurde zunehmend stärker von Familienfürsorgerinnen
wahrgenommen. Die persönlichen hygienischen Belehrungen und die
Wohnungspflege nahmen einen besonderen Platz in deren Schaffen ein.
Die hygienische Belehrung verfolgte das Ziel, eine Lebensführung beim
Angesteckten zu schaffen, die ihm selbst nutzte, aber seine Familie vor
Ansteckung schützte. Zur Wohnungspflege zählte die Vermittlung von
Kenntnissen zur Lüftung und Heizung, der Wohnungsreinigung, der
Lebensmittelbereitung, der Trinkwasserversorgung und Entwässerung.
Über die unmittelbaren erzieherischen Einwirkungen hinaus gehörte
zu den Aufgaben die Beratung über die Nutzung der Wohlfahrtsstellen
(Rosenhaupt 1927, 690 f). Neben medizinisch-technischen Kenntnissen
waren die persönlichen Kompetenzen der Fürsorgerin für den Erfolg aus-
schlaggebend.

Im Zuge der Tätigkeit im Außendienst entwickelte sich als praktische
Methode die Einzelfallhilfe mit der Möglichkeit für die Fürsorgerin, auf
die Krankheitsbewältigung des Erkrankten einzugehen. Damit stieg die
Chance einer Loslösung von der medizinisierten Sicht und für die Entfaltung einer eigenen sozialpädagogischen Sicht. Diese war – wie Gredig
für die 1950er Jahre formulierte – riskant (Gredig 2000, 374 f), da sie nicht
der streng erzieherischen Sichtweise der Gesundheitsfürsorge respektive
Fürsorgestelle entsprach.

Was die Tuberkulosebekämpfung im Kindesalter anbelangte, so war
diese nach Harms (1924, 35 f) wesentlich unproblematischer als bei Erwachsenen. Zum einen wurde eine Tuberkuloseinfektion von Kindern
komplikationsfreier überwunden, da sie meist nur im leichten Stadium
auftrat. Für solche Fälle waren Ferienkolonien vorgesehen, für fortge-
schrittene Fälle die Heimeinweisung mit Solbädern und für besonders
schlimme Fälle eine Heilstättenbehandlung. Einen Einschnitt bei der Bekämpfung der Tuberkulose in der Weimarer Republik bildete das preußische Gesetz zur Bekämpfung der Tuberkulose vom 4. August 1923.
Dieses Gesetz weitete die Kontrolle aus in Gestalt der Meldepflicht für
Todesfälle an Lungen- und Kehlkopftuberkulose – mit der Intention einer
vorbeugenden Sanierung des sozialen Umfeldes des Tuberkulösen. Zur
Anzeige verpflichtet waren niedergelassene Ärzte, Krankenhäuser sowie
Haushaltsvorstände. Meldepflichtig war auch ein Wohnungs- und Wohn-
ortswechsel (Sachße / Tennstedt 1988, 127).

Festzustellen bleibt, dass sich in der Tuberkulosefürsorge im Vergleich
zum Deutschen Kaiserreich nichts qualitativ Einschneidendes veränderte. Sie hatte sich organisatorisch ausdifferenziert und verschärfte
sich zunehmend in der zweiten Hälfte der Weimarer Republik gegen die

Tuberkulösen. Eine gesetzliche Regelung zur Zwangsbehandlung von Tuberkulose-Erkrankten wurde verstärkt gefordert (Vossen 2001, 179). Überdies weitete sich der kontrollierende Blick auf den Großteil der Bevölkerung aus. Die kommunale Gesundheitsfürsorge lenkte ihre Aufmerksamkeit nicht nur auf die allgemeine hygienische Volksbelehrung – eine Aufklärung über alltagsbezogene gesundheitliche Risiken und über den Zusammenhang von Lebensgewohnheiten, Wohnverhältnissen und Krankheit. Darüber hinaus strebte sie die gesundheitliche Kontrolle und Betreuung besonders gefährdeter Bevölkerungsgruppen und besonders ansteckender Krankheiten an (Sachße 1986, 204). In der Spannweite von sozialer Prophylaxe bei Gesundheitsgefährdungen bis zur Rehabilitation Gesundheitsgeschädigter und ihrer Eingliederung in den Arbeitsmarkt erreichte die Gesundheitsfürsorge einen Großteil der Bevölkerung. Die prophylaktische Förderung benötigten vor allem Gruppierungen, von denen bevölkerungspolitisch die Sicherung des Bevölkerungswachstums abhing: Säuglinge, Kleinkinder, Kinder und Jugendliche sowie Mütter. Neben den kommunalen öffentlichen Wohlfahrtseinrichtungen in der Weimarer Republik entstanden private Bürgervereine für Wohltätigkeit, Familien-, Jugend- und Gesundheitsfürsorge: einerseits als Komplementäreinrichtung und andererseits als „Antipode der kommunalen Wohlfahrtseinrichtungen" (Hammerschmidt / Tennstedt 2002, 72). Führend waren die konfessionellen Spitzenverbände, die in der zweiten Hälfte des 19. Jahrhunderts gegründet worden waren. Durch die Finanznot im Zuge der Weltwirtschaftskrise geriet die kommunale Gesundheitsfürsorge in eine schwierige Lage, denn die kommunalen Etats wurden durch die Fürsorgekosten für Erwerbslose weitestgehend ausgeschöpft. Das Reichsinnenministerium beschloss daher ein „Notprogramm für die Gesundheitsfürsorge", um diese wenigstens in der Grundsubstanz zu erhalten.

Tuberkulosefürsorge im Dritten Reich: Ab 1933 änderte sich die Tuberkulosefürsorge im Grundsatz: Tuberkulose wurde nicht länger als sozial bedingte Krankheit gesehen, sondern neben den Infektionsursachen traten „Rasse" und erbbedingte Faktoren als Teilfaktoren von Tuberkulosemorbidität und -mortalität in den Vordergrund. Im Gegensatz dazu hatte die Weltwirtschaftskrise – wie zuvor der Erste Weltkrieg – verdeutlicht, dass Not und Entbehrung sich massiv auf Tuberkulose und Tod durch sie auswirkten (Sachße / Tennstedt 1992, 169 f). Allerdings konnte sich das konstitutionsbiologische Verständnis nicht lange behaupten. Die seit dem Kaiserreich etablierte Interpretation der Tuberkulose als Infektionskrankheit wurde wieder vorherrschend. Dies änderte nichts an der Tatsache, dass eine Vielzahl gesetzlicher Regeln gegen Tuberkulosekranke errichtet wurden (z.B. Ausschluss aus der nationalsozialistischen Bevölkerungspolitik). Das bereits im Kaiserreich und in der Weimarer Republik sichtbare Bemühen, eine gesundheitspolitische Seuchenbekämpfung gegen die Tuberkulose einzusetzen, wurde im Nationalsozialismus genehmigt. Ab dem 1.12.1938 wurde die Tbc endgültig den Seuchen gleichgestellt (Vossen 2001, 407): Auf Vorschlag des Gesundheitsamtes wurde – als Schutzmaßnahme firmiert – die zwangsweise Absonderung von Tuberkulösen ermöglicht. Besonders in den Kriegsjahren von 1939–1945 verschärften sich die Maßnahmen gegenüber den „unheilbar Kranken" und „asozialen" Tuberkulösen. 1943 erstellte der Reichs-Tuberkulose-Ausschuss „Richtlinien über die Absonderung ansteckender Tuberkulöser", die Missliebige dem Tod freigaben.

Konnte es in der Weimarer Republik durchaus zu einer Kooperation und produktiven Form der Zusammenarbeit zwischen leitenden Ärzten und hauptamtlich tätigen Fürsorgerinnen kommen (Hering/Münchmeier 2003, 149), so geriet mit der ideologischen Ausrichtung der Sozialen Arbeit an Rassenideologie und Gesundheitswesen der soziale Beruf unter die Regie von Ärzten. Als Außenorgane der Gesundheits- und Wohlfahrtsverwaltung hatten Fürsorgerinnen Ermittlungen über den Gesundheitszustand ihrer Zielgruppen anzustellen, z.B. pathologische Abweichungen zu registrieren, auf deren Basis dann Gesundheits- und Sozialdiagnosen erstellt werden konnten (Schnurr 1997, 39).

Tuberkulosefürsorge nach dem Zweiten Weltkrieg: 1945/1946 war die Tuberkulose wieder zur weitverbreitetsten Volkskrankheit geworden, nicht zuletzt aufgrund der katastrophalen Versorgungslage in Bezug auf Ernährung und Wohnen. Nach wie vor lag der Schwerpunkt der Tuberkulosebekämpfung in der Vorbeugung. Im Sinne der Hygiene befasste sich diese mit den Gesunden, um sie vor Erkrankung zu schützen. Bereits gegen Ende der 40er Jahre kam es zu Neuerungen aufgrund der Entdeckung eines spezifischen Wirkstoffes gegen den Tuberkelbazillus: Ein Stoffwechselprodukt des Strahlenpilzes – das Streptomycin – hat eine bakteriozide Wirkung. Dieses kam nach dem Zweiten Weltkrieg als Medikament auf den Markt. Es folgten bald weitere Arzneimittel wie Rimifon® (Gredig 2000, 324). Eine große Rolle begann auch die Schutzimpfung zu spielen. Im Verlauf der 1950er Jahre ging die Zahl der Tbc-Erkrankungen stetig zurück. Mitte der 1970er Jahre wurde die Tuberkulose als besiegt angesehen (Hähner-Rombach 1998).

Die Wiederaufnahme einer im Entstehen begriffenen wissenschaftlichen Ausprägung gesundheitsbezogener Sozialer Arbeit in der Weimarer Republik fand nach dem Zweiten Weltkrieg in Westdeutschland ebenso wenig statt wie in der sowjetischen Besatzungszone (SBZ) und in der späteren DDR. Eine präventiv ausgerichtete Sozialhygiene konnte sich nicht neu entfalten. Bis in die 1970er Jahre dominierte die Vorstellung, eine individuell-kurativ gefasste Medizin könne Massenerkrankungen besiegen. Soziale Implikationen wurden ignoriert (Hurrelmann/Laaser

1998, 20 ff). Erst mit Beginn des letzten Viertels des zurückliegenden Jahrhunderts wurden die Grenzen des biomedizinischen Ansatzes deutlich. Der eintretende Vorstellungswandel wirkte sich auch auf die Soziale Arbeit aus.

3.7   Von der Säuglingsfürsorge zur Schwangerenberatung[1]

Ein prägnantes Merkmal des 18. und 19. Jahrhunderts ist die hohe Säuglingssterblichkeit. Zwar gibt es erst ab 1870 Tabellen über die Mortalität, „doch zeigen die bis in das 18. Jahrhundert zurückreichenden vorliegenden lokalen und regionalen Studien, dass die Säuglingssterblichkeit im Untersuchungszeitraum tendenziell leicht anstieg" (Seidel 1998, 51). Nicht zuletzt ist diese Tendenz mit dem Strukturwandel von der Agrar- zur Industriegesellschaft verbunden. So kommt es vor der Gründung des Deutschen Reiches 1871 bis zum Ausbruch des Ersten Weltkrieges 1914 zu einer Umverteilung der Bevölkerung vom Land in die Stadt (Butke / Kleine 2004, 1 f). Aufgrund katastrophaler Wohnbedingungen in den Städten stieg das Infektionsrisiko erheblich an. Wegen mangelhafter bzw. gänzlich fehlender Trinkwasserversorgung und Abwasserentsorgung verbreiteten sich Infektionen auf ganze Wohngebiete. In dieser Situation stellte die Säuglingssterblichkeit einen Großteil der Gesamtsterblichkeit dar (Butke / Kleine 2004, 12). Dabei waren die in Städten lebenden Säuglinge wesentlich mehr gefährdet als diejenigen auf dem Land. Neben den Wohnbedingungen spielten für die Sterblichkeit auch soziale Faktoren eine ursächliche Rolle (Baron 1983, 55). Mangelnde Kenntnisse über Hygiene und Zubereitung der Nahrung waren weitere Gefahrenquellen für die Gesundheit der Säuglinge. Zwar ist von 1860 bis 1900 zunächst ein bedeutender Rückgang der Sterblichkeit zu verzeichnen; dieser betraf jedoch Kleinkinder, Kinder, Jugendliche und Erwachsene, nicht die Säuglinge, deren Mortalität bis 1900 hoch blieb (Schabel 1995, 23 f).

Betrachtet man die Säuglingssterblichkeit gesondert, so stieg diese von 1870 bis Anfang der 80er Jahre des 19. Jahrhunderts an, stagnierte anschließend über mehrere Jahre und sank bis 1900 etwas (Butke / Kleine 2004, 18). Bedingt durch den Rückgang der Säuglingssterblichkeit war um 1900 zunächst ein Bevölkerungsanstieg zu registrieren, der jedoch sehr schnell durch einen Geburtenrückgang wieder relativiert wurde. Diese Tendenz verstärkte sich nochmals im Ersten Weltkrieg: Von 1,9 Mio. Geburten (1914) fiel die Geburtenrate 1917 / 1918 auf unter eine Million (Schabel 1995, 25). Daraufhin erfolgten repressive Maßnahmen: „Die Herstellung und der Gebrauch von Verhütungsmitteln werden unter Strafe gestellt, die Verfolgung von Schwangerschaftsabbrüchen verschärft" (Hering / Münchmeier 2003, 85). Zum anderen wird jedoch der Schutz der Wöchnerinnen verbessert und der „Diskriminierung nichtehelicher

Kinder" (Hering / Münchmeier 2003, 85) entgegengewirkt. Nichtsdesto-
weniger kam es in der Weimarer Republik zu einem weiteren Geburtenrückgang (zu Begründungen über Geburtenrückgang und Gegenmaßnahmen: Steinecke 1999, 33 ff).

Die Gesundheit eines Kindes ist in der vorgeburtlichen Phase an die
Gesundheit der Mutter gebunden – nach der Geburt an die Möglichkeiten der Mutter sowie der Familie, das Kind adäquat zu versorgen. Diese
entwickelten sich in der Zeit des Kaiserreiches (1871–1919) in Gestalt eines
gesetzlichen Mutterschutzes, der in der Gewerbeordnung von 1878 festgelegt war (Stöckel 1996, 261). Nach § 135 durften Wöchnerinnen nicht mehr
direkt nach der Entbindung beschäftigt werden. Da die finanzielle Absicherung von Frauen ungeklärt blieb, waren diese jedoch gezwungen, ihre
Arbeit möglichst schnell wieder aufzunehmen, um zur ausreichenden Versorgung ihrer Familie beizutragen (Edel 1993, 30 f). Ab 1883 wurden den
Müttern durch die Krankenversicherung ein Gehaltsausgleich von 50 %
des sonstigen Gehalts für den Zeitraum der Beschäftigungsunterbrechung
gewährt (Stöckel 1996, 261). Das Krankenversicherungsgesetz sah eine Unterstützung für Wöchnerinnen über den Zeitraum von drei Wochen nach
der Niederkunft vor. In der Novelle zum Gesetz der Krankenversicherung
von 1903 erfolgte eine Ausweitung des Mutterschutzes auf sechs Wochen
nach der Entbindung. Durch die Gewerbeordnung von 1908 (Inkrafttreten
1910) wurde der Mutterschutz auf acht Wochen erweitert. Dabei mussten
sechs Wochen des Mutterschutzes nach der Entbindung und zwei Wochen
des geschützten Zeitraumes vor der Entbindung liegen (Edel 1993, 46).

Im Ersten Weltkrieg wurde „die Frage des Mutterschutzes zu einem
nationalen Problem" (Stöckel 1996, 265), da die Erwerbsfähigkeit von
Frauen und Müttern ein wirtschaftlich wichtiger Faktor war. So wurde
im Verlauf des Ersten Weltkrieges der Mutterschutz ausgedehnt. Der Per-
sonenkreis der unterstützten Wöchnerinnen wuchs an und die Schutzzeit
der Mütter – einschließlich der werdenden Mütter – wurde kontinuierlich
erweitert (Gerhard 1997, 729).

Gleichwohl gab es in den ersten beiden Jahrzehnten des zurückliegenden 20. Jahrhunderts erhebliche Lücken im Mutterschutz. Salomon
bemängelt, dass durch den gesetzlichen Mutterschutz nur die erwerbstätigen Frauen erfasst wurden. Außerdem blieben Frauen, die in der Landwirtschaft und in Werkstätten tätig waren bzw. Heimarbeit leisteten,
weitgehend ungeschützt (Edel 1993, 39). So macht sich Salomon stark für
die Einführung einer Mutterschaftsversicherung, die Mängel des bestehenden Mutterschutzes ausgleichen soll (Tugendreich 1910, 150 ff).

„Unter Mutterschutzversicherung versteht man eine (…) Schutzeinrich-
tung, welche den in den Kreis der Versicherten fallenden Müttern als Ge-
genleistung für das gezahlte Krankengeld das gesetzliche Recht gewäh-
ren soll, ihre Mutterschaft, das heißt die Zeit vor, während und nach der

Entbindung, mit denjenigen Schutzmaßregeln zu umgeben, welche den Ablauf dieses an sich natürlichen Vorganges möglichst ohne Gefährdung des mütterlichen und kindlichen Lebens ermöglichen" (Bruno 1912, 7).

In Deutschland und Österreich existierte ab 1905 ein Bund für Mutterschutz, dessen ideelle Ziele sich auf die Beseitigung von Vorurteilen gegenüber ledigen Müttern und die Bewahrung dieser Personengruppe vor wirtschaftlichem und sittlichem Schaden bezogen (Taube et al. 1911, 74). Die Zielgruppe des Bundes für Mutterschutz deckt sich wesentlich mit der Zielgruppe Sozialer Arbeit auf dem Gebiet der Säuglingsfürsorge. Die Bemühungen um die Mutterschutzversicherung zeigen, dass die Rahmenbedingungen für werdende Mütter sowie für Mütter und Säuglinge bis 1919 ungünstig sind. Sie dokumentieren jedoch ein Problembewusstsein als Voraussetzung für die Weiterentwicklung des Schutzes von Mutter und Kind sowie der Säuglingsfürsorge.

Die Säuglingsfürsorge lässt sich als sozialhygienische Maßnahme zur Bekämpfung der Säuglingssterblichkeit betrachten, vor allem bezogen auf sozioökonomisch benachteiligte Bevölkerungsgruppen (Stöckel 1996, 28). Als Geburtsjahr des planmäßigen Säuglingsschutzes kann 1904 gelten. In einem handschriftlichen Dokument beschrieb Kaiserin Auguste Victoria dem Vaterländischen Frauenverein die Erfordernis eines Zusammenschlusses aller wohltätig Engagierten mit den Behörden, um die Fürsorge für Säuglinge durch praktikable Maßnahmen zu unterstützen (Schabel 1995). Für die Institutionalisierung der Säuglingsfürsorge werden von Schabel drei Gegebenheiten genannt:

1. „Dies waren die Fortschritte der Statistik, die zum einen die ‚Auslesetheorie' zumindest äußerst fragwürdig erscheinen ließen und die zum anderen die Vorteile der natürlichen Ernährung für die Säuglinge evident gemacht hat" (39).
2. Eine wesentliche Voraussetzung für die Einführung der Säuglingsfürsorge stellten die Bemühungen der Wohlfahrtsverbände um Verbesserungen für sozial schlecht gestellte Bevölkerungsgruppen dar.
3. Ein weiterer wichtiger Faktor für die Institutionalisierung der Säuglingsfürsorge lag in der wachsenden Zuversicht im Bereich der Kinderheilkunde, die Problematik der künstlichen Ernährung von Säuglingen wissenschaftlich und praktisch zu lösen.

In den Jahren zwischen 1904 und 1909 wurden verschiedene Vereine zum Säuglingsschutz und zur Säuglingsfürsorge gegründet. Diese bildeten eine tragende Voraussetzung für eine gesetzliche Verankerung der Säuglingsfürsorge von Staats wegen – eingedenk der Tatsache, dass die Gesundheit eines Säuglings nicht unabhängig von der Gesundheit der Mutter zu sehen ist. So bleibt festzuhalten, dass neben der Entstehung der Säuglingsfürsorge im Kaiserreich sich auch eine Fürsorgeform für Schwangere sowie für

Entbindung und Wochenbett entwickelte. Insgesamt entstand eine Viel-zahl von Einrichtungen zur Mutter- und Säuglingsfürsorge mit offener und geschlossener Struktur. So spricht Tugendreich (1910, 281 f) von der *allgemeinen offenen* Säuglingsfürsorge, welche die fürsorgerische Betreuung von Mutter und Kind im eigenen Haushalt und die gemeinsame Unterbringung in Einzelpflege umfasste. Zudem nennt er die *allgemeine geschlossene* Fürsorge, in der die gemeinsame institutionelle Unterbringung von Mutter und Kind erfolgte. Des Weiteren unterteilt er die *spezielle offene* und *spezielle geschlossene* Mutter- und Säuglingsfürsorge. Innerhalb der speziellen offenen Säuglingsfürsorge wurde das Kind in einer Krippe oder in Einzelpflege versorgt. In der geschlossenen Fürsorge konnte der Säugling durch eine institutionelle Unterbringung oder eine Einzelpflege längere Zeit von der Mutter getrennt werden.

Die Ausdifferenzierung der Fürsorge förderte die Entwicklung der Sozialen Arbeit als Beruf. Für die Säuglingsfürsorge wurde eine solche Entwicklung nur möglich auf der Grundlage der Sozialhygiene als Wissenschaft (Sachße/Tennstedt 1988, 44). Der Erste Weltkrieg forcierte die Notwendigkeit einer finanziell vergüteten Sozialen Arbeit, da der Bedarf an fürsorgerischen Tätigkeiten massiv zunahm. Diese quantitative Ausweitung ließ hauptamtliche Arbeit nötig werden, z.B. eine Kinder- und Säuglingspflege für erwerbstätige Frauen. Festzuhalten bleibt, dass die Säuglingsfürsorge sowohl Teil der Sozialen Hygiene wie auch Element eines sich aus der Armenpflege entwickelten Fürsorgewesens darstellt. In der Säuglingsfürsorge waren sowohl der ärztlich-medizinische Sektor wie auch zuerst die karitative und später (in der Endphase des Deutschen Reiches beginnend) die sich verberuflichende Soziale Arbeit engagiert.

In der Zeit der Weimarer Republik von 1919 bis 1933 stand die Säuglingsfürsorge in einem spezifischen Spannungsgefüge zwischen Medizin und sich entfaltender Sozialer Arbeit. Die Kriegsfolgen waren eine elementare Herausforderung für die Gesundheitsfürsorge, der außer der Säuglingsfürsorge die Tuberkulose-, Lebensmittel-, Geschlechtskranken-, Krüppelfürsorge u.a. zuzurechnen sind. Neben dem Versuch der Versorgung kranker Menschen entwickelten sich Konzepte präventiver Arbeit. In ihrer Spannweite sozialer Prophylaxe erfasste die Gesundheitsfürsorge

> „einen erheblichen Teil der Bevölkerung (…) Prophylaktischer Förderung bedurften vor allem die Säuglinge, Kleinkinder, Schulkinder, Jugendliche und Mütter, also Gruppen, von denen bevölkerungspolitisch die Sicherung des Reproduktionsniveaus abhing" (Sachße/Tennstedt 1988, 118).

In der Weimarer Republik ging es wie zuvor im Deutschen Reich darum, die Frühsterblichkeitsrate zu senken. Dies erfolgte durch die Weiterentwicklung der offenen Fürsorge und der therapeutisch-medizinischen Möglichkeiten (z.B. Einrichtung pädiatrischer Stationen in Krankenhäusern und Kinderkliniken). Die Formen der Durchführung der Säuglingsfürsorge in der Weimarer Republik waren den Formen im Deutschen Reich sehr ähnlich. Offene und geschlossene Ansätze begannen sich jedoch weiter auszudifferenzieren. So wurden in der offenen Säuglingsfürsorge zunehmend Beratungsstellen eingerichtet. Im Rahmen der Schwangerenberatung widmete man sich wirtschaftlichen, gesundheitlichen und rechtlichen Fragen (Langstein 1929, 549). Säuglingsfürsorge und Schwangerenfürsorge waren weiterhin eng miteinander verknüpft (Langstein 1929, 549). Die Säuglingsfürsorge wie auch die Schwangerenfürsorge – als wichtige Teilstücke der Gesundheitsfürsorge – erhielten in der Weimarer Republik zum ersten Mal eine gesetzliche Grundlage (Sachße / Tennstedt 1988, 122 f) im Reichsjugendwohlfahrtsgesetz (RJWG) von 1922. Im § 4 war festgelegt, dass das Jugendamt die Aufgabe hat,

> „Einrichtungen und Veranstaltungen anzuregen, zu fördern und gegebenenfalls zu schaffen für: (…) 2. Mutterschutz vor und nach der Geburt, 3. Wohlfahrt der Säuglinge" (Muthesius 1950, 21).

In § 29 des RJWG erfolgte die Regelung einer möglichen anstaltlichen Pflege der Säuglinge in Säuglingsheimen, Krippen, Beobachtungsheimen oder Kinderkrankenhäusern (Muthesius 1950, 14 ff). Eine weitere Verbesserung erfuhr auch der Mutterschutz.

Zur Zeit des Nationalsozialismus pervertierte die Mütter- und Säuglingsfürsorge. Mutterschaft wurde zur Staatsaufgabe und zu einer quasireligiösen Handlung (Weyrather 1993, 7 f). Das Frauenbild wurde auf das Mutterbild reduziert. Die Gesundheit der Mütter wurde dem Ziel der Verbesserung der Gesundheit des Volkes untergeordnet und der Kult um die Mütter wurde Bestandteil der Rassenpolitik (Weyrather 1993, 9 ff).

Maßnahmen, die der Geburtenförderung dienten, waren u. a.:

- Ehestandsdarlehen für „erbgesunde" Paare
- Kindergeld ab dem dritten Kind
- Steuererleichterungen für Familien
- Lebensborn-Heime für ledige – und nach nationalsozialistischer Ideologie – „rassenreine" Mütter
- die Restriktion von Verhütungsmitteln
- die Todesstrafe für Abtreibung
- Anreize ideeller Art, z. B. die Verleihung des Mutterkreuzes.

Im Widerspruch dazu erfolgten Zwangssterilisationen und Zwangsabtreibungen (Weyrather 1993, 16). In der Zeit des Nationalsozialismus ging es nicht mehr um den planmäßigen Schutz der Säuglinge, sondern um Erhalt und Ausbau des Volkskörpers und dabei um Geburtenförderung oder -verhinderung. Eine Perversion der Säuglingsfürsorge fand sich in den Lebensborn-Heimen. Sie waren Sinnbild der Unehelichenpolitik des Nazi-Regimes und dienten als Mittel der Geburtsteigerung (Lilienthal 1985, 35).

Die im Deutschen Reich und in der Weimarer Republik nach und nach aufgebaute Prävention wurde im Nationalsozialismus pervertiert. Ein Beispiel dafür ist das Gesetz zur Verhütung erbkranken Nachwuchses (Stöckel/Walter 2002, 278). Im April 1934 wird das NS-Hilfswerk „Mutter und Kind" seitens des Amtes für Volkswohlfahrt im Sinne einer ständigen „Einrichtung im Bereich der Gesundheits- und Sozialpolitik" gegründet. Das Hilfswerk umfasste

- die Schwangerenfürsorge
- die Müttererholung (u. a. Aufenthalte auf dem Lande)
- zusätzliche Unterstützungen von Mutter und Kind
  (u. a. Mütterschulungen).

Voraussetzung für die Unterstützung durch das Hilfswerk war eine von ärztlicher Seite attestierte Erbgesundheit und Förderungswürdigkeit von Mutter und Kind, um so einen Beitrag für das Überleben der als wertvoll eingestuften Teile des Volkes zu sichern (Sachße/Tennstedt 1992, 198f). Seine Ausgestaltung zielte nicht auf Schutz des individuellen Lebens und inneren Frieden, sondern auf Tod und Krieg (Sachße/Tennstedt 1992, 198). Die Jahre von 1933 bis 1939 dienten der Vorbereitung. Der in der Weimarer Republik entwickelte Sozialstaat wurde diesbezüglich instrumentalisiert. In ihren Grundformen wurden die gesetzlichen Regelungen der Sozialversicherung erhalten, jedoch an Prinzipien des Nationalsozialismus angepaßt (z. B. Ersetzung des Selbstverwaltungsprinzips durch das Führerprinzip). Kranken-, Unfall- und Rentenversicherung erfuhren sogar einige Leistungsverbesserungen, jedoch stets mit der unterlegten Zielsetzung der „Rassenhygiene" und der „Erbpflege" (vgl. dazu das Gesetz zur Verhütung erbkranken Nachwuchses vom Juli 1933). Im Zuge dieses Gesetzes hatten die Gesundheitsämter, Ärzte und Hebammen die Verpflichtung, missgestaltete Säuglinge zu melden (Kramer 1983, 180ff). Dieses Gesetz ist die Umkehrung der Säuglingsfürsorge aus der Weimarer Republik. Es schuf die Grundlage für die Selektion überlebenswerter Kinder. Der Schutz der Mütter und die Säuglingsfürsorge blieben nach § 4 rein rechtlich in unveränderter Weise Aufgabenbereiche des Jugendamtes (Hering/Münchmeier 2003, 174). Durch das Gesetz zur Vereinheitlichung des Gesundheitswesens vom Juli 1934 erfolgt jedoch die Trennung der Gesundheitsfürsorge von der kommunalen Fürsorge. Die Gesundheitsfürsorge sollte zum Mittel der Durchsetzung der „Rassenhygiene" instrumentalisiert werden: Sie wurde gefördert, während die staatlichen Zuschüsse für kommunale Fürsorge gedrosselt wurden.

Was den gesetzlichen Mutterschutz anbelangte, so blieb das 1942 erlassene Gesetz nach dem Zweiten Weltkrieg zunächst bis 1949 gültig. Im Juli 1949 wurde das Mutterschutzgesetz an einer zentralen Stelle modifiziert: durch die Aufweichung des Kündigungsschutzes für schwangere Frauen (Edel 1993, 94ff). Diese wurde durch das Mutterschutzgesetz vom

Dezember 1951 (Inkrafttreten im Januar 1952) jedoch wieder aufgefangen (Edel 1993, 97). In den zurückliegenden Jahrzehnten ist das Gesetz mehrfach modifiziert worden, so z. B. durch die Einführung des Mutterschaftsurlaubes 1979. Es wird Arbeitnehmerinnen ermöglicht, „über den Ablauf der Schutzfrist hinaus für sechs Monate ab Geburt des Kindes Freistellung von der Arbeit unter gleichzeitiger Gewährung des Mutterschaftsgeldes (400 DM) zu verlangen" (Edel 1993, 113). Im Dezember 1985 erfolgte eine letzte bedeutende Neuerung im Mutterschutz: die Gewährung von Erziehungsgeld und Erziehungsurlaub.

Was die Säuglingsfürsorge betrifft, so finden sich im Jugendwohlfahrtsgesetz ebenfalls Ausführungen, die dem Schutz der Säuglinge dienen. So beschreibt der §5, dass das Jugendamt die Aufgabe habe, „die für die Wohlfahrt der Jugend erforderlichen Einrichtungen und Veranstaltungen anzuregen, zu fördern und gegebenenfalls zu schaffen, insbesondere für

1. Beratung in den Fragen der Erziehung
2. Hilfen für Mutter und Kind vor und nach der Geburt
3. Pflege und Erziehung von Säuglingen, Kleinkindern
4. Erzieherische Betreuung von Säuglingen, Kleinkindern"
(Jans / Happe 1986, 20).

Dieser Paragraf ist vergleichbar dem §4 des RJWG. Das Jugendamt hat ferner gemäß §52 Hilfen für werdende Mütter zu leisten. So kann eine schwangere Frau von Seiten des Jugendamtes beraten und unterstützt werden. Eine flankierende Unterstützung bietet die 1984 errichtete Stiftung „Mutter und Kind – Schutz des neugeborenen Lebens". Ziel der Stiftung ist es, schwangeren Frauen Mittel und Beihilfen zur Verfügung zu stellen. Die Mittel stehen im Zusammenhang mit Schwangerschaft, Geburt, Pflege und Erziehung des Kindes.

Das Kinder- und Jugendhilfegesetz von 1990 bezieht sich nicht mehr ausdrücklich auf Säuglinge, sondern insgesamt auf den Schutz von Kindern. Es finden sich jedoch gesetzliche Verankerungen, die für den Schutz der Säuglinge wichtig sind (z. B. §19 SGB VIII; vgl. auch Münder et al. 1998, 205). Das Verschwinden der Säuglingsfürsorge im SGB VIII ist nicht gleichzusetzen mit dem Verschwinden des Säuglingsschutzes. Dieser hat sich lediglich in seinem Erscheinungsbild gewandelt. Bereits im Deutschen Reich ist die Bedeutung des gesetzlichen Mutterschutzes zum Schutz der Säuglinge bekannt: Die Schwangerenberatung dieser Zeit ist eng mit der Säuglingsfürsorge verbunden. Der Schutz eines Kindes beginnt mit präventiven Maßnahmen während der Schwangerschaft. An dieser Stelle setzt auch die Soziale Arbeit an – heute beispielsweise im Bereich der Elternbildung.

4 Gesundheitsverständnisse in Wissenschaft und Alltag

Unterschiedliche Sichtweisen auf Gesundheit ziehen unterschiedliche Maßnahmen und Strategien zur Förderung, zum Erhalt und zur Wiederherstellung von Gesundheit nach sich (Naidoo / Wills 2003, 5). In einer traditionalen Gesellschaft, in der gesundheitliche Probleme dem Einfluss höherer Mächte zugeschrieben werden, gelten magisch-religiöse Praktiken als geeigneter Weg zur positiven Einwirkung auf die Gesundheit. In modernen Gesellschaften westlicher Prägung herrscht dagegen eine biomedizinische Sichtweise vor, die Symptome und Krankheitsursachen isoliert, naturwissenschaftlich analysiert und entlang bakteriologischer und biochemischer Erkenntnisse therapiert. Lenzen hat darauf hingewiesen, dass dieser wissenschaftliche Blick auf die Gesundheit heute noch von einer magisch-religiösen Perspektive überlagert wird, nach der die Medizin eine „priesterliche Funktion" ausübt und durch ihre Zuständigkeit für Fragen der Geburt und des Todes Menschen mit der Endlichkeit ihrer Existenz vertraut macht (Lenzen 1997). In der interkulturellen Gesundheitsforschung ist deutlich geworden, dass bei Migranten aufgrund eines differierenden Verständnisses von Gesundheit und Krankheit häufig Zugangsbarrieren zur gesundheitlichen Versorgung bestehen und die Interaktion mit Professionellen des Gesundheitswesens durch Missverständnisse und Kommunikationsprobleme beeinträchtigt wird (Nestmann 2000).

Die Beschäftigung mit unterschiedlichen Formen von „Gesundheitsverständnis" ist für die Standortbestimmung einer gesundheitsbezogenen Sozialen Arbeit wichtig, da sich diese nicht auf eine einzige wissenschaftliche Betrachtungsweise stützen kann, sondern im Schnittfeld verschiedener Disziplinen angesiedelt ist. Durch ihren Alltags- und Lebensweltbezug muss sie die Differenz zwischen wissenschaftlichen und alltäglichen Gesundheitsvorstellungen berücksichtigen. Wissenschaftliche Erkenntnisse fließen zwar in das Alltagswissen und die alltäglichen Gesundheitspraktiken der Adressaten Sozialer Arbeit ein, doch daneben zirkulieren „soziale Repräsentationen", „subjektive Theorien" oder subjektive Ausprägungen eines „Gesundheitsbewusstseins" (Herzlich 1991; Faltermaier 1994). Diese stellen einen eigenständigen und zugleich handlungsleitenden Faktor im Gesundheitsverständnis der Menschen dar. Vor diesem Hintergrund beinhaltet unsere Auseinandersetzung mit Gesundheitsverständnis in Wissenschaft und Alltag drei Ebenen: Zunächst geht es um den Ertrag wissenschaftlicher Begriffe und Modelle von Gesundheit für die Soziale Arbeit. Anschließend werden Stellenwert und Bedeutung der Alltagsvorstellungen von Gesundheit skizziert, und schließlich wird die Relevanz des interdisziplinären Ansatzes der Gesundheitswissenschaften für die Soziale Arbeit untersucht.

4.1   Wissenschaftliche Begriffe und Modelle von Gesundheit

Die Darstellung wissenschaftlicher Begriffe und Modelle von Gesundheit beschränkt sich auf Theorien, die für das Feld der Sozialen Arbeit relevant sind (Hünersdorf 1997). Den Ausgangspunkt bildet dabei eine kurze und kritische Skizzierung des sogenannten *biomedizinischen Modells*, das den Umgang mit Gesundheit und Krankheit in unserer Gesellschaft nach wie vor dominiert. Die neueren Überlegungen zur Gesundheit, die aus unterschiedlichen disziplinären Blickwinkeln entstanden sind (z.B. Psychologie, Sozialwissenschaften, Gesundheitswissenschaften, Soziale Arbeit), sind alle in Absetzung vom biomedizinischen Modell entwickelt worden. Sie versuchen eine umfassende und ganzheitliche Betrachtung des Zusammenhangs „Mensch und Gesundheit" durchzusetzen.

Die neuere Gesundheitsdiskussion breitete sich nach dem Zweiten Weltkrieg aus. Die Gründung der Weltgesundheitsorganisation (WHO) am 07.04.1948, die sich seit ihren Anfängen für ein soziales und psychologisch fundiertes Verständnis von Gesundheitsfragen einsetzt, ist in diesen Zusammenhang eingebettet. Die WHO definierte Gesundheit als den „Zustand des völligen körperlichen, seelischen und sozialen Wohlbefindens und nicht nur (als) Freisein von Krankheit und Gebrechen" (Hurrelmann 1994, 16). Dieser Versuch einer positiven Begriffsbestimmung von Gesundheit wurde in der Folgezeit aufgrund seines idealistischen und statischen Charakters vielfach kritisiert. Im Zuge des Ausbaus der sozialwissenschaftlichen und psychologischen Gesundheitsforschung seit den 1970er Jahren und einer gleichzeitig lauter werdenden „Medizinkritik" (Lenzen 1991, 14ff) diente er nichts desto trotz – im Negativen wie im Positiven – als Leitorientierung für die Suche nach neuen theoretischen Begriffsbestimmungen von Gesundheit in unterschiedlichen Kontexten.

4.1.1   Das biomedizinische Modell von Gesundheit und Krankheit

Nach dem biomedizinischen Modell, welches das Gesundheitsdenken seit ca. 200 Jahren beherrscht, wird der menschliche Körper mit einer Maschine verglichen, die in verschiedene Funktionen und damit verbundene Funktionsstörungen zerlegbar ist. Krankheitssymptome (körperliche Beschwerden und psychische Auffälligkeiten) lassen sich durch organische Defekte erklären. Die anatomischen oder physischen Defekte bilden die eigentlichen Ursachen der Krankheit. Für die Entstehung eines Defekts wird eine begrenzte Zahl von Ursachen angenommen, z. B. bestimmte Bakterien oder Viren. Das Modell verfährt also kausal-analytisch, indem es Zustände des menschlichen Lebens wie Gesundheit und Krankheit auf isolierbare, kleine Bausteine oder Elemente des Organismus reduziert. Naidoo und Wills fassen die Hauptmerkmale der biomedizinischen Sichtweise in fünf Aspekten zusammen. Demnach lässt sich dieses Verständnis von Gesundheit kennzeichnen als

- „Biomedizinisch – Gesundheit wird als Eigenschaft allen biologischen Lebens gesehen.
- Reduktionistisch – Zustände des Lebens, wie Gesundheit und Krankheit, lassen sich auf immer kleinere Bausteine des menschlichen Körpers reduzieren.
- Mechanistisch – begreift und behandelt den Körper, als wäre er eine Maschine.
- Allopathisch – arbeitet durch ein System von Gegensätzen. Stimmt etwas mit dem Körper nicht, dann besteht die Behandlung darin, eine Gegenkraft zur Korrektur der Krankheit anzuwenden, wie zum Beispiel pharmakologische Substanzen, welche die Krankheit bekämpfen.
- Pathogenetisch – konzentriert sich darauf, warum die Menschen krank werden" (Naidoo / Wills 2003, 9 f).

Das biomedizinische Paradigma ist in der Gesundheitswissenschaft inzwischen einer grundlegenden Kritik unterzogen worden. Haupteinwände gegen diese Sichtweise sind:

- Der kranke Mensch wird als Subjekt oder Handelnder weitgehend ausgeklammert; er ist passives Objekt physikalischer Prozesse. Hinsichtlich der Selbstverantwortung für Gesundheit und der Bedeutung des eigenen Handelns enthält diese Vorstellung eine Entlastungsfunktion, die durchaus auch positive Aspekte enthält und die für die Anziehungskraft der biomedizinischen Sichtweise nicht zu unterschätzen ist.
- Die Bestimmung, ob jemand krank ist oder nicht, hängt von der Feststellung anatomischer oder physiologischer Veränderungen ab (Krankheit ohne Symptome oder erkennbare Ursachen ist nicht existent bzw. Hypochondrie). In dieser Fassung dient das Modell nach wie vor für die Feststellung von Leistungsansprüchen der gesundheitlichen Versorgung und für die Überprüfung von Entschädigungen für arbeitsbedingte Erkrankungen (Naidoo / Wills 2003, 8).
- Das Modell enthält kein positives Verständnis von Gesundheit. Gesundheit ist nur als Abwesenheit von Krankheit bzw. von Symptomen oder nachweisbaren Krankheitsursachen bestimmbar (Hurrel-

mann / Franzkowiak 2003, 52). Damit gilt bis heute die über 200 Jahre alte Einsicht von Kant, dass man im Grunde nie weiß, ob man gesund ist, dass man sich Gesundheit (wie das Gegenstück – die Hypochondrie) nur cinbilden kann: "Man kann sich gesund fühlen, nie aber wissen, daß man gesund sei. (...) daher der Mangel dieses Gefühls keinen anderen Ausdruck des Menschen für sein Wohlbefinden verstattet, als daß er scheinbarlich gesund sei" (Kant 1993).

Wie der historische Abriss gezeigt hat, war das biomedizinische Modell von Gesundheit und Krankheit bei der Bekämpfung von Infektionskrankheiten recht erfolgreich, wenn auch hier nicht eindeutig geklärt ist, welchen Anteil die moderne Medizin an der Verbesserung der Lebensqualität tatsächlich hatte. Der Rückgang der Sterberate und die Verlängerung der Lebenserwartung im 20. Jahrhundert lassen sich zu großen Teilen auf die Verbesserung der allgemeinen sozialen Lebensbedingungen und auf die Einführung basaler hygienischer Praktiken (wie z. B. den Gebrauch der Seife) zurückführen (Illich 1980, 17 f). Dies brachte zugleich eine positive Lebenseinstellung und ein erhöhtes Vertrauen in die Selbstwirksamkeit mit sich, die Keupp als Widerstandsfähigkeit bzw. „Resistenz" bezeichnet. (Keupp 2000). Bei den inzwischen vorherrschenden chronischen Erkrankungen ist eine eindeutige Kausalitätszuschreibung schwierig. Daher wurde das biomedizinische Modell inzwischen auch im Bereich der Medizin um das Risikofaktorenmodell erweitert.

4.1.2 Risikofaktorenmodell

Nach dem *Risikofaktorenmodell* werden Gesundheit und Krankheit als ein multifaktorielles Geschehen betrachtet, das sich aus Einwirkungen der Erbinformationen, des Gesundheitsverhaltens und der Umwelt zusammensetzt. Die Bestimmung von Risikofaktoren orientiert sich ebenso wie die biomedizinische Sichtweise an Krankheiten, Defiziten und gesundheitlichen Belastungen. Zugleich sind Risikofaktoren keine Ursachen; sie begründen also keine Kausalverhältnisse, sondern nur statistische, nach einem Wahrscheinlichkeitskalkül wirksame Zusammenhänge. Das Risikofaktorenmodell übersteigt eine rein medizinische Sichtweise

1. indem körperbezogenes Verhalten wie Ernährung, Bewegung, Rauchen und Alkohol- bzw. Drogenkonsum relevant wird (Statistisches Bundesamt 1998).
2. indem – vermittelt über „Stress" – auch psychische und soziale Faktoren gesundheitsrelevant werden.

Die Auseinandersetzung mit chronischen und psychosomatischen Erkrankungen hat dazu geführt, Wechselwirkungen zwischen biologischen, psychischen und sozialen Faktoren anzuerkennen (Hurrelmann 1994, 129ff). „Stress" ist zunächst ein physiologischer Erregungs- oder Spannungszustand im Gehirn, der die Nerven- und Hormontätigkeit beeinflusst. Seine Entstehung lässt sich jedoch nicht nur biologisch, sondern vor allem auch psychisch und sozial erklären. Beispielsweise führt die Einnahme von Alkohol oder fetter Nahrung zu physiologischem Stress; kritische Lebensereignisse rufen psychologischen Stress hervor, und berufliche oder soziale Spannungen können als sozialer Stress bezeichnet werden. Stress ist inzwischen zu einem „biopsychosozialen Spannungszustand" oder Belastungszustand verallgemeinert worden.

Mit Hilfe der Stresstheorie führt das Risikofaktorenmodell dazu, dass eine Vielzahl von mehr oder weniger beeinflussbaren Faktoren gesundheitsrelevant werden und sich hieraus Ansatzpunkte für verhaltens- und verhältnisbezogene Präventionsmaßnahmen – auch außerhalb der Medizin – ableiten lassen. Im Rahmen des Stress-Coping- bzw. *Belastungs-Bewältigungs-Paradigmas* wird nahezu das gesamte soziale Leben in irgendeiner Weise gesundheitsrelevant und Gesundheit auf diese Weise beeinflussbar. Man könnte fast sagen, dass im heutigen Gesundheitsdiskurs der Begriff „Stress" eine ähnlich zentrale Stellung eingenommen hat wie der Begriff „Schmutz" im Hygienediskurs des 19. Jahrhunderts (einschließlich daran anknüpfender Moralisierungsversuche in Bezug auf die Minimierung persönlicher und sozialer Gesundheitsrisiken). Auch das Risikofaktorenmodell ist inzwischen einer breiten Kritik unterzogen worden:

- Prävention verläuft nach diesem Modell vor allem über die Reduzierung von Risikofaktoren und dementsprechende Informationen über gesundheitliche Risiken. Die Informationen über Gesundheitsrisiken sind abhängig von Experten, die widersprüchliche Orientierungen liefern (z. B. hinsichtlich der Gefahren bestimmter Nahrungsmittel). Dies führt zu Verunsicherungen und zur Beachtung eines immensen Maßnahmenkatalogs, der den gesundheitsrelevanten Bereich stark ausweitet.
- Die an Risikofaktoren orientierte Prävention führt zu Eingriffen in das individuelle Verhalten auf rein statistischer bzw. probabilistischer Basis. Die Relevanz der Faktoren, um deren Reduktion willen Einschränkungen hingenommen werden sollen, bleibt im jeweils individuellen Fall völlig ungeklärt (z. B. bedeutet ein erhöhter Cholesterinspiegel im Einzelfall nicht unbedingt ein erhöhtes Herzinfarktrisiko).
- Risikoverhalten ist nicht nur negativ. Es kann in der konkreten, gegenwärtigen Situation einen Gewinn darstellen, der möglichen zukünftigen Schäden entgegensteht und der auf anderen Ebenen, z. B. im sozialen Bereich, Vorteile bietet (evtl. kann Alkoholgenuss die Anbahnung einer festen Partnerschaft erleichtern (Kastner / Silbereisen 1988). Dies gilt insbesondere im Jugendalter, wo der Zukunftsbezug des Verhaltens

noch relativ gering ist (v. Troschke 1995) und riskantes Verhalten zur Lösung von Entwicklungsanforderungen und Selbstfindungsproblemen beitragen kann (Freitag / Hurrelmann 1999).

▪ Das Risikofaktorenmodell bleibt letztlich negativ ausgerichtet. Es erweitert nur das Spektrum möglicher Ursachen von Störungen und Defiziten bei gleichzeitiger Lockerung des Kausalverhältnisses. Im Bereich der Sozialen Arbeit wird es oft zur Beeinflussung des gesundheitsrelevanten Verhaltens herangezogen, ist dabei aber wenig effektiv. Für die Beeinflussung gesundheitsrelevanter Verhältnisse (z. B. in Betrieben, in der Umwelt) ist es jedoch nach wie vor wichtig (Hünersdorf 1997).

In der sozialpsychologischen Stressforschung ist die Perspektive auf die Risikofaktoren und Belastungen um die Beschäftigung mit den Bewältigungsmöglichkeiten ergänzt worden. Individuelle Kompetenzen und soziale Ressourcen werden als Gegengewichte zu Risiken betrachtet – als „Schutzfaktoren", die im Bewältigungsprozess eine eigenständige Rolle spielen. Hurrelmann definiert Gesundheit dementsprechend als „Balance" zwischen Risiko- und Schutzfaktoren, als einen aktiv herzustellenden Gleichgewichtszustand, der im Sinne der Gesundheitsdefinition der WHO auf ein umfassendes „körperliches, seelisches und soziales Wohlbefinden" zielt (Hurrelmann 2000).

4.1.3 Sozial-kognitive Gesundheitspsychologie

Die Ineffektivität von Verhaltensbeeinflussungen nach dem Risikofaktorenmodell hat in der Psychologie zu der Frage geführt, wie Gesundheit als Handlungszweck bzw. Handlungssinn etabliert werden kann, um Risikoverhalten zu reduzieren. Daraus entstand die *sozial-kognitive Gesundheitspsychologie*, die gesundheitsbezogenes Verhalten im Kontext von Selbstkontrolle und sozialer Unterstützung verortet (Schwarzer / Leppin 1990; Allmer 1990; Kolip 1999). Zu diesem Zweck wird das Zusammenspiel von gesundheitsbezogener Intentionsbildung und der Realisierung von gesundheitsbezogenem Verhalten („Volitionsbildung") untersucht. Dabei werden drei Ebenen unterschieden:

1. Intention – beruht neben personalen auch auf sozialen Bedingungen
2. Vorsatz – beinhaltet eine Präzisierung gesundheitsbezogener Intentionen
3. Umsetzung / Volition – ist über den konkreten Vorsatz und dessen Umsetzungsschwierigkeiten hinaus abhängig von der Willensstärke und Basisaktiviertheit der Person.

Die drei Ebenen werden als relativ unabhängig voneinander betrachtet. Auf allen Ebenen wird aber von einem Kosten-Nutzen-Kalkül ausgegangen, nach dem das gesundheitsbezogene Engagement der Person jeweils mit erkennbaren Vorteilen und positiven Effekten für die Person verbunden sein muss.

Zentraler Ansatzpunkt für die Prävention ist in dieser Perspektive die *Selbstwirksamkeitserwartung.* Eine positive Selbstwirksamkeitserwartung führt dazu, dass man seinem eigenen Handeln Wirksamkeit und Effektivität in der intendierten Richtung zutraut. Sie soll unter den jeweils gegebenen situativen Rahmenbedingungen trainiert und gefördert werden, was entsprechend des zugrunde gelegten Rationalitätsdenkens ein gesundheitsorientiertes oder -verträgliches Verhalten erhoffen lässt. Die Kritik an der sozial-kognitiven Perspektive richtet sich vor allem auf deren Grundannahmen über die Bedingtheit von sozialem Handeln:

- Die sozial-kognitive Gesundheitspsychologie unterschlägt die geschichtliche und kulturelle Bedingtheit von Verhalten. Sie fragt nur, wie ein bestimmtes Verhalten durchgesetzt werden kann – und nicht, wie es in den Kontext kultureller Körperformierung eingebettet ist und warum es gesundheitlich relevant sein soll.
- Der Zugang zur Gesundheit über Selbstwirksamkeit ist im Grunde positiv: Er setzt an Stärken an – allerdings auf einer rein rationalen Ebene, die zahlreiche andere Ebenen von Erfahrung und Handeln unberücksichtigt lässt.
- Das Selbstwirksamkeitstraining überschätzt die Möglichkeiten des Hauptklientels der Sozialen Arbeit – der sozial benachteiligten Menschen, die häufig durch ein geringes generelles Selbstwirksamkeitsgefühl charakterisiert sind.

Insgesamt handelt es sich bei dem sozial-kognitiven Zugang zu Gesundheit und Krankheit eine relativ enge, eindimensional-rationalistische Sichtweise, die jedoch aufgrund ihrer Handhabbarkeit und Übertragbarkeit in Trainingseinheiten und Übungen vielen Präventionsprogrammen (z. B. in der schulischen Suchtprävention) als theoretische Grundlage dient. Der erwünschte positive Effekt dieser Präventionsprogramme ist bisher allerdings noch nicht klar nachgewiesen (Petermann et al. 1997; Silbereisen 1999).

4.1.4 Lebensweisen-Modell

Eine umfassendere, eher soziologisch ausgerichtete Perspektive findet sich im sogenannten *Lebensweisen-Modell* (Wenzel 1983). Gesundheit erscheint hier als ein Wert neben anderen in der Lebensweise eines Menschen oder einer Gruppe. Sie lässt sich daher nicht isoliert betrachten. Zugleich ist die Lebensweise nichts Willkürliches, sondern Ergebnis der biografischen bzw. historischen Auseinandersetzung mit der gesellschaftlichen oder natürlichen Umwelt. Lebensweisen sind als Ausdruck bestimmter struktureller Rahmenbedingungen eher kollektiv oder gruppengebunden. Sie bilden sich in Abhängigkeit von den jeweiligen Lebensbedingungen eines sozialen Milieus und sie prägen Formen der Bewältigung von Belastungen und Lebenskrisen (v. Kardorff 2003, 145 f). Sie unterscheiden sich damit vom frei wähl- oder gestaltbaren „Lebensstil".

Lebensweisen lassen sich nicht einfach verändern. Sie erfordern zugleich eine Veränderung der Lebens- und Arbeitsbedingungen (z. B. führt eine unbefriedigende, monotone Arbeit zu einer geringen Eigeninitiative, woraus auch im gesundheitlichen Bereich wenig Vertrauen in die Selbstkontrolle entspringt; Arbeitslosigkeit senkt die Basisaktivität und damit die Chance zur Umsetzung von Intentionen). Darüber hinaus sind sie das Ergebnis langfristiger Sozialisations- und Habitualisierungsprozesse, die nicht auf rationaler Steuerung, sondern auf „szenischem Mitvollzug", auf impliziten Regeln und Ritualen beruhen (Elias 1981; Bourdieu 1987). Informelle und nicht-intentionale Formierungsprozesse sowie die Herausbildung gemeinschaftlicher Praktiken sind wesentlich für die Entstehung kollektiver Lebensweisen (Wulf et al. 2001).

Das Lebensweisen-Modell begründet die Bemühungen der Weltgesundheitsorganisation um eine Verankerung der *Gesundheitsförderung* als wesentliches Element der Sozialpolitik. Soll die Lebensweise zugunsten einer stärkeren Berücksichtigung gesundheitlicher Belange verändert werden, ist eine umfassende Strategie zur Gesundheitsförderung notwendig, die alle möglichen Aspekte der Lebensweise (Sozialstruktur, Sozialisationsbedingungen, soziale Lebenssituation, soziales Verhalten) erfasst. In der Diskussion um die Gesundheitsförderung geht man davon aus, dass „Selbstbestimmung", herrschaftsfreie Kommunikation und Partizipation der Bevölkerung an der Gestaltung ihrer Lebensbedingungen wichtig sind. Nur so scheint eine konstruktive, gesundheitsorientierte Veränderung der Lebensweise möglich (Ottawa-Charta 1995).

Die Kritik am Lebensweisen-Modell richtet sich insbesondere an die bisher unbefriedigende Praxis der Umsetzung im Rahmen der Gesundheitsförderung:

▨ Auch nach dem Lebensweisen-Modell ist trotz seines sozialpolitischen Anspruchs das sozialpädagogische Klientel wieder diejenige Bevölkerungsgruppe, die die geringste Gesundheitsorientierung aufweist und die am stärksten von sozialer Partizipation und öffentlicher Kommunikation ausgeschlossen ist. Für diese Gruppe bedürfte es also besonderer Anstrengungen, um die Selbstbestimmung über die eigene Lebensweise zu erreichen und um Gesundheit zu einem wichtigen Kriterium der Lebensweise zu erheben.
▨ Das Modell beruht auf einer utopischen Verknüpfung von Gesundheit, Selbstbestimmung und gesellschaftlicher Veränderung. Zum ei-

nen sind soziale Verhältnisse schwer zu verändern, und es ist nicht gewährleistet, dass Gesundheit hierfür ein gewichtiges Hauptmotiv liefert (Rosenbrock 1998a). Zum anderen ist nicht garantiert, dass Selbstbestimmung mit der Wertorientierung an Gesundheit einher geht. Gesundheit ist immer nur ein Wert neben anderen, der im Konflikt mit anderen Werten (z. B. ökonomischen Interessen) steht. Deshalb wird versucht, Gesundheit in die umfassendere Perspektive der „Lebensqualität" zu integrieren, um ihr kritisches Potential zu bewahren (Sting 2000).

■ Das Modell beinhaltet weiterhin ein verborgenes Prioritätspostulat der Vernunft oder Rationalität: Wenn ich frei wählen kann, entscheide ich mich für eine vernünftige Lebensweise. Gerade im Hinblick auf die Kultivierung und Disziplinierung des Körpers wird allerdings deutlich, dass es nicht nur Machtwirkungen, sondern auch eher zufällige, „sinnlose" bzw. kontingente soziale Zwänge und Regulierungen sind, die sich historisch durchsetzen. Körperkultur – und darin eingeschlossen die Orientierung an Gesundheit – scheint immer auch undurchsichtige und unverfügbare Momente zu enthalten, die durch „Selbstbestimmung über Gesundheit" nicht restlos auszuschalten sind.

Trotz dieser Kritik ist die Einbettung von Gesundheit und Krankheit in die Gesamtheit der Lebensweise einer Person, einer sozialen Gruppe und Gesellschaft eine unumgängliche Voraussetzung für die Gesundheitsförderung und die gesundheitsbezogene Soziale Arbeit. Diese Sichtweise eröffnet Möglichkeiten einer angemessenen Berücksichtigung sozialer Einflussfaktoren auf die Gesundheit und einer Thematisierung von Gesundheit als wichtiger Voraussetzung der Lebensqualität von Individuen und Gesellschaften.

4.1.5 Salutogenese-Modell

Das umfassendste Modell, das sowohl sozial-kognitive Aspekte als auch die sozialen Dimensionen der Lebensweise einschließt und zugleich eine positive Perspektive auf Gesundheit entwirft, ist das *salutogenetische Modell* von Antonovsky (1997). Dieses Modell wird in den Gesundheitswissenschaften und in der sozialpädagogischen Gesundheitsförderung in den letzten Jahren breit rezipiert. Antonovsky versucht mit diesem Ansatz eine Perspektivenumkehr von der Krankheits- zur Gesundheitsorientierung, die sich an folgenden Leitfragen festmachen lässt:

■ Was erhält Menschen gesund?
■ Wie schaffen sie es – trotz Belastungen – nicht krank zu werden (z. B. trotz Rauchen keinen Lungenkrebs zu bekommen)?

Die Salutogenese – die Bemühung um die Erhaltung und Verbesserung der Gesundheit – soll die etablierte pathogenetische Orientierung der Bekämpfung von Krankheiten und Gesundheitsrisiken nicht ersetzen, sondern als zusätzliches und eigenständiges Element ergänzen.

Gesundheit erscheint in diesem Modell nicht als ein statischer Zustand des Wohlbefindens (wie in der WHO-Definition); auch nicht als eine mehr oder weniger stabile Balance des Organismus (Laaser/Hurrelmann 1998), sondern als ein labiles, aktives und sich dynamisch regulierendes Geschehen. „Das Grundprinzip menschlicher Existenz ist nicht Gleichgewicht und Gesundheit, sondern Ungleichgewicht, Krankheit und Leiden. Unordnung und die Tendenz zu mehr Entropie sind allgegenwärtig" (Bengel et al. 1998, 25). Antonovsky verwendet hierfür die Metapher des Schwimmens im Fluss des Lebens, gegen den Strom der Entropie (Antonovsky 1997). Gesundheit und Krankheit stehen sich in dieser Vorstellung nicht als zwei getrennte Pole gegenüber, sondern sie befinden sich auf einem Kontinuum von „mehr" oder „weniger".

Zentrale individuelle, psychologische Einflussgröße auf den Gesundheitszustand eines Menschen ist für Antonovsky das *Kohärenzgefühl*. Er versteht darunter eine allgemeine Grundhaltung der Welt und dem eigenen Leben gegenüber, eine Art „Weltanschauung". Das Kohärenzgefühl („sense of coherence", SOC) bezeichnet ein Gefühl des Zusammenhangs, der Stimmigkeit zwischen sich und der Welt. Es wird definiert als

„eine globale Orientierung, die das Ausmaß ausdrückt, in dem jemand ein durchdringendes, überdauerndes und dennoch dynamisches Gefühl des Vertrauens hat, dass erstens die Anforderungen aus der inneren und äußeren Erfahrenswelt im Lauf des Lebens strukturiert, vorhersagbar und erklärbar sind und dass zweitens die Ressourcen verfügbar sind, die nötig sind, um den Anforderungen gerecht zu werden. Und drittens, dass diese Anforderungen Herausforderungen sind, die Investition und Engagement verdienen" (Antonovsky 1993 in: Bengel et al. 1998, 30).

Das Kohärenzgefühl ist eine innerpsychische Größe, kein äußerlicher Faktor. Das Salutogenese-Modell geht von der Annahme aus, dass – bei vergleichbaren äußeren Bedingungen – die Nutzung vorhandener Ressourcen zum Erhalt der Gesundheit und des Wohlbefindens vom Kohärenzgefühl abhängt. Zur näheren Erläuterung werden drei Komponenten des SOC unterschieden:

1. das Gefühl der *Verstehbarkeit* („sense of comprehensibility"), das von außen oder innen kommende Stimuli als konsistente, erklärbare Informationen wahrnehmen lässt und das sich daher auf kognitive Verarbeitungsmuster bezieht
2. das Gefühl der *Handhabbarkeit* („sense of manageability"), das in der Überzeugung besteht, dass Schwierigkeiten lösbar sind, dass man über

genügend Ressourcen und Kompetenzen verfügt, um Anforderungen zu bestehen (dies kann neben persönlichen Ressourcen auch das Vertrauen oder den Glauben an höhere Mächte beinhalten); es handelt sich daher um ein kognitiv-emotionales Verarbeitungsmuster

3. das Gefühl der *Sinnhaftigkeit* („sense of meaningfulness"), das in positiven Erwartungen an das Leben und dessen Bedeutungshaftigkeit besteht und das daher die motivationale Komponente darstellt; nach empirischen Studien scheint dies der wichtigste Aspekt des SOC zu sein (Antonovsky 1997, 34 ff).

Ein stark ausgeprägtes Kohärenzgefühl erlaubt eine flexible Reaktion auf Anforderungen, während ein schwaches Kohärenzgefühl eher starre und rigide Reaktionen hervorbringt. Der SOC wird somit zu einem flexiblen Steuerungsprinzip, das die Copingstrategien eines Menschen bestimmt und so die Stressverarbeitung beeinflusst. Stress wird nicht per se negativ betrachtet, sondern er ist als zunächst neutrale Anregung und Aktivierung des Organismus sogar notwendig. Seine Auswirkungen hängen von den Copingfähigkeiten und -stilen ab. Coping- oder Bewältigungsprozesse werden in dieser Sichtweise für die Frage der Salutogenese entscheidender als die Stressfaktoren selbst.

Als im Individuum verankerter Einflussfaktor von Gesundheit bildet sich das Kohärenzgefühl im Verlauf der Entwicklung und ist nach Antonovsky im Erwachsenenalter nur noch begrenzt beeinflussbar. Seine Entstehung und seine aktuelle Relevanz für die Gesundheit ergeben sich aus dem Zusammenspiel von sozialstrukturellen und gesellschaftlichen Gegebenheiten. Dazu gehören

1. *situative Rahmenbedingungen* wie Beschäftigungsverhältnisse, die Familiensituation, Lebensereignisse wie Migration, Wohnortwechsel usw.

2. *generalisierte Widerstandsressourcen* („general resistance ressources", GRRs): Dabei handelt es sich um Faktoren, die eine erfolgreiche Spannungsbewältigung erleichtern (kulturelle Stabilität, soziale Unterstützung, finanzielle Möglichkeiten, körperliche Konstitution, Bildung, per Sozialisation erworbene Bewältigungsstrategien). Die GRRs bezeichnen das Potenzial, das kohärente Lebenserfahrungen ermöglicht und auf diese Weise das Kohärenzgefühl formt.

Der Gesundheitszustand wird wie in der Stresstheorie dynamisch vom Erleben und von der Verarbeitung von Stress beeinflusst, wobei das Kohärenzgefühl (SOC) eine zentrale Größe darstellen soll. In einer umfassenderen Perspektive hat Antonovsky drei Hypothesen darüber aufgestellt, wie der SOC auf die Gesundheit einwirkt:

1. Der SOC beeinflusst verschiedene Systeme des Organismus (das Zentralnerven-, das Immun- und das Hormonsystem) direkt über die ge-

danklichen Prozesse, die eine Situation als gefährlich, ungefährlich oder willkommen einstufen.

2. Der SOC mobilisiert vorhandene Ressourcen; er begünstigt den erfolgreichen Einsatz von Ressourcen zur Spannungsreduktion und wirkt so auf die physiologischen Systeme der Stressverarbeitung ein.

3. Menschen mit ausgeprägtem SOC sind eher in der Lage, sich für gesundheitsförderliche Verhaltensweisen zu entscheiden. Dies führt zu einem indirekten Einfluss auf die Gesundheit über das Gesundheitsverhalten.

Auch das Salutogenese-Modell ist inzwischen einer Kritik unterzogen worden, die sich bisher vor allem auf die Modifikation einzelner Aspekte des Gesamtansatzes konzentriert:

■ So wird die von Antonovsky angenommene relative Stabilität des Kohärenzgefühls im Erwachsenenalter inzwischen kritisch hinterfragt (Lorenz 2004, 74 ff). In der Entwicklungspsychologie wird die Persönlichkeitsentwicklung heute als ein lebenslanger Prozess betrachtet, der auch im späteren Verlauf noch zu markanten Veränderungen und Diskontinuitäten führen kann.

■ Durch die starke Betonung des Kohärenzgefühls als innerpsychischer Einflussfaktor auf die Gesundheit wurde das salutogenetische Modell dem Vorwurf der Individualisierung von Gesundheit und Krankheit ausgesetzt. Tatsächlich stehen personale und psychische Prozesse (der Stressbewältigung) im Zentrum von Antonovskys Überlegungen; allerdings ist sowohl die Entstehung des Kohärenzgefühls als auch dessen aktuelle Wirksamkeit (als Zusammenspiel von situativen Rahmenbedingungen und GRRs) von sozialen Bedingungen und Faktoren abhängig.

■ Eine empirische Überprüfung des Zusammenhangs zwischen Kohärenzgefühl und Gesundheit steht noch aus. Antonovskys Vermutung, dass das Kohärenzgefühl die physische Gesundheit beeinflusst, lässt sich bisher nicht eindeutig belegen. Stattdessen sind markante Zusammenhänge zwischen Kohärenzgefühl und psychischer Gesundheit erkennbar (Franke 1997; Lorenz 2004, 40 f).

Das Salutogenese-Modell bietet vielfältige Anschlussmöglichkeiten für eine gesundheitsbezogene Soziale Arbeit. Es ergänzt die Perspektive der Gesundheitsförderung um psychosoziale, entwicklungs- und bildungsbezogene Aspekte (Sting 2002) und eröffnet damit einen *pädagogischen Zugang* zur Stärkung des Kohärenzgefühls. Die Stärkung der generalisierten Widerstandsressourcen erfordert dagegen *sozialstrukturelle Maßnahmen*, und die Beeinflussung der aktuellen sozialen Rahmenbedingungen macht *soziale Interventionen* zur Verbesserung der jeweils konkreten Lebenssituation notwendig.

Nach dem Salutogenese-Modell wird Gesundheit zu einem Leitkriterium und zu einer positiv herzustellenden Kategorie. Sie erscheint als permanenter, dynamischer Prozess einer aktiven Herstellung im Kontext sozialer und individueller Voraussetzungen. In ähnlicher Weise wird sie von Laaser und Hurrelmann definiert:

> „Gesundheit ist (...) kein passiv erlebter Zustand des Wohlbefindens, sondern ein aktuelles Ergebnis der jeweils aktiv betriebenen Herstellung und Erhaltung der sozialen, psychischen und körperlichen Aktionsfähigkeit eines Menschen im gesamten Lebensverlauf" (Laaser/Hurrelmann 1998, 402).

Diese Sichtweise enthält die Gefahr einer Ideologisierung der Gesundheit – eines wissenschaftlich untermauerten Gesundheitsaktivismus, der die kritische Perspektive des Gesundheitsmotivs zugunsten individueller Anstrengungen um Gesundheit und Fitness aus den Augen verliert. Gegen diese Tendenz kann ein Einwand von Antonovsky selbst angeführt werden, der darauf hinweist, dass Gesundheit keinen zu verabsolutierenden Wert darstellt. Kohärenz und mit ihr Gesundheit lassen sich auch durch rigide oder gar fundamentalistische Positionen erhalten: So muss Deutschland im Dritten Reich unter salutogenetischer Perspektive nicht als kranke, sondern durchaus als gesunde Gesellschaft bezeichnet werden. Kohärenz geht oft mit der kritiklosen Akzeptanz der Werte der Mächtigen und Herrschenden einher (Franke 1997, 188f). Ein gesunder Mensch ist damit nicht automatisch ein „guter" Mensch; Gesundheit umfasst nicht den ethischen Wert einer Person. Deshalb muss der Einsatz für Gesundheit mit anderen sozialen Werten und Zielorientierungen ausbalanciert werden.

4.1.6 Biografie und Gesundheit

„Wer bin ich in Bezug auf meine Gesundheit?" – Vor diese Frage sieht sich jeder im Lebenslauf irgendwann gestellt, spätestens dann, wenn der Körper die an ihn gestellten Anforderungen nicht mehr erfüllt. Der Blick richtet sich zu diesem Zeitpunkt zuallererst auf die alltäglichen Gegebenheiten der Lebensführung: auf Ernähren und Bewegen, auf die Verbesserung spezifischer Rhythmen (Arbeit und Erholung, Tag und Nacht), auf das Soziale und Personale etc. Bei der Lebensführung geht es vorzugsweise um die Gestaltungsleistungen des Subjekts, um seine Lebensentwürfe und Perspektiven; die Lebensführung als gestalteter Lebenszusammenhang konfrontiert mit der eigenen Lebensgeschichte.

So hat jeder seine persönliche Ess- und Ernährungsgeschichte (Homfeldt 1994), seine unverwechselbar persönlichen Bewegungskonfigurationen, seine Krankheiten vor dem Hintergrund von Lebensstil und Lebenslage. Sie vereinen sich retrospektiv zu einer Lebensgeschichte und bilden

den Bezugsrahmen für gesundheitsförderliche Bemühungen im Sinne biografischen Lernens.

In den zurückliegenden zwanzig Jahren sind im deutschsprachigen Wissenschaftsraum vielfältige Eckpunkte und Ansätze in der erziehungswissenschaftlichen Biografieforschung gefunden und entwickelt worden (Krüger/Marotzki 1995; Krüger/Marotzki 1999). So sind für den Zusammenhang von Sozialer Arbeit und Gesundheit folgende Faktoren relevant:

- Zentrales Merkmal von Biografie ist ihre Zeitlichkeit, die in ihren Vergangenheits-, Gegenwarts- und Zukunftsdimensionen spezifisch relativiert ist.
- Biografien sind in ihrer Struktur hochkomplex: Individual- und Kollektivgeschichte durchdringen sich wechselseitig.
- Biografien ermöglichen Innenansichten sich formender Subjektivität, wobei Sozial- und Weltbezug mit zu bedenken sind.
- Biografien sind durch eine Sinnstruktur gekennzeichnet, die sich rekonstruktiv erschließt und die neben subjektiven Sinngebungen von sozialstrukturell bedingten Platzierungen im sozialen Raum geprägt ist (Bourdieu 1990, 75 ff).
- Die Beschäftigung mit Biografien erfordert reflexives Verstehen (Marotzki 1995, 59 ff).
- Biografien erschließen sich i. d. R. über Texte (Fallgeschichten, Autobiografien, narrative Interviews, Lerntagebücher, Selbstreporte).
- Die methodische Erschließung erfordert ein mehrperspektivisches Denken, das dem konstruktiven Charakter von Biografien Rechnung trägt (Marotzki 1995, 75 ff).
- Von besonderer Relevanz für biografisches Forschen sind Statusübergänge (Bohnsack 1995, 258 ff). Übergang fassen wir auf als „Zerstörung der bisherigen sozialen Identität, die Herstellung eines Zwischenstadiums der Leere mit der Vorbereitung auf eine neue soziale Identität" (Wulf 1996, 172). Übergänge sind kritische Lebensereignisse, vor allem für sozial benachteiligte Menschen. Ihre erfolgreiche Bewältigung hängt u. a. von der biografischen Ausprägung des Kohärenzgefühls als Erfahrung der Kontinuität und der Passung von innerer und äußerer Realität ab.

Biografisches Lernen und Selbstreport: Eine gesundheitsförderliche Lebensweise zu entwickeln bedeutet zu lernen, sich für die eigene Person zuständig zu fühlen – unter Einbezug der sozioökonomischen, ökologischen und politischen Aspekte von Lebensweisen und -welten. Gelingen kann dies, wenn Gegenwart gelebt und vor allem verstanden wird vor dem Hintergrund von persönlicher Herkunft und Zukunft. Eine biografisch orientierte gesundheitsfördernde Soziale Arbeit gibt den Akteuren flankierende Unterstützung, indem sie diesen hilft, ihre agency wahrzunehmen und zu verstehen (vgl. Kap. 6.2.4 zur Bewältigung selbstverletzenden Handelns).

In seinem Band „Lebensgeschichten und Lernwege" (1996) thematisiert W. Schulz Lebensgeschichte als Lerngeschichte, indem die Identitätsbildung erst durch die produktive Auseinandersetzung mit dem Vergangenen erschlossen wird (Schulz 1996, 61). Biografische Kompetenz ist wesentlich für professionelle Kompetenz. Sich auf die eigene Person biografisch zu verstehen, schafft erst die Möglichkeit, sich auf bedeutsame Andere zu verstehen. Ein solcher Vorgang ist nicht abschließbar und unterliegt einem steten Wandel.

Biografisches Lernen ist also ein fortwährender Wandlungsprozess, der auf verschiedenen Ebenen abläuft und der biografische Bildungsprozesse initiieren kann. Er reicht von Veränderungen habitueller Strukturen und der somatischen Kultur (z. B. Ernährungs- oder Bewegungsverhalten einer Person) bis zu höherstufigen biografischen Transformationsprozessen (Ecarius 1999, 102), in denen sich das Selbst- und Weltbild grundlegend ändert. In der Reflexion mit dem Selbst und der Welt führen biografische Bildungsprozesse schließlich zu neuen Handlungsmustern, Sichtweisen, Erfahrungen und Interpretationsmustern. Sie sind häufig mit Übergängen – zumeist kritischen Lebensereignissen – verknüpft. Mit dem Ziel einer Qualifizierung der eigenen Lebensführung lassen sich die Bildungsprozesse mit Hilfe eines Selbstreportes, der biografisches Lernen festhält, aufzeichnen und reflektieren. Mögliche Herangehensweisen sind

- Strukturierung durch eine Zeitleiste
- Strukturierung nach Loggien (Aufzeigen sozialräumlicher Veränderungen)
- Gestaltung von Statuspassagen / Übergängen.

Selbstreporte sind Erinnerungen in der jeweiligen Jetzt-Situation; sie sind keine objektiven Rekonstruktionen von Vergangenem, der Feststellung von R. z. Lippe (1978, 138) entsprechend: „Erinnerung ist der Ort und Vorgang, in dem neue Motive sich in uns einsetzen, mit alten verbinden und über diese Verbindung auch die alten wieder neu beleben" (z. Lippe 1978, 138). In diesem Sinne dienen Selbstreporte der Selbsterfahrung, aber auch der Selbstkontrolle. Sie lassen sich vorzüglich in der Biografiearbeit themenbezogen einsetzen. Im Selbstreport beschreiben Personen, „welche Erfahrungen und Lernprozesse zu diesen und keinen anderen Lebenswegen geführt haben, was die Gründe für biografische Entscheidungen waren und wie sich aus Lernprozessen zentrale Handlungsmuster entwickelten" (Ecarius 1999, 95).

Eine für die Biografiearbeit – auch im sozialpädagogischen Kontext, u. a. im Bereich der Erziehungshilfe – bedeutsame theoretische Rahmung liefert Lochs biografische Erziehungsforschung.

„Überall wo das Phänomen der Erziehung im Zuge der die Lernfähigkeiten des Individuums aktivierenden Lernaufgaben seines Lebenslaufs in Funktion tritt, bewegt sich sein spezifisches soziales Verhaltensmuster in einem Regelkreis von Lernen, Lernhemmung und Lernhilfe, die es immer wieder zum Lernen aus eigener Kraft und im Maß seiner Lernerfolge zu kompetentem Handeln befreit" (Loch 1999, 72).

Lernhemmungen entstehen, wenn die Lernaufgaben die Lernfähigkeiten übersteigen. Lernhemmungen sind durch geeignete Lernhilfen abbaubar. Sie wiederum ermöglichen neue Lernfähigkeiten. Je jünger ein Mensch ist, umso mehr bedarf er der Lernhilfe, die in den Worten Lochs als Erziehung verstanden wird und deren Ziel im Selbständigwerden des Lernenden und im Überflüssigwerden des Lernhilfegebenden besteht.

Die erste Lernhilfe im Leben des geborenen Menschen gilt seiner Einverleibungsfähigkeit (Loch 1999, 79). Wie entwickelt sich diese Fähigkeit als curriculare Kompetenz und basale Bildungsfähigkeit im Curriculum vitae? Eine weitere in den Anfängen der Erziehung liegende curriculare Aufgabe ist die Lokomotorik. Sie verläuft über erste Bewegungen der Gliedmaßen, über das Krabbeln zum Gehen und damit zum Erschließen immer weiterer Räume.

Zentrale Facetten für die Soziale Arbeit ergeben sich aus der vermehrten Vermittlung von Lernhilfen und Bildungsanregungen (z.B. in den Bereichen „Ernährung" und „Bewegung"), bei deren Ausbleiben im sozialen Nahraum und in der primären Sozialisation massive Entwicklungsstörungen mit traumatischen Fixierungen entstehen können. Neuere Bildungsansätze in der Elementarpädagogik räumen daher der „somatischen Bildung" und der Förderung des „Wohlbefindens" einen zentralen Raum als Voraussetzung und Grundlegung der Bildungsarbeit in Kindertageseinrichtungen ein (Sting et al. 2006).

Im Studiengang „Soziale Arbeit und Gesundheit" hat H. G. Homfeldt über viele Jahre mit Selbstreporten in den Themenfeldern „Ernähren / Essen" und „Bewegen" gearbeitet. Studierende dieses Studiensegments „Soziale Arbeit und Gesundheit" haben einen Selbstreport zu einem dieser Themen geschrieben auf der Basis der Ausgangsfrage: Wer bin ich in Bezug auf meine Ernährungs- bzw. Essgeschichte respektive Bewegungsgeschichte?

Auffallend ist beim Lesen der im Verlauf von zehn Jahren entstandenen 150 Selbstreporte die häufige Artikulation von Essproblemen, die sich nicht selten zu Störungen verdichteten. Erkennbar ist in diesen studentischen Reporten eine gesteigerte Bewusstheit bis ins Extrem beim Übergang in eine Essstörung, so dass Ernähren / Essen von einem Lebensmittel zu einem Lebensinhalt wird. Zumeist beginnt die Darstellung der Essgeschichte mit dem Säuglingsalter, setzt sich fort über das Kindesalter und die Pubertät, die zumeist als einschneidend dargestellt wird (vgl. dazu

Kap. 6.2.4). Nachfolgender Auszug aus einem Selbstreport einer Studentin liefert eine differenzierte Anschauung:

Im Sommer, bevor ich in die achte Klasse kam, unternahm ich eine Ferienfreizeit nach Oberbayern. Durch die Klimaveränderung und weil die Zeit dafür reif war, bekam ich dort meine erste Regel. Meine Mutter hatte mich zwar Wochen vorher darauf vorbereitet und mir alles Notwendige eingepackt, aber trotzdem war dieses Ereignis keine schöne Erfahrung für mich. Denn meine Regel verlief sehr schmerzhaft und verursachte mir tagelang Kopfschmerzen und Übelkeit. (…) Da aufgrund dieser äußeren und inneren Veränderungen mein Leben wieder ins Ungleichgewicht geriet, wurde auch mein Verhältnis zum Essen wieder problematischer. Dies war jedoch, im Gegensatz zu vorher, ein allmählicher und schleichender Prozess. Ich lehnte die Nahrung nicht ab, sondern aß ziemlich alle Speisen. Jedoch wurde mir immer regelmäßiger nach dem Essen übel, so, als hätte ich zuviel gegessen. Dies führte dazu, dass ich immer kleinere Portionen zu mir nahm, was wiederum dazu führte, dass ich an Gewicht verlor. Irgendwann fiel dies auch meiner Mutter auf. Zuerst dachte sie, ich hätte eine Magenschleimhautentzündung und kochte nur noch Schonkost. Kurze Zeit später jedoch las sie das Buch „Was unsere Liebe vermag" von Christa Meves. Das Buch enthält unter anderem auch ein Kapitel über Magersucht. Nachdem meine Mutter dieses Kapitel gelesen hatte, war ihr klar, was mit mir los war. Sie ging mit mir zum Arzt und stellte ihm ihre Vermutung dar. Er bestätigte sie darin und die „Therapie" begann.

Meine Magersucht begann, ohne dass ich bewusst abnehmen wollte. Ich wusste selbst nicht, was mit mir los war. Ich wusste nur, dass ich mich seelisch und körperlich ziemlich elend fühlte. Ich hatte Glück, dass meine Mutter meine Magersucht noch im Anfangsstadium bemerkt hatte. Die Krankheit konnte zwar nicht mehr aufgehalten werden, trotzdem standen die Heilungschancen noch relativ gut. Damals hörte man kaum etwas über die Krankheit, wenn man nicht gerade Arzt oder Psychologe war. Erst vor ca. drei bis vier Jahren kamen immer mehr Informationen über Magersucht und Bulimie an die Öffentlichkeit.

Nachdem also mein Hausarzt die Diagnose ‚Magersucht' bestätigt hatte, begann er mit der Behandlung. Zuerst einmal wurde ich einer ‚Gehirnwäsche' unterzogen. Mein Arzt hielt mir einen langen Vortrag darüber, welche Folgen Magersucht haben kann, z.B. Organschäden, Unfruchtbarkeit und im schlimmsten Fall Tod. Um mich noch weiter abzuschrecken schilderte er mir stationäre Behandlungsmethoden der Magersucht, wie die Ernährung durch eine Magensonde. Dann verordnete er mir einen Ernährungsplan, damit ich an Gewicht wieder zunähme. Dies bedeutete: täglich mindestens 2000 Kalorien. Er verschrieb mir ein Pulver, das sehr nahrhaft war und in Milch angerührt wurde. Ein Glas davon hatte alleine 400 Kalorien. Zusätzlich zu den anderen Mahlzeiten musste ich täglich drei Gläser zu mir nehmen. Meine Mutter überwachte meine „Diät" strengstens und notierte mit Kalorienangabe alles, was ich zu mir nahm.

Als meine Oma von meiner Krankheit erfuhr, war sie entsetzt. Sie, die während der Kriegsjahre immer Hunger leiden musste, verstand überhaupt nicht, dass jemand in Zeiten des Wohlstandes ‚freiwillig' hungerte. Daher begann sie, die teuersten und besten Lebensmittel für mich zu kaufen und ich hatte jedes Mal ein schlechtes Gewissen, wenn ich sie verschmähte oder mir übel davon wurde. Mein Vater erfuhr erst einmal gar nichts von meiner Krankheit. Meine Mutter wollte sich wohl nicht von ihm vorwerfen lassen als Mutter versagt zu haben und ihm zeigen, dass auch ohne ihn alles funktionierte.

Ich selbst verstand nicht, warum meine Mutter und mein Arzt eine solche Panik verbreiteten. Ich sah nicht ein, warum ich ernsthaft krank sein sollte. ‚Krank' war für mich etwas, wobei man im Bett lag und einem irgend etwas weh tat.

Meine täglichen ‚Milchshakes' waren mir verhasst. Hinterher fühlte ich mich immer total überfressen und schwer. Aufgrund dieses Völlegefühls entwickelte ich die Phobie, dass ich viel zu dick sei und anstelle von Muskeln Fett hätte. Deswegen fing ich an, darauf zu achten, dass ich jeden Tag Bewegung hatte. Der extremste Tag war Montag. An diesem Tag hatte ich zweieinhalb Stunden Ballett-Training und hinterher, ohne mich irgendwie ausgeruht zu haben, eine Stunde Aerobic. Oft hatte ich das Gefühl, ich würde zusammenbrechen, aber ich hielt immer durch und war stolz darauf. Das Abendessen machte das gute Gefühl aber wieder zunichte, denn ich musste unter den Augen meiner Mutter das verhasste Milchgetränk zu mir nehmen. Weigerte ich mich, drohte mir meine Mutter mit dem Krankenhaus, wovor ich panische Angst hatte. Deswegen, auch wenn es viel Überwindung kostete, würgte ich eben meine Nahrungsration runter. Die Angst vor dem Krankenhaus war auch der Grund, warum ich mich nicht erbrach, denn ich wusste genau, dass, wenn meine Mutter dies mitbekommen hätte, ich noch am selben Tag dort gelandet wäre.

Nachdem schließlich alle Drohungen nichts mehr nutzten und ich auch weiterhin an Gewicht verlor, beschloss meine Mutter, psychologische Hilfe zu suchen. Sie hatte sich zwar sorgfältig informiert, aber da dieses Thema damals noch nicht aktuell war, gab es auch kaum angemessene Hilfe. In der Stadt gab es zwar zwei Psychiater, die jedoch nur Psychopharmaka verordneten. Schließlich landeten wir bei der Erziehungsberatungsstelle des Diakonischen Werkes. Dies war jedoch ein totaler Reinfall. Erstens sah ich gar nicht ein, weshalb ich dort hingehen sollte, und zweitens war mir die Psychologin nicht besonders sympathisch. In allen Sitzungen musste ich entweder irgendwelche Fragebögen ausfüllen oder aus Bauklötzen irgendwelche Sachen bauen, die dann analysiert wurden. Auf jeden Fall kam ich mir dabei ziemlich albern vor.

Mit diesem Auszug eines studentischen Selbstreports geht es uns nicht darum, das Thema Magersucht zu erörtern, sondern die methodische Möglichkeit des Selbstreports zu illustrieren. Der Selbstreport, der über Essen / Ernähren und Bewegen, „über das Verhältnis von Leib und Biografie erzählt, ist (…) eine Art „Reisebericht", der über Not und Beglückung, über Verschränkung und Verstärkung, über Leid und Leidenschaft, über Pathos und Pathologie, dem Menschen selbst wie dem Forscher Auskunft erteilt" (Keil 1999, 76). Die Verfasser bewegen sich zwischen Optimierungswünschen in Bezug auf den Körper und oft gleichzeitigem Bedeutungsverlust (Fischer-Rosenthal 1999, 25). Überdies fügen sich die Reporte in einen zeitlichen und räumlichen Kontext im Spannungsfeld von Privatheit und Öffentlichkeit ein und öffnen den Blick auf die gesellschaftlichen Rahmungen.

Soziale Arbeit braucht Konzepte, die beides sehen: die Dimension der Subjekte und die gesellschaftlichen Rahmungen. In der Verknüpfung von beidem kommt Soziale Arbeit zu ihrem Thema, nicht aber durch die Gegenüberstellung von Subjektivem und Gesellschaftlichem.

Gesellschaftliche Rahmungen: In Bezug auf die gesellschaftliche Rahmung geraten die Prozesse subjektiver Aneignung gesellschaftlicher Wirklichkeit mit den Eckpunkten von Desorientierung, Ambivalenz und Expertisierung (Beck 1995; Bauman 1995) in das Blickfeld. Desorientierung meint, dass Personen in ihrer Lebensgestaltung nicht mehr auf zuverlässige Vorgaben und bindende Traditionen zurückgreifen können. Strukturen reproduzieren sich zunehmend weniger. Sie sind jeweils neu zu entwickeln und auszuhandeln. Strukturmerkmal einer biografischen Gesellschaftsanalyse ist der Verlust an Eindeutigkeit und die Zunahme von Ambivalenz (Bauman 1995).

Zentrale Denkfigur gesellschaftlichen Ordnungsdenkens ist die Dichotomie, verknüpft mit der Fähigkeit zu analysieren, zu trennen und zu klassifizieren. Dichotome Orientierungen sind Ausdruck von Macht und zugleich ihrer Verhüllung. In der Gegenüberstellung, in der die Glieder als gleich und austauschbar erscheinen, verbirgt sich die Tatsache, dass das zweite Glied immer nur das andere des ersten ist und sich die differenzierende Macht hinter einem der Glieder der Opposition versteckt. So ist die Abnormität das Andere der Norm, das Fremde das Andere des Eigenen, der Ausländer das Andere des Staatsbürgers und die Krankheit das Andere der Gesundheit und vice versa.

Folgt man den Analysen von Beck und Bauman, so ist die Ambivalenz der größte Schmerz der Moderne und die beunruhigendste ihrer Sorgen. Unaufhebbare Mehrdeutigkeiten werden fortan eine Condition Humaine sein. Das eigene Leben ist nur noch reflexiv zu führen. Der Einzelne ist zum Planungsbüro seiner Biografie angesichts vielfältiger, sich widersprechender Anforderungen in einem Raum globaler Unsicherheit geworden. In diesem Raum bieten Experten Beratung und Hilfe an. Ihr Wissen verspricht Mittel und Fähigkeiten, der Ungewissheit und Ambivalenz zu entkommen und das alltägliche Dasein besser kontrollieren zu können. Wer sich also auf die Suche nach dem persönlich richtigen Weg gesunder Lebensführung begibt, ist nicht nur mit der eigenen Lebensgeschichte konfrontiert, sondern immer auch mit den Bedingungen von Desorientierung, Ambivalenz und Expertisierung. Mit ihnen gekonnt umzugehen, fällt Personen aus unterprivilegierten Lebenslagen in der Regel schwerer als jenen aus privilegierten Lebenslagen.

Die Qualität persönlicher Aneignung und Verarbeitung von Ambivalenzen, Desorientierung und Ungewissheiten verleiht die Chance, ein Leben in Selbstverantwortung und Unabhängigkeit zu führen. Die Voraussetzung dafür ist gesellschaftlich in hohem Maße so ungleich verteilt, dass sie sich in Gestalt gesundheitlicher Ungleichheit in den verschiedenen Generationen reproduziert. Wenngleich jeder Einzelne seine eigene Biografie schreibt, so sind doch die strukturellen Vorgaben in vorsortierter Weise ungleich, so dass das Sich-Erinnern, das Herstellen von Gegenwart und das Vorstellen bei aller Einmaligkeit doch bereits strukturiert eingefasst sind. Biografien sind in sozialstrukturelle Rahmungen eingebettet; sie enthalten von der jeweiligen sozialen Position konstituierte habituelle Dispositionen, die Wahrnehmungs-, Denk- und Handlungsmöglichkeiten beeinflussen. In der Biografie artikulieren sich dementsprechend die von Bourdieu analysierten „feinen Unterschiede", die die jeweilige Lebenspraxis – auch im Hinblick auf ihre gesundheitlichen Aspekte – mit den sozialen Status- und Anerkennungsstrukturen verknüpfen (Bourdieu 1982). Auf diese Weise lassen sich Forschungsergebnisse zur Gesundheit bei Kindern und Jugendlichen plausibilisieren, die nachweisen, dass benachteiligte Kinder und Jugendliche in mannigfacher Hinsicht nicht so gesund sind wie Kinder und Jugendliche aus privilegierten Lebenslagen und dass Erstere überdies ihren Gesundheitszustand auch subjektiv schlechter einschätzen und empfinden.

4.1.7 Die anthropologische Perspektive auf Gesundheit – der Mensch als Subjekt

Der naturwissenschaftliche Ansatz universitärer Medizin folgt nach wie vor dem Ziel, so objektiv wie möglich die Naturgesetze von Gesundheit und Krankheit zu erfahren und Wert darauf zu legen, von sozialen und kulturellen Einflüssen zu abstrahieren. Dieser Ansatz findet aber seine Grenze im Diskurs mit dem Patienten (Muschg 1994, 133 ff), sofern sich dieser nicht im gewünschten Maße als Subjekt trivialisieren lässt. Sofern er begriffen hat, nicht nur Träger einer objektiv fassbaren Krankheit zu sein – die sozusagen unabhängig von ihm in seinem Körper agiert – sondern in einer Wechselbeziehung mit seiner Erkrankung steht, die für ihn eine gänzlich andere Bedeutung als für den behandelnden Arzt erlangen kann.

Nach Schätzungen der Weltgesundheitsorganisation werden in der sogenannten westlichen Welt zwischen 70 % und 90 % aller primären Krankheitsereignisse vom Patienten, seiner Familie bzw. seinem sozialen Bezugsfeld bewältigt. Wodurch werden dabei seine Entscheidungsfindungen geformt? Er bedient sich der Vorstellungen, die sich in der Sozial- und Kulturgeschichte seines Landes, seinem Milieu usw. herausgebildet haben. Durch die Kenntnis dieser Vorstellungen gelingt es, einer krankheitszentrierten Medizin eine patientenorientierte Heilkunde (nach Balint) entgegenzustellen, in welcher der „Mensch das Subjekt" (v. Weizsäcker) ist (Homfeldt/Ots 1997, 71).

Obwohl die Gesundheitswissenschaften z. T. der „Dissidenten-Aura" der Medizin entsprungen sind und zu einem großen Teil von Sozialwissenschaften getragen werden, die sich gegen ein einseitig naturwissenschaftliches und pathogenetisches Verständnis der Medizin wenden, zeigt sich doch, dass ihr wissenschaftlicher Blick weitgehend medikalisiert geblieben ist. Im Mittelpunkt stehen die harten Daten der Epidemiologie, der Gesundheitsökonomie und des Gesundheitsmanagements – und dies mit immer noch wachsender Durchsetzungsstärke. Dort, wo der Mensch im Mittelpunkt der Betrachtung stehen sollte, erscheint er als durch Sozialpolitik und Gesundheitspolitik geformtes Objekt. Das Subjekt Mensch ist in den Gesundheitswissenschaften, aber auch in der vorherrschenden Sozialen Arbeit als Wissenschaft keine systematische Größe oder dieses allenfalls residual. Das Subjekt ist zu verstehen als Mensch in seinen Lebenskontexten, in die dieser nicht nur hineingeworfen wurde, sondern die er selbst prägt und gestaltet – der Feststellung Liebels folgend (1983, 360ff), das Subjektsein entfalte sich im Bemühen, sich mit den eigenen Lebensumständen auseinander zu setzen; es sei mit dem Begriff der Autonomie zu verknüpfen und sei nicht eine Frage privaten Beliebens.

In Bezug auf das wissenschaftliche Wissen ergibt sich daraus: Das Wissen der Subjekte von ihrer Gesundheit und ihre Vorstellungen vom Gesundwerden bzw. -sein sind nicht als Vorwissen abzutun, sondern als Grundwissen zu rezipieren. Gesundheitswissenschaften – aber auch eine gesundheitsbezogene Soziale Arbeit – stehen vor dem großen Problem, inzwischen auf ein umfangreiches Wissen über gesundheitsbezogene Ungleichheit zurückgreifen zu können, aber nicht über das Know-how zu verfügen – weil das Be-how übersehen wird – Gesundheit zu fördern.

Was hat eine solche Aussage mit einer anthropologischen Sicht zu tun? Bereits in den zwanziger Jahren des letzten Jahrhunderts stellte von Weizsäcker fest, dass es zwar eine Theorie von Krankheit, aber keine Theorie des kranken Menschen gebe. Das subjektive Kranksein sei der Krankheit gegenüberzustellen. Für den Kranken existiert Krankheit vor allem als Krank*sein*: „Ich *bin* krank" – und nicht: „Ich *habe* krank". In Heidelberg wurden v. Weizsäckers Arbeiten u. a. von Jacob (1978) fortgesetzt. Dieser plädiert für ein Verständnis dafür, wer der kranke Mensch sei, was Krankheit für ihn bedeute und warum seine Lebensgestaltung eng mit der Erkrankung – vor allem bei chronischer Krankheit –verknüpft sei (Jacob 1978, 21).

Wiederbelebungen des anthropologischen Gedankens – von einem Menschenbild auszugehen – haben sich nach dem Ende der klassischen Medizinanthropologie in den zurückliegenden Jahrzehnten auf verschiedenen Ebenen vollzogen: u. a. in der Form kommunaler Psychiatrie. So formulierten Dörner / Plog (1992) in ihrem bahnbrechenden Werk „Irren ist menschlich", dass kommunale Psychiatrie nicht nur eine bestimmte Technik sei, dass psychiatrisch Tätigsein nicht Arbeit am Menschen sei, sondern Arbeit von Menschen mit Menschen. So beginnt das Lehrbuch von Dörner / Plog (1992) konsequent im ersten Kapitel mit „Der sich und Anderen helfende Mensch". Die Überzeugung von der Wechselbeziehung, den Anderen durch die eigene Reaktion auf ihn zu erfahren, ist eine zentrale Annahme des symbolischen Interaktionismus. Da sich der Andere in meinen Reaktionen wiederfinde, könne er von mir über sich lernen. So führen Dörner / Plog aus, dass es in der Arbeit mit Geistigbehinderten nicht möglich ist zu sagen: „Ich verstehe dich" – Verstehen vollzieht sich als: „Ich verstehe mich auf dich".

Eine weitere Wiederbelebung des anthropologischen Grundgedankens findet sich mit dem Beginn der 1980er Jahre in der Wiederkehr des Körpers als Wiederentdeckung des Leibes. Theoretische Grundlagen hierfür waren von Phänomenologen wie Merleau-Ponty und Heidegger gelegt worden (Lippe 1978).

Leibliches Erleben, Selbstwahrnehmen und Erkennen als Potenziale für Veränderung stehen in einem Wechselverhältnis zueinander. Soll Gesundheitshandeln geändert werden, so ist feststellbar, dass Wissen über gesunde Lebensweisen sowie kognitive Appelle nicht weiterhelfen. Wo es um Einstellungen, Haltungen und Entscheidungen zum eigenen Leben geht, ist Wissen nur äußerlich. Ein Grund dafür, dass so viele Gesundheitsinitiativen nicht greifen, liegt darin, dass die Empfänger von Gesundheitsbotschaften nicht als Akteure angesprochen werden. Erst wenn ein Anliegen selbst leiblich wird, der Akteur sich im Anderen wiedererkennt, kann sich Gesundheitsbildung – zumindest in der anthropologischen Perspektive – erfolgreich vollziehen.

Gegenstand eines anthropologisch fundierten Gesundheitshandelns ist die „Auseinandersetzung des Menschen mit der Einmaligkeit des Lebens, also mit seinem individuellen Werden und Sterben, wie auch die Auseinandersetzung mit den allgemeinen Lebensbedingungen, dem kollektiven Werden und Sterben" (Keil 1989, 102). Eine diesem Gesundheitshandeln korrespondierende Gesundheitsarbeit vermittelt auch eine biografisch begründete Unterstützung. Zum Konzept des dialogischen Ansatzes („Ich verstehe mich auf dich") gehört biografisches Begreifen – wie jemand zu dem mehr oder weniger gesunden / kranken Menschen geworden ist, für den er sich hält.

4.2   Alltagsvorstellungen von Gesundheit

Alltagsvorstellungen von Gesundheit und Krankheit werden in der Gesundheitsforschung schon seit einiger Zeit als eigenständiger Faktor in der Auseinandersetzung mit Gesundheitsfragen betrachtet. Sie haben großen Einfluss darauf, wie Personen sich im Krankheitsfall verhalten, welche Formen von Hilfe und sozialer Unterstützung sie in Anspruch nehmen, und wie sie ihr Verhalten im Hinblick auf Gesundheit gestalten. Alltagsvorstellungen von Gesundheit und Krankheit beziehen sich zwar auf wissenschaftliche Entwicklungen und Diskussionen; sie unterscheiden sich aber deutlich von wissenschaftlichen Erkenntnissen. Toni Faltermaier hat festgestellt, dass derartige „Laienbegriffe" sehr komplex sind und dass sie ein breites Spektrum von Vorstellungen umfassen: z. B. den Einfluss von Umwelt- und Arbeitsbedingungen, von Belastungen und Bewältigungsprozessen, von Ernährung, Bewegung, Erholung und psychosomatischen Zusammenhängen (Faltermaier 1991).

4.2.1   Die Bedeutung des alltäglichen Gesundheitshandelns

Die früheste Studie, die die Differenz zwischen Wissenschaft und Alltagsdenken bzgl. Gesundheit und Krankheit thematisiert hat und zugleich dem Laien- oder Alltagsverständnis eine eigenständige Bedeutung zugeschrieben hat, ist die französische Untersuchung von Claudine Herzlich zu den „sozialen Repräsentationen" von Krankheit und Gesundheit aus dem Jahre 1973. Sie entdeckte in den Laienvorstellungen eine andersartige Suche nach den „Ursachen" und dem „Sinn" von Krankheiten als in der Medizin: Es geht um Fragen wie „warum ich?", „warum hier?" oder „warum jetzt?" – Laienvorstellungen sind eng mit biografischen Sinngebungen verknüpft. Herzlichs wichtigste Erkenntnis bestand darin, dass Krankheit über medizinische Erklärungen hinaus als eine *soziale Repräsentation* aufgefasst wird. Krankheit gilt als eine „Metapher", sie ist ein Bild für etwas anderes, und dieses Bild hat zu tun mit unserer Vorstellung von der Gesellschaft und unserer Beziehung zu ihr. In vielen Beschreibungen der Befragten wird Krankheit als Effekt eines „aggressiven sozialen Zwangs" gesehen – durch die urbane, ungesunde Lebensweise den Individuen aufgebürdet. Krankheit verkörpert damit eine soziale Aggression, der ein doppelter Gegensatz zugrunde liegt: der Gegensatz Gesundheit – Krankheit *und* der Gegensatz Individuum – Gesellschaft (Herzlich 1991).

Diese von Herzlich beschriebene, weit verbreitete Sichtweise bezieht sich auf die Situation in Frankreich in den frühen 1970er Jahren. Das Gesundheitsdenken ist noch von einer starken Gesundheit-Krankheit-Polarität geprägt, wobei Krankheit als etwas von außen Eindringendes erscheint. Sie führt dieses Denken auf eine starke Verbreitung rousseauistischer Sichtweisen in Frankreich zurück: Der Mensch gilt als natürlich und gesund, die Gesellschaft als Zwang zur Dekadenz und zivilisatorischen Entartung. In späteren Untersuchungen erkennt Herzlich Veränderungen im Alltagsverständnis von Gesundheit und Krankheit, die sie als „Gesundheitifizierung" bezeichnet. Gesundheit wird zunächst zu einer zentralen Überkategorie aufgewertet; sie wird nahezu zum Synonym für „Glück". Immer umfassendere Bereiche der individuellen Existenz und des kollektiven Lebens werden unter der Perspektive der Gesundheit erfasst und bewertet. Gesundheit wird immer mehr zu einer neuen Norm: zur „Pflicht zur Gesundheit", oder – im Fall von Krankheit – zur „Pflicht zur Genesung", vor allem durch die Inanspruchnahme des Arztes. „Krank sein" wird gleichbedeutend mit „etwas dagegen tun".

Im Verlauf der 1980er Jahre wird die Perspektive der „schädlichen Gesellschaft" auch auf die Medizin ausgedehnt. Dies führt zur Kritik an der Technokratie und dem Expertentum der Medizin, an der Entfremdung vom (ganzen) Menschen. Damit verbunden sind die Aufwertung des Laienbewusstseins und die Suche nach Alternativen zur Schulmedizin (Aufkommen der „Gesundheitsbewegung") sowie das Bestreben nach einer Veränderung der Arzt-Patient-Beziehung (weg von Abhängigkeit und Passivität). Hintergrund dieser Entwicklung sind mit den chronischen Krankheiten aufkommende „neue Krankengruppen" wie Diabetiker oder Nierenkranke, deren Behandlung mit häuslicher Selbstbehandlung verbunden ist. Die Selbstbehandlung erfordert oft ein spezifisches Wissen um die eigene Befindlichkeit und eine verfeinerte tägliche Selbstwahrnehmung, z. B. in Bezug auf die Wechselwirkungen zwischen Biologischem, Psychischem und Sozialem, das dem Wissen des Arztes in mancher Hinsicht „überlegen" ist. Die Behandlung derartiger Krankheiten erfordert eine stärkere interaktive Kooperation und Aushandlung. Die Patienten sind dabei nicht mehr passive medizinische Objekte, sondern sie nehmen als aktive Subjekte am Prozess der Heilung bzw. Krankheitsbekämpfung teil (Herzlich 1991). Inzwischen sind die Untersuchungen von Herzlich in zweierlei Hinsicht weiterentwickelt worden:

1. Im Anschluss an die Diskussionen zur „Salutogenese" wird ein stärkerer Akzent auf „Gesundheit" statt Krankheit und auf die „Gesunderhaltung" im Alltag gelegt. Dadurch kommen nicht nur besondere Krankengruppen, sondern auch ganz „normale" Gesunde in das Blickfeld; man fragt sich, was sie tun, um gesund zu bleiben.

2. In diesem Zusammenhang hat man das gesundheitsbezogene Handeln von Laien als „verdecktes Gesundheitssystem" entdeckt, das von medizinischen Experten oft vorschnell abgewertet wird, das aber einen konkurrenzlosen und unersetzlichen Beitrag zur Gesunderhaltung leistet.

Nach Schätzungen werden ²/₃ bis ³/₄ aller Gesundheitsprobleme im Familien-, Freundes- oder Bekanntenkreis bewältigt. Nach Umfragen aus den 1980er Jahren ergriffen 77 % der Befragten häufig oder gelegentlich Selbsthilfemaßnahmen zugunsten der eigenen Gesundheit, 63 % holten gesundheitsbezogene Informationen von Familienmitgliedern ein, und 50 % ließen sich praktisch unterstützen. Schließlich geht jeder Mensch täglich mit seinem Körper um, bemerkt Veränderungen, Beschwerden oder Beeinträchtigungen, deutet sie und reagiert darauf, bezieht nahestehende Personen ein usw. Die Inanspruchnahme medizinischer Hilfe erfolgt erst nach einem mehr oder weniger langen Prozess des alltäglichen Umgangs mit seinen gesundheitlichen Problemen, nach oftmals langen Selbst- und Fremdbehandlungsversuchen. Der „popular sector" bzw. das Laiensystem ist damit auch in den modernen Gesellschaften der größte und bedeutendste Bereich der Gesundheitsversorgung (Nestmann 2000, 130 ff).

Ein Merkmal der informellen und unbezahlten Gesundheitsarbeit besteht darin, dass sie vor allem von Frauen geleistet wird. Frauen sind diejenigen, die primär praktische Hilfe bei Gesundheitsproblemen leisten, die allerdings selbst bei eigenen Problemen weniger mit Hilfe rechnen können. Dabei werden drei Aspekte unterschieden:

1. Frauen sind „providers of health": Sie sind für die Herstellung gesundheitsförderlicher häuslicher Bedingungen zuständig.
2. Frauen sind „negotiators of health": Sie kümmern sich um die Vermittlung angemessener Einstellungen und Verhaltensweisen zum Umgang mit Gesundheit und Krankheit.
3. Frauen sind „mediators of health": Sie sind die Verbindungspersonen zum professionellen Gesundheitssystem (Faltermaier et al. 1998).

4.2.2 Gesundheitsvorstellungen und Gesundheitsbewusstsein

Als zentrale Voraussetzung für das alltägliche Gesundheitshandeln gilt die subjektive Vorstellung, die man von Gesundheit und Krankheit hat. In der Gesundheitswissenschaft kursieren dafür verschiedene Terminologien, je nach Akzentuierung der kognitiven und emotionalen Dimensionen, z. B. subjektives „Gesundheitskonzept", subjektive „Gesundheitstheorie" oder „Gesundheitsbewusstsein". In allen Fällen wird der damit skizzierten mentalen Komponente ein starker Einfluss auf das Gesundheitshandeln zugesprochen. Und in allen Fällen sind das Körperbewusstsein und die Körperwahrnehmung ein wesentlicher Bestandteil davon. Die Wahrnehmung körperlicher Empfindungen und Symptome ist ebenso wie die Wahrnehmung der Außenwelt kein rein physiologischer, sinnlicher Vorgang, sondern psychisch und sozial vorgeprägt.

1. Die Wahrnehmung von Körperreizen enthält Prozesse selektiver Aufmerksamkeit, und sie ist mit einem „aktiven Prozess der Strukturierung

von Informationen durch die Gewinnung von Hypothesen" verknüpft. Daraus entstehen Begriffe, Schemata oder Repräsentationen, die angesichts der Mehrdeutigkeit und Vagheit von körperlichen Empfindungen wahrnehmungsleitend werden. Bezugspunkte sind darüber hinaus frühere Erfahrungen, soziale Informationen und Vergleiche.

2. Die hohe Unsicherheit in der Körperwahrnehmung motiviert dazu, Informationen und Ratschläge aus dem sozialen Umfeld einzuholen. Dies führt zu einem beträchtlichen Austausch gesundheitsbezogener Informationen unter Laien, zur Herausbildung komplexer Vorstellungen vom Körper, von körperlichen Empfindungen und Störungen, von Gesundheit und Krankheit insgesamt.

Körperbewusstsein und Gesundheitsbewusstsein sind Teil der Identitätsentwicklung eines Menschen und mit dessen Selbstreflexion verknüpft. Sie beruhen (a) auf der Körpersozialisation und der Erfahrung kritischer Körperereignisse im Verlauf der Biografie; (b) auf sozialen Abstimmungsprozessen von Körperwahrnehmungen und Gesundheitseinstellungen; (c) auf dem (soziokulturellen) öffentlichen Diskurs über Körper und Gesundheit.

Ein sehr umfassendes Modell der mentalen Vorstellung von Gesundheit hat Faltermaier in seinem Konzept des „Gesundheitsbewusstseins" entwickelt. Er versucht zu dem Zweck das Salutogenese-Modell von Antonovsky auf das Alltagsverständnis von Laien anzuwenden und es zugleich um spezifische, gesundheitsbezogene Dimensionen zu erweitern (Faltermaier 1994). Er kritisiert das Salutogenese-Modell Antonovskys dahingehend, dass dieser die Möglichkeiten der Menschen unterschätzt habe, bewusst etwas zugunsten ihrer Gesundheit zu unternehmen. Das *Gesundheitsbewusstsein* als das Bewusstwerden über die eigene Gesundheit und die Motivation, sie zu erhalten, stellt für Faltermaier eine wichtige Ergänzung des Kohärenzgefühls dar. Ebenso wichtig sind die daraus entspringende „präventive Gesundheitsorientierung" und das *Gesundheitshandeln*, die als eine eigenständige Widerstandsressource betrachtet werden.

Was heißt in diesem Zusammenhang „Gesundheitsbewusstsein"? Für Faltermaier ist es ein komplexes, aus verschiedenartigen Quellen entstandenes Konstrukt, das eine Reihe von Komponenten enthält und durch seine jeweils individuelle Konstellation inhaltlich bestimmt wird:

1. **die subjektive Bedeutung von Gesundheit:** der Stellenwert, den Gesundheit im eigenen Leben einnimmt; die Abwägung mit anderen Werten im Leben; die Motivation für gesundheitsbezogenes Verhalten
2. **das subjektive Konzept von Gesundheit:** über das unmittelbare Erleben hinaus gehendes Ergebnis von (Selbst-)Reflexion; es kann verschiedene Ausprägungen annehmen (Gesundheit als Abwesenheit von Krankheit, als funktionale Leistungsfähigkeit bzw. Fitness, als Reservoir an Energie und Stärke, als körperliches und psychisches Wohlbefinden bzw. Gleichgewicht)

3. **das Körperbewusstsein:** Körperwahrnehmung und Körper-Selbst (Körperschema, Konstruktion des Körpers als Ganzes); es umfasst kognitive und emotionale Bestandteile (Lust, Unlust, Angst, Entspannung usw.)
4. **die Wahrnehmung gesundheitlicher Risiken und Belastungen:** negative Seite der Person-Umwelt-Relation (inkl. sozialer Aspekte, Stress); Bewertung der Lebensumwelt bzgl. gesundheitsgefährdender Auswirkungen (z. B. Ökologie, Arbeit, soziales Umfeld); z. T. Bewertung des eigenen Verhaltens als „Risikoverhalten"
5. **die Wahrnehmung gesundheitlicher Ressourcen:** positive Seite der Person-Umwelt-Relation; sie umfasst allgemeine Widerstandsressourcen und individuell geprägte Ressourcen (soziales Netzwerk, Überzeugung von der eigenen Robustheit usw.)
6. **das subjektive Konzept von Krankheit:** komplementäre Komponente zum Gesundheitskonzept, meist deutlicher ausgeprägt; jeweils spezifisches Verhältnis der körperlichen, psychischen und sozialen Dimensionen; Diskrepanzen zum professionellen Krankheitsverständnis
7. **soziale Abstimmungen und Vergleiche:** Einbeziehung in kulturell bestimmte Vorstellungen von Gesundheit und Krankheit; Vermittlung gesundheitsbezogener Informationen in den Medien; soziale Abstimmungen und Vergleiche im gesundheitlichen „Laiensystem" (Faltermaier et al. 1998).

Das Vorhandensein komplexer Vorstellungen von Gesundheit und Krankheit ist inzwischen in zahlreichen empirischen Studien bestätigt worden. Homfeldt und Steigleder haben z. B. bei sozial Benachteiligten und ehemaligen Obdachlosen in der Grenzregion von Deutschland, Frankreich und Luxemburg ein breites Verständnis von „Wohlbefinden" entdeckt, das im Sinne der WHO-Definition von Gesundheit neben körperlichen auch psychische und soziale Aspekte einschließt. Das Gefühl von Zugehörigkeit zu einer Gemeinschaft und die Möglichkeit von sozialer Unterstützung im Krankheitsfall oder in emotional labilen Phasen werden als wichtige Bedingungen von Gesundheit erwähnt. Ebenso gilt „Stressfreiheit" als Voraussetzung von guter Befindlichkeit (Homfeldt / Steigleder 2003). Zugleich ist den Befragten bewusst, dass Merkmale ihrer ungünstigen sozialen Situation für den meist eher negativ eingeschätzten eigenen Gesundheitszustand verantwortlich sind, z. B. Ungeziefer und Feuchtigkeit in der Wohnung, schlechte Infrastruktur und das Gefühl des „Abgehängtseins" im Wohnumfeld, aber auch Ohnmachts- und Stigmatisierungserfahrungen im Umgang mit Ämtern (Homfeldt 2000). Diese Benachteiligungserfahrungen und die Perspektive auf eine unsichere Zukunft können als Gründe dafür angeführt werden, warum die eigenen Einflussmöglichkeiten auf die Gesundheit als eher gering eingeschätzt werden. Ein französischer Interviewpartner bringt diesen Zusammenhang auf den Punkt, indem er sagt:

„Ich habe noch selten einen Clochard (Landstreicher) laufen sehen, um fit
zu bleiben" (Homfeldt / Steigleder 2003, 53).

Eine Fortführung der Beschäftigung mit alltäglichen Gesundheitsvorstellungen bietet die in den zurückliegenden Jahren an Bedeutung ge-
winnende agency-Debatte, auf deren Grundlage eine „Health Lifestyle
Theory" (Cockeram 2005, 51 ff) entwickelt werden kann. Der agency-
Begriff wird in wissenschaftlichen Disziplinen sehr unterschiedlich benutzt. In soziologischer Sichtweise wird vorrangig die Kontextualität
von agency betont – in der Psychologie die Selbstwirksamkeit und die
Eigeneinschätzung. Agency in soziologischer Sicht versteht Akteure
als kontextgebundene Zeugen ihrer Lebenssituation und ihres Lebensstils, in der bzw. durch den sie Bedeutungen, Identität und ihre Agenda
erzeugen. In ihrer sozial und kulturell konstruierten Welt entwickeln
Personen u. a. zu ihrer Gesundheit Einsichten, die nach Emirbayer und
Mische (1998, 962 ff) aus drei Facetten bestehen: „iteration" impliziert
die selektive Reaktivierung zurückliegenden Wissens und Handelns;
„projectivity" impliziert die Vorstellung möglicher zukünftiger Handlungsweisen und die „practical evaluation" impliziert eine Vergegen-
wärtigung der Handlungsmöglichkeiten. Entsprechend fassen Holland
et al. agency als

> „the realized capacity of people to act upon their word and not only to
> know about or give personal or intersubjective significance to it. That ca-
> pacity is the power of people to act purposively and reflectively, in more or
> less complex interrelationships with one another, to reiterate and remake
> the world in which they live, in circumstances where they may consider
> different courses of action possible and disirable, though not necessarily
> from the same point of view" (Holland et al. 1998, 42).

Mirowsky und Ross (2003, 28) zeigen in ihrer Arbeit „Education, Social Status and Health", dass weder die persönlichen Wahlmöglichkeiten
(„life choices") noch die strukturellen Begrenzungen („life chances") bei
gesundheitsbezogenem Handeln außer Acht gelassen werden sollten. Die
Autoren verwenden den Begriff „structural amplification", nach dem Erziehung („education") gesundheitsbezogenes Handeln stärkt, indem die
Kontrollmöglichkeit über das eigene Leben wächst.

Cockeram (2005, 51) prüft, inwiefern agency als Theorie den Rahmen für eine gesundheitsbezogene Lebensstil-Theorie bilden kann. Eine
solche Theorie existiert bislang nicht. Von Nutzen könnte sie sein, um
agency-beeinflusste Lebensstilfigurationen zu ändern: Auf der Seite der
strukturellen Einflüsse z. B. Antiraucherzonen auszuweiten, auf der Ebene persönlicher Wahlmöglichkeiten zu wissen, welche „life choices" es
gibt, z. B. in Bezug auf Rauchen / Nichtrauchen. Das Wechselspiel beider
fördert die Entwicklung persönlicher Haltungen („dispositions to act")

(Cockeram 2005, 57). Gesundheitsbildungsprogramme zum Nichtrauchen, gesünderem Ernähren / Essen und Bewegen würden auf der Grundlage kontextualisierter Konzepte wesentlich wirksamer werden können.

4.2.3 „Fitness" und „Stress" als Leitorientierungen alltäglicher Körperkultur

Die stärkere Berücksichtigung der Alltagsvorstellungen von Gesundheit sowie die Bezugnahme auf die agency-Debatte geschehen vor dem Hintergrund, dass das *Subjekt* und dessen aktives, bewusstes Handeln zugunsten der eigenen Gesundheit eine neue Bedeutung erlangt haben. Ist das Subjekt im biomedizinischen Blick nur Objekt von Untersuchungen und Behandlungen, die auf eine ihm mehr oder weniger äußerliche Krankheit bezogen sind, so wird in der neueren Gesundheitsforschung das Verhältnis von Gesundheit und Person sowie der Einfluss subjektiver Einstellungen, Wahrnehmungen und Handlungsweisen auf Gesundheit und Krankheit betont. Der Einzelne wird dabei für seine Gesundheit stärker zur Verantwortung gezogen. Ihm werden gezielte, gesundheitsbezogene Aktivitäten abverlangt, die sich wiederum mit einem Begriff von Gesundheit decken, der Gesundheit als „dynamisches, prozesshaftes Geschehen" bzw. als permanente „aktive Herstellung" versteht.

Dieses neue, veränderte Verständnis von Gesundheit ist in vielerlei Hinsicht plausibel und es entspricht einer berechtigten Kritik an überkommenen gesundheitsbezogenen Vorstellungen und Denkweisen. Zugleich lässt es sich aber in einen übergreifenden kulturhistorischen Kontext einordnen, der mit Veränderungen im Bereich der Körperkultivierung bzw. der „somatischen Kultur" in unserer Gesellschaft einhergeht. Unter somatischer Kultur versteht der Sportwissenschaftler Volker Rittner den gesamten Bereich körperbezogener Einstellungen und Praktiken, der die Einstellungen zu Gesundheit und Krankheit, Sexualität, Essen und Trinken, ästhetischen Idealen, hygienischen Praktiken, der Verwendung des Körpers bei der Arbeit, Sport, Bewegungspraktiken und zur Körpersprache umfasst (Rittner 1999).

Die alte Körperkultur – wie im Prozess der Zivilisation von Elias beschrieben – bestand in der Disziplinierung und Zensur des Körpers zugunsten einer Rationalisierung und Instrumentalisierung des Verhaltens. Der historische Prozess beruhte auf einer Zunahme an Selbstbeherrschung und Selbstzwang, auf einer Kontrolle des Körpers durch den Geist und damit letztlich auf einer Dissoziation von Körper und Selbst. Gegenwärtig lässt sich jedoch ein Trend zur Körperaufwertung und zu einer verstärkten Thematisierung des Körpers erkennen (in Frauen- und Familienzeitschriften, im „Wellness"-Boom, der durch die „Selfness"-Bewegung abgelöst zu werden scheint, aber auch in der Etablierung neuer körperbetonter Trendsportarten wie Inline-Skating). Das neue Leitmotiv entspricht dem Titel der Trendsport-Zeitschrift: „Fit for fun". Fitness, Spaß und Gesundheit bilden die zentralen Werte des zeitgenössischen Sportverständnisses; sie lösen die Orientierung am Wettkampf- und Leistungssport ab (Rittner 1995).

Für Rittner sind diese Entwicklungen nicht nur flüchtige Modeerscheinungen, sondern Symptome einer grundlegenden Veränderung unserer somatischen Kultur. Er vertritt die These, dass sich am Körper neuartige Techniken der individuellen Selbstvergewisserung festmachen, nachdem tradierte Möglichkeiten der Selbstidentifikation geschwunden sind. Zugleich werden Leistungen der Körperdistanzierung nicht länger belohnt bzw. sozial anerkannt. Resultat ist eine partielle Lockerung früherer Zwänge (z. B. im Locker- oder Cool-Sein bei Jugendlichen). Damit verknüpft sind aber auch neue Zwänge zur Herstellung des „richtigen Körpers", in dessen Rahmen Aussehen, Fitness und Gesundheit „geleistet" werden müssen. Dahinter verbirgt sich eine neue Form der Disziplinierung: „Fitness" – die höhere physiologische Leistungsfähigkeit des Körpers – wird immer mehr zu einer sozialen Tugend, zum Synonym für Glück, Erfolg, Modernität, Mobilität und Potenz. Fitness wird aber nicht als Zwang oder Pflicht erlebt, sondern als „Spaß". Das Kriterium „Spaß" ist nichts Selbstverständliches, sondern eine folgenreiche individualisierte Selbstbeschreibung. Spaß verweist auf ein reflexives, „innenorientiertes Erleben", das eine gefühlsmäßige Prüfung und Identifikation mit der Handlung unterstellt und zu einer hochgradigen Subjektivierung körperbezogener Normen führt (Rittner 1999).

Über Fitness kann der Körper den Erfolg der eigenen Anstrengungen buchstäblich „verkörpern". Der Körper verschafft somit Möglichkeiten des Empfindens individueller *Selbstwirksamkeit*. Mit Fitness erhält man die Chance, Merkmale individueller Souveränität in der sozialen Dimension darzustellen (spezifische sportliche Fähigkeiten, aber auch die Verkörperung von gesellschaftlich vorherrschenden Schönheits- und Körperidealen). Wird der Körper zum Instrument der Selbstdarstellung und Selbstbehauptung, dann erscheinen traditionelle Körperpraktiken als anachronistisch oder sogar pathogen: So gilt das klassische „Typ-A-Verhalten" (die rücksichtslose Körperverdrängung zugunsten beruflicher Leistung) inzwischen als symptomatisch für die sogenannte „Koronarpersönlichkeit".

Das Gegenstück zur Bemühung um Fitness ist das beständige Gefühl der Bedrohung des Körpers durch „Stress". Gerade der Körper wird durch den gesellschaftlichen Wandel in der Moderne als besonders belastet wahrgenommen. Angesichts der Vielzahl möglicher Stressoren gilt er als allseits verletzlich und verlangt eine anders gelagerte „alarmierte Körperaufmerksamkeit", verbunden mit dem Appell, etwas aktiv für die Gesundheit zu tun. Hintergrund dafür sind neben einem veränderten

Körperverständnis die Ausbreitung chronisch-degenerativer Erkrankungen, die oft durch langwierige, lästige oder dramatische Symptome den Körper unfreiwillig zum Thema machen (70 % der Erwachsenen leiden unter Rückenschmerzen, 42,6 % unter Herz-Kreislauf-Problemen). Die einzelnen Organe bringen also die Folgen der Körperdistanzierung und -verdrängung zum Ausdruck.

Die Thematisierung von Stress sowie die Ausbreitung eines neuen Fitness- und Körperkults sind demnach komplementäre Anzeichen eines gegenwärtigen Umbruchs in der Kultur des Körpers, der die Koordinaten im Verhältnis von Organismus, Identität und sozialer Umwelt verschiebt. Fitness macht den Körper zu einer Sinninstanz, die angesichts pluralisierter Lebensstile suggeriert, dass man sein Leben im Griff hat. Zugleich verliert die somatische Kultur ihre Selbstverständlichkeit, was die Körpersozialisation bei Kindern und Jugendlichen zusehends problematisch macht: Extreme Formen der Körperdisziplinierung und der expressiven Körperdarstellung stehen nebeneinander. Es findet eine Ausdifferenzierung von Spaßpraktiken und Normen des Lässig- und Locker-Seins bei gleichzeitigem Zwang zum „richtigen Körper" statt. Parallel dazu nehmen gesundheitliche Belastungen wie Essstörungen, motorische Defizite oder koordinative Minderleistungen im Kindes- und Jugendalter zu, die darauf hindeuten, dass die neue Reflexivität und Gestaltbarkeit des eigenen Körpers ihre Schattenseiten hat. Diese erzeugt eine Ambivalenz zwischen Freiheiten und Pflichten im Umgang mit dem Körper, die sich als neue Form der Sozial- und Körperdisziplinierung identifizieren lässt: Nach Labisch stellen die Zwänge der gegenwärtigen Arbeitswelt höhere Anforderungen an Mobilität, Kommunikationsfähigkeit und allzeitiger Arbeitsbereitschaft (Labisch 1992, 321 f). Gesundheit und Fitness sind hierzu zentrale Voraussetzungen; um sie herum etabliert sich deshalb eine neue Form der „biologischen Normativität" bzw. eine neue Variante der Körperformierung und -disziplinierung, die insbesondere bei Heranwachsenden ihre potentiellen Belastungen, Beeinträchtigungen und Ausgrenzungen zum Vorschein bringt.

5 Herausforderungen für die Soziale Arbeit

In den historischen und begrifflichen Ausführungen ist deutlich geworden, dass Gesundheit eng mit sozialen Prozessen und Perspektiven verbunden ist. Während die Auseinandersetzung mit gesundheitlichen Problemstellungen in die gesamtgesellschaftliche und kulturhistorische Entwicklung eingebettet ist, ist die Wahrnehmung von Gesundheit ein Ergebnis von sozialen Konstruktionsprozessen, die wissenschaftliches und alltägliches Wissen über Gesundheit hervorbringen.

Die „Gesellschaftlichkeit von Gesundheit" (Müller 1995) zeigt sich auch in der Beziehung von sozialen Lebenslagen und Gesundheitszustand, von biografischen Lebenssituationen und gesundheitsbezogenen Anforderungen. Bis heute scheinen soziale Lebenschancen und gesundheitliche Ressourcen linear miteinander verknüpft zu sein, was das Gerechtigkeitspostulat der Sozialen Arbeit auch für gesundheitliche Fragen relevant macht. Ebenso weisen spezifische Lebensphasen wie Familie, Kindheit, Jugend und Alter spezifische gesundheitliche Herausforderungen auf, die ähnlich wie soziale Probleme einer lebenslagen- und biografiebezogenen Bearbeitung bedürfen. Dies führt dazu, dass entwicklungs- und bildungsorientierte Zugänge der Sozialen Arbeit, die die Selbsttätigkeit, Persönlichkeitsstärkung und Lebenssouveränität der Adressaten zum Ziel haben, sich mit gesundheitswissenschaftlichen Konzepten der „Resilienz" oder des „sense of coherence" decken. Vor diesem Hintergrund soll es im folgenden Kapitel darum gehen, gesundheitliche Problemstellungen im Hinblick auf die darin enthaltenen Aufgaben für die Soziale Arbeit zu untersuchen.

5.1 Gesundheitliche Ungleichheit[2]

Sozialepidemiologische Studien belegen, dass es auch in entwickelten Ländern mit einem breit ausgebauten System der gesundheitlichen Versorgung, das prinzipiell allen Mitgliedern der Gesellschaft zur Verfügung steht, einen markanten Zusammenhang zwischen sozialer und gesundheitlicher Ungleichheit gibt (Hanesch 1995; Mielck 2000; Siegrist 1995; Wilkinson 2001). Soziale Benachteiligungen gehen demnach mit einem erhöhten Ausmaß an gesundheitlichen Belastungen und Beeinträchtigungen einher. Zugleich wird die Gesundheitsrelevanz von sozialen Differenzen wie Geschlecht, Alter oder Nationalität sichtbar, was generalistische Strategien der Gesundheitsarbeit in Frage stellt. Im Verlauf der 1980er Jahre hat sich die Diskussion um sozialstrukturell bedingte Ungleichheiten und deren Auswirkungen auf die Gesundheit zugunsten einer Wahrnehmung von Pluralität und einer Vielfalt sozialer Differenzen abgeschwächt. Die gegenwärtigen Polarisierungstendenzen, die den Wandel zu globalisierten Gesellschaftsstrukturen begleiten und die neue Formen sozialer Ausgrenzung mit sich bringen, machen jedoch eine Neuakzentuierung struktureller, milieu- und herkunftsbedingter Ungleichheiten im Gesundheitsbereich – ähnlich wie im Bildungsbereich (Baumert et al. 2001, 323 ff) – notwendig.

5.1.1   Horizontale und vertikale Ungleichheit

Die Diskussion um die Pluralisierung und Individualisierung der Lebensstile und Lebenslagen hat die Ungleichheitsdiskussion erweitert, indem die klassischen Indikatoren sozialer Ungleichheit (Ausbildung, Einkommen, Beruf) um zusätzliche Aspekte wie Geschlecht, Alter, Familiengröße, Wohnort, Generation oder Nationalität ergänzt worden sind. Zugleich aber hat sie einen Perspektivenwechsel von der „vertikalen" zur „horizontalen" Ungleichheit vollzogen, der von der Annahme ausgeht, dass die vertikalen Ungleichheiten an Bedeutung verloren haben (Helmert/Mielck 1998).[3]

In der Gesundheitsforschung hat dies zu wichtigen Erkenntnissen geführt: Fast alle gesundheitsbezogenen Fragestellungen verlangen eine geschlechtsspezifische Perspektive, da gesundheitsbezogene Probleme und Verhaltensweisen große geschlechtsspezifische Unterschiede aufweisen. Dies zeigt schon ein Blick auf unterschiedliche Krankheitsbelastungen im biografischen Verlauf: So ist die intrauterine Sterblichkeit von Föten und die Zahl der Totgeburten bei Jungen erhöht. Bis zum Abschluss des ersten Lebensjahres sterben mehr Jungen als Mädchen; Jungen sind bis zum 12. Lebensjahr deutlich krankheitsanfälliger als Mädchen. In der Altersgruppe der 12- bis 20-Jährigen kehrt sich das Verhältnis um, was vor allem mit der gestiegenen Bedeutung psychosomatischer Krankheiten zusammenhängt. Erwachsene Frauen schätzen ihren Gesundheitszustand schlechter ein als Männer, gehen häufiger zum Arzt und bekommen mehr Medikamente verordnet. Etwa ab dem 55. Lebensjahr gleicht sich die Inanspruchnahme medizinischer Leistungen wieder an, und Männer haben in allen Industrieländern eine um 5–7 Jahre kürzere Lebenserwartung als Frauen (Stein-Hilbers 1994, 83 ff). Darüber hinaus sind Frauen viel stärker als Männer alltägliche „Gesundheitsarbeiterinnen" (Nestmann 2000), während jugendliches Risikoverhalten dagegen eher eine Männerdomäne ist. Schließlich ist eine klar nach Geschlecht differenzierte Verteilung und Ausprägung von Suchtproblemen zu erkennen (Drogenbeauftragte der Bundesregierung 2004, 57 ff). All dies macht deutlich, dass die Geschlechtsspezifik eine nicht mehr weg zu denkende Differenzierung in der Gesundheitsforschung und Gesundheitsarbeit notwendig macht. Die Geschlechtsspezifik ist nur ein Beispiel für die Relevanz horizontaler Differenzen in Gesundheitsfragen. Des Weiteren stellen Alter oder Kultur wichtige Differenzierungskriterien dar. Beispielsweise ist das Gesundheitsbewusstsein stark altersabhängig – als selbständiges Thema wird es meist erst zwischen dem 30. und dem 50. Lebensjahr relevant. Und die interkulturelle Gesundheitsforschung zeigt, dass die Wahrnehmung des Körpers und die Thematisierung von Gesundheitsproblemen stark kulturell bestimmt sind. Die neuen sozialen Differenzen haben also unbestreitbare Bedeutung für die Gesundheitsforschung, während der historische Zusammenhang von Gesundheit und Armut oder sozialer Benachteiligung an Relevanz verloren hat.

Die sozialwissenschaftliche Forschung hat allerdings in den letzten Jahren gezeigt, dass es auch in den reichsten Ländern der Welt wie z. B. in Deutschland Armutsprobleme gibt. Horizontale Ungleichheiten werden also nach wie vor von vertikalen Ungleichheiten durchkreuzt (Mielck 2000, 357 f). Um diesen Zusammenhang zu erfassen, gibt es im angelsächsischen Sprachraum eine begriffliche Unterscheidung zwischen „inequalities" (Ungleichheiten im Sinne von Verschiedenheiten) und „inequities" (Ungleichheiten im Sinne von Ungerechtigkeiten). Diese Begriffsverwendung stimmt weitgehend mit der Unterscheidung von horizontaler und vertikaler Ungleichheit überein, die sich zur Neuthematisierung von Formen struktureller Benachteiligung im Kontext pluraler Gesellschaften etabliert hat. Armut wird in der neueren Armutsdiskussion in der Regel nicht absolut, sondern relativ verstanden. Zu diesem Zweck werden drei verschiedene Kriterien herangezogen:

- Der Anteil der Sozialhilfeempfänger an der Gesamtbevölkerung (Sozialhilfe als Absicherung des Existenzminimums und Beseitigung der „absoluten Armut"). Seit den 1970er Jahren kann man einen kontinuierlichen Anstieg der Sozialhilfeempfänger feststellen; nach dem letzten Armuts- und Reichtumsbericht der Bundesregierung bezogen Ende 2003 3,4 % der Gesamtbevölkerung Deutschlands dauerhaft Hilfe zum Lebensunterhalt (Lebenslagen in Deutschland 2005).
- Der Bevölkerungsanteil mit weniger als 60 % des durchschnittlichen Netto-Haushaltseinkommens gilt als Armutsrisiko-Bevölkerung. Der Trend zu einer zunehmenden Streuung der Bruttoeinkommen führt dazu, dass ein immer größerer Anteil der Bevölkerung Armutsrisiken ausgesetzt ist. Zwischen 1998 und 2003 stieg dieser Anteil von 12,1 % auf 13,5 % der Gesamtbevölkerung an; darunter befinden sich überproportional viele Kinder und Jugendliche (Ende 2003 waren es 15,0 % der

unter 15-jährigen Kinder und 19,1 % der 16- bis 24-Jährigen) (Lebenslagen in Deutschland 2005).

■ Eine Kumulation von Unterversorgungslagen, die selbstbestimmte Lebensentwürfe erschwert bzw. verhindert (zur Einkommensbenachteiligung kommen schlechtere Bedingungen im Bereich Bildung, Wohnen, Freizeitgestaltung, Partizipation, Integration usw.). Eine derartige Armutssituation wird Ende 2003 bei 4 % der Bevölkerung in Westdeutschland und bei 6 % der Bevölkerung in Ostdeutschland konstatiert (Lebenslagen in Deutschland 2005).

Die sozialepidemiologische Forschung erkennt nun über Jahre und Jahrzehnte hinweg übereinstimmend, dass es nach wie vor unübersehbare Zusammenhänge zwischen Armut und Gesundheit gibt, dass gesundheitliche Belastungen immer noch Bestandteil und Ausdruck von sozialer Benachteiligung sind und dass der Ausspruch „Wer arm ist, muss früher sterben" auch heute noch statistische Gültigkeit besitzt. Allerdings muss man für Deutschland und Österreich feststellen, dass eine aussagekräftige Gesundheitsberichterstattung zu diesem Thema erst seit kurzem ausgebaut wird.

Frühe Versuche der Rekonstruktion des Zusammenhangs von Gesundheit und sozialer Ungleichheit behelfen sich deshalb mit regionalen Differenzen. So wurde z. B. in Bremen ein regionaler Vergleich zwischen verschiedenen Stadtteilen hinsichtlich der *Mortalität* der Bevölkerung unternommen. Eine Auswertung des Sozioökonomischen Panels verwies im Jahr 1996 auf den Einfluss der Schulbildung auf die Lebenserwartung. Demnach weisen Männer ohne Abitur eine um 3,3 Jahre kürzere Lebenserwartung auf als Männer mit Abitur, während der Unterschied bei Frauen sogar 3,9 Jahre beträgt (Mielck 2002, 49 f). Die Analyse von Daten der Allgemeinen Ortskrankenkasse (AOK Mettmann) aus den Jahren 1987 bis 1996 lässt Rückschlüsse auf den Zusammenhang von beruflichem Status und Mortalität zu. Der Anteil der Todesfälle nimmt mit zunehmendem beruflichen Status stufenweise ab, bei Männern wie bei Frauen. In der untersten Berufsgruppe der „Un- und Angelernten" ergibt sich ein viermal so großes Sterblichkeitsrisiko wie in der höchsten Statusgruppe der Erwerbstätigen in „höheren Positionen" (Mielck 2002, 50 f).

Ähnlich gravierende Auswirkungen zeichnen sich ab, wenn sozioökonomische Benachteiligung mit Arbeitslosigkeit einher geht. Eine Studie unter Mitgliedern der Gmünder Ersatzkasse (GEK) zur Sterblichkeit im Zeitraum von drei Jahren zwischen 1998 und 2000 zeigt, dass sich bei den 20- bis 50-jährigen Mitgliedern das Risiko der Sterblichkeit in Abhängigkeit von der vorausgehenden Arbeitslosigkeitsdauer kontinuierlich erhöht. „Bei Versicherten mit 1 bis 2 Jahren Arbeitslosigkeit zeigt sich im Vergleich zu den durchgängig Berufstätigen eine 1,6fach erhöhte Mortalität, bei Personen mit mindestens 2 Jahren Arbeitslosigkeit in den vorangegangenen 3 Jahren ist im Folgezeitraum das Mortalitätsrisiko 3,4-fach erhöht" (Grobe/Schwartz 2003, 16). Ebenso werden bei Arbeitslosen z. B. mehr Krankenhaustage als bei Berufstätigen registriert, wobei das Verhältnis bei Männern (2,3:1) stärker ausgeprägt ist als bei Frauen (1,7:1) (Grobe/Schwartz 2003, 11 f).

5.1.2 Erklärungsansätze zum Zusammenhang von gesundheitlicher und sozialer Ungleichheit

Angesichts der Tatsache, dass zumindest massive Armutserscheinungen in entwickelten Ländern wie Deutschland oder Österreich sozial abgesichert sind und dass das gesundheitliche Versorgungssystem prinzipiell jedem offensteht, stellt sich die Frage, wie dieser eindeutige Zusammenhang zwischen Gesundheit und sozialer Benachteiligung zustande kommt. Zu diesem Zweck werden unterschiedliche Hypothesen und Erklärungsansätze diskutiert (Helmert/Mielck 1998).

1. Der Einfluss der sozioökonomischen Lebensbedingungen: „Ungleiche materielle Arbeits- und Lebensbedingungen verursachen gesundheitliche Ungleichheit". Eine erste naheliegende Erklärung besteht darin, dass die materielle Lebenssituation einen wichtigen Einfluss auf die Gesundheit ausübt. In internationalen Vergleichsstudien und in makroökonomischen Statistiken wird dieser Zusammenhang bestätigt. Insbesondere in Dritte-Welt-Ländern mit ausgeprägter Mangelversorgung in verschiedenen Lebensbereichen ist eine deutlich niedrigere Lebenserwartung als in entwickelten Industrieländern festzustellen; aber selbst im Vergleich verschiedener Regionen Europas (West-, Mittel- und Osteuropa) ist ein Zusammenhang zwischen dem Einkommen und der Lebenserwartung nachweisbar. Eine Studie von Monika Riedel zeigt eine lineare Beziehung zwischen dem Bruttoinlandsprodukt pro Kopf – als Maß für Reichtum – und der Lebenserwartung –als Maß für Gesundheit (Riedel 2000).

Deutlich wird dabei, dass Reichtumssteigerungen vor allem bei niedrigem Ausgangsniveau zu einem deutlichen Gewinn an Lebenserwartung führen. Ab einem gewissen Einkommensniveau (das in den westeuropäischen Ländern erreicht ist) sind andere Faktoren offenbar bedeutsamer für den Gesundheitszustand als die Einkommenshöhe. So liegt die Lebenserwartung in Griechenland beispielsweise höher als in reicheren Ländern wie Deutschland, Österreich oder Dänemark (Riedel 2000, 121). Die Hypothese des Einflusses der sozioökonomischen Lebensbedingungen erscheint also in vieler Hinsicht plausibel, ist aber angesichts des undeutlicheren Bildes in entwickelten Ländern und der Komplexität von Unterversorgungslagen – die sich neben materiellem Wohlstand auch aus

Wissen, Macht, sozialer Anerkennung und sozialen Ressourcen zusammensetzen – nur schwer nachweisbar.

2. Die Selektions- oder Drift-Hypothese: „Nicht Armut macht krank, sondern Krankheit macht arm". In dieser Sichtweise führen (genetische oder erworbene) gesundheitliche Probleme zu einer sozialen Abwärtsmobilität. Diese Hypothese hat eine gewisse, nicht auszuschließende Plausibilität, enthält aber zugleich die Gefahr biologisierender Argumentationen. Insgesamt lässt sie sich durch die Relevanz des Kriteriums der Schulbildung für den Gesundheitszustand widerlegen, die im Gegensatz zu Beruf und Einkommen nicht so deutlich durch gesundheitliche Probleme beeinflussbar ist. In diesem Fall ist also der soziale Faktor (das Bildungsniveau) relativ eindeutig als Ursache für den Gesundheitszustand zu betrachten und nicht umgekehrt.

3. Der Einfluss des Gesundheitsverhaltens: „Wer sich gesundheitsschädlich verhält, steigt sozial ab". Diese Hypothese beruht auf der Feststellung, dass in unteren Schichten ein gering ausgeprägtes Gesundheitsbewusstsein vorzufinden ist, was zu einer überdurchschnittlichen Ausbreitung von gesundheitsriskantem Verhalten führt (in der Unterschicht sind mehr als doppelt so viele Raucher zu verzeichnen als in der Oberschicht; infolge fetter Ernährung sind ein erhöhter Cholesterinspiegel und Übergewicht stärker verbreitet – bei Männern der Unterschicht ist der Anteil Übergewichtiger im Vergleich zur Oberschicht 1,87-fach erhöht, bei Frauen sogar 3,80-fach). Allerdings ist das Verhältnis von Ursache und Wirkung nicht geklärt. Darüber hinaus enthält diese Sichtweise die Gefahr moralisierender Schuldzuweisungen. Nach Siegrist kann die Verstärkung gesundheitsschädigenden Verhaltens in benachteiligten Milieus als Begleiterscheinung von sozioemotionalem Distresserleben betrachtet werden, das aus mangelndem sozialem Rückhalt, aus Arbeitsbelastung bei fehlenden Entscheidungs- und Gestaltungschancen am Arbeitsplatz und aus nicht vorhandenen beruflichen Gratifikationen (bei Krisen am Arbeitsplatz, in prekären Beschäftigungsverhältnissen oder bei Erwerbslosigkeit) resultiert (Siegrist 1995, 58 f).

4. Unterschiedliche Inanspruchnahme der medizinischen Versorgung: Trotz prinzipiell gleichem Angebot ist die Nutzung und Zugänglichkeit der Versorgungsangebote ungleich verteilt, was nach Schätzungen bis zu 15 % der Varianz erklärt. Gründe dafür liegen z.B. in der erschwerten Arzt-Patient-Kommunikation bei Unterschichtsangehörigen oder in der Mittelschichtsorientierung der Angebote (Prävention und Gesundheitsförderung). Erfahrungen aus der Gesundheitsförderung haben gezeigt, dass in der Gesundheitsarbeit mit sozial benachteiligten Bevölkerungsgruppen Besonderheiten zu berücksichtigen sind, die in der gesundheit-

lichen Regelversorgung meist übergangen werden: Die Akzeptanz der
Lebensform der Familien ist eine unabdingbare Voraussetzung; Schlüsselpersonen erhalten eine hohe Bedeutung; intensive Beziehungsarbeit
und Maßnahmen zur Vertrauensbildung sind wichtig und im Umgang
mit bestimmten (tendenziell stigmatisierenden) Themen und Begriffen ist
eine besondere Sensibilität erforderlich (Abel 2000, 191).

5. Gesundheitliche Auswirkungen des sozial bedingten Kohärenzgefühls:
Ein weiteres Erklärungsmodell für den Zusammenhang von sozialer und
gesundheitlicher Ungleichheit findet sich bei dem Sozialpsychologen Hei-
ner Keupp. Keupp bezieht sich zum einen auf die Salutogenese-Theorie,
und zum anderen versucht er der Tatsache Rechnung zu tragen, dass ein
großer Teil der gesundheitlichen Differenzen sich nicht direkt aus den
sozioökonomischen Rahmenbedingungen, sondern nur indirekt über individuelle Bezugnahmen und Verarbeitungsleistungen (wie Gesundheitsverhalten, Inanspruchnahme gesundheitlicher Versorgung) erklären lässt.
Der Rückblick auf die historischen Verbesserungen der Gesundheitssitu-
ation macht deutlich, dass z. B. der Rückgang der Sterberaten schon vor
den medizinischen Fortschritten der Hygienebewegung und der Bakteriologie des 19. Jahrhunderts einsetzte. Am Beispiel der Typhuserkrankungen zu Beginn des 20. Jahrhunderts wurde nachgewiesen, dass der Rückgang der Mortalität weniger durch einen Rückgang der Infektionen als
durch einen Rückgang der Todesraten bei Infizierten verursacht worden
ist. Daraus folgt: verbessert hat sich vor allem die „Resistenz" der Menschen im Zuge der allgemeinen Verbesserung der Lebensqualität in den
modernen Wohlfahrtsstaaten (Keupp 2000, 20). „Lebensqualität" wird in
Beziehung gesetzt zum „Kohärenzgefühl" im Sinne Antonovskys. Sie ist
die Bedingung für die Herausbildung eines starken Kohärenzgefühls, das
als positives Selbst- und Lebensgefühl eine erhöhte „Resistenz" mit sich
bringt und einen Gegenpol zum Fatalismus, zu Hoffnungslosigkeit und
Resignation bildet, welche sich oft in traditionellen, prämodernen Gesellschaften nachweisen lassen.

Die Herausbildung des Kohärenzgefühls ist demnach abhängig von
sozialen Rahmenbedingungen, die sich gegenwärtig unter den Bedingungen der „Risikogesellschaft" verändern: Die radikale Enttraditiona-
lisierung, der Verlust von stabilen Normen und Werten, von unstrittigen
Lebenskonzepten erzeugen die Grunderfahrung einer verunsichernden
„ontologischen Bodenlosigkeit", die vor allem Heranwachsende in der
Entwicklung belastet. Darüber hinaus werden die Anforderungen an
die Bewältigungsfähigkeiten erhöht und die Bewältigungsressourcen in
den unterprivilegierten gesellschaftlichen Gruppen verknappt. Zugespitzt kann man sagen: In der sogenannten Optionsgesellschaft gilt die
Erweiterung der Chancen vor allem für die oberen Schichten, der Unterschicht bleibt die Erhöhung der Risiken. Die Propagierung ungeahnter

Chancen in Verbindung mit der individualisierenden Zuschreibung der Verantwortung für das eigene Leben führt bei einer gleichzeitigen Verknappung der Ressourcen zu einem Phänomen, das in der Sozialpsychologie „Demoralisierung" genannt wird. Demoralisierung bezeichnet eine Grundeinstellung, die durch ein geringes Selbstwertgefühl, durch Hilflosigkeit, Hoffnungslosigkeit, Macht- und Sinnlosigkeit, durch das Gefühl der Ungerechtigkeit, durch unbestimmte Zukunftsängste und eine gedrückte Grundstimmung geprägt ist. In den USA wird ca. ein Drittel der Bevölkerung als in diesem Sinne „demoralisiert" eingeschätzt. Etwa 50 % der Angehörigen der untersten sozialen Schicht gelten als demoralisiert, und ca. die Hälfte der Demoralisierten weist klinische (psychische) Symptome auf (Keupp 2000, 23 f). Der Zustand der „Demoralisierung" bildet den Gegenpol zum Kohärenzgefühl. Statt einer positiven, aktiven Grundhaltung bringt er eine destruktive, lähmende Passivität oder Apathie mit sich, die eine Erklärung dafür bietet, warum Personen in sozial problematischen Situationen ihre Schwierigkeiten oft durch Passivität oder unangemessenes, kontraproduktives Verhalten verdoppeln.

Hinsichtlich gesundheitlicher Belastungen bedeutet dies: Wer generell wenig Gestaltungsmöglichkeiten und Souveränität in seinem Leben erkennt, sieht wenig Möglichkeiten, sich aktiv für seine Gesunderhaltung einzusetzen. Ihm fehlt der sogenannte „Optionssinn". Fremdbestimmung und Monotonie – z. B. am Arbeitsplatz – führen dazu, auch den Gesundheitszustand nicht als etwas selbst Bestimmbares, sondern von äußeren Faktoren und Einwirkungen Beeinflusstes wahrzunehmen. Noch fataler wirkt sich der Einfluss längerfristiger Arbeitslosigkeit aus, bei der das Vertrauen in die eigenen Fähigkeiten und in die Möglichkeit der Entwicklung sinnvoller Lebensperspektiven drastisch sinkt, was die außerordentlich hohe Gesundheitsbelastung dieser Personengruppe erklärt (Grobe / Schwartz 2003). Bei gesundheitlichen Belastungen fehlt es wie bei sonstigen Anforderungen an der Einsicht, dass es sich lohnt, sich anzustrengen, zu widerstehen, sich zu engagieren.

6. Der Zusammenhang zwischen Einkommensverteilung und Gesundheitsstatus: Eine Erweiterung des salutogenetischen Erklärungsansatzes durch eine gesamtgesellschaftliche Perspektive findet sich in der sozioökonomischen Gesundheitsstudie von Wilkinson. Wilkinson beschäftigt sich mit dem scheinbaren Paradox, dass in reicheren Ländern Wirtschaftswachstum und weitere Verbesserungen des Lebensstandards im internationalen Vergleich wenig Auswirkung auf die Gesundheit zeigen, während innerhalb dieser Gesellschaften nach wie vor ein enger Zusammenhang zwischen Lebensstandard und Gesundheit besteht. Ab einem gewissen Maß an Wohlstand, materieller Sicherheit und gesundheitlicher Versorgung entscheidet offensichtlich weniger das faktische Ausmaß an materiellen Möglichkeiten als die „sozialen Konnotationen unterschiedlicher Einkommens- und Konsumniveaus", das mit dem Einkommen verbundene soziale Prestige und das Ausmaß an sozialer Anerkennung und an Status. Dementsprechend weisen nicht die reichsten, sondern die sozial ausgewogensten Länder die beste Gesundheit auf (Wilkinson 2001, 3 ff, 129 ff). Wilkinson weist nach, dass ein Zusammenhang zwischen der Einkommensverteilung und der Gesundheit besteht. So zeigt er beispielsweise, dass die enorme Steigerung der Lebenserwartung in Japan zwischen 1970 und 1989 mit einer sukzessiven Reduktion der Einkommensunterschiede innerhalb der Bevölkerung einher ging. Japan ist inzwischen das Land mit der weltweit höchsten Lebenserwartung und den geringsten Einkommensunterschieden aller Industriestaaten (Wilkinson 2001, 102 ff). Die zweithöchste Lebenserwartung ist im ebenfalls relativ egalitären Schweden zu verzeichnen, das im Vergleich zur stark polarisierten Gesellschaft in England und Wales eine deutlich geringere Säuglingssterblichkeit und Gesamtmortalität in den unteren Schichten aufweist, während sich der Einkommensvorsprung der oberen Schichten in England und Wales nicht positiv in deren Gesundheitsdaten niederschlägt (Wilkinson 2001, 106 f). Damit profitieren in gesundheitlicher Hinsicht alle Gesellschaftsmitglieder von geringeren Einkommensunterschieden, am meisten allerdings die relativ ärmsten Bevölkerungsgruppen.

Als Kennzeichen sozial ausgewogenerer Gesellschaften identifiziert Wilkinson einen stärkeren sozialen Zusammenhalt, ein ausgeprägteres Gemeinschaftsleben und ein höheres Maß an „Sozialkapital". Die mit der Verstärkung des sozialen Zusammenhalts verbundene Zunahme an sozialer Unterstützung und der Rückgang an Furcht und Unsicherheit verstärken das Kohärenzgefühl, das in dieser Perspektive nicht nur als individuelle Größe, sondern auch als Eigenschaft von sozialen Gruppen und Gesellschaften betrachtet werden kann (Wilkinson 2001, 269 ff). Sozialer Zusammenhalt und Kohärenzgefühl stehen in einer Wechselbeziehung, die wiederum eng mit dem Ausmaß an sozialer Gerechtigkeit in einer Gesellschaft verknüpft ist.

Die beiden letztgenannten Perspektiven machen deutlich, dass der Zusammenhang zwischen sozialer Benachteiligung und Gesundheit nicht nur unmittelbar über den Einfluss sozioökonomischer Faktoren oder soziokultureller Verhaltensdispositionen zu verstehen ist, sondern zumindest zu einem erheblichen Teil auch indirekt – vermittelt über die innerpsychische Konstitution von Menschen und Gruppen und daraus ableitbaren Handlungsmotivationen und Handlungsperspektiven. Soziale Arbeit hätte demnach zur Bearbeitung des Zusammenhangs von sozialer und gesundheitlicher Ungleichheit ganz im Sinne ihrer Tradition an zwei Ebenen anzusetzen: Die innere Konstitution oder Disposition (Demoralisierung oder Kohärenzgefühl) bildet sich in Abhängigkeit von sozialstrukturellen Voraussetzungen und sozialer Gerechtigkeit, deren Berücksichtigung und Verbesserung eine wichtige Voraussetzung für eine Angleichung des Gesundheitszustands der unterprivilegierten Schichten ist. Sozialstrukturelle Verbesserungen sind wichtige Voraussetzungen gesundheitsbezogener Sozialer Arbeit, verändern aber allein den inneren Zustand und das Verhalten der Betroffenen noch nicht. Beides löst sich oft von objektiven Gegebenheiten ab, verselbständigt sich und bedarf ergänzender personenbezogener Maßnahmen. Die enge Verknüpfung von sozioökonomischen Lebensbedingungen und innerer Konstitution, Habitus und Bewältigungsanforderungen des Menschen macht eine Kopplung von struktur- und personenbezogenen Ansätzen in der Sozialen Arbeit notwendig, wobei der Gefahr der Moralisierung und Stigmatisierung von sozialen Problemen und Gesundheitsstörungen durch die Analyse sozialstruktureller Zusammenhänge und Ungerechtigkeiten begegnet werden muss.

5.2   Gesundheit und Migration

Eine besondere Facette gesundheitlicher Ungleichheit stellt das Verhältnis von Gesundheit und Migration dar. Die Gesundheitsdienste sind im deutschsprachigen Raum bisher wenig auf die besonderen Anforderungen und die spezifischen Gesundheitsprobleme von Migranten eingestellt. Die Datenlage ist im Hinblick auf migrantenspezifische Gesundheitsdaten bisher außerordentlich dürftig, obwohl der hohe Migrantenanteil in Deutschland, Österreich und der Schweiz erwarten lässt, dass das gesundheitliche Versorgungssystem zukünftig massiv mit „ethnomedizinischen und transkulturellen Aspekten der Migration konfrontiert wird" (Krämer / Baune 2004, 11). Nach amtlichen Bevölkerungsstatistiken beträgt der Ausländeranteil in Deutschland am 01.01.2005 8,8 % der Gesamtbevölkerung, wobei hier die zweitgrößte Migrantengruppe – die Gruppe der Spätaussiedler, die über die deutsche Staatsangehörigkeit verfügt – nicht mit eingerechnet ist. In Österreich liegt der Ausländeranteil zum selben Zeitpunkt bei 9,6 % der Gesamtbevölkerung und in der Schweiz sogar bei 21,8 %.

Im Hinblick auf ihre gesundheitliche Situation sind Migrantinnen und Migranten spezifischen Benachteiligungen ausgesetzt, die sich in Aspekte der sozialen Ungleichheit, in migrationsspezifische Aspekte und in kulturbedingte Aspekte unterscheiden lassen. Migranten gehören im Durchschnitt einer niedrigeren sozialen Schicht an; sie nehmen häufig einen unteren Platz in der sozialen Hierarchie ein, da sie im Zielland einem Prozess der sozialen Abwertung und „Unterschichtung" unterliegen (Hoffmann-Nowotny 1973). Sozioökonomische Probleme wie gesundheitsgefährdende Arbeitsbedingungen, berufliche und ökonomische Unsicherheit und ungünstige Wohnverhältnisse wirken sich auf den Gesundheitsstatus aus, aber ebenso besondere Probleme wie Fremdenfeindlichkeit, Diskriminierung, mangelnde soziale Anerkennung und Informationsdefizite aufgrund von unangepasster Beratung und Aufklärung (BAG 2002, 6 f).

Zu den migrationsspezifischen Aspekten zählen Sprachbarrieren und Verständigungsprobleme im Zielland, erhöhte Gesundheitsrisiken durch die Unsicherheit des Rechts- und Aufenthaltsstatus und Entfremdungserscheinungen in der Familie durch den Prozess der Migration. In besonderer Weise gesundheitsbelastend wirken spezifische Ursachen und Folgen des Migrationsprozesses wie Folter und Kriegserfahrungen, die häufig Traumatisierungen nach sich ziehen. Traumatische Ereignisse gelten als außergewöhnliche, kritische Lebensereignisse, die vor allem beim Fortdauern der instabilen Lebenssituation in der posttraumatischen Phase – z.B. aufgrund von langwierigen, prekären Asylverfahren – massive Gesundheitsgefährdungen mit sich bringen können. So zeigt eine schweizerische Patientenstudie starke Beeinträchtigungen des Wohlbefindens und des Kohärenzgefühls, die mit psychosomatischen Beschwerden wie Kopf- und Rückenschmerzen, Schlaflosigkeit, Schwäche und Müdigkeit und mit psychischen Problemen wie Alpträumen, fehlendem Lebenssinn und depressiven Störungen einher gehen (Frey 2004, 163 f).

Kulturbedingte Besonderheiten zeichnen sich in den unterschiedlichen Erwartungen von Migranten und Einheimischen im Hinblick auf die gesundheitliche Versorgung und in der Differenz der Gesundheits- und Krankheitsverständnisse ab, was zu Inanspruchnahmebarrieren bei der Nutzung der Gesundheitsdienste führt. Müller weist darauf hin, dass sich bei einigen Migrantengruppen ein eher magisch-ganzheitliches als naturwissenschaftlich-rationales Gesundheits- und Krankheitskonzept auffinden lässt. So werden z.B. von türkischen Patienten Krankheiten als exogen verursacht angesehen und nicht anhand einzelner Symptome – wie Husten oder Fieber – sondern ganzheitlich beschrieben. „Objektive Kriterien westlicher Schulmedizin sind nicht maßgeblich, wichtiger ist die Frage wie und warum sie von der Krankheit betroffen sind" (Müller 2004, 82). Die Differenz von Gesundheits- und Krankheitsverständnis erschwert die Arzt-Patient-Kommunikation; sie führt zu Fehleinschätzungen und Fehlbehandlungen und zu einer Nichtakzeptanz von präventiven Angeboten wie Vorsorgeuntersuchungen und Impfungen. Migranten sind weniger gut in präventive Programme, in Vorsorgeuntersuchungen und in die ambulante Primärversorgung integriert als die einheimische Bevölkerung. Stattdessen nehmen sie häufiger Notambulanzen in Kliniken und Krankenhausaufenthalte in Anspruch (Baune et al. 2004, 95 f; Schulte-Sasse 2003, 17). Sie fühlen sich im Falle einer Krankenbehandlung schlechter informiert und sind mit der Behandlung weniger zufrieden als Einheimische. Sie erhalten als Reaktion auf Verständigungsprobleme ein Übermaß an Diagnostik und Arzneimittelverordnungen und gelten bei der Einforderung des Rechts auf Mitsprache schnell als renitent, unkooperativ und wenig „complient" (Baune et al. 2004, 96 f; Schulte-Sasse 2003, 19; Domenig 2004, 61).

Trotz dieser widrigen Ausgangsbedingungen stellt sich die gesundheitliche Lage von Migrantinnen und Migranten nicht in allen Fällen schlechter dar als diejenige der einheimischen Bevölkerung. Das schweizerische Bundesamt für Gesundheit geht nach Auswertung der vorhandenen Daten davon aus, dass „ein Teil der Migrationsbevölkerung (...) großen gesundheitlichen Risiken ausgesetzt" ist (BAG 2002, 3). Die Analyse der österreichischen Mikrozensus-Daten aus dem Jahr 2001 zeigt in Bezug auf Einzelfaktoren unterschiedliche Tendenzen: So ist der RaucherInnen-Anteil bei MigrantInnen erhöht, der allgemeine Gesundheitszustand wird schlechter beurteilt und die Inanspruchnahme medizinischer Versorgung ist geringer. Zugleich muss zwischen verschiedenen Migrantengruppen differenziert werden, wobei türkischstämmige Frauen das größte Ausmaß an psychischen Beschwerden, die geringste Lebenszufriedenheit und das niedrigste Kohärenzgefühl aller Bevölkerungsgruppen aufweisen. Einzelstudien aus Deutschland zeigen ein differenziertes Bild: Die Auswertung von Schuleingangsuntersuchungen in Bielefeld hat ergeben, dass Migrantenkinder häufiger an Adipositas, an kariösen Zahnveränderungen und an bakteriellen Entzündungen der Magenschleimhaut leiden, während deutsche Kinder stärker von chronischen Erkrankungen wie Asthma, Allergien und Neurodermitis betroffen sind (Müller 2004, 79 ff). Eine Bielefelder Befragung von Begleitpersonen einzuschulender Kinder hat zum Vorschein gebracht, dass bei den befragten Deutschen in den letzten sechs Monaten vor der Umfrage häufiger körperliche Erkrankungen diagnostiziert und funktionelle Einschränkungen berichtet wurden als bei den befragten Migranten, während unter den Migranten häufiger Hepatitiserkrankungen aufzufinden waren (Baune et al. 2004, 93 f).

Insgesamt betrachtet scheinen Migranten nicht per se kränker zu sein als die einheimische Bevölkerung. Die gesundheitlichen Benachteiligungen werden zum Teil durch die „positive Selbstselektion gesunder Personen" bei der Arbeitsmigration kompensiert, „da eine gute Gesundheit die Chance für den Einsatz auf dem Arbeitsmarkt erhöht (‚healthy worker effect')" (Krämer / Baune 2004, 15). In Bezug auf einzelne körperliche und seelische Erkrankungen und im Hinblick auf übertragbare Krankheiten (wie Hepatitis, HIV / AIDS, Tuberkulose) weisen Migranten höhere Prävalenzraten auf; in Bezug auf chronische Erkrankungen ist bisher eine stärkere Belastung der einheimischen Bevölkerung festzustellen. Allerdings deuten verschiedene Studien darauf hin, dass eine lange Aufenthaltsdauer im Zielland durch die allmähliche Übernahme eines „westlichen Lebensstils" negative Effekte auf die Gesundheit von Migranten hat, indem z. B. Adipositas, Herzerkrankungen und Erkrankungen der Atmungsorgane zunehmen (Krämer / Baune 2004, 16 f).

Ansätze zur Berücksichtigung migrantenspezifischer Anforderungen in den Gesundheitsdiensten sind bisher erst in geringem Maß vorhanden und in den verschiedenen Ländern unterschiedlich stark ausgeprägt. In Österreich finden sich interessante Einzelaktivitäten, auf Bundesebene erhalten migrantenspezifische Gesundheitsprobleme jedoch noch keine besondere Aufmerksamkeit. In Graz ist die Gesundheitsstelle „OME-GA" entstanden, die vielfältige migrantenspezifische Angebote bereitstellt. Dazu gehören die Vermittlung von Dolmetschern bei der Nutzung der gesundheitlichen Regelversorgung, die Bereitstellung von muttersprachlicher Begleitung bei Gesundheitsproblemen und die Einrichtung einer niederschwelligen Sprechstunde zur Erst- und Grundversorgung für Menschen ohne Krankenschein (OMEGA 2004).

In Deutschland betonen die neuen Landesgesundheitsgesetze den „sozialkompensatorischen Charakter" der Gesundheitsarbeit und Gesundheitsförderung, was vor allem dem Öffentlichen Gesundheitsdienst Spielräume für migrantenspezifische Angebote eröffnet (Heinemann 2003, 30). Im Bereich der Prävention wird auf die Notwendigkeit zielgruppenspezifischer Maßnahmen hingewiesen, weil z. B. unter jugendlichen Spätaussiedlern ein überdurchschnittlich hoher Anteil an Rauschgifttoten zu verzeichnen ist; weil z. B. Entwicklungsverzögerungen bei Migrantenkindern durch die geringere Inanspruchnahme von Früherkennungsuntersuchungen seltener bzw. später erkannt werden (Körber 2003, 32 f). Der Öffentliche Gesundheitsdienst kann neben migrantenspezifischen Angeboten eine inter- oder transkulturelle Öffnung der Gesundheitsdienste fördern, indem er Koordinations- und Vernetzungsaufgaben sowie eine Schnittstellen- und Wegweiserfunktion übernimmt. Darüber hinaus kann er sich für eine migrantenspezifische Gesundheitsberichterstattung einsetzen und Workshops zur inter- oder transkulturellen Sensibilisierung der Fachkräfte in den Gesundheitsdiensten initiieren (Dickersbach 2004, 174 ff). Ein wichtiger Aspekt dabei ist es, Migranten als „Schlüsselpersonen", als Kulturvermittler und -übersetzer bei der Planung und Durchführung der Aktivitäten zu beteiligen (Körber 2003, 34).

Auf Bundesebene hat sich in Deutschland ein „Arbeitskreis Migration und öffentliche Gesundheit" etabliert, dessen Aktivitäten bisher in der Informationssammlung und im Erfahrungsaustausch bestehen. Daneben gibt es in Frankfurt am Main ein „Kompetenzzentrum Migration und öffentliche Gesundheit", das im Rahmen des nationalen Gesunde-Städte-Netzwerks modellbildende Initiativen zu entwickeln versucht. Dazu zählt die Erstellung eines Frankfurter Gesundheitswegweisers in unterschiedlichen Sprachen, die Unterstützung migrantenspezifischer Gesundheitsförderung in den verschiedenen Stadtteilen, die Einrichtung einer kostenfreien und anonymen Roma-Sprechstunde sowie einer Gesundheitsberatung für afrikanische Frauen, Männer und Familien. Zur interkulturellen Öffnung der Gesundheitsdienste wurde das Projekt „MiMi" („Mit Migranten – für Migranten") ins Leben gerufen, das sogenannte

„interkulturelle Gesundheitsmediatoren" aus der Migrationsbevölkerung ausbildet, die für ihre Landsleute als „Lotsen" durch das Gesundheitssystem fungieren sollen.

Starke Beachtung findet das Thema „Gesundheit und Migration" in der Schweiz. Dort entwickelte das Bundesamt für Gesundheit für den Zeitraum von 2002–2006 eine nationale Strategie zur Verbesserung der Integration von Migranten in die gesundheitliche Versorgung. Die Strategie orientiert sich an den Leitlinien Chancengleichheit, adäquate Leistungen für Migranten sowie Selbstversorgung und Empowerment. Dies verlangt „den partizipativen Einbezug der MigrantInnen und die Nutzung ihrer Ressourcen" bei der Leistungserbringung (Sprang 2004, 46f). Das erklärte Ziel besteht darin, das Gesundheitswesen samt seiner Institutionen so umzugestalten, dass dieses „in der Lage ist, auf eine durch Migration veränderte Gesellschaft und Klientel und deren Bedürfnisse einzugehen" (BAG 2002, 8). Zu dem Zweck sind konkrete Aufgaben in den Interventionsbereichen Bildung, Information, Prävention und Gesundheitsförderung, Gesundheitsversorgung, Therapieangebote für Traumatisierte sowie Forschung benannt worden, und die unterschiedlichen Träger und Akteure der Gesundheitsdienste wurden dazu aufgerufen, neben der Bundesförderung für spezifische Projekte eine „Ressourcengemeinschaft" zu bilden (BAG 2002, 9ff).

Auf der Grundlage dieser nationalen Strategie sind inzwischen eine Reihe von Projekten umgesetzt worden. So gilt der in 19 Sprachen vorliegende interkulturelle „Gesundheitswegweiser Schweiz" durch seine angepassten Informationen als Beispiel von „good practice" in diesem Feld (Domenig 2004, 67). Mehrere Krankenhäuser haben sich der EU-Initiative für „migrant friendly hospitals" angeschlossen. Darüber hinaus wurden Koordinations- und Vermittlungsstellen geschaffen, verbindliche Ausbildungsmodule für die interkulturelle Übersetzung und Vermittlung im Gesundheitssystem entwickelt und Projekte zur Geburtsvorbereitung und AIDS-Prävention etabliert (Sprang 2004, 48ff). Neben diesen Einzelaktivitäten steht jedoch die strukturelle Veränderung der Gesundheitsdienste zugunsten der Migrationsbevölkerung noch aus, was nach Domenig nicht nur kulturelle Sensibilität auf der Ebene einzelner Mitarbeiter, sondern die Implementierung „transkultureller Kompetenz" als Querschnittsaufgabe im Gesundheitsbereich erfordert (Domenig 2004, 67f).

5.3   Resilienz und „sense of coherence"[4]

„Maria kam zu früh auf die Welt und musste eine Reihe von medizinischen Untersuchungen in ihrem ersten Lebensjahr über sich ergehen lassen. Bis zu ihrem zwölften Lebensjahr wurde ihre Mutter aufgrund von Depressionen viermal in eine Psychiatrie eingewiesen. Ihr Vater war so starker

Alkoholiker, dass häufig nicht einmal genügend Geld vorhanden war, um den für die Familie notwendigen Lebensunterhalt garantieren zu können. In diesen schwierigen Familienverhältnissen übernahm Maria als ältestes von vier Kindern die Rolle eines Elternteils für ihre drei jüngeren Geschwister – eines davon geistig behindert. Es wäre ein leichtes für Maria gewesen, sich in ihrer persönlichen Entwicklung von dieser Situation entmutigen zu lassen. Doch dies geschah nicht. Mit Hilfe verständnisvoller und engagierter Lehrer gelang es Maria, persönliche Ziele zu erreichen und ihre Familie zu unterstützen. Heute ist sie in ihrem zweiten medizinischen Studienjahr. Sie ist noch immer eine große Stütze für ihre Familie und sie möchte gerne nach Abschluss ihres Studiums zwei Jahre für VISTA (Volunteers in Service to America) arbeiten" (Ladwig et al. 2001, 43).

Marias Biografie ist ein Beispiel für psychische Widerstandskraft; sie gilt als *resilientes* Kind, das trotz aller Widerstände und Stressoren seinen eigenen Weg geht. Nach den bisherigen Ausführungen zum Zusammenhang von sozialer Benachteiligung und gesundheitlicher Beeinträchtigung ist die Wahrscheinlichkeit für eine positive gesundheitliche Entwicklung bei ihr im Vergleich zu anderen Kindern deutlich reduziert. Doch ihr gelingt es trotz schwieriger Lebenslage, sich psychisch und physisch gesund zu entwickeln.

Die Spannbreite an belastenden Ereignissen, mit denen sich Kinder wie Maria auseinandersetzen müssen, umfasst ein breites Spektrum. Dabei kann es sich um Armut, ungünstige Familienverhältnisse, Gewalt, Vernachlässigung, psychisch kranke Eltern, körperliche Defizite, Krieg sowie Naturkatastrophen handeln. Resiliente Kinder haben gelernt „gute Schwimmer zu werden". Sie müssen – um im Bild von Antonovsky zu bleiben – mit allen im Fluss befindlichen Hindernissen zurechtkommen, wenn sie nicht ertrinken wollen. Dies gelingt aber nur, wenn ihnen genügend Schutzfaktoren zur Verfügung stehen, um gefährliche Stromschnellen – im Leben können dies verschiedene Stressfaktoren, Krankheitserreger oder Schadstoffe sein – heil überstehen zu können.

Da resiliente Menschen an alte Mythen der Unverwundbarkeit von Helden erinnern, ist die Erforschung der langfristigen Bewältigung von widrigen Lebensbedingungen in Kindheit und Jugend bisher vom Konzept der Invulnerabilität ausgegangen. Da aber alle Kinder ihre Belastungsgrenze haben und für eine gesunde Entwicklung ein Mindestmaß an Zuwendung, Anregung, Unterstützung und Verlässlichkeit benötigen, kann es keine unverwundbaren Kinder geben (Masten et al. 1998, 216). Invulnerabilität steht als Metapher für Eigenaktivität, Abwehrkraft und Widerstand, die Kinder ungünstigen Lebensbedingungen entgegensetzen können. Da sich diese Fähigkeiten jedoch nicht absolut ausprägen – „ein bisschen invulnerabel" gibt es nicht – stoßen wir hier auf ein begriffliches Problem (Göppel 1997, 277). Aus diesem Grund wird zunehmend häufiger der semantisch neutralere Begriff der Resilienz vorgezogen. Er kommt dem relationalen Charakter des gemeinten Phänomens näher (Julius / Goetze 2000, 294); analog dem „Kontinuum von Gesundheit und Krankheit" nach Antonovsky lassen sich Resilienz und Vulnerabilität als entgegengesetzte Pole eines Kontinuums begreifen (Julius / Goetze 2000, 294). In welchem Bereich dieses Kontinuums sich eine Person befindet, ist eine Frage des Zusammenspiels von Risiko- und Schutzfaktoren sowie der Fähigkeit, Probleme zu bewältigen. Je mehr die Person „in der Lage ist, Probleme aktiv zu lösen, desto seltener wird (sie) Krankheiten und Verhaltensauffälligkeiten entwickeln" (Kolip 1994, 124). Durch ihren Blick auf die gesunde Seite hat die Resilienzforschung die Sichtweise der traditionellen Defizit- und Risikomodelle der Psychopathologie erweitert, indem sie Entwicklung nicht mehr als Ergebnis eines Wechselspiels von Anlage und Umwelt sieht, „sondern als einen Prozess, in dem die produktive Realitätsverarbeitung und die Eigenständigkeit der sich entwickelnden Subjekte eine maßgebliche Rolle spielt" (Göppel 1997, 21).

Zum empirischen Kenntnisstand über Schutzfaktoren haben zahlreiche Studien beigetragen, welche eine große Bandbreite qualitativer wie quantitativer Methoden aufweisen. Konsens gibt es weitgehend über zwei Arten von Schutzfaktoren: die personalen und die sozialen (Bender / Lösel 1998, 121 ff). Eine der bekanntesten Längsschnittstudien, die sich mit Fragen des Zusammenhangs von Entwicklungsrisiken und protektiven Faktoren in der Entwicklung auseinandersetzen, ist die Kauai-Studie von Emmy Werner. Ihre Arbeitsgruppe begleitete den gesamten Geburtsjahrgang 1955 auf der hawaiianischen Insel Kauai (698 Kinder) über mehr als 30 Jahre (Werner 1999). Überraschend war die Feststellung, dass ein Drittel der Kinder trotz schwerwiegender Risikokonstellationen für ihre Entwicklung zu selbständigen, erfolgreichen und optimistischen jungen Erwachsenen heranwuchsen. Die Resilienzpopulation wies im Vergleich mit der Risikogruppe eine niedrigere Rate an Todesfällen, chronischen Gesundheitsproblemen und Scheidungen auf.

Zu den Persönlichkeitsmerkmalen zählen nach Werner (1999, 27 f) u. a. die Problemlösefähigkeit, die Fähigkeit, sich im Bedarfsfall helfen zu lassen, Ausdauer und Hartnäckigkeit, altersangepasste Kommunikationsfähigkeiten, eine gute Impulskontrolle, eine hohe Bildungsaspiration, Lebenssinn und ein positives Selbstkonzept. Zu den unterstützenden Lebenswelten gehören eine umfassende Aufmerksamkeit, die dem Kind vor allem im ersten Lebensjahr zuteil wird, das Vorhandensein weiterer sorgender Personen neben der Mutter, klare Strukturen und Regeln im Haushalt und Zusammengehörigkeitssinn (vgl. dazu aus der Sicht der Bindungsforschung Bowlby 1995, 18). Entscheidend ist in der Sichtweise von Bowlby die Qualität innerfamiliärer Beziehungen, ob sie „warmherzig und harmonisch sind oder angespannt, ärgerlich" (1995, 19). Vor allem die Bindung zur Mutter oder einer ähnlich nahestehenden Bezugsperson wird dabei in den Blick genommen. Bindung wird hier aufgefasst als „in ihrer jeweiligen Art einmalige Beziehung zwischen zwei Menschen (…), die nicht austauschbar ist und eine gewisse Dauerhaftigkeit besitzt" (Klaus / Kennel 1983, 18).

Eine zweite gesundheitswissenschaftlich relevante Studie ist die Bielefeld-Erlangen-Resilienzstudie, die erste explizit zur Erforschung dieser Thematik konzipierte Längsschnittstudie in Deutschland (Lösel et al. 1990, 108 ff). Als Zielpopulation wurden Jugendliche aus Heimen gewählt, die mit vielfältigen Belastungen aufgewachsen sind und folglich ein starkes Störungsrisiko aufwiesen. Die Ergebnisse lassen sich wie folgt resümieren: Resiliente Jugendliche erweisen sich als intelligenter; sie zeigen ein flexibleres, weniger impulsives Temperament, haben eine realistischere Zukunftsperspektive, sind in ihrem Bewältigungshandeln aktiver und weniger vermeidend, erleben sich als weniger hilflos, haben mehr Selbstvertrauen, sind leistungsmotivierter, in der Schule bessere Schüler und erleben ein harmonisches Erziehungsklima im Heim.

Nach Masten verfügen Resiliente nicht über quasimagische Kräfte, sie sind „einfach" in der Lage, auch unter außergewöhnlichen Umständen zu „funktionieren". So schreibt der Autor: „Was resiliente Individuen charakterisiert, sind aber normale menschliche Eigenschaften, wie die Fähigkeit zu denken, zu lachen, zu hoffen, dem Leben einen Sinn zu geben…, Erfahrungen und Beziehungen zu suchen, die (…) gesund sind" (Masten 2001, 216). Diese Widerstandskraft gegenüber chronischen Belastungen scheint sich über die Lebensspanne insgesamt fortzusetzen. So hat das Resilienzkonzept auch in der Gerontologie Bedeutung erlangt. Dort gilt Resilienz allerdings nicht nur als Gegengewicht zur Vulnerabilität, sondern als „Wohlbefindensfaktor bei Älteren". Dieser

„umschreibt eine aktive konstruktive Anpassungsleistung, die es einem Menschen im höheren Lebensalter ermöglicht, (1) die damit verbundenen Anforderungen erfolgreich zu bewältigen, (2) nach erlittenem Trauma die normale Funktionsfähigkeit zu restituieren oder (3) zufriedenstellendes ‚Verlustmanagement' zu betreiben" (Gunkel / Kruse 2004, 32 f).

Trotz der Faszination, die von der Resilienz ausgeht, sollte bedacht werden, dass die protektiven Faktoren bislang nur deskriptiv bestimmt sind. Es fehlt ein tieferes Verständnis der Prozesse, die einer erfolgreichen Bewältigung trotz widriger Bedingungen zugrunde liegen (Masten et al. 1990, 439). Durch die Komplexität der Wirkungszusammenhänge ist – zumindest gegenwärtig – festzustellen, wie unwahrscheinlich es ist, „that a ‚magic bullet' for prevention and intervention will be found" (Masten et al. 1998, 214). An einer anderen Stelle konstatiert derselbe Autor:

„In addition, we need to recognize that every life is unique, that there are many influences in the lives of children and that children, families, and communities, all have different needs, shortcomings, and strengths that need to be taken into account" (Masten 2000, 2).

Gleichwohl stellt sich die Frage: Lassen sich die typischen Kennzeichen resilienter Kinder und Jugendlicher in späteren außerfamilialen Kontexten fördern – und wenn ja, wie? Eine direkte Umsetzung von Ergebnissen der Resilienzforschung in sozialpädagogische Programme der Resilienzförderung für Stressbewältigung ist fragwürdig, zumal Resilienz keine Fähigkeit ist, die systematisch aufgebaut oder gar isoliert trainiert werden kann. Weiterführend sind in diesem Kontext Hinweise von Vanistendael und Lecomte (2002, 179) und von Walsh (1998, 278), widrige Umstände könnten Ursache für die Entstehung von Resilienz sein. Vanistendael und Lecomte schreiben dazu:

> „Zahlreich sind die resilienten Personen, bei denen eine persönliche Entwicklung nicht *trotz*, sondern teilweise *wegen* der aufgetauchten Schwierigkeiten stattfindet. Persönliches Leiden wird so zu einem Engagement sublimiert. Solche Geschichten rechtfertigen keineswegs das Leiden, geben allerdings eine konkrete Antwort auf die Herausforderung, die darin besteht, dem Leben Priorität zu schmerzhaften Erlebnissen zu geben" (Vanistendael/Lecomte 2002, 179).

Entsprechend definiert Anaut (2003, 34) Resilienz: Sie sei die Fähigkeit einer Person bzw. Gruppe, sich trotz destabilisierender Ereignisse, schwieriger Lebensbedingungen und trotz gelegentlicher heftiger Traumata gut zu entwickeln.

Die Förderung von Resilienz – sofern diese möglich ist – wird zuallererst von den Handlungsimpulsen der pädagogischen Akteure und ihrem Bild vom Menschen abhängig sein. Wie die in der Sozialen Arbeit Tätigen als Erwachsene den Kindern und Jugendlichen entgegentreten – die Gelegenheiten und Räume, die sie ihnen zur Verfügung stellen, um gesunde Erfahrungen zu machen und Beziehungen eingehen zu können – die Werte, die sie ihnen vorleben – all dies ist von zentraler Bedeutung. So kann auch später noch einem Menschen ermöglicht werden, eine vertrauensvolle Beziehung zur Welt aufzubauen.

> „Eine Welt, die wir als gleichgültig gegenüber unseren Handlungen erleben, wird schließlich eine Welt ohne jede Bedeutung" (Antonovsky 1997, 93).

Dadurch, dass das Konzept der Resilienz das Kind nicht nur als Prägeobjekt äußerer Einflüsse sieht, sondern den Blick auf Kompetenzen und Bewältigungsressourcen richtet, eröffnet sich eine optimistische sozialpädagogische Herangehensweise (Wustmann 2004, 411).

In ihrem gesundheitspolitischen Programm plädiert die WHO dafür, dass die Menschen „ihre physischen, geistigen und emotionalen Fähigkeiten auch zum Einsatz bringen" sollen und ihr „Gesundheitspotential entwickeln und ausnutzen, um ein gesellschaftlich und wirtschaftlich erfülltes Leben zu führen" (WHO 1985, 7). Der Mensch wird in diesem Sinne als kompetenter, aktiver Mitgestalter seiner Gesundheit gesehen. Die Idee der Handlungsfähigkeit, der wir uns im Lichte von Resilienz und ihrer Erforschung genähert haben, findet sich auch im Herzstück der Salutogenese – dem Kohärenzgefühl – als positives Bild eigener Handlungsfähigkeit: man sieht sich in der Lage, interne wie externe Aufgaben bewältigen zu können. In der Soziologie hat die Handlungsfähigkeit unter dem Begriff „Agency", definiert als „people's capacity to act in the social world" (Tucker 1998, 80), Bedeutung erlangt.

5.4   Soziale Bildung und Gesundheitsförderung

„Resilienz" und „sense of coherence" sind beides Konzepte, die gesundheitsförderliche Aspekte der Lebensführung am Individuum, an der Konstitution der jeweiligen Person festmachen. Die Studien zur Resilienz rücken ins Blickfeld, wie einzelne Personen trotz widriger sozialer Umstände eine Widerstandsfähigkeit im Hinblick auf ihre psychische und physische Gesundheit ausbilden. Der salutogenetische Ansatz Antonovskys stellt die gesundheitsförderliche Wirkung eines Kohärenzgefühls heraus, dessen Entstehung zwar an soziale Rahmenbedingungen (die „generalisierten Widerstandsressourcen") und an sozial konstitutierte, lebensweltliche Erfahrungen geknüpft ist – das sich als innerpsychischer Wirkfaktor und Bestandteil der Person jedoch verselbständigt und von seinen sozialen Bezügen abkoppelt.

Beide Konzepte können demnach gesundheitsförderliche Konstellationen für den jeweiligen Einzelfall verdeutlichen, sie können jedoch den eingangs dieses Kapitels skizzierten markanten Zusammenhang zwischen sozialem und gesundheitlichem Status nicht verdecken. Zwar sind resiliente Personen durchaus in allen sozialen Schichten anzutreffen, aber ihre Wahrscheinlichkeit ist in sozial besser gestellten Schichten deutlich höher als in sozial benachteiligten Milieus. Die Gesundheitsförderung benötigt deshalb neben der Reflexion der individuellen Konstitutionsbedingungen von Gesundheit eine explizite Berücksichtigung des sozialen Faktors von Gesundheit. In dem Zusammenhang hat Franzkowiak angemerkt, dass für die Soziale Arbeit der Zusammenhang von sozialer Benachteiligung und gesundheitlicher Beeinträchtigung sowie das Insistieren auf der Gerechtigkeitsperspektive von Anfang an konstitutiv sind (Franzkowiak 2003). Gesundheitsförderung muss dementsprechend mit einer „sozialen Reflexivität" verknüpft werden (Sting 2002), die das Wechselspiel von sozialen Rahmungen und individueller Konstitution analysiert.

Aus erziehungswissenschaftlicher Perspektive erlaubt der Bildungsbegriff eine derartige Verknüpfung, indem Bildung der Wechselbeziehung von Individuum und Gesellschaft entspringt. Mittels Bildung bearbeitet das einzelne Subjekt das Spannungsverhältnis zwischen Selbstentwicklung und gesellschaftlichen Anforderungen an die Persönlichkeitsentwicklung. Im Bildungsprozess werden gesellschaftliche Vorgaben, Werte und Normen internalisiert und mit individuellen Zielsetzungen, Einstellungen und Handlungspraktiken amalgamiert. Dies gilt auch für die somatischen bzw. gesundheitsrelevanten Aspekte der Existenz. Gesundheitsförderung ist daher im Hinblick auf ihre personenbezogene Seite als ein Bildungsprozess zu beschreiben, der die somatischen oder gesundheitsrelevanten Aspekte des Individuums betrifft. Dies schließt die Herausbildung von Resilienz und Kohärenzsinn als Bestandteile der Persönlichkeit ein, und es öffnet den Blick für die sozialen Voraussetzungen und Einbettungen von Bildung. Um die sozialen Dimensionen von Bildung stärker zu betonen, die für die gesundheitsbezogene Soziale Arbeit von besonderer Bedeutung sind, kann Bildung explizit als *soziale Bildung* akzentuiert werden.

Gesundheitsbezogene *soziale Bildung* ist kein eigenständiges Konzept und kein Sonderfall von Bildung, sondern ein Bestandteil des umfassenden Prozesses der Bildung der Gesamtperson. Der Begriff beinhaltet jedoch zwei Akzentuierungen, die den Bildungsprozess unter einem spezifischen Fokus betrachten lassen: Die *Betonung des Sozialen* und den *Bezug zur Gesundheit*. Der Gesundheitsbezug rückt die körperbezogenen Aspekte des Bildungsprozesses ins Blickfeld. Er bringt zum Vorschein, dass Bildung auch die Seite der körperlichen bzw. somatischen Entwicklung umfasst, die von gesundheitlichen Rahmenbedingungen abhängt und zu einer mehr oder weniger gesundheitsförderlichen Lebenspraxis führt. In der Betonung des Sozialen lassen sich drei Ebenen unterscheiden, die im Folgenden näher ausgeführt werden sollen:

1. Die *soziokulturelle Perspektive* führt zur Auseinandersetzung mit der somatischen Kultur der informellen Gruppen wie der Gesellschaft insgesamt.
2. Die *sozialstrukturelle Perspektive* fördert eine soziale Reflexivität von Bildung, welche die aus sozialen Positionierungen und Anerkennungsstrukturen resultierenden habituellen Dispositionen und Bewältigungsanforderungen im Hinblick auf ihre gesundheitlichen Effekte kenntlich macht.
3. Die *interaktive bzw. Geselligkeitsperspektive* konfrontiert informelle Gruppen- und Interaktionskontexte mit Bildungskriterien, die zu einer gesundheitsförderlichen Gestaltung der Geselligkeitspraxis beitragen können.

Zu 1.: Im historischen Kapitel ist gezeigt worden, dass Gesundheit keine konstante, eindeutig definierbare Größe ist, sondern eine sozial konstruierte, pädagogisch zu vermittelnde Leitkategorie, die in die jeweiligen

Ausprägungen der somatischen Kultur eingebettet ist. Gesundheitsrelevante Einstellungen und Handlungsweisen sind Bestandteil der jeweiligen soziokulturellen Lebensgestaltung; dementsprechend knüpft die WHO mit ihrer Gesundheitsförderungsprogrammatik an die Lebensweisen von Gruppen und Gesellschaften an.

Aus bildungstheoretischer Perspektive ist die Einsicht wichtig, dass Gesundheit von den meisten Menschen zwar hoch geschätzt und als bedeutsamer Wert anerkannt wird, dass sie aber kein direktes Handlungsmotiv darstellt. Schon Gehlen hat darauf hingewiesen, dass es sich bei Gesundheit um eine „sekundäre Zweckmäßigkeit" handelt, die den Menschen unintendiert zuwächst. Das WHO-Ziel „Selbstbestimmung über die eigene Gesundheit" führt damit nicht quasiautomatisch und zwangsläufig zu einem stärkeren Engagement für die eigene Gesundheit. Gesundheit lässt sich stattdessen „nur über Umwege" fördern, z. B. als Nebeneffekt von „Ich-Stärke, Sinnhaftigkeit, erwartungssicheren Sozialstrukturen etc." (Bauch / Bartsch 2003, 5).

Im Gegensatz zur Orientierung an der Gesundheit ist das Interesse am Körper und an körperbezogenen Erfahrungen explizit. Rittner hat darauf aufmerksam gemacht, dass der Körper in der gegenwärtigen Transformation der somatischen Kultur zu einem Bezugspunkt der Selbstvergewisserung und individuellen Sinnstiftung wird (Rittner 1999). Extremsportarten, Fitnesskult und Wellnessboom sind Anzeichen für neue Formen der Körperinszenierung und Körperthematisierung, die neue Gesundheitsgefährdungen und neue Ansprüche an die Gesundheitsförderung mit sich bringen. In dieser Situation erscheint eine bildungsorientierte Auseinandersetzung mit der somatischen Kultur angebracht, die den historischen Prozess der Kultivierung und Formierung der körperbezogenen Lebenspraxis und die darauf bezogenen Ausprägungen des Gesundheitsmotivs reflektiert. Zugleich führt der gegenwärtige gesellschaftliche Wandel zu Verunsicherungen und zu einem großen Orientierungsbedürfnis im Bereich der somatischen Kultur, das sich in der Vorliebe für körper- und lebensstilbezogene Themen in Daily Talks, Internet-Chats und Diskussionsforen erkennen lässt. Für eine gesundheitsbezogene soziale Bildung ergeben sich hier Anknüpfungspunkte, indem diese das Interesse an körperbezogener Lebensstilisierung aufgreifen und mit der Gesundheitsperspektive verbinden kann.

Zu 2.: Die Formierung der körperbezogenen Lebenspraxis ist nicht unabhängig von der sozialen Position und den daraus resultierenden Chancen zum Erwerb von sozialem Status und sozialer Anerkennung zu verstehen – dies haben Bourdieus Analysen zur sozialen Differenzierungsfunktion des Habitus hinreichend deutlich gemacht. Wer in der Gesellschaft ganz unten steht und auch für die Zukunft keine Verbesserung seiner Position zu erwarten hat, der ist für zukunftsgerichtete

Orientierungen wie die Gesundheit wenig empfänglich (Bourdieu 1987, 315). Er orientiert sich nicht nur an der Gegenwart, sondern er artikuliert diese Orientierung auch demonstrativ im Widerstand gegenüber zukunftsgerichteten Optionen. Zugespitzt wird diese Situation durch die Bewältigungsperspektive, die die Herstellung sozialer Handlungsfähigkeit angesichts sozialen Drucks, sozialer Belastungen und sozialer Beschränkungen beschreibt. Bewältigung beinhaltet ein „Umgehen" mit sozialen Strukturen und habituellen Dispositionen unter erschwerten Bedingungen (Böhnisch 1997, 25 ff).

Gesundheitsbezogene soziale Bildung muss anerkennen, dass die jeweiligen Lebenspraktiken und Gesellungsformen eine Auseinandersetzung mit der sozialen Position und den daraus resultierenden sozialen Chancen enthalten. Sie muss zur Kenntnis nehmen, dass die bestehende soziale Praxis von Gruppen und Milieus selbst bei gesundheitsriskantem Verhalten bereits eigenständige „Lösungsversuche" für soziale Probleme enthält. Da Gesundheit kein eigenständiges Handlungsmotiv darstellt, stehen Fragen des sozialen Prestiges und der sozialen Anerkennung auch bei gesundheitsrelevanten Handlungsweisen im Vordergrund – mit entsprechenden Konsequenzen für den Gesundheitsstatus. Dies bringen Wilkinsons Analysen zum Zusammenhang von Einkommensverteilung und Gesundheit überdeutlich zum Ausdruck (Wilkinson 2001).

Je mehr der eigene soziale Status als prekär wahrgenommen wird (z.B. bei Arbeitslosigkeit und drohender sozialer Ausgrenzung), desto unwahrscheinlicher wird die Ausbildung und Aufrechterhaltung gesundheitsförderlicher Haltungen wie Resilienz und Kohärenzsinn und desto mehr werden gesundheitsriskante Verhaltensweisen wie Substanzkonsum oder Gewalthandeln (Böhnisch 1997) zur Problembewältigung und Selbstvergewisserung eingesetzt. Gesundheitsbezogene soziale Bildung bedarf daher einer sozialen Reflexivität, die eine Auseinandersetzung mit den gesundheitlichen und sozialstrukturellen Rahmenbedingungen der jeweiligen Lebenspraxis initiiert und die in den jeweiligen Alltagserfahrungen enthaltenen informellen Bildungsprozesse analysiert. Nur durch die Anerkennung der bestehenden Alltagspraxis von sozialen Gruppen und Milieus können insbesondere bei sozialer Benachteiligung weiterführende gesundheitsförderliche Entwicklungen angestoßen werden.

Zu 3.: Die Herausbildung von gruppen- oder milieugebundenen Alltagspraktiken findet in informellen Interaktionsbeziehungen statt. Im Rahmen des gemeinsamen, alltäglichen Handelns bilden sich Regeln und Praktiken der Geselligkeit aus, die dazu führen, dass sich mikrosoziale Gebilde wie Familien, Peergroups oder Nachbarschaften durch jeweils eigene Formen des Miteinanders (der sozialen Kommunikation und des sozialen Handelns) auszeichnen. Ein wesentliches Element dieser sozialen Gestaltung auf der Mikroebene sind Rituale und Ritualisierungen.

In einem sozialen Feld ohne festgelegte soziale Strukturen und Gesetze bringen Rituale eine Stabilität, Regelhaftigkeit und Wiederholbarkeit von sozialen Praktiken und Handlungsweisen hervor (Goffman 1974). Sie tragen auf diese Weise zur Gemeinschaftsbildung in unterschiedlichen sozialen Zusammenhängen bei (Wulf et al. 2001) und sie ermöglichen jene Stabilität an Bindungen und Verhaltenserwartungen, die z. b. in frühen Bindungen zur Entstehung von Resilienz erforderlich ist.

Ein Beispiel mit Gesundheitsrelevanz sind „Rauschrituale". Rauschrituale dienen als Anlass, Begleitung oder Gestaltungselement einer geselligen Zusammenkunft. Mit Hilfe von Rauschritualen geben informelle Gruppen ihrem Miteinander eine spezifische Form und oft auch einen besonderen Inhalt. Sie stiften einen nach außen abgrenzbaren Geselligkeitskontext, der die Gruppe als unterscheidbare soziale Figuration mit eigenem Stil, eigenen Werten und Praktiken identifizieren lässt. Rauschrituale bringen einerseits Gruppenzusammengehörigkeit hervor; durch die Konstitution gemeinsamer Erlebnisse und Erfahrungen üben sie auf die Gruppe eine sozial integrative Funktion aus. Andererseits kann die Teilhabe an Rauschritualen zur „Selbstinitiation" in eine Gruppe oder in eine neue Phase der biografischen Entwicklung führen; sie markiert Übergänge oder „Statuspassagen" in einer Gesellschaft, in der traditionelle, allgemein verbindliche Initiationsrituale an Bedeutung verloren haben (Sting 2004a). Während Rauschrituale wegen ihres gesundheitsriskanten Charakters in der Suchtprävention meist abgelehnt werden, erfüllen sie nicht zu unterschätzende soziale Funktionen, die durchaus gesundheitswirksam werden können. In einer Welt pluraler Möglichkeiten bringen Rauschrituale (wie Rituale insgesamt) soziale Kohärenz – Einigkeit und Einheitlichkeit – im Gruppenhandeln hervor. Sie leisten damit einen Beitrag zur Stärkung des Kohärenzgefühls der Gruppenmitglieder.

Die interaktive Perspektive sozialer Bildung bezieht sich nun auf die gesundheitsförderliche Gestaltung von Gruppen- und Geselligkeitskontexten, wobei auf das von Antonovsky entwickelte Kriterium des „Kohärenzgefühls" zurückgegriffen werden kann. Die durch Rituale erzeugte Gruppenkohärenz kann entweder starr und geschlossen oder flexibel und offen gestaltet werden. In ähnlicher Weise unterscheidet Antonovsky zwischen einem rigiden und einem offenen Kohärenzgefühl (Antonovsky 1997, 40 ff).

Schon in Schleiermachers Bildungsdenken wird Bildung als Prozess der „Einigung" – oder in modernen Worten: der Differenzbearbeitung und der Erzeugung von Kohärenz – verstanden. In seinem „Versuch einer Theorie des geselligen Betragens" skizziert er eine dreifache Differenz, die Anlass für Bildungsbemühungen gibt (Schleiermacher 2000):

▨ In einer Situation gesellschaftlicher Pluralität hat das einzelne Subjekt an verschiedenen Gemeinschaften teil. Es erlebt die soziale Wirklichkeit „disharmonisch" und „widersprüchlich", was eine Differenz im Individuum selbst hervorbringt.

■ Eine zweite Differenz wird im Prozess der Gemeinschaftsbildung erkennbar, bei dem jede Gruppe einen eigenen „Umriß" und ein eigenes „Profil" ausbildet, das sie in Gegensatz zu anderen Gruppen bringt und zur Ausgrenzung dessen führt, was nicht ins jeweilige Gruppenprofil passt. Daraus entsteht eine Differenz nach außen, die zur Abgrenzung von anderen Gruppen oder vom übergreifenden gesellschaftlichen Raum führt.

■ Drittens ist noch eine Differenz zwischen Subjekt und Gemeinschaft erkennbar. Da die Individuen voneinander abweichen, kann die allen gemeinsame Sphäre nicht das Ganze der beteiligten Subjekte umfassen. Jeder Einzelne wird in Gruppensituationen mit Anteilen seiner Person konfrontiert, die in der Gruppeninteraktion keinen Platz haben und dort nicht zur Entfaltung kommen können.

Gesundheitsbezogene soziale Bildung kann nun – anknüpfend an bisherige Versuche der Gesundheitsförderung durch die Vermittlung sozialer Kompetenzen – durch eine bildungswirksame Differenzbearbeitung zur Weiterentwicklung der interaktiven Gruppenpraxis beitragen. Aus den drei skizzierten Differenzen ergeben sich zu dem Zweck folgende Leitfragen:

1. Welchen Raum eröffnet eine Gruppe oder ein Milieu ihren Mitgliedern für die Auseinandersetzung mit widersprüchlichen Erfahrungen?
2. Handelt es sich um eher geschlossene bzw. regressive Milieus oder um offene Milieus, die eine Begegnung mit Neuem, Unbekanntem und Fremdem zulassen?
3. Wie geht die Gruppe mit randständigen Mitgliedern, Außenseitern und konträren Denk- und Handlungsweisen um?

Mit Hilfe dieser Bildungskriterien kann eine gesundheitsbezogene soziale Bildung das Kohärenzgefühl der Mitglieder von informellen Gruppen stärken und eine gesundheitsförderliche Gestaltung der Interaktionsdynamik unterstützen.

6   Gesundheit im Spiegel der Lebensalter

Übergänge im Lebensalter gewinnen an Bedeutung in der Gesundheitsforschung und der Lifespan-Forschung. So stellen Perrig-Chiello und
Perren fest:

> „There is empirical evidence that timing, sequencing, and experience of ear-
> ly life events lead to various outcomes later in the life course and can have
> enduring consequences by affecting subsequent transitions, even after
> many years and decades have passed" (Perrig-Chiello/Perren 2005, 150).

Für eine gesundheitsbezogene Soziale Arbeit ist relevant, dass sich soziale
Ungleichheit und in ihrer Folge gesundheitliche Ungleichheit in früher
Kindheit durch das ganze Leben bis ins hohe Alter ziehen kann. Dies
ist vor allem interessant in Bezug auf Erkrankungen, die zwischen Ursachen und Auftreten eine lange Phase verdeckter Entwicklung haben.
Eine wesentliche Aufgabe Sozialer Arbeit kann darin liegen, lebensal-
tersbezogen im Horizont biografischen Wissens, aber auch im Sinne der
Förderung einer familialen Solidarität, unter anderem auch zwischen den
Familiengenerationen, zu intervenieren, denn gegenwärtig wird Familie
in Deutschland vorwiegend negativ diskutiert (Ostner 2004, 90). So wird
moniert: Zu wenig Kinder, zu wenig erwerbstätige Mütter, aber auch in
der Erziehung versagende Eltern. Zu fragen ist im Kontext von Lifespan-
Forschung und einer gesundheitsbezogenen Sozialen Arbeit: Wie kann
familiale Solidarität auch intergenerationell gefördert werden?

6.1   Familien

Die Familie stellt in unserer Gesellschaft nach wie vor einen zentralen
Lebensbereich dar, der als primärer Sozialisationsort und Ort gesell-
schaftlicher Reproduktion eine enge Beziehung zur Gesundheit und zum
Gesundheitsverhalten ihrer Mitglieder aufweist. Familie ist von Geburt
an eine Stätte der primären Pflege und Betreuung, was die Sorge um die
Gesundheit mit einschließt. Ebenso entscheiden familiale Sozialisation
und Erziehung darüber, welche Bedeutung Gesundheit in der alltäglichen
Lebenspraxis erlangt. Und schließlich beeinflussen gesundheitliche Be-
lastungen und Krankheiten einzelner Familienmitglieder wesentlich die
Handlungsroutinen und Lebensgestaltung der jeweiligen Familie.

Angesichts der enormen Bedeutung der Familie für die Gesundheit ist es erstaunlich, dass die Familie im Gesundheitsdiskurs bisher eine relativ geringe Rolle spielt. Politik, Wissenschaft und Praxis der Gesundheitsförderung scheinen wenig Interesse für diese Thematik aufzubringen, was zum Teil an der Selbstverständlichkeit und geringen öffentlichen Sichtbarkeit gesundheitsbezogenen Handelns in der Familie liegen könnte (Schnabel 2001, 17; Grunow 1994, 11). So hat beispielsweise die WHO in ihrer Charta zur Gesundheitsförderung von 1986 alle möglichen gesellschaftlichen Politik- und Handlungsebenen bedacht (Individuen, Gruppen, Gemeinwesen, Institutionen, Organisationen, Gesellschaften), die Familie aber mit keinem Wort erwähnt (Ottawa-Charta 1995). Erst in neueren Folgedokumenten erhebt die WHO die Familie zum „wichtigsten sozialen Ort zur Förderung von Gesundheit und Wohlbefinden" (Campbell 2000, 226). Vor diesem Hintergrund geht es zunächst darum, die Bedeutung der Familie für die Gesundheit ihrer Mitglieder zu verdeutlichen, um anschließend den Stellenwert familialer Gesundheitsarbeit herauszuarbeiten.

6.1.1 Die Bedeutung der Familie für die Gesundheit

Die Familie ist zunächst, wie in anderen Bereichen auch, im Hinblick auf die Gesundheit die *primäre Sozialisationsinstanz*. Die kindliche Entwicklung enthält die gesundheitliche Entwicklung als einen wesentlichen Bestandteil. Und dieser ist stärker als andere Aspekte der Sozialisation durch den Einfluss der Familie bestimmt, da die Familie expliziter als andere Sozialisationsinstanzen (Kindergarten, Schule, Peergroup) für die Gesundheit ihrer Mitglieder zuständig ist. Hurrelmann betrachtet eine stabile Eltern-Kind-Beziehung als Voraussetzung für die soziale, psychische und körperliche Entwicklung und für die Sicherung der Gesundheit von Kindern (Hurrelmann 1990, 83). Innerhalb der Familie werden gesundheitsrelevante Einstellungen und Verhaltensweisen sowie körperbezogene Praktiken vermittelt. Beispielsweise gibt es kein eindeutigeres Risikomerkmal für eine Suchtentwicklung als die Herkunft aus einer Familie, in der bereits Suchtprobleme bestehen (Sidler 1991). Familie fungiert als Vermittlungsinstanz für die „somatische Kultur", mit der Rittner die Gesamtheit der körperbezogenen Aspekte der kulturellen Alltagspraxis bezeichnet (Rittner 1999) und in der gesundheitsrelevante Praktiken und Handlungsweisen enthalten sind. In Auseinandersetzung mit der somatischen Kultur der Gesellschaft bildet die Familie als mikrosoziales Gebilde einen mehr oder weniger gesundheitsbezogenen familiären Lebensstil aus. „Verhaltensbedingte gesundheitliche Risikofaktoren häufen sich innerhalb von Familien, da die Familienmitglieder sich in ihrer Ernährungsweise, in Art und Ausmaß körperlicher Aktivitäten und dem Gebrauch von Tabak, Alkohol oder illegalen Drogen ähneln"

(Campbell 2000, 226). Campbell stellt fest, dass fast jedes wichtige Gesundheitsverhalten auf einem familiären Muster beruht.

Über die Sozialisation hinaus findet in Familien auch eine mehr oder weniger bewusste *Gesundheitserziehung* statt. Audehm und Zirfas bringen in ihrer Untersuchung von Familienritualen zum Vorschein, dass familiäre Tisch- und Esssituationen explizite Gesundheitsbezüge enthalten: durch die Auswahl der Speisen, durch die Zubereitung des Essens und der Schulbrote, durch gesundheitsbezogene Kommentare in den Tischgesprächen (Wulf et al. 2001, 55 ff, 63 f). Die Familie wird auf diese Weise gerade in den frühen Lebensabschnitten zur wesentlichen Instanz für die Herausbildung „handlungsbestimmender Lebensstile", die den körperlichen Habitus und gesundheitsrelevante Verhaltensweisen und Einstellungen in den nachfolgenden Lebensphasen determinieren (Lohaus 1993, 25; Palentien et al. 1998, 79). Der familiale Einfluss besteht aber nicht nur aus der Einwirkung der Eltern auf die Kinder. In ähnlicher Weise üben die (Ehe- oder Beziehungs-)Partner einen größeren wechselseitigen Einfluss auf das jeweils eigene Gesundheitsverhalten aus als jede andere Person. Vor allem bei Verhaltensänderungen (wie Raucherentwöhnung, Veränderung der Essgewohnheiten infolge einer chronischen Erkrankung) wird dieser Einfluss bewusst und sichtbar (Campbell 2000, 226).

In verschiedenen Untersuchungen wurde die *Bedeutung von Familieninteraktionen und -ereignissen* für die Gesundheit der Familienmitglieder nachgewiesen. Familiale Interaktionsmuster wirken sich z. B. auf die Bewältigung von chronischen Erkrankungen innerhalb der Familie aus. Und umgekehrt erzeugen spezifische Familienkonstellationen familiären Stress, der das Entstehen chronischer Erkrankungen begünstigt oder der die Wahrscheinlichkeit des Substanzmissbrauchs erhöht (Campbell 2000, 234 ff; Eickhoff 2000, 32 ff). Eine starke gesundheitliche Auswirkung haben in diesem Zusammenhang kritische Lebensereignisse innerhalb der Familie. Campbell identifiziert den Tod des Ehepartners als das belastendste Lebensereignis, das vor allem in den sechs Folgemonaten mit einer erhöhten Sterblichkeit des hinterbliebenen Partners einhergeht. Weitere gravierende Einschnitte stellen Scheidung bzw. Trennung sowie das Auftreten einer chronischen Erkrankung bei einem Familienmitglied dar (Campbell 2000, 229 f). Hurrelmann hebt die schwerwiegenden Auswirkungen von Arbeitslosigkeitserfahrungen auf Kinder hervor, da dadurch die Beziehungsqualität, die Lebensrhythmen und die Sicherheit und Verlässlichkeit von Bezugspersonen in Frage gestellt werden (Hurrelmann 1990, 101 f). Unterhalb der Schwelle kritischer Lebensereignisse stellt Rolland fest, dass es eine generelle Beziehung zwischen den Ereignissen im „familialen Lebenszyklus" und der Entwicklung von Krankheiten und Krankheitsverläufen innerhalb der Familie gibt. Übergangsphasen wie Heirat, Geburt des ersten Kindes, Auszug des letzten Kindes stellen krankheitssensible, d. h. „vulnerable Perioden" dar, „da bestehende individuelle, familiale,

krankheitsbezogene Lebensstrukturen neu beurteilt und im Licht veränderter Entwicklungsaufgaben gesehen werden" (Rolland 2000, 82 f).

Die Familie stellt oft die wichtigste *Quelle für Stress sowie für soziale Unterstützung* dar. Durch ihre zentrale Stellung im sozialen Netzwerk einer Person entscheidet die Familie maßgeblich darüber, in welchem Aus-
maß Lebensereignisse und Alltagserfahrungen als „Belastungen" erlebt
werden, und inwiefern im sozialen Nahfeld „Ressourcen" zur „Bewältigung" vorhanden sind. Beispielsweise hängt die Belastung durch Schuler-
fahrungen wesentlich vom elterlichen Erwartungs- und Leistungsdruck
und der familiären Verarbeitung von Schule ab (Hurrelmann 1994a, 75,
95). Zugleich übernimmt die Familie zentrale Unterstützungsleistungen; sie ist in vielen Fällen primärer Ort der Hilfe, der Beratung und des
emotionalen Rückhalts bei Problemen und sie erzeugt auch unabhängig
von Belastungen und Stress die Erfahrung des Eingebundenseins und
der sozialen Integration, was das „Gefühl des Wohlseins und Wohlbefindens fördert" und damit „Zuversicht und positive Stimmung begünstigt"
(Nestmann 2000, 136). Trotz vielfältiger familienbedingter Belastungen
und Beeinträchtigungen scheinen „in der Gesamtbilanz die gesundheitsförderlichen Aspekte von Ehe und Familienbeziehungen" (Grunow 1994,
19) zu überwiegen. Schnabel konstatiert nach der Durchsicht einer Reihe
von statistischen Erhebungen, „dass der Umstand, verheiratet zu sein und
innerhalb einer Familie zu leben, die Gesundheit und die Lebenserwar-
tungen beider Geschlechter günstig beeinflusst" (Schnabel 2001, 77).

Dieser in Bezug auf gesundheitliche Fragen positive Blick auf die Familie wird in den letzten Jahren allerdings durch zwei Entwicklungen in
Frage gestellt. Erstens führt der Strukturwandel der Gesellschaft zu einer
Veränderung der Formen familiären Zusammenlebens. Tendenzen wie
die Zunahme von Scheidungen und allein Erziehenden, die wachsende
Berufstätigkeit beider Eltern und der Rückgang der Geburtenraten und
Geschwisterzahlen signalisieren, dass das traditionelle Modell des Familienlebens unter Druck geraten ist. Die Spannung zwischen dem nach
wie vor dominanten Ideal der Kleinfamilie und der Pluralisierung von
Familienformen auf Grund von veränderten gesellschaftlichen Lebensbedingungen hat zur Folge, das eine Reihe von Familienkonstellationen
mit Schwierigkeiten in der alltäglichen Lebensführung konfrontiert sind,
die sie als „Risikofamilien" erscheinen lassen. Hurrelmann betrachtet das
Auftreten von Gewalt gegen Kinder als Indikator für eine „stark beein-
trächtigte Lebensqualität aller Familienmitglieder", als Ausdruck einer
Konfrontation der Familie mit besonderen wirtschaftlichen, sozialen
oder psychischen Belastungen: Arbeitslosigkeit und daraus resultierende
finanzielle Probleme, Konflikte zwischen den Eltern, Isolation im sozialen Umfeld usw. (Hurrelmann 1990, 88 ff). Schnabel identifiziert darüber
hinaus typische Familienkonstellationen, die generell ein höheres Risiko-
potenzial aufweisen: Familien in niedriger Soziallage, Familien mit mehr

als zwei Kindern, Einelternfamilien, Stieffamilien, unverheiratet zusammenlebende Partner mit Kindern (Schnabel 2001, 80ff).

Zweitens führt die zunehmende Aufmerksamkeit auf das Problem der gesundheitlichen Ungleichheit zu der Erkenntnis, dass soziale und gesundheitliche Benachteiligung in erster Linie über die Familie vermittelt werden. Sozialer Status und soziale Positionierung werden primär über die Herkunftsfamilie erworben. Daraus resultiert, dass sich die sozial bedingten Differenzen im Gesundheitsstatus in besonders auffälliger Form bei Kindern aus unterschiedlichen sozialen Schichten und Herkunftsmilieus abzeichnen (siehe Kap. 6.1.2). Die Auseinandersetzung mit gesundheitlicher Ungleichheit erfordert deshalb einen Ansatz, der die Familie, die Verbesserung der familialen Lebensbedingungen und die familiale Lebensqualität ins Zentrum der Bemühungen rückt.

6.1.2 Der Stellenwert familialer Gesundheitsarbeit

Im Abschnitt zu den alltäglichen Gesundheitsvorstellungen (Kap. 4.2) wurde bereits darauf hingewiesen, dass das alltägliche Gesundheitshandeln als ein eigenes „Gesundheitssystem" betrachtet werden kann, in dem der überwiegende Teil der Gesundheitsprobleme bearbeitet wird. Das alltägliche Gesundheitssystem beruht zum allergrößten Teil auf familiärer Gesundheitsarbeit. In der Familie finden permanent gesundheitsbezogene Alltagsaktivitäten statt, in denen selbst besondere Situationen wie die Notwendigkeit intensiver Pflege und Unterstützung nach Ausbruch einer chronischen Erkrankung bewältigt und im Rahmen des Familienalltags „normalisiert" werden (Grunow 1994, 20). Familiale Gesundheitsarbeit geht professioneller Hilfe voraus, und familiale Erfahrungen beeinflussen den Entscheidungsprozess für die Inanspruchnahme professioneller Hilfe wesentlich. Beispielsweise ist der Arztbesuch von Kindern stark von den Gesundheits- und Krankheitskonzepten der Eltern abhängig. Eltern unterscheiden sich in ihren Ängsten im Hinblick auf spezifische Krankheiten, in ihrer Körperaufmerksamkeit und im Hinblick auf die Möglichkeiten und Wege, die sie sehen, um etwas gegen Krankheiten unternehmen zu können. Die Eltern sind als „Schlüsselfiguren" für das Erkennen von Auffälligkeiten und die Inanspruchnahme von Versorgungsangeboten identifiziert worden (BZgA 1998, 88).

Das hohe Ausmaß an gesundheitsbezogenen Alltagshandlungen in und durch die Familie brachte Grunow in verschiedenen Studien seit Mitte der 80er Jahre des 20. Jahrhunderts zum Vorschein. Die Analyse von so genannten „Gesundheitstagebüchern" ergab, dass an 34,6 % der erfassten Personentage gesundheitsbezogene Routineaktivitäten wie Medikamenteneinnahme, der Einsatz von Hausmitteln, Verhaltensratschläge usw. durchgeführt wurden, während nur an 1,5 % der Personentage professio-

nelle Hilfe in Anspruch genommen wurde. Bei der Wahl von Unterstüt-
zern standen Haushalts- bzw. Familienmitglieder an erster Stelle (Grunow 1987, 253; 1994, 36). Die gesundheitliche Selbsthilfe greift zwar über
die familiale Kernzone hinaus auch auf soziale Ressourcen im Bekannten-
und Freundeskreis und in der Nachbarschaft zurück. Aber „es gibt bei im
engeren Sinne gesundheitsbezogener Selbsthilfe eine deutliche Tendenz
zur größeren Intensität und Häufigkeit der Interaktionen mit sehr engen
Verwandten und zusammenlebenden Menschen der Kernfamilie" (Nestmann 2000, 132). Die Befragung von knapp 6.000 Haushalten ergab, dass
sich 89 % aller Befragten zur gesundheitlichen Informationssuche zuerst
an ein oder mehrere Haushaltsmitglieder wenden, zur praktischen Hilfe
bei Gesundheitsproblemen und -fragen sind es sogar 91 %.

Im Familienkontext finden sich zunächst eine Reihe von *gesundheitsförderlichen Alltagsaktivitäten.* Man kann dabei zwischen einer generellen positiven Bewertung von Gesundheit, dem (implizit) gesundheitsrelevanten Alltagshandeln und dem gesundheitsbewussten Handeln im
Familienalltag unterscheiden. Während Gesundheit allgemein als hoher
Wert gilt, besteht das Gesundheitshandeln im Familienalltag „in der Regel (aus) Kompromisslösungen zwischen der ‚Eigenlogik' des familiären
Lebensstils und den Erfordernissen der davon abweichenden Leitbilder
von Arbeits-, Freizeit- und Konsumwelt" (Grunow 1994, 23). Die Ausprägung eines bewussten „gesunden Lebensstils" findet sich eher selten;
allerdings findet „(potenziell) gesundheitsbezogenes Alltagshandeln"
(gesunde Ernährung, Sport treiben, für ausreichend Schlaf und Entspannung sorgen, sich an der frischen Luft aufhalten usw.) in weit größerem
Maße statt „als gezielt und bewusst gesundheitsförderliches Verhalten"
(gesunde Ernährung, nicht rauchen, keinen oder wenig Alkohol trinken
usw.). Während also Gesundheit nicht als explizite Leitorientierung für
die familiäre Alltagspraxis dient, ist ein großer Teil alltäglicher Aktivitäten „implizit und unbewusst gesundheitsförderlich strukturiert", wobei
das Ausmaß gesundheitsbezogener Aktivitäten zwischen verschiedenen
Familientypen und Milieus stark variiert (Grunow 1994, 26 ff).

Ein besonderer Fall familiärer Gesundheitsarbeit ist die *Betreuung und
Behandlung von chronisch Kranken und Pflegebedürftigen* in der Familie.
So findet die Altenpflege meist in den Familien statt. Nach Schnabel werden ca. 80 von 100 Pflegefällen in der Familie versorgt, was häufig eine
große Herausforderung für die familieninternen Selbsthilfepotenziale
und ein Risiko für den Zusammenhalt sowie die Gesundheit der Mitglieder bedeutet. Auch bei der Betreuung psychisch Kranker spielt die Familie eine wichtige Rolle. Das Anfang der 1990er Jahre vom Bundesminister
für Gesundheit initiierte Modellprojekt „Schizophreniebehandlung in der
Familie" brachte zum Vorschein, dass „ein langwieriges Krankheitsgeschehen eines Familienmitglieds dazu führt, die gesamte Familie auf Dauer in Irritation und Besorgnis zu versetzen" (BMG 1993, 142). Schließlich

ist die Diagnose einer ernsten oder lebensbedrohlichen Erkrankung „eine der am meisten gefürchteten Bedrohungen des Familienlebens" (Campbell 2000, 233 f). Die Bewältigung von chronischen Erkrankungen in der Familie ist in die jeweilige „Familiengeschichte" eingebettet, die Stärken und Vulnerabilität einer Familie z. T. erst in einer Mehrgenerationenperspektive sichtbar werden lässt. Dabei lassen sich familienspezifische Muster der Krankheitsbewältigung erkennen, die charakteristische Wiederholungen, Lücken und Veränderungen im Beziehungsgeflecht aufweisen und entlang von Familienmythen, Tabus, Katastrophenerwartungen und inneren Grundüberzeugungen in Bezug auf Gesundheit und Krankheit über Generationen hinweg tradiert werden. Krankheiten wirken sich einerseits auf einzelne Familienmitglieder aus, an die Bewältigungsanforderungen gestellt werden. Andererseits wirken sie sich auf die Familie als Ganzes oder als „System" aus, indem diese gezwungen wird, „sich in ihrem Inneren neu zu ordnen". Es werden familiäre Entwicklungsprozesse angestoßen, die „Übergänge", eine verstärkte „Kohäsion", aber auch problematische Entwicklungen fördern können (Rolland 2000, 63 ff).

Sowohl in Bezug auf die alltägliche Gesundheitsförderung als auch in Bezug auf die Betreuung von Pflegebedürftigen und Kranken sind die Leistungen der Familien unersetzlich. Durch die Kennzeichen der Alltäglichkeit, der funktionalen Diffusität und Universalität, der persönlichen Zuwendung, der wechselseitigen Betroffenheit und Verantwortungsübernahme sind familiäre Hilfeleistungen nur mit erheblichem Aufwand durch Alternativstrukturen zu leisten (Grunow 1994, 25). Zugleich besteht die Gefahr, dass der gegenwärtige Wandel der Familien die gesundheitsbezogenen Leistungen der Familie schwächt, da die Familien immer weniger Personen umfassen, der Familienalltag quantitativ und qualitativ an Bedeutung verliert und die Hilfeleistungen zwischen den Generationen für die erwachsene Generation (die „Sandwichgeneration" zwischen Heranwachsenden mit Betreuungsbedarf und älteren Menschen mit Pflegebedarf) immer anspruchsvoller werden und schwieriger zu bewältigen sind (Grunow 1994, 50 f). Insbesondere in Risikofamilien und in sozial benachteiligten Familien erscheint eine Stärkung der *Gesundheitsressource Familie* notwendig, um den Erhalt der gesundheitlichen Leistungen von Familien auch in Zukunft zu gewährleisten.

Konkrete Ansätze zur *familienbezogenen Gesundheitsförderung* sind bisher nur vereinzelt anzutreffen. Im Rahmen des Modellprojektes „Schizophreniebehandlung in der Familie" wurden nach amerikanischem Vorbild medizinische „Family Care Teams" eingerichtet, die eine aufsuchende Betreuung und Behandlung in der Familie ermöglichen. Im Projektverlauf wurde jedoch deutlich, dass zur Unterstützung von Familien mit psychisch oder chronisch Kranken niedrigschwellige Angebote durch multiprofessionelle Teams, die auch pädagogische Berufsgruppen umfassen, besser geeignet sind als ein rein medizinischer Zugang

(BMG 1993, 142 ff). Eine psychosoziale und pädagogische Begleitung, die Familien bei manifesten gesundheitlichen Belastungen unterstützt, kann nach verschiedenen Studien zur Aufrechterhaltung und Stärkung der Gesundheitspotenziale von Familien beitragen. Sie muss sich zu dem Zweck am vorhandenen „mikrosozialen Kontext der Familie" ausrichten und die gesundheitsförderlichen Aktivitäten in die bestehende Lebenspraxis und Lebenssituation der Familie einpassen (Grunow 1994, 59; Schnabel 2001, 198 f).

Ein weiterer Ansatzpunkt der familienbezogenen Gesundheitsförderung sind werdende und junge Familien, bei denen ein hohes Informationsbedürfnis sowie Offenheit für Gesundheitsthemen konstatiert werden. Eine Expertise zum Präventionsbedarf dieser Personengruppe hat eine große Nachfrage nach einer „intensiven vorausschauenden Beratung" zu Tage gefördert, die auf die Krankheitsvermeidung bei Säuglingen und Kleinkindern gerichtet ist (Bergmann/Bergmann 1997, 19 ff). In diesem Zusammenhang kann an die Tradition und die Erfahrungen der Sozialen Arbeit in der Säuglingsfürsorge angeknüpft werden, die in der jüngeren Zeit durch neue Konzepte der Schwangerenberatung und der Elternbildung weiterentwickelt worden sind (Kap. 3.7).

Eine besondere Herausforderung stellt die Gesundheitsförderung für sozial benachteiligte Familien dar, die durch Angebote der gesundheitlichen Versorgung und Prävention generell schwer erreicht werden. Eine wichtige Voraussetzung ist die Entlastung der Familien durch externe Hilfen (Kindergartenbetreuung, Ganztagsschulen, Sozialstationen), damit sie die nicht substituierbaren gesundheitlichen Aufgaben des Familienalltags auch weiterhin erledigen können. Grunow plädiert in Anlehnung an Erfahrungen in den USA für eine Neubewertung der Hausärzte als „Familienärzte", um diese für ein breiteres Spektrum an familienbezogener Beratung und Hilfe zu profilieren (Grunow 1994, 61 f). Hurrelmann schlägt die Einrichtung von stadtteilbezogenen, multiprofessionellen „Gesundheitszentren" vor, die nach amerikanischem Vorbild an Schulen angesiedelt werden könnten (Hurrelmann 1994a, 131 f). In ähnlicher Weise wurden im Rahmen der „Healthy-City"-Aktivitäten der Stadt Köln Projekte zur Gesundheitsförderung in Kindergärten von sozial benachteiligten Stadtgebieten angesiedelt, um die Erreichbarkeit entsprechender Bevölkerungsgruppen und Familien zu erhöhen und Stigmatisierungseffekte durch Anbindung an eine Regelinstitution zu vermeiden (Abel 2000).

6.2   Kinder und Jugendliche

Kinder und Jugendliche gelten in der gesundheitsbezogenen Sozialen Arbeit aus verschiedenen Gründen als eine Gruppe, deren Gesundheitszustand von besonderem Interesse ist. Erstens reagieren sie besonders sensibel auf Veränderungen in der Gesellschaft, so dass sie als „Seismografen" für den Gesundheitszustand der Gesellschaft insgesamt betrachtet werden. Zweitens haben Gesundheitsprobleme im frühen Lebensalter Einfluss auf den weiteren Lebensverlauf, so dass sie Aussagen über die für diese Personen zu vermutende zukünftige gesundheitliche Entwicklung ermöglichen. Und drittens sind Kinder und Jugendliche eine Gruppe, die sich noch in der Entwicklung befindet und bei der ein Einfluss auf die Gesundheit und das gesundheitsrelevante Verhalten im Rahmen von Prävention, Gesundheitsförderung oder gesundheitlicher Bildung am ehesten möglich erscheint.

Bei der Betrachtung von empirischen Ergebnissen zur Kinder- und Jugendgesundheit aus der Perspektive Sozialer Arbeit kann der Zusammenhang von gesundheitlicher und sozialer Ungleichheit nicht außer Acht gelassen werden. Vor allem im Kindesalter ist die mit sozialer Benachteiligung verknüpfte gesundheitliche Ungleichheit sehr ausgeprägt – und wie die Armuts- und Reichtumsberichte zeigen, sind Kinder überdurchschnittlich von sozialer Benachteiligung betroffen. Im Jugendalter schwächt sich der Zusammenhang von sozialer Lage und Gesundheit etwas ab, um im jungen Erwachsenenalter wieder deutlicher zur Geltung zu kommen. Als Grund für die zeitweilige Abschwächung der gesundheitlichen Ungleichheit wird die homogenisierende Wirkung von Schule und Gleichaltrigenkultur angeführt (Paulus 2000). Der Schuleintritt macht zwar vorhandene Probleme und Differenzen oft erst sichtbar, Schule führt aber zugleich zu einem relativ gleichförmigen Lebensalltag aller Heranwachsenden. Dies ändert sich mit dem Übergang in Beruf und Ausbildung wieder, weshalb die Ungleichheitswirkung in der Jugendphase nicht verschwindet, sondern unterhalb der Homogenität des Schülerdaseins verborgen bleibt und damit „latent" wird.

6.2.1 Gesundheitliche Ungleichheit bei Kindern

Empirische Daten, die eine Beziehung zwischen dem Gesundheitsstatus von Kindern und deren sozialer Lage herstellen lassen, sind in Deutschland und Österreich bisher selten. Die einzige Untersuchung, die in Deutschland alle Kinder eines Altersjahrgangs vollständig erfasst, ist die Schuleingangsuntersuchung. In Köln wurde die Schuleingangsuntersuchung von 1996 nach dem Verfahren des regionalen Vergleichs ausgewertet. Die einzelnen Stadtteile wurden nach der Sozialhilfeempfänger-Dichte der 6- bis 14-jährigen Kinder unterschieden. Der Durchschnittswert für ganz Köln betrug zu dem Zeitpunkt einen Anteil von 13,2 % Sozialhilfeempfängern (SHE). Davon ausgehend wurden drei Kategorien gebildet – Stadtteile mit bis zu 9 % Sozialhilfeempfängern, Stadtteile mit 10–16 %, und Stadtteile mit 17 % und mehr Sozialhilfeempfängern. Insgesamt wurden die Daten von allen 9225 in die Untersuchung einbezogenen Kindern ausgewertet (Mersmann 1998).

Die Studie ergab bei allen untersuchten Aspekten einen signifikanten Zusammenhang zwischen der Sozialhilfeempfänger-Dichte eines Stadtteils und den Entwicklungs- und Gesundheitsproblemen der Einschüler. Im Bereich der Verhaltensauffälligkeiten schwankten die Werte zwischen 15,8 % der Kinder in Stadtteilen mit niedriger SHE-Dichte und 22,0 % in Stadtteilen mit hoher SHE-Dichte. Auch in den Bereichen der auditiven Wahrnehmung, der Sprachauffälligkeit, der Verbreitung von Adipositas und grobmotorischen Koordinationsstörungen lässt sich dieser Zusammenhang nachweisen (Mersmann 1998, 70 ff). Soziale Benachteiligung wirkt sich nach dieser Studie also in unterschiedlichen Bereichen auf die Entwicklung und die Gesundheit der Kinder aus.

Eine ähnliche Untersuchung wurde 1998 in Hamburg durchgeführt. Obwohl Hamburg als „reiche Stadt" gilt, leben dort knapp 20 % der unter 15-Jährigen von Sozialhilfe. In Hamburg existiert zwar schon seit Ende der 1980er Jahre eine relativ detaillierte Gesundheitsberichterstattung, die sich mit der Gesundheit von Kindern und Jugendlichen befasst, doch ist diese wie in anderen Gebieten Deutschlands nicht mit der Sozialberichterstattung verknüpft. Deshalb wurde auch hier ein regionaler Vergleich auf der Grundlage eines „Sozialindexes" der einzelnen Stadtteile erstellt, der aus den Variablen Durchschnittseinkommen, Bildungsniveau, Arbeitslosenanteil, Wohnfläche pro Person usw. gebildet wurde.

Der Vergleich zwischen Stadtteilen mit guter und mit schlechter sozialer Lage ergibt klare Differenzen. Nimmt man z. B. die Häufigkeit von Kopfschmerzen als Stressindikator, so zeigt sich eine signifikante Abhängigkeit vom Alter sowie von der sozialen Lage des Stadtteils. Mit zunehmendem Alter und in Regionen mit schlechter sozialer Lage nimmt der Stress zu. Bei den 5-Jährigen gaben 1,4 % der befragten Kinder aus guter sozialer Lage an, in der vorhergehenden Woche Kopfschmerzen gehabt zu haben. Bei Kindern aus schlechter sozialer Lage waren dies 2,3 %. Bei den 14-Jährigen stiegen diese Werte auf 5,3 % bzw. 9,1 %. Eine sehr ähnliche Verteilung ergibt sich bei dem Kriterium „starkes Übergewicht" (Zimmermann et al. 2000).

In Sachsen existieren zwar keine Untersuchungen, die sich mit dem Zusammenhang von sozialer und gesundheitlicher Ungleichheit befassen, aber es gibt auch nach der Schuleingangsuntersuchung regelmäßige Gesundheitsuntersuchungen von Schülern, die eine relativ differenzierte Gesundheitsberichterstattung (bzgl. medizinischer Kategorien) erlauben. Ein Vergleich der Schuluntersuchungen von 1993/94 und 1997/98 zeigt eine sehr deutliche Zunahme von Adipositas bei Schulkindern. Die Werte stiegen bei den Einschülern von 3,37 % auf 4,72 %, in der 2. Klasse von 3,88 % auf 8,87 % und in der 5. Klasse von 5,11 % auf 11,84 %. Ein weiteres Problemfeld sind zunehmende Entwicklungsauffälligkeiten: So zeigt sich z. B. bei Schuleingangsuntersuchungen ein kontinuierlicher Anstieg von Sprachauffälligkeiten von 16 % der sächsischen Einschüler im Schuljahr 1994/95 auf 20,9 % im Schuljahr 1998/99 (Sächsische Landesvereinigung für Gesundheitsförderung 2000, 2 ff).

Im Gegensatz zu Deutschland ist in anderen Ländern eine personenbezogene Untersuchung des Zusammenhangs von sozialem und gesundheitlichem Status schon seit längerer Zeit möglich und üblich. Schlack wertete britische Dokumentationen zum Zusammenhang von Gesundheitsbelastungen und sozialer Schicht aus den 1980er und 1990er Jahren aus. Als Kriterium für den Sozialstatus galt hier die berufliche Stellung des Haushaltsvorstands.[5] Dabei kam zunächst eine nicht unerhebliche, sozial differenzierte Belastung mit chronischen Erkrankungen zum Vorschein. Waren in den unteren beiden Sozialschichten 6,8–7,0 % der 0- bis 19-Jährigen von chronischen Erkrankungen betroffen, so waren es bei den oberen Sozialschichten nur 4,4–5,8 %. Noch ausgeprägter war die soziale Differenz bei Todesfällen, wobei Todesfälle infolge von Unfällen besonders stark von der Schichtzugehörigkeit abhängig waren. Während in der obersten Sozialschicht 5 von 100.000 Kindern zwischen 1 und 14 Jahren an Unfällen starben, waren es in der untersten Sozialschicht 19 von 100.000 Kindern dieser Altersgruppe (Schlack 1998, 53 f).

Als Fazit lässt sich festhalten, dass alle Untersuchungen zu Gesundheitsproblemen im Kindesalter einen klaren Bezug zur sozialen Lage hervorbringen. Kinder mit niedrigem sozialem Status haben in gesundheitlicher Hinsicht oft schon mit dem Schuleintritt schlechtere Lebens- und Entwicklungschancen als Kinder aus sozial höheren Schichten. In welcher Form dies Pädagogik und Soziale Arbeit herausfordert, soll am Beispiel asthmakranker Kinder (Kap. 6.2.2) skizziert werden. Als Hauptproblemfelder der Kindergesundheit für alle Bevölkerungsgruppen zeichnen sich Ernährungsprobleme (bei ca. 10 % der 14-Jährigen), zunehmende Entwicklungsauffälligkeiten (in vielen Bereichen bei ca. 10–20 % der Kinder) und Stress (bei mehr als 7 % der 14-Jährigen) ab. Eine mögliche Erweiterung des Horizonts Sozialer Arbeit, um gesundheitliche und körperbezogene Aspekte in die Arbeit mit Kindern einzuschließen, wird am Beispiel des Übergewichts (Kap. 6.2.3) aufgezeigt.

6.2.2 Asthmakranke Kinder

In Deutschland wie auch in Ländern mit einem ähnlichen medizinischen Standard hat sich das Krankheitsspektrum in den vergangenen Jahrzehnten verändert. So ist der Prozentsatz von chronisch erkrankten Kindern und Jugendlichen angestiegen, obwohl sich die gesamte Inzidenz der meisten Kinderkrankheiten in den zurückliegenden 20 Jahren nicht signifikant verändert hat. Wo liegen nun die Besonderheiten chronischer Erkrankungen, so dass betroffene Menschen nicht nur medizinisch betreut, sondern auch Zielgruppe sozialpädagogischen Handelns werden?

Chronische Krankheiten bei Kindern lassen sich fassen als körperliche Beeinträchtigungen, „die über viele Jahre oder lebenslang in mehr oder weniger bedrohlicher Weise das Planen, Handeln und Empfinden des Kindes und seiner Familie bestimmen" (Petermann et al. 1987, 5). In der Regel ergeben sich für Familien chronisch erkrankter Kinder Veränderungen in der Lebensweise, für die sie oftmals einer besonderen Förderung bedürfen. Sind Kinder betroffen, so ist oft die soziale Unterstützung der Familie vonnöten. Die häufigste chronische Erkrankung im Kindesalter ist „Asthma bronchiale" als chronische Erkrankung der Atemwege. Reinhardt definiert: Asthma bronchiale als

> „eine chronische Entzündung des Bronchialsystems, die mit einer gesteigerten Reaktivität gegenüber verschiedenen exogenen und endogenen Stimuli einhergeht, die sich als generelle Erhöhung des Atemwegwiderstandes darstellt und sich spontan oder als Folge einer medikamentösen Therapie in ihrem Ausmaß ändern kann" (Reinhardt 1999, 2).

Asthmasymptome können durch verschiedene Triggerfaktoren –u. a. Allergene wie Pollen, Tierhaare und Hausstaubmilben – ausgelöst werden. Häufige schwere Atemwegsinfekte, körperliche Belastungen, Umwelt- und Klimafaktoren, aber auch psychische Variablen in Form von Ärger, Wut oder Angst können Auslöser für einen Asthmaanfall sein (Neumann 1996, 71).

Die 1998 veröffentlichte Studie „International Study of Asthma and Allergies" (IAAC) zeigt, wie unterschiedlich verbreitet Asthma bronchiale weltweit ist. Die höchsten Prävalenzzahlen sind in den USA, Australien, Neuseeland und Großbritannien zu finden (Neumann 1996, 7). In Europa zeigt sich ein deutlicher Ost-West-Unterschied mit einer höheren Prävalenz in den westlichen Ländern (Nowak et al. 1996, 2542). Tendenziell gilt dies auch für Deutschland (Nowak et al. 1996, 2543). Insgesamt gehen neuere Schätzungen von einer Prävalenz von 3–6 % der Gesamtbevölkerung in Deutschland aus. Nicht zu unterschätzen ist die Mortalitätsrate durch akute Asthmaanfälle. Sie liegt bei ca. 6.000 Todesfällen pro Jahr.

Empirische Studien in den USA zeigen, dass das Asthmarisiko bei Kindern aus Armutslagen um ein Vielfaches steigt (Homfeldt 2002, 114). Asthma ist inzwischen der häufigste Grund für einen Krankenhausaufenthalt bei Kindern. Betroffen sind vor allem Kinder innerstädtischer Regionen und Kinder ethnischer Minderheiten (Clark et al. 1999, 421). Das Leben in innerstädtischen benachteiligten Wohnquartieren ist in den zurückliegenden Jahrzehnten zunehmend stressreich geworden (Eggleston 1999, 439). Kinder aus innerstädtischen Räumen sind nicht nur häufiger von Asthma betroffen, sie und ihre Familien verfügen außerdem über äußerst ungünstige Bewältigungsmöglichkeiten ihrer Krankheit. Armsein erschwert soziale Zugänge, erschwert chancengleiche Teilhabe und begünstigt den Ausschluss aus der Versorgung durch Gesundheitsdienste. Auch eine geringere Wahrnehmung von Angeboten der Vorsorge (Lebenslagen in Deutschland 2001, 177) und der Frühförderung ist ein Faktum (Weiß et al. 2004). Als Ausweg sieht Klein (2002, 63) einen Ansatz von Frühförderung, „der sich nicht nur an Auffälligkeiten eines Kindes orientiert, sondern auch dessen Lebenskontext als eigenständigen Indikationsgrund für Frühförderung berücksichtigt" (Weiß et al. 2004, 67).

Kinderarmut ist mit der Elternarmut verknüpft und gleichwohl etwas Spezifisches. Sie reicht über eine längere Dauer von Fehlernährung, mangelnder Körperpflege bis zu fehlender Gesundheitsförderung (Schöning 2000, 209). Erst seit Anfang der 1990er Jahre wird die Kinderarmut als spezifisches sozialpolitisches Thema diskutiert, indem Kinder zunehmend als eigenständige Subjekte in ihrer spezifischen Betroffenheit von Armut gesehen werden: Es müsse darum gehen, Kinder direkt und unabhängig von der jeweiligen Familienform wie von der Erwerbsbiografie ihrer Eltern zu unterstützen. Dies impliziere, dass sich die Rechte eines Kindes aus seiner eigenen Identität als Kind statt aus seiner Beziehung zu einem anspruchsberechtigten Elternteil ableiteten (Zander 2000).

Wie sehr Asthma per se – ohne die stark belastende Armutslage – bereits sozial benachteiligt, darauf verweist eine in den Niederlanden durchgeführte Studie von Roeder (2000). In ihrer empirischen Untersuchung bei Kindern zwischen 8 und 12 Jahren stellt die Autorin fest, dass Asthma ein stets präsenter Stressor in der Schule ist, allein schon aufgrund der Auffälligkeit der Kinder durch akut auftretende Kurzatmigkeit und Atemnot, ebenso durch erhöhte Schulabwesenheit, verstärkte Ablehnung durch Peers und drohende soziale Isolierung. Entsprechend heißt es im „Handbuch zum Umgang mit asthmakranken Kindern im Unterricht" der Barmer Ersatzkasse:

> „Leider erfahren (…) viele Asthmatiker in der Schulsituation gerade dann wenig Verständnis und Rücksichtnahme, wenn es aufgrund des aktuellen Krankheitsverlaufes besonders notwendig und wichtig wäre. Der Schulalltag läßt oft wenig Raum für ein erklärendes Gespräch mit der Lehrkraft und immer wieder sehen sich Asthmatiker mit dem Vorwurf der Drückebergerei und/oder der Verweigerung konfrontiert" (Barmer Ersatzkasse 2002, 36).

In ihrer empirischen Studie stellt Roeder (2000, 184f) fest, dass asthmakranke Kinder, die sich von ihren Lehrern unterstützt sehen, weniger in der Schule fehlen, bessere Schulnoten haben und weniger Verhaltensauffälligkeiten aufweisen als gesunde Kinder. Insgesamt ist die emotionale Unterstützung durch die Eltern zwar als am wichtigsten von den Kindern eingestuft worden, aber die Rolle der Lehrkraft ist bei schulrelevanten Variablen für Kinder im Grundschulalter überaus bedeutsam. Roeder vermutet, dass bei älteren Kindern und Jugendlichen die zentrale Rolle der Lehrkraft durch die Peergroups übernommen wird.

Durch Patientenschulungen können Asthmatiker lernen, ihre Krankheit und ihre Folgen einzuschätzen und zu einem erfolgreichen Asthmamanagement zu gelangen (Petermann/Walter 1997, 123). Patientenschulungen besitzen eine mehr als 25-jährige Tradition und werden definiert als „Maßnahme, die Patienten darin unterstützen soll, ihr Verhalten so zu verändern, daß es ihre Gesundheit fördert" (Petermann 1997, 3). Schulung meint ein strukturiertes Vorgehen mit Gruppen von Patienten, die sich durch Materialien und Übungen – wie Rollenspiele – ein handlungsbezogenes Wissen aneignen. Asthmatiker sollen lernen, eigenverantwortlich mit ihrer Erkrankung und deren Folgen umzugehen (Petermann 1997, 5). Dabei gilt es, an den Bedürfnissen der Patienten und den krankheitsbedingten Problemlagen anzusetzen, damit die Kinder/Jugendlichen lernen, eigene Fähigkeiten zu aktivieren und Eigenverantwortung in der Krankheitsbewältigung zu übernehmen (Petermann 1997, 5 f).

Neben Krankheitserfahrungen in vorangegangenen Lebensabschnitten spielen soziale Einflüsse aus der Umgebung bei der Krankheitsbewältigung eine große Rolle. Neben der Informationsvermittlung gehört auch die Unterstützung von außen zu den sozialen Einflüssen (Seiffge-Krenke et al. 1996, 28). Der Sozialen Arbeit fällt die Aufgabe zu, die Kinder und Jugendlichen darin zu unterstützen, eine Balance zwischen Krankheit, Biografie und Alltag herzustellen und zu halten. Dazu gehört auch das Erinnern an positive lebensgeschichtlich verankerte Erfahrungen (Schmitt/Kammerer 1996, 97). Entsprechend heißt es in einer Informationsbroschüre der Arbeitsgemeinschaft Asthmaschulung:

> „Patientenschulungen bei chronischen Erkrankungen wie dem Asthma verstehen sich als Teil des langfristigen Behandlungskonzeptes. Sie haben als wesentliches Ziel, mit Kindern und Eltern angesichts einer nicht immer heilbaren Erkrankung eine dem Alltagsleben angemessene Behandlung und Bewältigung zu erarbeiten" (Arbeitsgemeinschaft Asthmaschulung im Kindes- und Jugendalter 2002, 7).

Was aber bedeutet „eine dem Alltagsleben angemessene Behandlung"? Heißt dies, den Alltag im benachteiligten Wohnquartier als eigenständigen Indikationsgrund zu berücksichtigen oder einzig soziale Benachteiligung mit zu berücksichtigen? Die Schulungsprogramme legen letzteres nahe. Die Lebenslagenspezifik wird nicht systematisch zum Ausgangspunkt der Schulung genommen, jedoch in das Programm der „Arbeitsgemeinschaft Asthmaschulung" miteinbezogen, was nicht selbstverständlich ist. Aus der Sicht Sozialer Arbeit gilt es, die Schulungskonzepte durch systematische Berücksichtigung des Lebenslagenbezuges weiter zu verbessern. Ein erster Schritt kann die Umsetzung niedrigschwelliger, quartiersnaher Angebote in Kooperation mit in Klinischer Sozialarbeit geschulten Gemeinwesenarbeitern sein (vgl. für die USA: Clark 1999, 427).

6.2.3 Übergewichtige Kinder

Die steigende Zahl übergewichtiger Kinder und Jugendlicher ist national
wie international zu einem politischen Thema ersten Ranges geworden.
Die International Obesity Task Force (IOTF) berichtet im Report „Obesity in children and young people: A crisis in public health. Report to the
World Health Organisation. Obesity Reviews" (2005) von einer Krise im
öffentlichen Gesundheitswesen aufgrund einer globalen Übergewichts-
epidemie. Der Zuwachs an übergewichtigen Kindern und Jugendlichen
geht einher mit erhöhten Krankheitsrisiken, sinkender Leistungsfähigkeit und steigenden Kosten im Gesundheitswesen.

Mit einer im September 2004 auf Initiative der ehemaligen Bundesmi-
nisterin für Verbraucherschutz, Ernährung und Landwirtschaft, Renate
Künast, und der Lebensmittelindustrie gegründeten gesamtgesellschaft-
lichen „Plattform Ernährung und Bewegung e. V." verfügt die Bundesrepublik als eines der ersten europäischen Länder über eine gemeinsame
Struktur, die eine Bündelung der Kräfte für eine effektive Förderung von
Gesundheit, Wohlbefinden und Leistungsfähigkeit der jungen Generation ermöglichen soll. Auffallend ist, dass die Soziale Arbeit weder als
Wissenschaft noch als Profession an der Gründung der Plattform beteiligt gewesen ist und auch nicht Mitglied der „Plattform Ernährung und
Bewegung e. V." ist. Den Gründen dafür wird im folgenden Abschnitt
nachgegangen (Homfeldt/Ritter 2005).

Wir gehen von der Überlegung aus, dass die „Plattform Ernährung und
Bewegung" nur peripher im Blickfeld Sozialer Arbeit ist, weil Ernähren
und Bewegen und – mit diesen anthropologischen Tatsachen menschlicher Existenz – auch der menschliche Körper kaum im Blickfeld Sozialer
Arbeit ist (Homfeldt 1999, 4). Die bisherige Vernachlässigung der Kör-
perthematik in der Sozialen Arbeit steht im Zusammenhang mit der Tatsache, dass die wissenschaftliche Aufmerksamkeit auf sozialstrukturelle Probleme und ihre Bearbeitung mittels sozialpolitischer Intervention
zentriert ist. Erben, Franzkowiak und Wenzel schreiben in „Die Ökologie des Körpers":

> „Der Körper ist der Ort, an dem die Ökonomie des Lebens ihren Nieder-
> schlag findet. Er ist gleichzeitig aber auch sozialer Ort, Gegenstand kultu-
> reller Leistungen und Stilisierungen sowie Träger subjektiver Befindlich-
> keiten und deren psychosozialem Management" (Erben et al. 1986, 29).

Die Autoren machen darauf aufmerksam, dass im Körper die individuelle
und soziale Biografie kondensiert sei. Dies bedeute, dass sich in ihm die
sozialen und kulturellen Verhältnisse, die Bedingungen, unter denen er
sich entfalten kann, widerspiegeln (Erben et al. 1986, 29).

Wie kann der Körper in diesem Sinne als soziale Realität in das Blickfeld Sozialer Arbeit gelangen? Und wie kann damit ganz konkret die Adi-

positas einschließlich ihrer Bewältigung als professionelle Aufgabe für die Soziale Arbeit – gemeinsam mit anderen Professionen – begriffen werden? In ihrem Beitrag „Die Vernachlässigung des Leibes in der lebensweltorientierten Sozialen Arbeit" macht Hünersdorf darauf aufmerksam, dass die Lebensweltorientierung nach Merleau-Ponty den Leib systematisch einbezieht. Im Sinne Merleau-Pontys bedeutet Lebensweltorientierung, dass die Ordnung der Welt in der Beziehung zur Welt hergestellt und nicht durch das Bewusstsein über die Welt gestiftet wird. Der Leib bildet die Voraussetzung, um an dem Sein der Dinge teilzuhaben. Möglich ist dieser, weil der Leib zur Ordnung der Dinge gehört. Die Lebenswelt Merleau-Pontys ist die Welt, in der wir leben und intersubjektive Beziehungen eingehen und die somit ausschlaggebend für die Entwicklung ist (Hünersdorf 1999, 97 ff).

Die Soziale Arbeit als Disziplin und Profession hat zu fragen, wie Kinder, Jugendliche und Erwachsene agieren, erleben, aber auch sozial konstruiert werden. Dabei betrachtet die Soziale Arbeit Kinder, Jugendliche, Erwachsene als Akteure in ihrer Welt – z. B. in ihrer agency (Homfeldt et al. 2006), als soziale Produzenten, aber auch als soziale Produkte. Die aktuelle Debatte: „Unsere Kinder und Jugendlichen sind zu dick" und die aktuellen Daten zu Ernährung und Bewegung, die den Körper in den Mittelpunkt der Diskussion stellen, fordern den körperbezogenen Blick der Sozialen Arbeit heraus. Der Zusammenhang zwischen Ernährung und Bewegung sowie sozialer Lage, Geschlecht, Lebensalter, nationaler wie regionaler Struktur ist vielfach dokumentiert und wird hauptsächlich unter dem Aspekt der Sicherung bzw. Verbesserung von Gesundheit diskutiert. Durch die verschiedenen Studien wurden Risikogruppen identifiziert, um auf ihr soziales Profil zugeschnittene Präventions- und Gesundheitsförderungsprogramme bereitzustellen, um letztlich die Kosten im Gesundheitswesen zu senken. Untersucht wird verstärkt, welche Auswirkungen unterprivilegierte Lebenslagen auf das Ernährungs- und Bewegungsverhalten haben. Hier stellt sich vor allem die Frage: Was bedeuten die Ergebnisse für die Gestaltung der Sozialen Arbeit, beispielsweise in der Erziehungshilfe? Ernährung und Ernährungszuständigkeiten sind zunehmend aus der Familie ausgelagert und werden stattdessen in Organisationen geleistet:

> „Als Träger vergesellschafteter Betreuung und Erziehung von Heranwachsenden sind die schulischen und außerschulischen Kinder- und Jugendhilfeeinrichtungen somit Orte, in denen Essen nicht nur stattfindet, sondern auch normativ beeinflusst werden kann" (Rose 2005, 21).

Für die herrschenden Bewegungs- und Ernährungsdiskurse ist es sicherlich hilfreich, wenn sich die Soziale Arbeit auf der Basis von Lebenswelt-, Subjekt- und Geschlechterbezug („somatische Kulturen von Mädchen und Jungen") einmischt. Soziale Arbeit kann anregen, Essen und Ernähren aus der Perspektive der Essenden und sich Ernährenden zu betrachten und wahrzunehmen, „welche emotionale und soziale Bedeutung das Essen bei den Zielgruppen hat" (Rose 2005, 33).

6.2.4 Gesundheit im Jugendalter

Das Jugendalter gilt als relativ gesunde Lebensphase. Die relativ häufigen Krankheitsbelastungen des frühen Kindesalters sind in der Jugend weitgehend überwunden, während die mit zunehmendem Lebensalter verknüpften Gesundheitsprobleme noch ausstehen. Jugend gilt deshalb als „gesund" und Jugendliche schätzen sich in der Regel selbst auch als gesund ein. Die Ergebnisse einer international vergleichenden Gesundheitsstudie unter 11-, 13- und 15-jährigen Schülerinnen und Schülern in 35 Ländern zeigen allerdings, dass dies nicht für alle Jugendlichen gleichermaßen gilt. Zwar bezeichneten die befragten 15-Jährigen zu fast 80 % ihren Gesundheitszustand nach subjektiver Selbsteinschätzung als überwiegend gut. Dabei zeigen sich jedoch deutliche Differenzen nach Geschlecht und Region. Während 16,1 % der Jungen ihren Gesundheitszustand als eher schlecht einschätzten, waren dies 27,2 % der Mädchen. Insbesondere bei den Mädchen zeigten sich z. T. ausgeprägte regionale Differenzen im Rahmen eines „West-Ost-Gefälles", die zu Schwankungen zwischen 13 % und 63 % führten. Die höchsten Raten mit schlechtem Gesundheitszustand von Mädchen weisen u. a. Lettland, Litauen, Russland und die Ukraine auf; die niedrigsten Werte finden sich in Griechenland, Israel, Mazedonien und Spanien (Currie et al. 2004). Gesundheitsprobleme im Jugendalter haben im letzten Jahrzehnt aus mehreren Gründen zunehmende Aufmerksamkeit erlangt:

1. Die Jugendphase ist der einzige Lebensabschnitt, in dem in den letzten 35 Jahren die Mortalitäts- und Morbiditätsraten angestiegen sind.
2. Viele Gesundheitsprobleme im Jugendalter erscheinen als in besonderer Weise verhaltensbedingt und damit zumindest prinzipiell veränderbar.
3. Maßnahmen der Gesundheitsförderung und der gesundheitlichen Prävention sind gerade bei Jugendlichen recht wenig erfolgreich; Jugendliche erscheinen als besonders schwer erreichbare Altersgruppe.

Eine frühe Untersuchung, die in Deutschland Gesundheitsbelastungen im Jugendalter systematisch und repräsentativ erfasste, ist der Bielefelder Jugendgesundheitssurvey von 1993. In diesem Zusammenhang wurden Todesfälle im Jugend- und jungen Erwachsenenalter untersucht. Dabei ist zunächst festzuhalten, dass die Sterblichkeitsrate in diesem Alter mit 0,061 % sehr gering ist. Haupttodesursachen sind Verletzungen und Vergiftungen (mit dem Alter ansteigend, bei den 25-Jährigen 50 % aller Todesfälle) und Selbstmorde (25 %). Insgesamt stehen gewaltförmige Übergriffe an erster Stelle: Unfälle im Straßenverkehr, Aggressionen gegen die eigene Person (Selbstmord), Fremdaggressionen wie Mord und Totschlag (Kolip et al. 1995).

Mit Blick auf das Krankheitsgeschehen wurden gegenläufige Entwicklungen festgestellt: Einerseits haben die allgemein verbesserten Lebensbedingungen zu einer Eindämmung von Seuchen und Gesundheitsrisiken geführt; andererseits haben veränderte Lebensbedingungen mit mehr Stress, Reizüberflutung, Leistungsdruck, erhöhtem Lebenstempo und Umweltbelastungen zur Entstehung neuer Krankheiten oder zur Zunahme von früher seltener vorkommenden Krankheitsbildern geführt. In verschiedenen Studien aus Deutschland wird von einem relativ hohen Anteil psychosomatischer Beschwerden ausgegangen (je nach Symptomatik berichten zwischen 20 und 40 % der Jugendlichen von regelmäßig wiederkehrenden Kopfschmerzen, Konzentrationsschwierigkeiten, Nervosität, Kreuz- oder Rückenschmerzen, Schlafstörungen usw.); rund 10 % der Jugendlichen leiden an chronischen Krankheiten, ein Drittel der 12- bis 16-Jährigen an allergischen Erkrankungen (Bundesministerium für Familie, Senioren, Frauen und Jugend 2002, 218 f). Bei 15–20 % der Jugendlichen wird mit psychischen Störungen gerechnet (Palentien et al. 1998).

Ein weiterer Problembereich sind die sogenannten „gesundheitsrelevanten Verhaltensweisen", worunter sich vor allem der Konsum von Alkohol, Tabak, illegalen Drogen und verstärkt auch der Medikamentenmissbrauch verbirgt. Der Substanzkonsum steigt im Verlauf des Jugendalters rapide an und erreicht mit ca. 25–30 Jahren seinen Höhepunkt. Die z. T. exzessiven Gebrauchsformen, vor allem am Wochenende, werden als Bestandteil eines „jugendtypischen Risikoverhaltens" betrachtet, das mit gesundheitlichen Gefährdungen verbunden ist. Nach den Daten der jüngsten HBSC-Studie („Health Behaviour of School Aged Children") sind in den entwickelten Ländern 17,5 % der 15-Jährigen tägliche Raucher. Während in der Gesamtbevölkerung der Raucheranteil eher rückläufig ist, zeigt sich unter Jugendlichen eine leicht steigende Tendenz. Diese ist insbesondere auf die Zunahme rauchender Mädchen zurückzuführen, die in einigen west- und nordeuropäischen Ländern die Jungen hinsichtlich der Raucherquote überholt haben. Deutschland liegt in der Vergleichsstudie bei den 15-jährigen Jugendlichen hinter Grönland auf dem zweiten Platz, mit 28,7 % der 15-jährigen Mädchen und 26,3 % der 15-jährigen Jungen, die angeben, täglich zu rauchen (Currie et al. 2004).

Der Alkoholkonsum ist unter Jugendlichen in den letzten Jahrzehnten stagnierend; allerdings lässt sich eine Zunahme von Alkoholrausch-Erfahrungen beobachten. Das Durchschnittsalter des ersten Rausches liegt bei Jungen bei 13,6 Jahren, bei Mädchen bei 13,9 Jahren. Jungen weisen generell höhere Raten an Alkoholrausch-Erfahrungen und regelmäßigem Alkoholkonsum auf als Mädchen. Dass der Alkoholkonsum stark in die Trinkkultur des jeweiligen Landes eingebettet ist, zeigt ein Vergleich von nord- und südeuropäischen Ländern. Obwohl regelmäßiger Alkoholkonsum in Südeuropa unter Jugendlichen ähnlich verbreitet ist wie in Nordeuropa, finden sich bei den Alkoholrausch-Erfahrungen in allen südeuropäischen Ländern deutlich geringere Werte. Unter den illegalen Drogen ist Cannabis die am meisten konsumierte Droge, für die seit den 1990er Jahren in den USA und in der EU ein spürbarer Anstieg zu verzeichnen ist. Cannabis wird mehr von Jungen als von Mädchen konsumiert, und es sind sehr große regionale Differenzen zu erkennen. In einigen Ländern gilt der gelegentliche Cannabiskonsum mittlerweile unter einer erheblichen Minderheit der Heranwachsenden als „Norm". In der Vergleichsstudie differieren die Cannabiserfahrungen zwischen weniger als 10 % in Griechenland, Israel, Litauen, Malta, Mazedonien und Schweden und mehr als 40 % in Kanada, England, Grönland und der Schweiz (Currie et al. 2004). In Deutschland haben nach der jüngsten Drogenaffinitätsstudie der Bundeszentrale für gesundheitliche Aufklärung (BZgA) inzwischen 32 % der 12- bis 25-Jährigen Erfahrungen mit Cannabis (BZgA 2004). Die Tatsache, dass Cannabis in nahezu allen Ländern illegal ist, scheint jedenfalls für eine wachsende Gruppe von Heranwachsenden völlig irrelevant zu sein.

Substanzkonsum beeinflusst oft auch andere Gesundheitsprobleme; z. B. sind ein großer Teil der Verletzungen infolge von Straßenverkehrsunfällen durch Alkohol mit verursacht. Andere Substanzen spielen im Vergleich dazu eine relativ geringe Rolle (Vollrath / Krüger 2002).

Zusammenfassend werden zwei verschiedene Gründe für die gestiegene Gesundheitsbelastung im Jugendalter angeführt. Auf der einen Seite finden sich durch das Verhalten nicht direkt beeinflussbare Faktoren, die von Hurrelmann, Keupp und anderen Autoren als Symptome für eine Überbeanspruchung der Altersgruppe der Jugendlichen gewertet werden. Die gewachsenen Ansprüche an eine individuelle Lebensgestaltung bei hohem Risiko des Scheiterns führen dazu, dass Jugendliche – die sich in der Phase der Selbstsuche und der Suche nach ihrem Platz in der Gesellschaft befinden – die Kosten der modernen Lebensweise in besonderem Maße zu tragen haben. Unklar ist in dieser Perspektive, ob dies eine biografisch vorübergehende Erscheinung ist oder Anzeichen einer sich andeutenden, generellen Verschlechterung der Lebensqualität, für die die Heranwachsenden gesundheitliche „Seismografen" sind (Haberlandt et al. 1995; Keupp 2000).

Auf der anderen Seite lässt sich ein großer Teil der verhaltensbedingten Gesundheitsgefährdungen dem „jugendlichen Risikoverhalten" zurechnen. Das Eingehen von Risiken wird zunehmend als unumgänglicher Bestandteil jugendlicher Entwicklung erkannt. Das Ausprobieren des eigenen Körpers, Grenzerfahrungen im physischen, im sozialen und im normativen Bereich oder die Suche nach Anerkennung durch Extremverhalten gelten inzwischen als wichtiger Bestandteil der Sozialisation und der Selbstentwicklung. Dafür spricht, dass viele der problematisierten Verhaltensweisen „episodisch" bleiben – d. h. sie verlieren im Laufe des Erwachsenenalters wieder an Bedeutung. Gerade wenn Jugendliche immer mehr darauf angewiesen sind, sich ohne vorgefertigte Verhaltensmuster selbst zu bilden und sich eigene Werte und Normen zu erarbeiten, werden soziale Experimente und Selbsterprobungen, die Risiken einschließen, immer unvermeidlicher. Die Zunahme von Risikoverhaltensweisen ist damit ein Effekt der Veränderung der Lebensweisen in der „Risikogesellschaft".

Im Hinblick auf die enorme Bedeutung, die die soziale Ungleichheit für die Gesundheit hat, stellt sich die Frage, wie sich soziale Benachteiligung im Jugendalter auswirkt. Zu dem Zweck hat Mansel eine Untersuchung durchgeführt, die Jugendliche aus der Normalbevölkerung mit von Armut betroffenen Jugendlichen vergleicht. Als „Arme" wurden dabei drei Gruppen unterschieden:

1. Jugendliche aus sozial schwachen Familien
2. Jugendliche mit prekärem Berufsstatus
3. subjektiv Arme durch fehlende Statusgüter (Mansel 1998).

Die Vermutung, dass Armut zu einer Beeinträchtigung des psychischen und physischen Wohlbefindens führt, hat sich in dieser Studie nur zum Teil bestätigt. Insbesondere bei Jugendlichen aus sozial schwachen Familien zeigen sich nur minimale Differenzen zur Normalbevölkerung, d. h. diese müssen „spezifische Mechanismen" ausgebildet haben, die eine Somatisierung der Belastungen abmildern. Ungünstiger ist die Situation bei den Arbeitslosen und Jungarbeitern: Misserfolge bringen Zweifel an den eigenen Kompetenzen und Fähigkeiten mit sich, was zu emotionalen Beeinträchtigungen und einer negativen Selbstwerteinschätzung führt. Erhöhte psychosomatische Beschwerden lassen sich in dieser Gruppe nicht nachweisen. Am deutlichsten unterscheiden sich die subjektiv armen Jugendlichen von der Normalbevölkerung; hier finden sich überproportional häufig psychosomatische Beschwerden. Diese Jugendlichen stellen die Gruppe mit den gravierendsten Folgen für das Wohlbefinden dar, obwohl sich ihre objektive Situation nicht so dramatisch darstellt wie die der anderen beiden Gruppen (Mansel 1998).

Die Verschiebung von objektiver zu subjektiv erlebter sozialer Benachteiligung als Kriterium für Gesundheitsbelastungen zeigt, dass der Einfluss sozialer Ungleichheit auf die Gesundheit im Jugendalter tatsächlich latent geworden ist. Latenz heißt jedoch nicht Bedeutungslosigkeit. Der erhöhte Druck, der sich in der Gruppe der Heranwachsenden mit prekärem Berufsstatus bemerkbar macht, kann allerdings ein Indiz dafür sein, dass diese Latenz nur eine begrenzte biografische Episode darstellt, nach der sich die Homogenisierung der Lebensbedingungen durch Schule und Jugendkultur wieder verflüchtigt und die sozial bedingten Ungleichheiten im Gesundheitsstatus wieder zur Geltung kommen.

Eine spezifisch belastete Gruppe stellen Jugendliche – vor allem Mädchen – mit selbstverletzendem Bewältigungshandeln dar. Im zweiten Teil dieses Abschnitts wollen wir uns eingehender mit dieser Gruppe befassen. Selbstverletzendes Handeln wird in der Sozialen Arbeit nur am Rande behandelt. Erklärungs- und Therapieansätze entstammen überwiegend der Klinischen Psychologie. Nicht zuletzt deshalb bewegen sich Sozialarbeiter/-innen im Umgang mit selbstverletzendem Handeln auf unsicherem Terrain. In sozialpädagogischen Arbeitszusammenhängen wird eine professionelle Unterstützung möglich, sofern Selbstverletzung nicht mehr nur als pathologisches Handeln angesehen wird, sondern als ein – allerdings dysfunktionales – Bemühen, traumatische Lebensereignisse zu bewältigen. Eine mögliche Rahmung, die sowohl den persönlichen Aspekten krisenhafter Biografieverläufe wie auch gesellschaftlichen Bedingungen Rechnung trägt, ist die Theorie biografischer Lebensbewältigung von Böhnisch (1997). Analog dem Resilienzkonzept geht der Bewältigungsansatz davon aus, dass die von einer Krise betroffene Person eigene Kräfte zu mobilisieren vermag, um eine für sie möglichst günstige Handlungsfähigkeit wiederherzustellen. Kollidiert eine solche Bemühung mit den gesellschaftlichen Normen, entsteht daraus die Notwendigkeit wie auch gesellschaftliche Legitimation für sozialpädagogische Interventionen (vgl. in Bezug auf die nachfolgenden Ausführungen die Diplomarbeit von Jochimsen 2005, 5 ff). Um sich dem selbst verletzenden Handeln in seiner dissozialen Form nähern zu können, ist zu bedenken, dass

> „die Grenzen zwischen kulturell verankerter, alltäglich ‚akzeptierter' und krankhafter Selbstbeschädigung (…) fließend sind. Ansätze selbst schädigender Verhaltensweise sind in unterschiedlicher Form und Ausprägung in uns allen vorhanden" (Eckhardt 1994, 13).

Im Folgenden richtet sich unser Augenmerk auf den Symptombereich einer offenen Selbstverletzung mittlerer Handlungsstärke. Nach Rohmann und Hartmann (1992, 17) haben mittlere Autoaggressionen eine intensive, wiederholte bis automatisierte Ausprägung mit sichtbaren Verletzungen, die z. T. bleibende Narben und Verhornungen (durch Beißen, Schneiden, Kratzen) hinterlassen. Zur Verbreitung der offenen Selbstverletzung liegen nur wenige Studien vor. Die umfassendste ist bereits älteren Datums (Favazza/Conterio 1989). Aus dieser in den USA durchgeführten Untersuchung ergab sich, daß 0,75 % der gesamten Bevölkerung sich selbst verletzen. Kleinere deutsche Studien gehen von 0,6 %–0,75 % der Gesamtbevölkerung aus, die von diesem Phänomen betroffen sind (Herpertz/Saß 1994, 298). Zu den am häufigsten betroffenen Körperteilen gehören die Arme (speziell die Unterarme) mit 74 %, die Beine mit 44 %, der Bauch mit 25 % und der Kopf mit 23 %.
  Theorien, die Hintergründe einer Entwicklung von selbst verletzendem Handeln beleuchten, sind überwiegend psychologischer Art. Sie beziehen

sich auf das Kindheitserleben, das sich in drei Bereiche gruppieren lässt: Deprivation, seelische und körperliche Misshandlung sowie sexueller Missbrauch (Schmeißer 2000, 48). So wurde in einer Studie von Sachsse, Esslinger und Schilling (1997, 12) – die Akten von 43 Patientinnen mit selbstverletzendem Handeln als Grundlage nahm – ermittelt, dass 74 % der Frauen mindestens eine dieser traumatisierenden Erfahrungen in ihrer Kindheit erlebt hatten. 53 % hatten schwere frühkindliche Vernachlässigung erfahren, 48 % körperliche Misshandlung und 46 % sexuellen Missbrauch erlitten. Eine ausführliche Darstellung möglicher Folgen von Deprivation und Misshandlung bis zu sexuellem Missbrauch ist in diesem Kapitel nicht möglich. Insgesamt begünstigen diese das Entstehen eines gestörten Körper- und Selbstbildes, da traumatisch wirkende Erlebnisse die Grenzen vorhersehbarer Erfahrungsspielräume sprengen. Erlebte Hilflosigkeit, Kontrollverlust und existentielle Gefährdung des eigenen Lebens begünstigen das Grundgefühl der Ohnmacht in Bezug auf Bewältigungsmöglichkeiten. Weitere Aggressionserfahrungen lassen sich nicht angemessen in das Selbst integrieren, so dass sich häufig posttraumatische Belastungsstörungen entwickeln. Nach Butollo und Gavranidou (1999, 466) artikuliert sich eine posttraumatische Belastungsstörung als Symptomtrias durch Wiedererleben des Traumas (in Form von intensiven Gedanken, Alpträumen, Angsterregung bei alten Auslösern), durch Vermeidung (in Gestalt von Amnesien, Interessensverlust, Gefühlsabstumpfung) und durch chronische Übererregung (in Form von Schlafstörungen, Irritierbarkeit, Schreckhaftigkeit). Zur Ausbildung posttraumatischer Belastungsreaktionen können auch einmal erlebte Gewalterfahrungen – z. B. Augenzeugenschaft bei der Tötung eines Elternteils oder bei der Vergewaltigung der Mutter usw. führen (Butollo / Gavranidou 1999, 463). Die Heftigkeit eines Traumas steht und fällt mit der Intensität der Beziehung zwischen Opfer und Täter. Eine Abwehrmöglichkeit besteht in der Fähigkeit zur Dissoziation, in denen die Ich-Funktionen vorübergehend außer Kraft gesetzt werden und das Kind die Möglichkeit nutzt, sich einer existentiell bedrohlichen Situation zu entziehen, um sich in eine Art Totstellreflex zu versetzen (Eckhardt 1994, 216). Bei Kindern, die häufigen Übergriffen in ihrem sozialen Umfeld ausgesetzt sind, besteht die Tendenz zu einem ständigen Einsatz der Dissoziation – mithin auch in Augenblicken, die für das Kind nicht existentiell bedrohlich sind.

Welche situativen Anlässe lösen selbstverletzendes Handeln aus, und welche Funktionen hat dieses für die betroffene Person? Antworten werden möglich auf der Hintergrundfolie der Biografie. So wird selbstverletzendes Handeln in Situationen ausgelöst, die Kinder und Jugendliche an belastende Empfindungen von früher (Gefühle der Einsamkeit, des Verlassenseins, Gefühle von Gewalt und Demütigung) erinnern. Auslöser können jedoch auch Situationen sein, in denen eigene Fehler nicht akzeptierbar sind (Sachsse 1994, 39) und selbst verletzendes Handeln den

Charakter von Selbstbestrafung annimmt. Schließlich kann selbstverletzendes Handeln sich zu einem „narzisstischen Regulativ" (43) entwickeln, welches der Person das Gefühl gibt, über ihren Körper verfügen zu können, eine höhere Schmerztoleranz als andere Menschen zu besitzen und den Körper auch wieder reparieren zu können. Neben dieser eher intrapersonellen Ebene hat selbstverletzendes Handeln auch interpersonelle Funktionen, z. B. als Mittel einer Nähe- und Distanzregulierung, um einem Beziehungsabbruch vorzubeugen, aber auch als Mittel, um die Aufmerksamkeit des Betreuungspersonals zu erhöhen. Letzteres tritt häufig in der stationären Psychiatrie und in stationärer Erziehungshilfe auf. Des Weiteren kann selbstverletzendes Handeln als „präverbaler Appell" (45) angesehen werden, indem Betroffene ihre Befindlichkeit nicht in Worten, sondern physisch zum Ausdruck bringen.

Festzustellen ist, dass der weibliche Anteil bei Personen mit selbstverletzendem Handeln extrem hoch ist. Überdies tritt selbstverletzendes Handeln häufig in der Lebensphase der Pubertät zum ersten Mal auf. Insofern müssten die weibliche Sozialisation und die Pubertät im Fokus nachfolgender Überlegung stehen – gemäß der Feststellung von Böhnisch, dass Geschlecht und Lebensalter Schlüsselkategorien menschlicher Lebensbewältigung darstellen (Böhnisch 1997). An dieser Stelle verweisen wir auf die vielfältige Literatur zur weiblichen Sozialisation, in der differenziert dargestellt wird, welche Faktoren zur Herausbildung geschlechtsspezifischer Muster in der Kindheit beitragen und Tendenzen begünstigen, dass Mädchen in kritischen Lebensereignissen zu intrapsychischen Bewältigungsformen neigen, während Jungen eher externalisierte Formen wählen (Böhnisch 1997; Böhnisch / Funk 2002; Kolip 1997). Der Pubertät als Lebensphase komplexer Bewältigungsanforderungen sind Mädchen aufgrund von Körperveränderung und -erleben in anderer Weise als Jungen ausgesetzt (Eckhardt 1994, 140). Tendieren Jungen eher zu hochbrisantem Handeln wie Extremsport, zu sich und andere gefährdendem Verkehrsverhalten oder auch zu Alkoholexzessen („Komatrinken"), sind bei Mädchen vorrangig destruktive Methoden einer Körperkontrolle registrierbar, zumal sie in zahlreichen Situationen erlebt haben, dass ihr Handeln stärker kontrolliert und sozialräumlich eingeschränkt wird als das von Jungen.

In unseren Überlegungen plädieren wir dafür, selbstverletzendes Handeln nicht von vornherein als therapeutisches Aufgabenfeld zu deklarieren und an Psychologie und Psychiatrie abzugeben, sondern Arbeits- und Interventionsprinzipien im sozialpädagogischen Setting selbst einzubringen. Eine geeignete Rahmung bietet der Ansatz biografischer Lebensbewältigung nach Böhnisch (1997). Zur Umsetzung des sozialpädagogischen Wissens über krisenbezogenes Bewältigungshandeln in sozialpädagogische Praxis formuliert Böhnisch fünf Grundprinzipien. Sie sind zentral für ein biografisch fundiertes Handeln nach dem Bewältigungsansatz (Böhnisch 1997, 265 ff):

■ Notwendig ist eine sozialräumliche Ausrichtung der sozialpädagogischen Intervention.

■ Des Weiteren ist eine Erweiterung des Verständnisses von professioneller Hilfe nötig. Sozialpädagogen / -innen sollten nicht nur Hilfe vermitteln, sondern selber Zugänge zu sozialen Ressourcen schaffen, um die Selbsthilfe der Betroffenen zu stärken.

■ Das dritte Prinzip bezieht sich auf die biografische Reflexivität der sozialpädagogischen Intervention. Die Betroffenen sollten lernen, dargebotene Hilfen in ihr Selbstbild zu integrieren, um mit diesem eine biografische Perspektive zu entwickeln.

■ Im vierten Prinzip geht es um die reflexive Kompetenz der sozialpädagogischen Fachkraft, sich der intervenierenden Bedeutung der eigenen Persönlichkeit in der Interaktion mit den Betroffenen bewusst zu sein.

■ Schließlich geht es um eine Selbstwertsteigerung der Betroffenen, die häufig mit selbststigmatisierenden Effekten konfrontiert sind.

Von grundlegender Bedeutung sind für Böhnisch Empowerment und Milieubildung. Letztere wird aufgefasst als sozialer Prozess der Schaffung und Strukturierung sozialräumlicher und sozialemotionaler Kontexte mit dem Ziel, den Betroffenen neue Bewältigungsformen anzubieten. Dafür sind geschützte Räume wichtig, in denen neue Handlungsweisen eingeübt werden können. Professionelle Fachkräfte sollten über genügend Zeit verfügen sowie über die Kompetenz, klare und gerechte Regeln aufzustellen und umzusetzen, damit den Mädchen – die bisher inneren Schmerz durch selbstverletzendes Handeln zum Ausdruck gebracht haben – nunmehr ermöglicht wird, Alternativen zu einem solchen Bewältigungshandeln zu entwickeln. Eine zentrale Aufgabe sozialpädagogischer Arbeit ist folglich, Angebote zu schaffen, durch die Betroffene verdeckte Ressourcen bei sich freilegen können, die den Selbstwert stärken. Diese Ressourcen können einen Gegenpol zum selbstverletzenden Handeln bilden und wiederum weitere Ressourcen entstehen lassen. Möglichkeiten einer Förderung von Selbstwirksamkeit als einer Erfahrung eigenständiger Bewältigung von Aufgaben, Konflikten und Schwierigkeiten bieten zum einen bewegungs- und körperorientierte Angebote (Witte / Sander 2006), zum anderen hochverlässliche Settings, in denen mit Hilfe der Fachkräfte, aber auch Gleichaltriger, Nähe und Beziehungen gestaltet werden können.

6.3   Männer und Frauen

Bereits im Blick auf das Jugendalter ist deutlich geworden, dass das „Geschlecht" eine zentrale Kategorie in der Auseinandersetzung mit Gesundheitsfragen darstellt. Die Gesundheitsprobleme Erwachsener sind dementsprechend in der Differenz von Männern und Frauen zu betrachten, wobei insbesondere Männer – unabhängig von spezifischen sozialen oder gesundheitlichen Problemen – bisher kaum in der Sozialen Arbeit und im Gesundheitsdiskurs explizit thematisiert worden sind. Erwachsensein und Mannsein finden sich daher in einer Sozialpädagogik der Lebensalter wenig wieder. „Ein für die Soziale Arbeit wesentlicher Teil (…) des Mannseins ist das Aufgreifen der Möglichkeit, als Mann zu einer unterlegenen oder marginalisierten Gruppe von Männern zu gehören" (Winter 2001, 1167). Dies sind Migranten, sozial desintegrierte Männer, kranke und alkoholabhängige Männer, Nichtsesshafte usw.

Erst zu Beginn der 1990er Jahre entstand allgemein ein fachöffentliches Interesse für Theorien zur Jungen- und Männlichkeitsforschung (Scherr 2002, 377 f) als Teil der Geschlechterforschung und damit auch das Erkenntnisinteresse für das Entstehen des Habitus von Jungen und Männern auf der Grundlage unterschiedlicher ökonomischer, politischer und sozialisatorischer Bedingungen. Soziale Arbeit bezieht soziales Geschlecht – also Weiblich- und Männlichsein – auf die Lebenslage respektive soziale Klasse und entwickelt aus dem Verständnis der Geschlechterdifferenzierung inzwischen einen großen Teil ihrer professionellen Arbeit in Handlungsfeldern. Nicht selten ist dabei der Blick auf Junge / Mann normativ akzentuiert, als Verursacher von Problemen von Mädchen und Frauen (Scherr 2002, 381 f). Aus diesem Grunde hat sich erst im zurückliegenden Jahrzehnt eine spezifische Jungen- und Männerforschung entwickelt, in der es aber nicht grundsätzlich um Junge- und Mannsein in der Moderne bzw. um gelingendes Junge- und Mannsein geht, sondern vorrangig um die spezifischen Probleme, denen Jungen und Männer im Zuge ihres Heranwachsens, im jungen Erwachsenenalter und in ihrer Erwerbsarbeit ausgesetzt sind. So hängt das männliche Selbstbewusstsein nach wie vor in erheblichem Maße von ihrem beruflichen Erfolg ab. Entsprechend stark wirkt sich der Verlust des Arbeitsplatzes auf das Wohlbefinden aus. Für die gesundheitsbezogene Soziale Arbeit ist Junge- bzw. Mannsein bislang kaum ein Thema.

Anders sieht dies in der Gesundheitspsychologie und den Gesundheitswissenschaften aus. So werden intensiv die empirisch gesicherten epidemiologischen Daten der Geschlechterdifferenz in Bezug auf Mortalität, Morbidität, den geschlechterdifferierenden Umgang mit Gesundheit und Risikohandeln, die geschlechtsspezifische Inanspruchnahme des Versorgungssystems, Gesundheit und Krankheit im Lebenslauf von Frauen und Männern thematisiert (vgl. dazu das gesundheitswissenschaftliche Grundlagenwerk von Hurrelmann / Kolip 2002). Auch die Vertreter der Gesundheitspsychologie und der Gesundheitswissenschaften registrieren jedoch, dass die Besonderheiten der Gesundheit von Männern erst in jüngster Zeit in das Blickfeld empirischer Forschung gelangt sind (Faltermaier 2005, 286). Gesundheitsbezogene Risiken für Männer werden zum einen in ihrem Umgang mit Belastungen in der Arbeitswelt gesehen, zum anderen ist jedoch auch darauf zu verweisen, „dass sie unter ressourcenorientierten Gesichtspunkten eben auch gesund hält" (Koppelin / Müller 2004, 134). Eine weitere Quelle von Belastungen bilden für Männer Partnerkonflikte (u. a. Verlust und Trennung). Ihr Bewältigungshandeln ist nicht selten gesundheitsgefährdend (z. B. Alkoholkonsum), da ihr Gesundheitshandeln zumeist weniger stark ausgeprägt ist (Faltermaier 2005, 289).

Im Unterschied zu Frauen ist die Sorge um den eigenen Körper bei Männern wesentlich weniger ausgeprägt. So verfügen Frauen auch über ein breiteres Alltagswissen in Bezug auf Gesundheit und Krankheit (Kolip / Hurrelmann 2002, 20) und sie nehmen häufiger medizinische, psychosoziale Hilfen, aber auch präventive Leistungen in Anspruch (Kolip / Koppelin 2002, 491). Überdies neigen Jungen wie Männer häufiger als Mädchen und Frauen zu Formen gesundheitlichen Risikohandelns. So sind Jungen und Männer gefährdeter durch Unfälle in Verkehr und Freizeit, aber auch durch Gewalthandlungen (Kolip / Hurrelmann 2002, 19). Alle drei Risikofelder erklären sich durch nach wie vor gegebene differente Anforderungen an Mann und Frau, Junge und Mädchen im privaten und öffentlichen Lebenszusammenhang und die damit einhergehenden unterschiedlichen Handlungs- und Deutungsmuster (Dörr 2002a, 76), die bis in den Bereich einer gesundheitsbewussten Ernährung reichen. Im vierten bundesweiten Gesundheitssurvey unter Leitung des Robert-Koch-Instituts (Durchführung Oktober 1997 bis März 1999) wurde u. a. eine höhere Präferenz der Männer für den Konsum von Fleischprodukten, alkoholischen Getränken und eine geringere Präferenz für den Konsum von ballastreichen Lebensmitteln festgestellt (Mensink 2004, 161). Wo kann eine gesundheitsbezogene Soziale Arbeit bei Jungen und Männern ansetzen? Eine gute Möglichkeit bietet bei Jungen die Thematisierung des Körpers. Der Körper bildet für sie eine wichtige Ressource zur Selbstdarstellung (Winter / Neubauer 2004, 37). Möglich ist diese durch sportliche Betätigung bzw. ganz allgemein durch das Bestreben, „etwas für den Körper zu tun", um den „optischen Eindruck" zu verbessern (Winter / Neubauer 2004, 40).

Die Erreichbarkeit von Männern ist am ehesten über gesundheitsförderliche Aktivitäten im Betrieb gegeben (Altgeld 2004, 273). Gegenwärtig ist jedoch immer noch das Bewusstsein in Bezug auf das Geschlecht als Ansatzpunkt für Aktivitäten gering ausgeprägt. Spezifische Bezugsgruppen für eine gesundheitsbezogene Soziale Arbeit sollten sein – sind es aber bislang nicht (Altgeld 2004, 280): sozial benachteiligte Männer, männliche Migranten, arbeitslose Männer, alte Männer. Altgeld plädiert für die „Entwicklung einer jungen und männerspezifischen Gesundheitskommunikation" (Altgeld 2004, 282 f) und für die „Implementation von Gender Mainstreaming als Querschnittsförderung und Qualitätsmerkmal von Gesundheitsförderung und Prävention" (Altgeld 2004, 283 f). Grundsätz-

lich sollten in Projekten und gesundheitsbezogenen Handlungsfeldern
Sozialer Arbeit die unterschiedlichen Voraussetzungen von Jungen und
Mädchen bzw. Männern und Frauen berücksichtigt werden, um auf diesem Wege überkommene stereotype Bilder – z. B. vom kranken, aber doch
starken Mann – in Frage zu stellen und Organisationskulturen zu verändern (Döge 2004, 240). Ernüchternd ist die Feststellung: „Bislang sind
weder die Gesundheitsversorgung noch -förderung auf Männer mit ihren
spezifischen Sozialisationshintergründen eingestellt" (Altgeld 2004, 285).
Ähnliches stellen Kolip und Hurrelmann (2002, 27) fest. Wenig erforscht
ist auch der Zusammenhang zwischen Lebensform (verheiratet, Single …)
sowie Lebenslage und Gesundheit in Bezug auf die Geschlechterdifferenz
wie auch Ethnie und Gesundheit im Blick der Geschlechterspezifität.
   Im Gegensatz zur Männergesundheit ist die Frauengesundheit schon
seit den 1970er Jahren ein gesundheitspolitisches Thema. Die Frauen-
gesundheitsbewegung formierte einen Widerstand gegen die Enteignung
und Medikalisierung des weiblichen Körpers durch die Medizin. Sie engagierte sich für ein ganzheitliches, biopsychosoziales Verständnis von
Gesundheit und lieferte damit wichtige Impulse für die gesundheitspolitischen Aktivitäten der WHO. Zugleich kam es zur Gründung von Frau-
engesundheitszentren, um den spezifischen Gesundheitsproblemen von
Frauen besser gerecht zu werden (BMGF 2005, 10). Trotz vielfältiger Initiativen blieb die Frauensicht im System der gesundheitlichen Versorgung
jedoch randständig. So wurden Frauen bis in die 1990er Jahre systematisch aus klinischen medizinischen Studien ausgeschlossen, und erst ab
Mitte der 1990er Jahre forderte die WHO eine stärkere Aufmerksamkeit
für die Gesundheit von Frauen. Das Ergebnis davon ist die Einführung
einer frauenspezifischen Gesundheitsberichterstattung, die im deutschsprachigen Raum mit dem ersten österreichischen Frauengesundheitsbericht im Jahr 1995 begann. 1996 folgte der Frauengesundheitsbericht für
die Schweiz und 1999 schließlich der erste Frauengesundheitsbericht für
Deutschland.
   Die Forderung nach der Berücksichtigung der Frauenperspektive in
der gesundheitlichen Versorgung ging von einer Reihe von Defiziten in
der Bearbeitung der Gesundheitsprobleme von Frauen aus (Maschewsky-
Schneider 2002, 493 ff):

1. *Die Beschränkung der Selbstbestimmung von Frauen im Bereich der Re-*
   produktionsmedizin und in der freien Entscheidung über Kontrazeption,
   Schwangerschaft und Geburt. Bis heute ist eine zunehmende Technisie-
   rung der Geburt zu erkennen. So fanden z. B. im Jahr 2002 98,4 % aller
   Geburten in Österreich in Krankenhäusern statt; zugleich werden immer mehr Schwangerschaften zu „Risikoschwangerschaften" erklärt und
   durch zusätzliche Untersuchungen begleitet (BMGF 2005, 37).
2. *Die mangelnde Wahrnehmung für die massiven psychosozialen und kör-*

perlichen Folgen von körperlicher und sexueller Gewalt gegen Frauen und Kinder. Der Schutz von Frauen und Mädchen gegen Gewalt war von Beginn an ein wichtiges Anliegen der Frauenbewegung, das zur Gründung von Frauenhäusern und Beratungseinrichtungen bei sexuellem Missbrauch geführt hat. In Deutschland z. B. waren bei ungesicherter Datenlage Ende der 1990er Jahre schätzungsweise 4–6 % der Frauen schwerer physischer Gewalt in der Familie ausgesetzt; 8,5 % aller Frauen über 18 Jahren berichten von Vergewaltigungserfahrungen und 10 % von Misshandlungen im Kindes- und Jugendalter (BMJFSF 1999, 33 f).

3. *Die Nichtbeachtung frauenspezifischer Risikofaktoren für Herz-Kreislauf-Erkrankungen und Krebs.* Herz-Kreislauf-Erkrankungen sind für Frauen ebenso wie für Männer die führende Todesursache. Es zeigen sich jedoch Unterschiede in der Symptompräsentation, was bei Frauen häufig eine wenig aussagekräftige Herzdiagnostik und eine höhere Mortalität bei Herzinfarkten und Herzoperationen zur Folge hat (BMGF 2005, 18).

4. *Fehl-, Unter- und Überversorgung von Frauen in der Medizin.* Frauen müssen doppelt so oft zum Arzt gehen, damit ihre Beschwerden ernst genommen werden. Dabei werden ihre Beschwerden eher psychosomatisch als physiologisch interpretiert. Auf der anderen Seite werden bei weiblichen Patienten häufiger psychiatrische Diagnosen gestellt und deutlich mehr Medikamente (v. a. Beruhigungs-, Schlaf- oder Schmerzmittel und Antidepressiva) verordnet als bei Männern (BKF 2003, 10).

5. *Mangelnde Geschlechtergerechtigkeit hinsichtlich der Vertretung von Frauen im Gesundheitswesen und in der Wissenschaft.* Dies führt insgesamt zu einer Ausrichtung der Gesundheitsforschung am „männlichen Modell", das zum Maßstab des Menschlichen verallgemeinert wird (Dörr 2002a, 77). In dieser Perspektive kommen nicht nur frauenspezifische Gesundheitsanliegen zu kurz, sondern – wie im ersten Teil dieses Abschnitts skizziert – auch die Reflexion männlicher Gesundheitsprobleme in ihrer Spezifik des Mannseins.

Gesundheitliche Versorgung und gesundheitsbezogene Soziale Arbeit müssen anerkennen, dass Frauen und Männer einen unterschiedlichen Zugang zur Gesundheit haben. Die Geschlechterdifferenz hat zwar – was die Gesundheit betrifft – biologische Bezüge, sie ist aber im Kern historisch konstruiert und sozial und kulturell verankert. Deshalb ist die Thematisierung der historisch entstandenen Bipolarität im Gender-Diskurs und in Ansätzen zum Gender-Mainstreaming konsequent und notwendig, sofern nicht einer Biologisierung des Geschlechterverhältnisses Vorschub geleistet wird. Für Frauen bedeutet dies die Beachtung, Reflexion und Transformation der weiblichen Fürsorgemoral – im englischen Sprachgebrauch „Care" (Böhnisch et al. 2005, 169) – die den frauenspezifischen Zugang zu gesundheitlichen Fragen prägt.

Frauen verhalten sich weniger gesundheitsschädigend als Männer; sie kümmern sich mehr um die Gesundheit ihrer Familienangehörigen, können Krankheitssymptome eher deuten und suchen schneller einen Arzt auf als Männer (BKF 2003, 10). Die aus dieser größeren Sorge um die Gesundheit resultierende stärkere Inanspruchnahme der Gesundheitsdienste wird häufig durch die höhere „Klagsamkeit" der Frauen begründet. Zur Untermauerung dieser These wird die in den Industriestaaten durchschnittlich um sechs Jahre höhere Lebenserwartung der Frauen angeführt, die belegen soll, dass Frauen faktisch gesünder sind als Männer. Dörr wendet dagegen zu Recht ein, dass ein längeres Überleben noch kein Beweis für Lebensqualität und Gesundheit ist (Dörr 2002a, 75). Tatsächlich berichten Frauen häufiger von Gesundheitsbeeinträchtigungen als Männer, und sie schätzen ihren subjektiven Gesundheitszustand schlechter ein (Bormann 2002, 30 ff).

Insgesamt zeichnen sich im Lebensverlauf von Frauen und Männern keine gravierenden Differenzen in den Erkrankungsraten ab, wobei sich die gesundheitlichen Probleme unterscheiden. Während Frauen häufiger über Kopfschmerzen, Müdigkeit, Niedergeschlagenheit, Krampfadern, Hämorrhoiden, Arthritis und Rheuma klagen, leiden junge Männer eher unter Magenbeschwerden, Atemnot und Rückenschmerzen. Chronische Erkrankungen treten bis zum 74. Lebensjahr etwa gleich häufig auf (Naidoo / Wills 2003, 37).

Besondere frauenspezifische Gesundheitsprobleme zeichnen sich im gynäkologischen Bereich ab, der in der Gesundheitsberichterstattung kaum berücksichtigt wird. Frauen sind im Lebensverlauf oft mit erheblichen körperlichen Beschwerden konfrontiert, wobei auch bei gutartigen Erkrankungen schnell mit fragwürdigen operativen Eingriffen reagiert wird (z. B. Gebärmutter- oder Eierstockentfernung) – ein Vorgehen, das massive körperliche und psychische Folgeprobleme nach sich ziehen kann (BMJFSF 1999, 30).

Eine unerwünschte Nebenwirkung des Medizinsystems ist die Medikamentenabhängigkeit, die als frauenspezifische Sucht gilt. Frauen bekommen aufgrund der Neigung zu psychosomatischen und psychiatrischen Diagnosen häufig psychotrope Medikamente mit Abhängigkeitspotenzial verordnet. Derartige Medikamente stellen eine scheinbare Hilfe dar, um Privat- und Berufsleben trotz vielfältiger Belastungen und Beschwerden in den Griff zu bekommen (BKF 2003, 40 f). Medikamentenabhängigkeit ist eine „stille", sozial unauffällige Sucht, die den innengerichteten Bewältigungsstrategien von Frauen entgegen kommt (Hurrelmann 1994, 105 f).

Schließlich sind Essstörungen eine Problematik, die unter Frauen öfter auftritt als unter Männern. Während Adipositas bei Männern und bei Frauen in gleichem Umfang verbreitet ist (ca. 9,1 % der österreichischen Männer und Frauen sind davon betroffen), zeigt eine Wiener Untersuchung unter 14- bis 17-jährigen Schülerinnen und Schülern, dass 6,9 % der

Mädchen und 0,3 % der Jungen eine Essstörung in Form von Magersucht oder Bulimie aufweisen. 52 % der Mädchen haben bereits eine Diät gemacht, 13 % haben absichtlich erbrochen, um ihr Gewicht zu reduzieren, und 6 % haben Abführmittel zum Abnehmen verwendet (BMGF 2005, 24 f, 28). Essstörungen sind ein Resultat der Idealisierung anorektischer Körperformen in Medien und Mode, die weibliche Körperformen negiert und durch ihre Vorbildwirkung Entwicklungsprobleme bei Mädchen in der Pubertät verursacht.

Frauenspezifische Gesundheitsprobleme werden im Kontext weiblicher Lebensverläufe und weiblicher Lebensanforderungen gesehen. Weibliche Lebensverläufe sind in vielen Fällen durch Brüche gekennzeichnet, die aus Unterbrechungen der Berufstätigkeit infolge der nach wie vor schwierigen Vereinbarkeit von Familie und Beruf resultieren. Bisher ist noch keine gravierende Änderung der familiären Arbeitsteilung zu erkennen, und zur etablierten Haus- und Familienarbeit der Frauen kommt in immer stärkerem Ausmaß die Pflege älterer Angehöriger hinzu. Frauen sind dadurch beruflich benachteiligt, aber angesichts abnehmender wirtschaftlicher Absicherung auch zunehmend gezwungen, unter ungünstigen Bedingungen berufstätig zu sein (BMJFSF 1999, 25 f; Bormann 2002, 29).

Wurde die komplexe Anforderungssituation von Frauen unter dem Stichwort der „Doppelbelastung" lange Zeit als gesundheitlich nachteilig betrachtet (Bartholomeyczik 1988), so ist die Einschätzung der gesundheitlichen Auswirkungen der frauenspezifischen Belastungen heute ambivalenter. Neben Überforderungen und Koordinationsproblemen im Alltag, die mit Stress, Belastungen und einem Mangel an sozialer Anerkennung einher gehen, werden zugleich gesundheitsrelevante Kompetenzen und Ressourcen erworben. Die Kombination unterschiedlicher Lebensbereiche bietet Chancen zur persönlichen Weiterentwicklung und Sinngebung, und sie eröffnet Ausweich- und Kompensationsmöglichkeiten (BKF 2003, 12). Frauen entwickeln breite Bewältigungsfähigkeiten, die auch die erfolgreiche Bewältigung von gesundheitlichen Belastungen begünstigen können.

Die Genderperspektive, die zu einer stärkeren Berücksichtigung der gesundheitlichen Belange von Frauen und Männern in der Gesundheitsarbeit und in der gesundheitlichen Versorgung führt, ist inzwischen unumstritten. Aus Frauensicht erfordert dies die weitere Etablierung frauenspezifischer Gesundheitsdienste, den Ausbau der Frauengesundheitsberichterstattung, die Formulierung geschlechtergerechter Gesundheitsziele und eine geschlechtersensible gesundheitliche Versorgung im etablierten Gesundheitssystem. Darüber hinaus hat die Frauenperspektive insgesamt eine Vorreiterrolle für die Etablierung einer sozialwissenschaftlich ausgerichteten, ganzheitlichen Gesundheitsförderung gespielt. Die von Bormann skizzierten Prinzipien einer frauenspezifischen Prävention und Gesundheitsförderung (Orientierung an den Stärken,

Unterstützung von Selbstbestimmungsbestrebungen, Sensibilisierung für die Wahrnehmung des eigenen Körpers) unterscheiden sich dementsprechend wenig von den Prinzipien der Gesundheitsförderung allgemein (Bormann 2002, 36f).

6.4   Alte Menschen

Die Möglichkeit gesund und aktiv zu leben, ist von objektiven Bedingungen wie Bildung, Beruf und Einkommen beeinflusst. Gesund zu altern ist nicht von einem – von diesen Strukturmerkmalen losgelösten – Entscheidungsspiel des Einzelnen abhängig. Aufgrund ungleicher Voraussetzungen gesund zu altern, bleiben die Chancen dazu different. Gegenwärtig drohen die gesellschaftlichen Voraussetzungen aufgrund erodierender Kürzungen bei Gesundheitsleistungen, die vor allem die armen Alten treffen, sich zu verschlechtern (Homfeldt 2005b, 187ff).

Fassen wir Lebenslage als Spielraum des Einzelnen auf, seine materiellen und immateriellen Interessen umzusetzen, so zeigt sich, dass die Möglichkeiten dazu in allen Lebensaltern ungleich verteilt sind und dies bis ins hohe Alter auch bleiben. Eine Lebenslage gilt als gut, wenn „sie diejenigen Mittel materiell und immateriell bereitstellt, die dem Menschen die Befriedigung seiner materiellen wie immateriellen Interessen und Anliegen erlauben" (Naegele 1998, 107). Umgekehrt sind Lebenslagen defizitär, wenn dies nicht erfüllt ist. Entsprechend lassen sich Lebenslagen von alten Menschen in positive und negative polarisieren. Erstere sind verbunden mit Aktivität, Selbstorganisationsfähigkeit, Unabhängigkeit, finanziellem Wohlstand; letztere hingegen mit sozialer Ungleichheit und in ihrem Gefolge mit gesundheitlicher Ungleichheit. Armut im Alter „stellt sich oft als Fortsetzung einer Armutskarriere ein, die in der Jugend bzw. im frühen Erwachsenenalter begonnen hat" (BMFSFJ 1996, 56). Mittlerweile liegen empirische Nachweise vor, dass zwischen der gesundheitlichen Ungleichheit im Alter und den Lebensbedingungen in der Kindheit ein enger Zusammenhang besteht. Dabei ist die sozioökonomische Lage des Familienhaushalts noch prägender als die psychosoziale Lage (v. d. Mhen et al. 1997, 13ff). Der Erste Altenbericht des BMFSFJ (1996, 56) registriert, dass in die Kindheit zurückreichende Lebensschicksale und durch sie bedingte Lebenslagen für die Entstehung unterschiedlicher Lebensformen im Alter verantwortlich sind.

Darüber hinaus stellt Kruse in einer 2002 erstellten Expertise des Bundesministeriums für Gesundheit fest, dass es bei Frauen und Männern im höheren Alter noch weitere Ungleichheitsaspekte gibt. Bei Frauen seien die Lebenslagen von stärkeren Einschnitten bestimmt als bei Männern. Altern bei Frauen sei mit höheren gesundheitlichen wie auch materiellen und sozialen Risiken verbunden als bei Männern. So würden Erkrankungen von Frauen im Vergleich zu Erkrankungen von Männern häufiger nicht diagnostiziert und nicht adäquat behandelt (Kruse 2002, 173).

Der Einfluss sozialer Faktoren auf die Lebenssituation und Lebensgestaltung im Alter legt einen interdisziplinären Zugang in der Altenhilfe und -pflege nahe. Doch mit der Einführung der Pflegeversicherung 1995 wandelten sich die wichtigsten Akteure sozialer Dienste im Alter. War Altenpflege vorher breit konzipiert, so hatten sich nach 1995 die ambulanten und stationären Dienste im Sinne einer körperorientierten Pflege zu reorganisieren. An die Stelle kooperativer Strukturen zwischen Verbänden und Gemeinden/Landkreisen traten nun die Pflegekassen und -klassen. „Mit dem Inkrafttreten der sozialen Pflegeversicherung (SGB XI) setzte die institutionelle Trennung von Altenhilfe und Pflegewesen ein, und es sank die Bedeutung der Kommunen für die Gestaltung der Pflegelandschaften" (Schmidt 2003, 314). War vor der Pflegeversicherung Soziale Arbeit je nach Land öffentlich subventioniert, so entstanden nach 1995 von Einrichtung zu Einrichtung variierende Einzelpolitiken.

Wenn auch die Soziale Arbeit normativ für das Handlungsfeld „Pflege" nach wie vor von hoher Bedeutung ist, so sind doch ihre Leistungen durch die Pflegeversicherung nicht mitfinanzierbar. Die Pflegeversicherung beschränkt sich vornehmlich auf die Finanzierung von Pflegekräften (Schmidt/Klie 1998). Die Folge sind Qualitätsdefizite – vor allem im Altenpflegeheim – da die soziale Betreuung weitgehend ausbleibt (Garms-Homolová/Schaeffer 2000, 540), sofern sie nicht von Angehörigen oder Ehrenamtlichen getragen wird. Pflege allein als körperzentrierte Versorgungsleistung wird den Bedürfnissen von Bewohnern/Bewohnerinnen nicht gerecht (dies gilt im Besonderen für Demenzkranke), denn

> „altersgerechte Versorgung bedeutet (…), alten Menschen ein Höchstmaß an Lebensqualität und Autonomie zu sichern, vorhandene Bewältigungsfähigkeiten nicht zu beeinträchtigen und Sorge für die Aufrechterhaltung sozialer Integration sowie die Vermeidung von Diskriminierung zu tragen" (Garms-Homolová/Schaeffer 2000, 545).

Sicherlich ist es ungerechtfertigt, die Pflegeversicherung pauschal negativ abzustempeln. Sie hat die Professionalisierung der Pflege nachhaltig gefördert (Klie 2000, 276) und sie hat geholfen, dass Pflegebedürftigkeit nicht mehr ein privates Risiko ist, für das im Fall einer Heimunterbringung selbst aufzukommen ist; in mehr als 80 % der Fälle wurde vor Einführung der Pflegeversicherung die Sozialhilfe – also die Kommune – zur Kasse gebeten. Allerdings stellt die Beschränkung des Pflegekonzepts im Sinne des SGB XI seit Einführung der Pflegeversicherung 1995 einen der schärfsten Punkte kritischer Auseinandersetzung dar. So wird im „Vierten Bericht zur Lage der älteren Generation" (BMFSFJ 2002) angemerkt, dass durch die restriktive Verrichtungsbezogenheit eine umfassende pflegerische Versorgung, vor allem bei der Betreuung von Personen mit demenziellen Erkrankungen, gefährdet sei; Pflegebedürftigkeit sei überwiegend an der Mobilität, nicht aber an der Kognitivität orientiert. Die Pflegeversicherung sei vor allem auf den technischen Aufwand ausgerichtet. Erfolgreiche „aktivierende Pflege" und „rehabilitative Maßnahmen" würden durch eine niedrigere Pflegeeinstufung bestraft.

Auch vor Einführung der Pflegeversicherung gehörte der Adressatenkreis alter Menschen nicht zu den großen Arbeitsfeldern Sozialer Arbeit. Arbeitsverläufe gestalteten sich, wie Hirt (1999, 224) feststellt, im Pflegekontext ungleichmäßig und ungleichartig, geprägt vor allem durch die Besonderheiten der einzelnen Bundesländer. Vor allem war die Soziale Arbeit bemüht – und sie ist dies wohl auch gegenwärtig noch – das Leitbild des „aktiven Alterns" aufzugreifen. Damit reagierte sie auf die Aktivitätstheorie zur Analyse der Lebensphase Alter. Eine Orientierung am „aktiven Senior" birgt jedoch in Zeiten finanzieller Engpässe unbeabsichtigte Nebenwirkungen. „Die Aufwertung des produktiven Alters ist in Gefahr, das nicht mehr produktive Alter – indirekt zumindest – zu einem unnützen zu machen" (Lenz et al. 1999, 35). Für die Soziale Arbeit ist möglicherweise ein anderer Weg erfolgversprechender, eine Lücke nach Einführung der Pflegeversicherung zu schließen: die Aufgabe der sozialen Integration, wenngleich diese vorerst aufgrund fehlender finanzieller Möglichkeiten kaum praktisch realisierbar ist. Gestaltbar ist jedoch die Aufgabe der sozialen Integration in der Altenpflegeausbildung durch Soziale Arbeit, zumal eine direkte Anschlussfähigkeit zu Pflegetheorien, wie zu der Theorie von Benner (2000), möglich ist. Im Sinne von Caring beruht Benners Pflegeverständnis auf einem phänomenologischen Verständnis von Sorge und Mitsein. Benner misst dem umfassenden Wahrnehmen und Verstehen von Situationen eine große Bedeutung bei, ohne nach feststehenden Regeln zu (re-)agieren. Ihr Konzept ist einfügbar in den von Brückner und Thiersch umfassenden Entwurf von Care. In ihrem Sinne umfasst

„Care den gesamten Bereich der Fürsorge und Pflege, d.h. familialer und institutionalisierter Aufgaben der Gesundheitsversorgung, der Erziehung und Betreuung im Lebenszyklus (…) sowie der personenbezogenen Hilfe in besonderen Lebenslagen" (Brückner/Thiersch 2005, 138).

Außerhalb des Handlungsfelds „Pflege" finden sich weitere Aufgabenbereiche einer gesundheitsbezogenen Sozialen Arbeit im Alter, z.B. im Bereich „Koordination" in der Integrierten Versorgung und im Case Management (Löcherbach et al. 2005). Aufgaben ergeben sich auch in Bezug auf spezielle Gruppen alter Menschen wie z.B. Migranten und Migrantinnen. Gab es 1999 in Deutschland 525.000 mindestens 60-jährige Ausländer und Ausländerinnen, so wird sich bis 2010 diese Zahl mehr als verdoppelt haben (BMFSFJ 2001).

Ein spezifisches Aufgabenfeld bildet die Verstärkung der Forschungsanstrengungen, u. a. zur sozialen Ungleichheit und ihrer Bewältigung, aber auch in Form grundlegender Forschung, die sich entlang einer historischen, biografischen, lebensweltlich-soziokulturellen wie auch sozialstrukturellen Perspektive entfaltet. Grundlegende Forschung in diesem Sinne eröffnet die Möglichkeit zu einer interdisziplinären Kooperation mit Public Health, Gerontologie und Pflegewissenschaften. Besondere Chancen für die Disziplin „Soziale Arbeit" bietet eine biografiebezogene Näherung (Hanses 2004), zumal diese in den anderen mit gesundem Altern befassten Disziplinen von geringerer Bedeutung ist.

7 Handlungsfelder

Bei der Beschäftigung mit Handlungsfeldern im Schnittfeld von Sozialer Arbeit und Gesundheit kann man zunächst von der Unterscheidung ausgehen, die Ortmann und Waller für die „gesundheitsbezogene Sozialarbeit" treffen: Sie unterscheiden die „klassische" Sozialarbeit im Gesundheitswesen von einer „Gesundheitsarbeit im Sozialwesen", die sich mit gesundheitsbezogenen Aufgaben in etablierten Feldern der Sozialen Arbeit befasst (Ortmann/Waller 2005, 2 ff).

Der Bereich der „Sozialarbeit im Gesundheitswesen" setzt die Tradition der zielgruppenbezogenen Gesundheitsfürsorge fort, die im Umfeld von Gesundheitsamt, Krankenhäusern und Rehabilitationseinrichtungen für chronisch Kranke angesiedelt worden ist. Durch die Zunahme chronischer Erkrankungen hat dieser Bereich an Bedeutung gewonnen. Die Verlängerung der Lebenserwartung bringt es mit sich, dass immer mehr Lebenssituationen mit eingeschränkter Lebensqualität entstehen; spezifische Beeinträchtigungen und Behinderungen erfordern eine langfristige soziale Begleitung und Betreuung. Die Sozialarbeit im Gesundheitswesen antwortet durch die Ausweitung ihrer Handlungsfelder auf diese Problematik; dabei ist sie „primär krankheitsorientiert, d.h. sie hat es überwiegend mit bereits erkrankten Menschen zu tun" (Ortmann/Waller 2005, 3), was jedoch gesundheitsfördernde Perspektiven nicht ausschließt.

Die vielfältigen Hinweise zum Zusammenhang von sozialer und gesundheitlicher Ungleichheit legen nahe, dass darüber hinaus soziale Hilfe zur Bearbeitung sozialer Benachteiligung generell positive gesundheitliche Effekte haben kann – dass also eine „Gesundheitsarbeit im Sozialwesen" stattfindet. Dementsprechend verweist Rosenbrock darauf, dass man nach jahrelangen Bemühungen um eine Gesundheitsförderung im Sinne der WHO feststellen muss, „dass die gesundheitlich vor allem in Problemgruppen wirksamsten Maßnahmen immer noch von der Sozialarbeit und Sozialpädagogik geleistet werden, oft, wenn nicht meist ohne expliziten Gesundheitsbezug" (Rosenbrock 1998a, 207). Diese für Gesundheitswissenschaftler eher „traurige" Erkenntnis ist für die Soziale Arbeit recht positiv. Sie zeigt, dass Soziale Arbeit gesundheitliche Relevanz hat und dass sie ihre Position stärken und ihre Methoden profilieren kann, wenn sie ihren Gesundheitsbezug reflektiert. Soziale Arbeit weist eine professionelle Nähe zu sozial benachteiligten Bevölkerungsgruppen auf, während die Komm-Strukturen des Gesundheitswesens für sozial Benachteiligte eine

Zugangsbarriere darstellen. Allerdings ist das Bewusstsein für die Gesundheitsrelevanz der Sozialen Arbeit in Wissenschaft und Praxis bisher noch gering ausgeprägt. Dies führt z. B. dazu, dass Finanzierungsmöglichkeiten für gesundheitsorientierte Projekte durch die Krankenkassen, die sich aus der jüngsten Veränderung des §20, SGB V ergeben, von der Sozialen Arbeit bisher kaum genutzt werden (Altgeld et al. 2003).

Neben diesen beiden Bereichen lässt sich ein dritter Bereich identifizieren, indem im Anschluss an die Gesundheitsförderungsdiskussion neue Zugänge zu einer interdisziplinären „Gesundheitsförderung" entwickelt werden. Derartige Zugänge sind bisher in Deutschland im Vergleich zur Schweiz („Stiftung Gesundheitsförderung Schweiz") in der Praxis recht spärlich. Wo sich diese jedoch etablieren können (z. B. in der Suchtprävention oder in der betrieblichen Gesundheitsförderung), zeigt sich, dass Gesundheitsförderung zunehmend als eine multiprofessionelle Querschnittsaufgabe verstanden werden muss, mit der die Soziale Arbeit neben anderen Disziplinen und Professionen befasst ist und die zu interprofessionellen Vernetzungen und Kooperationen vor Ort – in spezifischen Settings wie Institutionen, Organisationen oder Gemeinwesen – führt.

Im Vorfeld der Skizzierung spezifischer Handlungsfelder erscheint es uns sinnvoll, anhand der Begriffe „Prävention, Rehabilitation und Gesundheitsförderung" übergreifende Arbeitskonzepte und Zugänge einer gesundheitsbezogenen Sozialen Arbeit vorzustellen, die Rahmenorientierungen für die jeweiligen Handlungsfelder und Praxisbereiche vorgeben.

7.1   Prävention, Rehabilitation und Gesundheitsförderung

In einer sehr groben Annäherung lassen sich die Arbeitskonzepte der Sozialen Arbeit unterscheiden in Maßnahmen zur *Prävention* und in konkrete *Interventionen* – also in Maßnahmen, die als „vorbeugendes Eingreifen", als Verhinderung von etwas Unerwünschtem (Störungen, Krankheiten, abweichendes Verhalten) bezeichnet werden können, und in Maßnahmen, die manifeste Probleme, soziale Auffälligkeiten und Abweichungen bearbeiten (Böllert 1995).

Im Gegensatz zu sozialen Problemen kann man für gesundheitliche Probleme feststellen, dass die Soziale Arbeit hier kaum für *Interventionen* zuständig ist, d. h. die Behandlung obliegt in der Regel anderen Berufsgruppen (Medizinern, Psychiatern, Psychotherapeuten, Gesundheits- und Pflegeberufen). Gesundheitsbezogene Soziale Arbeit ist deshalb vor allem im Bereich der *Prävention* angesiedelt.

Für die Prävention hat sich in der Fachdiskussion inzwischen eine dreistufige Gliederung entlang des zeitlichen Einsatzpunktes durchgesetzt – eine Differenzierung in *primäre*, *sekundäre* und *tertiäre Prävention* (Caplan 1964). Dieses Schema orientiert sich stark am biomedizinischen

Behandlungs- und Krankheitsmodell und es führt zu einem Vorrang individualisierender, personenbezogener Zugänge in der Prävention (Böllert 2001, 1395). Trotz dieses Einwands ermöglicht es eine sinnvolle Differenzierung präventiver Zugänge (Sting / Blum 2003, 36), die am Beispiel von Gesundheitsproblemen wie Sucht- oder Herz-Kreislauf-Erkrankungen erläutert werden kann.

Primärprävention bedeutet demnach die Förderung von allgemeinen Schutzfaktoren; in der Suchtprävention sind dies z. B. Selbstwertschätzung und soziale Kompetenzen, in Bezug auf Herz-Kreislauf-Erkrankungen können dies z. b. angemessene Stressbewältigungsstrategien sein. Da Primärprävention vor dem Auftreten von Auffälligkeiten ansetzt, ist sie auf Ursachentheorien und Erklärungsansätze für die Entstehung und Verhinderung spezifischer gesundheitlicher Probleme angewiesen.

Sekundärprävention verknüpft die Ursachenorientierung mit dem Auftreten erster Risikoindikatoren. Im Fall der Suchtprävention wurden hierbei starker oder regelmäßiger Substanzkonsum, Zugehörigkeit zu einer drogennahen Szene, aber auch Schulversagen oder familiäre Konflikte als Risikofaktoren identifiziert; im Fall von Herz-Kreislauf-Erkrankungen können dies Übergewicht, erhöhter Cholesterinspiegel oder hohe Stressbelastung bei geringen Gestaltungsmöglichkeiten im Hinblick auf die eigenen Arbeits- und Lebensbedingungen sein.

Tertiärprävention bezieht sich schließlich auf die Situation nach der Überwindung einer gesundheitlichen Problematik, die Behandlung im eigentlichen Sinn („Intervention") ist dabei nicht eingeschlossen. An die Suchttherapie schließen sich Maßnahmen zur Nachsorge in Selbsthilfegruppen, zur schulischen oder beruflichen Nachqualifikation und zur Unterstützung bei der Wohnungssuche und der selbständigen Lebensführung an. Im Fall von Herz-Kreislauf-Erkrankungen geht es um medizinische Maßnahmen zur Wiedererlangung körperlicher Fähigkeiten, um eventuell notwendige berufliche Neuorientierungen und Umschulungen sowie um die Klärung der mit der Erkrankung und den Folgeerscheinungen verbundenen sozialen Probleme (Laaser / Hurrelmann 1998, 395 f).

Rehabilitation stellt in dieser übergreifenden Perspektive als „Tertiärprävention" einen Bestandteil der Prävention dar. In der Praxis hat sich die Rehabilitation jedoch als eigenständiger Bereich mit eigenen Institutionen und Arbeitsstrukturen ausdifferenziert, so dass sich die Verwendung des Begriffs der Tertiärprävention in der Praxis wenig durchgesetzt hat (Böllert 2001, 1394). Eine Ausnahme stellt hierbei das österreichische Gesundheitssystem dar, in dem der Begriff Tertiärprävention als Überbegriff für alle Aktivitäten zur Nachbehandlung und Nachbetreuung verwendet wird, während Rehabilitation für den engeren Bereich der Wiedereingliederung infolge spezifischer Krankheiten reserviert bleibt (BMSG 2002).

Unter Prävention wird meist der Bereich der Primär- und Sekundärprävention verstanden, der in pädagogischen und sozialen Institutionen wie der Schule, der Jugendarbeit, dem Betrieb oder dem Kindergarten verankert ist. In dieser Form ist Prävention Bestandteil der Gesundheitsarbeit im Sozialwesen. Rehabilitation orientiert sich demgegenüber an besonderen gesundheitlichen Problemen und deren Zielgruppen; sie ist überwiegend in besonderen Institutionen des Gesundheitswesens angesiedelt und damit Bestandteil der Sozialarbeit im Gesundheitswesen. Diese Aufspaltung der Prävention ist aus der Sicht der etablierten Professionslogiken einleuchtend, sie führt allerdings zu Schnittstellenproblemen bei Fragen der Zuständigkeit und der Finanzierung (Sting / Blum 2003, 40).

Rehabilitation bedeutet „Wiedereingliederung" in einer Situation spezifischer gesundheitlicher Beeinträchtigung oder Behinderung. Sucht-Rehabilitation findet in Einrichtungen der Sucht- oder Drogenhilfe statt, die stark sozialpädagogisch geprägt sind. Andere Rehabilitationsbereiche sind eher medizinisch dominiert. Rehabilitation von Herz-Kreislauf-Erkrankungen (oder auch Krebserkrankungen) ist an spezielle Kurkliniken und Rehabilitationszentren gekoppelt, die unter medizinischer Leitung stehen und in denen die Soziale Arbeit Anteile in der beruflichen und sozialen Rehabilitation übernimmt. Weitere zentrale Rehabilitationsbereiche sind die Altenpflege und die Arbeit mit Menschen mit Behinderungen (Mühlum / Gödecker-Geenen 2003).

Insbesondere in der Behinderungsdiskussion wird die eingeführte Arbeitsteilung – nach der die medizinische Rehabilitation dominiert, die berufliche Rehabilitation den zweiten Schwerpunkt bildet und die soziale Rehabilitation einen Restposten von ca. 5 % der finanzierten Rehabilitationsleistungen ausmacht – inzwischen kritisch hinterfragt. Die WHO hat eine folgenreiche Unterscheidung zwischen „impairments", „disabilities" und „handicaps" vorgenommen und damit das Behinderungsverständnis präzisiert. Dieses Begriffsverständnis bestimmt auch die deutsche Sozialgesetzgebung. Behinderung wird demnach

„verstanden als vorgängige Schädigung (impairment) mit daraus folgender funktioneller Einschränkung bzw. Fähigkeitsstörung (disability) und sozialer Beeinträchtigung (handicap), die sich als soziale Benachteiligung in allen Lebensbereichen auswirken kann" (Mühlum 2005, 1482).

Während sich die traditionelle Rehabilitation mit begrenzten Erfolgen auf die Bearbeitung der „disabilities" konzentriert hat, wird in neueren Konzepten stärker der „soziale Prozess der Behinderung" betrachtet. Leitfrage ist dabei, wer in welcher Hinsicht behindert wird und wie diese (sozialen) Hindernisse reduziert werden können. Mühlum plädiert in dem Zusammenhang für ein ganzheitliches, „integrales Verständnis von Rehabilitation", in dem die soziale Rehabilitation eine sehr zentrale Rolle einnimmt.

Neben der auf spezifische Probleme bezogenen Rehabilitation hat sich im Hinblick auf unterschiedliche gesundheitliche Probleme und in unterschiedlichen Arbeitsfeldern der Sozialen Arbeit eine gesundheitliche Prävention (im Sinne von Primär- und Sekundärprävention) etabliert. Die am besten ausgebauten Bereiche sind die Suchtprävention und die AIDS-Prävention, daneben treten in jüngerer Zeit die Prävention von Essstörungen und die Prävention des sexuellen Missbrauchs. Obwohl der Ausspruch „Vorbeugen ist besser als heilen" im Allgemeinen zutrifft, sind die sozialen Auswirkungen der sich ausbreitenden Präventionsorientierung umstritten. Prävention ist deshalb von einer Präventionskritik begleitet, die sich vor allem auf zwei Aspekte konzentriert:

1. auf ihre *Negativ-* oder *Defizitorientierung*: Auch wenn man sich durch zunehmende zeitliche Vorverlagerung in der Primärprävention weit von manifesten Problemen oder Störungen entfernt (z. B. Suchtprävention im Kindergarten), geht es letztlich immer um die Verhinderung von etwas Unerwünschtem, was präventive Maßnahmen oft mit einem Negativimage belegt (z. B. den Kondomgebrauch in der AIDS-Prävention).

2. auf die damit verbundene, implizite *Normativität*: Wer etwas verhindern will, muss Vorstellungen vom konformen, normalen Verhalten bzw. von Normalentwicklungen und von Normabweichungen haben. Die Vorstellung des „Normalen" wird aber in der Regel nicht direkt ausgesprochen; sie muss negativ aus den beschriebenen „Risikofaktoren" erschlossen werden. Stattdessen weitet sich der Verdacht der Abweichung auf alle möglichen riskanten oder gefährlichen Faktoren aus, was eine Ausweitung der sozialen Kontrolle und eine Verallgemeinerung des sozialpädagogischen Zugriffs auf den Lebensalltag nach sich ziehen kann (Lindner/Freund 2001).

Besonders problematisch wird die Zielorientierung von Prävention, wenn man gesellschaftstheoretische Überlegungen zur Pluralisierung der Wert- und Normorientierungen und zur Ausdifferenzierung der Lebensentwürfe miteinbezieht. Neuere Präventionsansätze versuchen deshalb, nicht bestimmte Verhaltensvorgaben, sondern die „Selbstbestimmung" ins Zentrum zu rücken. Zugleich setzen sie an positiven Aspekten wie Selbstwert und Kompetenzen, Stärken und Ressourcen an, die vor möglichen Gefährdungen und unerwünschten Abweichungen schützen oder „immunisieren" sollen. Aus solchen Überlegungen heraus ist 1986 die Ottawa-Charta zur *Gesundheitsförderung* der WHO entstanden, in der die nach wie vor latent vorhandene Krankheits-, Problem- und Defizitorientierung der Prävention programmatisch zugunsten einer positiv ausgerichteten Erhaltung, Stärkung und Förderung der Gesundheit überwunden wird (Ottawa-Charta 1995).

Die Ottawa-Charta formulierte mit ihrer Zielsetzung „Gesundheit für alle bis zum Jahr 2000" eine bewusst utopische Ausrichtung, die konkrete

Aktivitäten motivieren und orientieren sollte. Hintergrund war eine vielfältige und aktive Gesundheitsbewegung, vor allem in den Industrieländern, in der zahlreiche sozialreformerische Hoffnungen an die Förderung von Gesundheit, von gesunden Betrieben und gesunden Städten geknüpft wurden. Die Ottawa-Charta hatte – ähnlich wie das Salutogenese-Modell von Antonovsky – ein positives, aktives Gesundheitskonzept zur Grundlage, das mit einer optimistischen Grundhaltung verbunden ist. Gesundheit wurde als aktiver, dynamischer Prozess verstanden, der nicht nur durch Krankheitsvermeidung, sondern ebenso durch Gesundheitsstärkung befördert werden kann. Im Zentrum sollte dabei die Erhöhung der *Selbstbestimmung* des Menschen über seine eigene Gesundheit stehen – weg von der Expertenorientierung und hin zum Anknüpfen an die eigenen Bedürfnisse, Wünsche und Hoffnungen der Betroffenen. Gesundheit wird zu einer insgesamt befriedigenden Existenz und Lebensqualität in Beziehung gesetzt. Sie soll nicht vorrangiges Lebensziel werden, aber als wesentlicher Bestandteil des alltäglichen Lebens Beachtung finden. Die Verantwortung für Gesundheit wird nicht nur dem Gesundheitssektor, sondern allen Politikbereichen zugeschrieben. Sie soll in allen möglichen Dimensionen des sozialen und politischen Lebens berücksichtigt werden. Gesundheitsförderung war damit im Kern als ein *sozialpolitisches Konzept* gedacht. Im Einzelnen werden fünf Ebenen für gesundheitsförderliches Handeln unterschieden:

1. Entwicklung einer gesundheitsfördernden Gesamtpolitik: z. B. Einsatz für ungefährliche Konsumgüter und Produkte, für saubere erholsame Umgebungen, für gesundheitsförderliche soziale Dienste.
2. Gesundheitsförderliche Lebenswelten schaffen: Gesundheit als Kriterium bei der Gestaltung von Arbeitsbedingungen, bei der Organisation von Freizeit, bei der Energieproduktion und Stadtentwicklung.
3. Gesundheitsbezogene Gemeinschaftsaktionen unterstützen: Stärkung von Nachbarschaften und Gemeinden, von dort bestehenden Initiativen und Selbsthilfeaktivitäten.
4. Persönliche Kompetenzen entwickeln: Vermittlung gesundheitsbezogener Information und Bildung, Verbesserung sozialer Kompetenzen und lebenspraktischer Fertigkeiten, Befähigung zu lebenslangem Lernen, um mit verschiedenen Lebensphasen, chronischen Erkrankungen und Behinderungen umgehen zu können.
5. Gesundheitsdienste neu orientieren: stärker auf Förderung ausgerichtetes Versorgungssystem; Respekt vor unterschiedlichen kulturellen Bedürfnissen; Koordination und Vernetzung (Ottawa-Charta 1995, 280 ff).

Die WHO-Charta zur Gesundheitsförderung war als Argumentationshilfe für gesundheitlich engagierte Personen und Bewegungen gedacht und wurde als solche breit rezipiert und von Professionellen aus unterschiedlichen Disziplinen positiv aufgegriffen. In der Sozialen Arbeit entwickelten sich darauf aufbauend neue Ansätze, die die Selbstbestimmung und Eigenaktivität der Betroffenen respektieren und die auf deren Stärkung ausgerichtet sind: Ansätze zur Förderung sozialer Unterstützung, zur Netzwerkarbeit und zum Empowerment. In allen Fällen geht es um ein Zusammenspiel von informellen oder Laienaktivitäten und professionellem Handeln, um die professionelle Förderung von Selbsthilfe, solidarischem Handeln und der Selbstorganisation von Gruppen und Gemeinden. Hinter diesen Ansätzen steckt die Hoffnung, dass die Betroffenen ihre Lebensweise zu ihrem eigenen Wohlergehen gestalten, wenn sie ihre Angelegenheiten selbst in die Hand nehmen können.

Inzwischen – 20 Jahre nach der Verabschiedung der Ottawa-Charta zur Gesundheitsförderung – kann man feststellen, dass diese Erklärung zwar großen programmatischen und propagandistischen Erfolg gehabt hat, aber wenig praktische Auswirkungen. Ein Problem besteht darin, dass sie sich an alle möglichen Akteure, aber an niemand Konkreten wendet. Als übergreifende Harmonieformel wendet sie sich an rational handelnde, sozial verantwortliche „professionals" in einer Welt ohne Widersprüche und gegenläufige Interessen. Die Umsetzungsdefizite sieht Rosenbrock (1998a) vor allem darin, dass die dominanten Blockadefaktoren in der Gesundheitspolitik gar nicht thematisiert werden: der Ökonomismus und der „Imperialismus" des Medizinsystems. Die ökonomische Ausrichtung verhindert nicht nur Präventionsleistungen, sondern führt auch zu deren marktförmiger Gestaltung (z.B. in den Kursangeboten der Krankenkassen, im kurzfristigen Projekt- oder Programmaktivismus). Prävention als Marktangebot kann jedoch nicht zur Bearbeitung der sozialen Ungleichheit in Bezug auf Gesundheit dienen. In ähnlicher Weise bringt der Vorrang der Medizin den Vorrang medizinisch ausgerichteter Prävention mit sich – das individualisierende, auf den einzelnen Patienten und dessen technisch-pharmakologische Behandlung ausgerichtete Denkmuster bleibt bestehen. Dies führt zu einer „Medikalisierung" gesellschaftlicher Probleme: Sozial verursachte Schwierigkeiten (z.B. belastende Arbeitsbedingungen, soziale Krisensituationen) werden in subjektive Probleme von Individuen transformiert, zu deren Lösung vermarktungsfähige Waren angeboten werden (Therapien, chirurgische Eingriffe, Arzneimittel, „Gesundheitsnahrung", Sportkleidung, Reisen, Kuren).

Die Einschätzung Rosenbrocks macht deutlich, dass die bisherige Umsetzung der Gesundheitsförderung zu einer Verminderung der umfassenden Perspektive auf verhaltensbezogene, pädagogisch-therapeutische Maßnahmen geführt hat. Wenn die gesundheitsbezogene Soziale Arbeit Gesundheitsförderung zu ihrem Rahmenkonzept erheben will, dann muss sie deren sozialpolitischen Anspruch ernst nehmen und auf den strukturellen, verhältnisbezogenen Voraussetzungen von Gesundheit insistieren. Ein Ausweg in diese Richtung wird in jüngerer Zeit mit Hilfe des „Setting"-Ansatzes gesucht. Der Setting-Ansatz bezieht sich auf die Betrachtung von gesundheitlichen Aspekten im Gesamtrahmen einer Organisation, wie z. B. einer Schule, eines Betriebes oder eines Krankenhauses. Über das individuelle Verhalten hinaus können damit Bereiche wie Arbeitsplatzgestaltung, Räumlichkeiten oder Zeitgestaltung unter gesundheitlicher Perspektive analysiert und gegebenenfalls verbessert werden. Auf diesem Weg können jenseits utopischer Vorstellungen von Gesellschaftsveränderung auf der Ebene mikrosozialer Gebilde in vielen Bereichen durchaus konkrete strukturelle Veränderungen zugunsten der Gesundheit erreicht werden (Bauch / Bartsch 2003).

7.1.1　AIDS-Prävention als Aufgabenfeld Sozialer Arbeit

Die ersten Berichte über die tödliche Infektionskrankheit AIDS gehen bis in das Jahr 1981 zurück. Jedes Jahr infizieren sich seitdem weltweit mehr Menschen (BZgA 2003, Einleitung). Das Retrovirus HIV wird durch direktes Eindringen von infizierten Körperflüssigkeiten übertragen: vor allem beim penetrierenden Geschlechtsverkehr, durch kontaminiertes Blut sowie prä- und perinatal von der Mutter auf das Kind. Nach einer Latenzzeit von 10–15 Jahren ist das Immunsystem der meisten Infizierten so weit geschwächt, dass es Angriffsmöglichkeiten für gravierende Infekte und Tumore bietet, die in der Regel zum Tode führen. In Deutschland lebten nach Angaben des Robert Koch Instituts Ende 2003 etwa 43.000 HIV-positive Menschen. 2003 infizierten sich knapp 2000 Personen neu mit HIV (Robert Koch Institut 2003, 1); weltweit infizieren sich jährlich ungefähr 5,6 Millionen Menschen.

Da nach wie vor weder ein Impfstoff noch kausale Therapiemöglichkeiten verfügbar sind, sind primäre Präventionsstrategien zur Verhinderung der Immunschwächekrankheit von zentraler Bedeutung. Große Fortschritte biomedizinischer Forschung im zurückliegenden Jahrhundert wie auch neue Therapieformen („Antivirale Therapie der HIV-Infektion") geben Anlass zu der Hoffnung, dass Ansteckungen mit dem HI-Virus zukünftig nicht mehr tödlich sein müssen, sondern zu einer chronischen Erkrankung führen. Im Kampf gegen HIV und AIDS stehen weltweit folgende Programmpunkte obenan:

- die Minimierung von Neuinfektionen
- die Verhinderung von Diskriminierung und sozialer Ausgrenzung infektionsgefährdeter, HIV-infizierter und AIDS-erkrankter Menschen
- eine bedürfnisgerechte Krankenversorgung und Möglichkeiten menschenwürdigen Sterbens.

Bezogen auf die Vorgehensweise zur Umsetzung dieser Ziele ist zu unterscheiden zwischen kulturellen, regionalen und sozialen Settings von

Risikolagen (z. B. AIDS-Epidemien unter der Bevölkerung Afrikas, unter homosexuellen Männern, Drogenabhängigen beiderlei Geschlechts in Großstädten, thailändischen Prostituierten oder männlichen jugendlichen Sexworkern usw.) Bei der Bekämpfung von HIV und AIDS werden Strategien möglichst dezentral und kontextnah umgesetzt. Präventionsstrategien von oben sind in der Regel wenig wirksam. Europäische bzw. US-amerikanische Strategien auf afrikanische Verhältnisse zu übertragen, ist ebenfalls wenig sinnvoll. Dagegen erweist sich eine Strategie als wirksam, wenn sie zur zeitstabilen Selbststeuerung in potentiell riskanten Situationen führe (Rosenbrock 1994). Bei langfristigen Kampagnen geht es um den Einsatz von „Initial-, Erinnerungs- und Stabilisierungsimpulsen" (Rosenbrock 1987, 70).

Die Aufgabe der transnationalen Organisation UNAIDS liegt darin, weltweit eingesetzte Maßnahmen zu sammeln, zu dokumentieren und zu evaluieren:

> „Die in lokalen (sub)kulturellen Kontexten entstandenen Modelle diffundieren mithilfe transnational agierender AkteurInnen von einem Ort zu einem anderen. Um wiederum der lokal gegebenen Eigenheiten der aufnehmenden (Sub)kultur gerecht zu werden, muss in der Arbeit vor Ort eine Anpassung an die jeweiligen kulturellen Gegebenheiten geleistet werden" (Huth / Roccioletti 2001, 310).

Transnationalität vollzieht sich in diesem Sinne als Verknüpfung von Lokalität. Sie vollzieht sich über transnational agierende Organisationen (z. B. UNAIDS) und durch Akteure vor Ort (Huth / Rocioletti 2001, 311). Differenzen zwischen Globalem und Lokalem verschwimmen zu „Glokalem", nicht jedoch zu homogenisierten Problemlösungskulturen etwa US-amerikanischer Lesart.

Will sich die Soziale Arbeit mit der AIDS-Prävention befassen, so hat sie zu beachten, dass diese nicht allein durch Information und Aufklärung zu bewältigen ist. Für die Soziale Arbeit ist von zentraler Bedeutung, dass AIDS eine Krankheit ist, die eine ausgeprägte soziale Seite mit sich bringt. Wichtig ist es, den psychischen, physischen und sozialen Lebensbedingungen sowie der Lebensweise hinreichend Beachtung zu schenken. Die Soziale Arbeit hat zu bedenken, dass psychisches, körperliches und soziales Wohlbefinden für viele Menschen nicht vorhanden ist, weil gesundheitsförderliche Ressourcen und krankmachende Faktoren gesellschaftlich ungleich verteilt sind. Die Soziale Arbeit hat die Reduzierung dieser Unterschiede zum Ziel (v. Troschke 1995a, 5). In der AIDS-Prävention kann dazu beigetragen werden. Sie ist langfristig anzulegen. Soll die Prävention nachhaltig wirken, bedarf sie verschiedener Wiederholungsmaßnahmen, in denen am Präventionsstand orientierte Erinnerungsimpulse gegeben werden (Salmen 1990, 95). Für die Soziale Arbeit ist ferner von Bedeutung, Präventionsmaßnahmen mit der Förderung sozialer Integration zu verknüpfen (Kleiber 1990, 93) und ein sanktionsfreies Klima zu schaffen (Vollmann 2001, 393).

Jugendliche als Zielgruppe der AIDS-Prävention: Zwar sind Jugendliche keine Risikogruppe im engeren Sinne, jedoch eine Zielgruppe für AIDS-Prävention (Franzkowiak 1990, 210). Diese gestaltet sich mit Jugendlichen schwierig. Im Gegensatz zu den 1980er Jahren, als die Auseinandersetzung mit AIDS ein zentrales Thema war, ist sie heute – vor allem in schulischen Kontexten – nicht mehr als ein Pflichtprogramm. In der Schule wird AIDS-Prävention zumeist nur wissensbezogen behandelt. „AIDS ist so für die Jugend zu einem doppelt tödlichen Thema geworden; einerseits lebensbedrohend, andererseits tödlich langweilig" (Will 1992, 181). Jugendliche können sich mit rein fachlich dargestellten Problemen nicht direkt identifizieren, da es in der Schule nur schwer gelingt, einen Bezug zum eigenen Leben herzustellen (Will 1992, 182 f). Allgemeine Aufklärung initiiert noch keine auf das Handeln bezogene Lernbereitschaft. Zwar ist ein hoher Wissensstand ein erster Schritt zur Verhinderung einer Infektion, allerdings keinesfalls ausreichend. Erst durch die Herstellung eines Alltagsbezuges und durch zielgruppenspezifische Methoden wird eine Brücke gebaut, durch die aufgezeigt wird, dass AIDS alle angeht – jedoch in geschlechtsspezifischer Weise. So moniert bereits Friedrich (1992, 30 ff), dass Mädchen und junge Frauen im Zusammenhang mit AIDS-präventiven Maßnahmen nicht als eigenständige Zielgruppe betrachtet werden. Bedarf an mädchenspezifischen Ansätzen wird besonders von Erfahrungen aus der Praxis der präventiven Jugendarbeit untermauert (Peeters 1997). Dies gilt vor allem für sozial benachteiligte Mädchen, zumal Eltern aus benachteiligten Wohngebieten in der Regel ihren Töchtern keine umfassende Sexualaufklärung geben, geschweige denn Sexualerziehung vermitteln können, die diese in der Entwicklung ihrer weiblichen Sexualität, in der Erlebens-, Lust-, Beziehungs- und Kommunikationsfähigkeit fördert.

Gestützt wird diese Aussage durch die Ergebnisse einer von der BZgA (Bundeszentrale für gesundheitliche Aufklärung) durchgeführten Wiederholungsbefragung, die die Veränderungen des Sexual- und Verhütungsverhaltens von Jugendlichen und die familiäre Kommunikation über Sexualität aus Sicht der Jugendlichen und ihrer Eltern über ein Jahrzehnt hinweg (1980/1994) untersuchte (BZgA 1996, 3). Es heißt in dieser Studie, dass eine umfassende Auseinandersetzung mit Sexualität und die Qualität der Aufklärung vom Bildungsgrad der Eltern abhänge: „Als hemmend/mindernd für eine umfassende Aufklärung sind niedrige Bildung bzw. Schicht der Eltern (…) zu benennen" (BZgA 1996, 17). Auch im Umgang mit Empfängnisverhütungsmitteln, der ersten Voruntersuchung beim Frauenarzt und den ersten sexuellen Kontakten finden die wenigsten der Mädchen familialen Rückhalt (Belschner/Müller-Dohm 1992).

Die häusliche Lebenssituation in Familien aus benachteiligten Wohnlagen wird sehr oft durch facettenreiche psychische und physische Gewalterfahrungen bestimmt. Die Missachtung jugendlicher Bedürfnisse und die gleichzeitige Erfahrung von gewaltförmiger Erziehung und Liebesentzug tragen dazu bei, dass heranwachsende Mädchen ein nur geringes Selbstbewusstsein aufbauen können (Krüger et al. 1992), was wiederum ein Nährboden für starke Selbstzweifel, Ohnmachtgefühle und die Annahme ist, die belastenden Verhältnisse sogar selbst verschuldet zu haben. Ein schwaches Selbstwertgefühl begründet fatalistische und passive Einstellungen gegenüber den Anforderungen der Lebenswelt und eine Flucht in die „erlernte Hilflosigkeit". HIV-Präventionsprogramme haben deshalb neben der Informationsvermittlung die Steigerung der Risiko- und Handlungskompetenz sowie die Stärkung des Selbstwertgefühls und des Selbstbewusstseins bei den Mädchen anzustreben. Erst wenn das Leben als lebenswert bejaht wird, wird HIV-relevantes Schutzverhalten wahrscheinlich.

AIDS-Prävention als Aufgabe des Öffentlichen Gesundheitsdienstes (ÖGD):
In den 1980er Jahren war durch AIDS eine neue Risikolage entstanden, zu der es keine Handlungsvorlagen und eingespielten Verhaltensroutinen gab. In unerwartetem Umfang wurden die Gesundheitsämter mit der Bearbeitung dieser Situation konfrontiert. Sie führte in den Gesundheitsämtern zur Entwicklung des Konzepts, AIDS durch eine psychosoziale Beratung zu bekämpfen (Schmacke / v. Schwarzkopf 1992, 115). In der ÖGD-internen Debatte wurde der psychosoziale Beratungsansatz zukunftsweisend. Je nach Größe des jeweiligen Gesundheitsamtes variierten die persönlichen und finanziellen Ressourcen (Schmacke / v. Schwarzkopf 1992, 116) und entsprechend die Präventionsangebote (z. B. Kooperation mit Selbsthilfegruppen und Drogenberatungsstellen, Angehörigenarbeit). Durch die AIDS-Präventionsarbeit erhielten die Gesundheitsämter Einblicke und Informationen, die einem Amt normalerweise versperrt sind (Schmacke / v. Schwarzkopf 1992, 122). Durch die AIDS-Problematik konnte der ÖGD zeigen, dass er in der Lage ist, bei auftretenden gesundheitsbedrohenden Problemlagen innovativ zu reagieren. Die Ämter nahmen die durch AIDS entstandene Situation als Anregung, sich psychosozialen Konzepten gegenüber zu öffnen.

Zum Klientel der AIDS-Beratungsstellen gehören auch Personen, die aufgrund ihrer spezifischen Lebensweise klassische Versorgungseinrichtungen meiden. Deshalb spielt die Impfprophylaxe im Bereich der AIDS-Beratungsstellen auch eine besondere Rolle, da sie hier Menschen zuteil werden kann, die sonst nicht erreichbar sind. Neben Drogenkonsumenten sind es vor allem Straßenkinder und Sexworker. Neben der HIV-Prävention soll diesen Gruppen eine Impfung gegen Hepatitis A und B nahe gelegt werden.

Eine qualifizierte AIDS-Prävention im öffentlichen Gesundheitsdienst steht und fällt mit der Qualität der personellen Ausstattung. Indem AIDS als soziales, psychisches und medizinisches Geschehnis betrachtet wird, ist eine interprofessionelle Kooperation von Sozialpädagogen, Sozialarbeitern, Psychologen und Ärzten unabdingbar.

Normalisierung von AIDS: Normalisierung impliziert die Entwicklung von einem ursprünglich außergewöhnlichen zu einem in das alltägliche Leben integrierten Phänomen (Garcia 2001, 14). AIDS und AIDS-Prävention hatten in den 1980er Jahren einen Sonderstatus inne. Dieser hat sich im letzten Jahrzehnt tendenziell verflüchtigt. Durch medizinische Erfolge und durch die „Gewöhnung" an die Krankheit hat AIDS offenbar seinen Schrecken verloren. Die meisten Personen gehen immer noch davon aus, dass AIDS nur Randgruppen betrifft und nicht sie selbst. AIDS-Prävention erfährt nach der Normalisierung von AIDS immer weniger Zuspruch, auch in Bezug auf finanzielle Unterstützung (Bayer 1994, 354). Das Ende des Sonderstatus kann auch positiv gedeutet werden. Die Erfahrungen, die in der AIDS-Prävention gemacht wurden und werden, können für die Prävention anderer Krankheiten eingesetzt werden.

Die Normalisierungsthese bezieht sich – was die hochentwickelten Staaten betrifft – auf den Rückgang der AIDS-Erkrankungen bzw. auf das Ausbleiben der in den 1980er Jahren erstellten Prognosen über den Krankheitsverlauf. Auch Rosenbrock (1994) erkennt in der Normalisierung von AIDS Gefahren und Chancen. Die AIDS-Katastrophe der 1980er Jahre hat sich im Verlauf der 1990er Jahre immer mehr zu einem für Public Health und Medizin beherrschbaren Problem entwickelt. Mit der Beherrschung einher ging die Normalisierung; doch diese Beherrschung ist trügerisch. Es wurden lediglich Medikamente zur Behandlung der Symptome entwickelt. Da es bis heute nicht gelungen ist, einen Impfstoff zum Schutz gegen AIDS hervorzubringen, bleibt die primäre Prävention das wichtigste Mittel der AIDS-Bekämpfung.

7.1.2 Soziale Arbeit in der Suchtprävention

Das dritte exemplarische Themenfeld gesundheitsbezogener Sozialer Arbeit stellt einen eigenständigen Bereich sozialpädagogischer Gesundheitsförderung dar, der sich quer durch unterschiedliche gesellschaftliche Institutionen etabliert hat. Recherchiert man Titel aktueller Publikationen zum Thema „Suchtprävention", dann findet man „Suchtprävention im Kindergarten", „Suchtprävention in der Schule", außerdem Arbeiten über Suchtprävention in der Jugendarbeit und in der Heimerziehung, Suchtprävention im Betrieb, in den Medien, im Sportverein und bei der Polizei. Seit dem „Nationalen Rauschgiftbekämpfungsplan" von 1990 wird Suchtprävention in Deutschland als eine gesamtgesellschaftliche Querschnittsaufgabe verstanden, die eine Beteiligung aller möglichen Instanzen erfordert. In der Praxis ist sie der am häufigsten und am breitesten ausgebaute Bereich der sozialpädagogischen Gesundheitsförderung.

Im Hinblick auf die verschiedenen Präventionsebenen ist festzustellen, dass sowohl Ansätze der primären und sekundären Prävention als auch der Tertiärprävention ausgebildet sind. Am schwächsten ausgebaut ist die Sekundärprävention, die sich an besondere Gefährdetengruppen richtet und dort versucht, durch zielgruppenbezogene Aktivitäten die mit dem Substanzkonsum verbundenen Gesundheitsrisiken zu minimieren. Das, was in der Öffentlichkeit als Suchtprävention wahrgenommen und in Massenmedienkampagnen der BZgA (z. B. „Kinder stark machen") als suchtpräventive Botschaft verbreitet wird (Marsen-Storz / Lehmann 1998), ist in der Regel primäre Suchtprävention. Es handelt sich um Maßnahmen zur Vorbeugung einer Suchtentwicklung, die im Vorfeld angesiedelt sind und sich an ein allgemeines, von Sucht nicht in besonderer Weise betroffenes Publikum richten. Die Tertiärprävention umfasst den gesamten Bereich der suchtspezifischen Rehabilitation und Nachsorge. Sie findet in besonderen Einrichtungen des Gesundheitswesens statt und richtet sich an spezifische Betroffenengruppen, wobei die Soziale Arbeit an rehabilitativen Aufgaben beteiligt ist. Sie kann zur beruflichen Nachqualifizierung und Rehabilitation beitragen, Selbsthilfeaktivitäten von Betroffenen unterstützen und die soziale Rehabilitation in einem breiten Bereich fördern (Drogenbeauftragte der Bundesregierung 2003, 68 ff; Burmeister 2000). Darüber hinaus kann sie im Rahmen einer „bildungsorientierten Suchthilfe" Anlässe zur Persönlichkeitsentwicklung und zur Stärkung des „Selbst" bereit stellen (Fredersdorf 1998, 220 f; Sting 2004, 235 ff), so dass Soziale Arbeit in der Suchtbehandlung und –Rehabilitation stärker als in anderen Aufgabenbereichen der gesundheitlichen Versorgung engagiert ist.

Als breit angelegte Aufgabe sozialpädagogischer Gesundheitsförderung, die in Einrichtungen des Sozial- und Bildungswesens verankert ist, finden sich allerdings vor allem Ansätze zur primären und zur sekundären Suchtprävention. Deshalb möchten wir unsere folgenden Ausführungen auf diese Bereiche der Suchtprävention konzentrieren. Wir werden zunächst aufzeigen, wie die von der Gesundheitsförderung ausgehende Suchtprävention im deutschsprachigen Raum entstanden ist und welche Hauptrichtungen sie heute angenommen hat. Anschließend geht es um die Darstellung einiger ausgewählter Praxisbeispiele, die Arbeitsweisen der Suchtprävention in unterschiedlichen Feldern des Sozial- und Bildungswesens verdeutlichen sollen.

Historische Entwicklungen und Konzepte zur Suchtprävention: Die neuere Diskussion zur Suchtprävention ist von der Ausbreitung illegaler Drogen in der Jugendszene seit Ende der 1960er Jahre bestimmt. Sie enthält daher von Anfang an eine Schräglage, die die Gefährdung durch illegale Drogen überbewertet und erst allmählich die von Alkohol und Tabak ausgehenden Risiken angemessen berücksichtigt. In Statistiken zur Suchtgefährdung wird diese Schräglage zu Recht gerückt: Nach dem Suchtbericht der deutschen Bundesregierung führte der Missbrauch von illegalen Drogen im Jahr zu mehr als 1.500 Todesfällen; dem Alkoholkonsum werden demgegenüber ca. 40.000 Todesfälle und dem Rauchen bis zu 100.000 Todesfälle zugeschrieben (Drogen- und Suchtbericht 2003).

„Jugend und Drogen" ist ein Leit- und Reizthema der Suchtprävention, das nicht allein durch die realen Gefahren des Drogengebrauchs zu erklären ist. Der Gebrauch illegaler Drogen wurde mit neuen jugendkulturellen Erscheinungsformen und mit Protest verknüpft, was die Öffentlichkeit verunsicherte und harte Gegenmaßnahmen provozierte (Wolffersdorff-Ehlert 1989). Auf der Ebene der strukturellen Prävention sollten durch die Kriminalisierung des Drogengebrauchs Angebot und Nachfrage reduziert werden. Zu diesem Zweck wurde in Deutschland 1971 das Betäubungsmittelgesetz eingeführt, das bis in die 1980er Jahre mehrfach verschärft worden ist. Sowohl in der Schweiz wie auch in Österreich existierte bereits seit 1951 ein Betäubungsmittelgesetz bzw. ein Suchtgiftgesetz; beide kamen jedoch bis Ende der 1960er Jahre nur selten zur Anwendung und wurden im Zuge internationaler Entwicklungen zur Verschärfung der Drogenpolitik ebenfalls einer Reihe von Revisionen unterzogen. Daneben wurden seit den 1970er Jahren „Drogencurricula" an Schulen eingeführt, die vor allem auf Abschreckung vor dem Drogengebrauch abzielten (Franzkowiak / Sabo 1999). Zunächst stand die relativ drastische Schilderung möglicher Folgeschäden des Drogengebrauchs im Vordergrund. Später ging es um eine eher neutral erscheinende Information oder Aufklärung über Stoffe und deren Wirkungen, die aber negativ ausgerichtet blieb und deshalb als „aufklärende Abschreckung" bezeichnet werden kann.

Diese erste Phase der Suchtprävention war nicht gesundheitlich, sondern kriminalpolitisch ausgerichtet. Seither zeichnet sich eine allmähliche Verlagerung zu stärker gesundheitsorientierten Perspektiven ab, die in Deutschland im Jahr 1998 dazu führte, dass die Drogenbeauftragte der Bundesregierung vom Innenministerium in das Gesundheitsministerium wechselte. Die Weiterentwicklung der Suchtprävention resultierte aus der Tatsache, dass die Strategie der Abschreckung und Kriminalisierung letztlich nicht erfolgreich war. Diese konnte die dauerhafte Ausbreitung illegaler Drogen weder im deutschsprachigen Raum noch in anderen europäischen Ländern verhindern. Sie verfestigte zwar die ablehnende Haltung bei denjenigen, die bereits von vornherein gegen Drogen eingestellt waren; bei Personen, die dem Drogenkonsum gegenüber offen eingestellt waren, hatte sie aber keinen oder sogar einen negativen Effekt, indem sie den Drogenkonsum mit dem Reiz des Verbotenen verknüpfte. Zugleich führte sie zur sozialen Ausgrenzung der Drogenabhängigen, v. a. der Heroinabhängigen – deren gesundheitliche Lage sich mit der Zeit stark verschlechterte (Scheerer/Vogt 1989, 278 f).

Eine zweite Phase in der Entwicklungsgeschichte der Suchtprävention lässt sich durch den Perspektivenwechsel von der Drogen- zur Suchtprävention Anfang der 1980er Jahre markieren. Nicht mehr Drogen und deren Wirkungen sollten im Zentrum der Aufmerksamkeit stehen, sondern die Entwicklung von Sucht und deren Ursachen. Dabei wurde die Trennung zwischen illegalen und legalen Drogen aufgehoben. Sucht erscheint seither als komplexes Geschehen, das neben der Droge auch durch Persönlichkeitsmerkmale und soziale Ursachen bedingt ist. Es setzte sich die sogenannte „Trias der Suchtursachen" durch, die sich an dem Bedingungsgefüge „Person – Umwelt – Droge" orientiert (Sting/Blum 2003, 35). Darüber hinaus wurde eine Differenzierung vorgenommen zwischen Probieren, Gelegenheits- oder Gewohnheitskonsum und Sucht bzw. Abhängigkeit von Drogen.

Zentraler Bezugspunkt für die weitere Entwicklung der Suchtprävention wurden entwicklungspsychologische Überlegungen zur Funktionalität des Drogengebrauchs in der Entwicklung Jugendlicher. Drogengebrauch und überhöhter Alkoholkonsum wurden als „Jugendphänomene" mit *episodischem Charakter* erkannt. Für Jugendliche und junge Erwachsene ist der Konsum von Drogen relativ normal. Er bleibt aber eine „Episode" im Verlauf der Biografie, die mit der Übernahme konventioneller Lebensmuster (z. B. Heirat, Elternschaft, Berufseinstieg) relativ folgenlos wieder beendet wird (Kastner/Silbereisen 1988). Dem Drogengebrauch werden in dieser Entwicklungsphase spezifische Funktionen zugeschrieben: der Ersatz für Sinnverlust, die Suche nach körperlichen Grenzerfahrungen, die gewollte Normverletzung und der Zugang zu Gleichaltrigengruppen. Eine Weiterentwicklung dieser Überlegungen stellt der Gedanke des *jugendlichen Risikoverhaltens* dar, der Risiken wie den Gebrauch von Rauschsubstanzen als normalen Bestandteil jugendlicher Entwicklung betrachtet.

Von der Funktionalität des Drogengebrauchs ausgehend wurde das Präventionskonzept der „funktionalen Äquivalente" in der zweiten Hälfte der 1980er Jahre entwickelt, das Alternativen zum potentiell gesundheitsgefährdenden Drogenkonsum anbot. Es sollten Tätigkeiten und Erfahrungen bestärkt werden, die in der Entwicklung Jugendlicher eine funktionale Gleichwertigkeit mit dem Drogenkonsum aufweisen, aber ein geringeres Gesundheitsrisiko in sich bergen (Silbereisen/Kastner 1987, 905). Die daraus abgeleiteten Präventionsmaßnahmen waren in der Regel zielgruppen- und suchtunspezifisch; oft war der Bezug zum Suchtthema kaum zu erkennen. Vor allem im Bereich der Jugendarbeit führte dieses Konzept zu einem Aktivierungsschub. Es entstanden Medien-, Musik- oder Ausstellungsprojekte, die gruppenbezogene Aktivitäten mit öffentlichkeitswirksamen Selbstpräsentationen verknüpften. Gegen den passiven Konsum wurde die aktive, „gestaltende" Lebenspraxis gesetzt. Sport-, abenteuer- und erlebnispädagogische Maßnahmen sollten körperbezogene Erlebnisse und Grenzerfahrungen ermöglichen (BZgA 1996a). Es entstand eine „bunte, faszinierende Prävention", die die Attraktivität ihrer Freizeitangebote gegen die Lockungen des Drogenkonsums auszuspielen versuchte (Franzkowiak 1996, 411). Trotz vieler positiver Beispiele und Aspekte wurde die Unspezifik der Vorgehensweise letztlich als problematisch eingeschätzt. Viele Maßnahmen blieben beliebig und ohne Wirksamkeitsnachweis. Zudem kam es z. T. zu einer Dethematisierung der Suchtproblematik, während der tatsächliche Umgang mit suchtgefährdeten Jugendlichen unklar blieb.

Ausgangspunkt der seit Beginn der 1990er Jahre sich ausbreitenden dritten Phase der Suchtprävention war zunächst eine nochmalige Erweiterung des Suchtbegriffs: Der Suchtbegriff wurde nicht mehr nur auf Suchtentwicklungen in Verbindung mit dem Gebrauch legaler und illegaler Substanzen angewendet, sondern auch auf sogenannte „substanzunspezifische Süchte" wie Spielsucht, Fernsehsucht oder Esssüchte. Sucht wird seither allgemein als eine „problematische Form des Verhaltens" betrachtet, als sozial und kulturell angelegte Disposition zu abhängigem, zwanghaftem und repetitivem Verhalten mit und ohne Substanzen (Scheerer 1995, 35 f).

Einen neuen Bezugspunkt für die Suchtprävention lieferte die Ottawa-Charta zur Gesundheitsförderung von 1986. Das dort formulierte positive Gesundheitsverständnis hat zu einer neuen, „positiven" Prävention geführt, die nicht mehr die Vermeidung von Sucht und Abhängigkeit, sondern die Förderung von Ressourcen und Kompetenzen in den Mittelpunkt stellt. Es geht um die Stärkung von „protektiven" Faktoren oder „Schutzfaktoren", die gegen potentielle Gesundheitsrisiken und Gefährdungen immunisieren sollen. In der Suchtprävention sollen dementsprechend persönliche Stärken und entwicklungsrelevante Kompetenzen vermittelt werden, die vor Suchtentwicklungen schützen. Auf dieser Grundlage ist das bis heute am weitesten verbreitete Präventionskonzept der „Lebenskompetenzförderung" entstanden. Lebenskompetenzförderung orientiert sich am amerikanischen Vorbild des „Life Skills Training" (Künzel-Böhmer et al. 1993, 65 ff). Es werden dabei in der Regel drei verschiedene Kompetenzebenen unterschieden:

1. allgemein gesundheitsfördernde Kompetenzen wie soziale und kommunikative Kompetenzen, eine positive Selbstwertschätzung und die Entwicklung von Lebenssinn
2. suchtspezifische Kompetenzen wie die Widerstandsfähigkeit gegen Gruppendruck, Selbstwirksamkeitserwartungen und Kontrollüberzeugungen

3. substanz- und suchtspezifisches Wissen wie Information über Drogen und Drogenmissbrauch oder über Suchtverhalten.

Die Förderung entsprechender Kompetenzen soll in der Regel durch besondere Trainingsprogramme erreicht werden, die Wissensvermittlung mit Rollenspielen und Übungen kombinieren. Derartige Trainings finden in Schulen, in schulähnlichen Gruppenveranstaltungen oder in speziellen „Workcamps" statt (z. B. „Teenex-Camps"). Daneben gibt es in Projekten im Freizeitbereich freiere, stärker erlebnisbezogene Aktivitäten zur Lebenskompetenzförderung, die z. T. mit dem Alternativen-Ansatz verknüpft werden. Schulische Trainings eignen sich besonders gut zur Evaluation von Suchtprävention; die gemessenen Erfolge sind allerdings insgesamt recht ernüchternd (Petermann et al. 1997; Leppin et al. 1999).

„Lebenskompetenzförderung" ist das Leitkonzept für die primäre Suchtprävention der Bundesregierung. Die bisherigen Schwächen versucht man z. B. durch eine stärkere Einbeziehung der Zielgruppe – der Jugendlichen selbst – zu überwinden. In „Peer-Education"-Projekten werden jugendliche „Peers" selbst zu Agenten der Suchtprävention. Ausgewählte oder sich freiwillig engagierende Schüler und Jugendliche werden in speziellen Camps und Workshops als „Multiplikatoren" ausgebildet, um im Kreis der Freunde und Gleichaltrigen den Gedanken der Suchtprävention auszubreiten und eigenständig Trainings durchzuführen. Peer Education beruht auf der Überlegung, dass Gleichaltrige gerade bei sensiblen Themen wie Drogengebrauch oder Sucht einen besseren Zugang und eine angemessenere Sprache finden als Erwachsene. Außerdem ist die „Peergroup" der soziale Rahmen, in dem gesundheitsriskantes Verhalten stattfindet. Also scheint es naheliegend, angesehene Jugendliche, sogenannte „Peerleader" dafür zu motivieren, dort einen positiven Einfluss auszuüben (Klotzbach / Franke 1998). Die Erfahrungen mit derartigen Projekten sind unterschiedlich. Der Erfolg hängt vor allem davon ab, inwieweit die Jugendlichen ihre Zwecke und Orientierungen selbst bestimmen können und inwieweit sie die Aktivitäten als selbst gestaltbaren Raum für eigenständige Aktivitäten erfahren.

Angesichts seiner eingeschränkten Effekte bleibt das Konzept der Lebenskompetenzförderung nicht ohne Einwände (Sting / Blum 2003, 80 ff). Ein erster Einwand bezieht sich auf dessen personenbezogene Orientierung, die strukturellen bzw. sozialen und kulturellen Dimensionen von Sucht zu wenig Rechnung trägt. Ein zweiter Einwand bezieht sich auf die Problemlastigkeit und auf die verkappte Negativorientierung: Sucht und Drogenkonsum werden als Ausdruck von Problemen bei der Lebensbewältigung betrachtet. Dies verführt zu dem Umkehrschluss, dass Lebenskompetenz den Gebrauch von Drogen verhindert. Schließt man aber Tabak und Alkohol in die Suchtperspektive ein, dann spricht angesichts der Allgemeinheit des Substanzkonsums nichts dafür, dass bei vorhandener Kompetenz der Gebrauch von Rauschsubstanzen selbstbestimmt ausbleibt. Ein dritter Einwand bezieht sich auf die Abstinenzorientierung: Nach wie vor geht es nicht nur um die Verhinderung von Sucht, sondern generell um Abstinenz. Abstinenzorientierte Programme erreichen jedoch den großen Teil derjenigen Jugendlichen nicht, die bereits mit Substanzen verschiedener Art experimentieren. Damit schlägt das Konzept der Lebenskompetenzförderung gerade bei der wichtigsten Zielgruppe – der Gruppe der suchtgefährdeten Jugendlichen – fehl.

Einen anderen Weg zur Durchsetzung der Gesundheitsorientierung ging man im Bereich der Sekundär- und Tertiärprävention. In der Arbeit mit Suchtgefährdeten und Abhängigen wurde erkannt, dass „Abstinenz" als Teilnahmevoraussetzung zu hochschwellig war und einen großen Teil der Hilfsbedürftigen systematisch ausgrenzte. Zugleich stellte man fest, dass Drogenabhängige ähnlich wie Alkoholkonsumenten keine homogene Gruppe sind. Neben krankhaft Süchtigen gibt es auch „normal" lebende Abhängige und sozial integrierte Gebrauchsformen. Schließlich musste man erkennen, dass der überwiegende Teil der Drogenabhängigen nicht durch Therapien, sondern von selbst mit dem Drogenkonsum aufhört (im Rahmen von „Selbstheilung" oder „maturing out" bzw. „Herauswachsen aus der Sucht") (Weber / Schneider 1997, 34 ff, 253 ff). Aus diesen Erkenntnissen entwickelte sich seit Mitte der 1980er Jahre die *akzeptierende Drogenarbeit*, die den Konsumverzicht nicht mehr zur Zugangsbedingung erhebt. Es haben sich neue Arbeitsformen wie Streetwork, Spritzentausch, Kontaktcafés, Druck- oder Konsumräume, Substitutionsbehandlungen und neuerdings Programme zur kontrollierten Heroinvergabe etabliert. Allen gemeinsam ist das Ziel, gesundheitliche Gefahren und Begleiterscheinungen des Konsums zu verhindern. Die Prävention orientiert sich also ausdrücklich am Gesundheitszustand der Betroffenen und an deren Lebensbedürfnissen (Schneider / Stöver 2000, 27 ff).

In der Suchtprävention für Jugendliche wird in ähnlicher Weise in den letzten Jahren zusehends davon ausgegangen, dass Jugendliche nur dann zu erreichen sind, wenn man ihr Interesse an Rauschsubstanzen ernst nimmt und jugendliche Drogenexperimente akzeptiert. Deshalb erscheint ein sekundärpräventiver Ansatz angebracht, der Maßnahmen zur „Schadensminimierung" („harm reduction") ins Zentrum rückt. Ziel ist wie in der akzeptierenden Drogenarbeit die Verhinderung von gesundheitlichen Folgeschäden des Konsums und von „Drogenunfällen". Am meisten verbreitet ist dieser Ansatz bisher in der Partyszene. Dort wird neuartiges Informationsmaterial verbreitet, das Drogen nicht ablehnt, sondern eher „Gebrauchsregeln" für den Konsum enthält, um mögliche Risiken zu minimieren. Zugleich werden Ansprechpartner vor Ort und Beratungsstellen bei Problemen angeboten. Zur Beförderung eines risikoarmen Konsums werden meist Drogenerfahrene oder Ex-User einbezogen, die szene- und lebensstilbezogene Gebrauchsregeln an Unerfahrene weitergeben können. Dieses Verfahren nennt sich im Unterschied zur Peer Education „Peer Support"; es erscheint am ehesten in der Lage, jugendliche Drogeneinsteiger überhaupt zu erreichen (Tossmann 1998, 67 ff).

Eine solche Sekundärprävention hat sich inzwischen in subkulturellen, drogennahen Szenen bewährt. Für die Hauptgruppe der Jugendlichen, die gelegentlich Drogen oder Alkohol konsumieren, aber keine spezifische Gefährdung aufweisen, sind bisher noch keine geeigneten Präventionskonzepte gefunden worden. Erste Überlegungen gibt es zu einer bildungsorientierten Suchtprävention, die sich an jugendliche Peergroups anschließt und die Selbstgestaltung der jugendlichen Gesellungsformen ernst nimmt (Sting/Blum 2003, 87 ff). Dazu gehört, dass einerseits das Interesse am Substanzkonsum akzeptiert wird, andererseits aber zugleich nach Möglichkeiten einer sozial- und gesundheitsverträglichen Gestaltung der sozialen Praxis gesucht wird. Franzkowiak hat in diesem Zusammenhang die Vermittlung von „Risikokompetenz" und „Regeln für Räusche" vorgeschlagen (Franzkowiak 1996); Sturzenhecker hat den Ansatz der „beer education" vorgeschlagen, bei dem die Kultivierung des Alkoholgebrauchs mit Anstößen zur Selbstreflexion verknüpft wird (Sturzenhecker 2001).

Aktuelle Tendenzen in der suchtpräventiven Praxis: In der aktuellen Praxis der Suchtprävention sind alle historisch entstandenen Zugänge nebeneinander vertreten. Dabei überwiegen primärpräventive Aktivitäten, die sich am Lebenskompetenz-Ansatz orientieren. Sekundärprävention gewinnt in den letzten Jahren zunehmend an Bedeutung, wobei es akzeptanzorientierte Projekte aufgrund der vielerorts nach wie vor repressiven Drogenpolitik schwer haben. Auf kommunaler Ebene sind dennoch Beispiele für eine derartige Arbeit zu finden, und in der Schweiz reagiert die Drogenpolitik auf die Ineffektivität der Kriminalisierungsstrategie inzwischen mit einer partiellen Entkriminalisierung des Cannabisgebrauchs.

Eine Bestandsaufnahme aus dem Jahr 2000 ergab in Sachsen, dass sich dort 106 Einrichtungen mit Suchtprävention beschäftigen. Die Trägerschaft ist sehr unterschiedlich: Sie reicht von kommunalen Behörden (Gesundheitsamt, Jugendamt) über freie Träger, die Polizei und Krankenkassen bis zu Spezialeinrichtungen wie der Sächsischen Landesstelle gegen die Suchtgefahren, der Sächsischen Landesvereinigung für Gesundheitsförderung e. V., der Aktion Jugendschutz e. V. oder der Landesarbeitsgemeinschaft der Freundeskreise für Suchtkrankenhilfe Sachsen e. V. Schaut man sich die Qualifikation des Personals in der Suchtprävention in Sachsen an, kann man feststellen, dass Pädagogen/-innen und Sozialarbeiter/-innen eindeutig dominieren – sowohl in der praktischen Präventionsarbeit wie auch in Qualifikationsmaßnahmen (Multiplikatorenschulung, Fortbildung) zur Suchtprävention (Sächsisches Staatsministerium 2000).

Suchtprävention ist damit tatsächlich als „Querschnittsaufgabe" unterschiedlichster gesellschaftlicher Akteure institutionalisiert worden, wobei die flächendeckendste Suchtprävention in der Schule stattfindet. Suchtprävention ist inzwischen fester Bestandteil des gesetzlich verankerten schulischen Aufgabenkatalogs geworden. Sie wird dort in vielen Fällen nicht von den Lehrern selbst durchgeführt, sondern in Kooperation mit externen Institutionen und Fachkräften. Zur Konkretisierung der derzeit aktuellen suchtpräventiven Praxis möchten wir abschließend drei Beispiele vorstellen.

Das *erste Projekt* wird vom Gesundheitsamt Leipzig getragen. Es handelt sich um das Peer-Education-Projekt „Free your mind". Es basiert auf der Idee, unter Schülern ein positives Lebensgefühl zu verbreiten, das sich auf die Formel „gut drauf sein ohne Drogen" bringen lässt. Unter „Drogen" werden dabei nicht nur illegale Substanzen, sondern auch die legalen Substanzen Alkohol und Tabak verstanden. Jugendliche werden in fünftägigen Camps zu Multiplikatoren ausgebildet, um den Gedanken der Suchtprävention an ihrer Schule weiterzutragen. Die Schülermultiplikatoren sollen an den jeweiligen Schulen Ansprechpartner für Sucht- und Drogenprobleme sein. Ihre Hauptaufgabe besteht darin, sinnvolle Freizeitaktivitäten zu initiieren, die ein positives Lebens- und Selbstwertgefühl fördern (z. B. Theater-AGs, Zeitungsprojekte, Sportaktivitäten). Daneben beteiligen sie sich an schulischen Projekttagen, an Schulfesten oder an der Gestaltung einer Ausstellung zur Suchtprävention. Eine Besonderheit ist die Beteiligung von Studierenden der Psychologie und Sozialpädagogik als Mentoren für die Jugendlichen.

Das Projekt ist inzwischen an neun Leipziger Schulen etabliert. Es umfasst bei fluktuierender Mitgliedschaft ca. 40 Schülermultiplikatoren und 15–20 Studenten. Nachdem es lange als zusätzliche Aufgabe vom persönlichen Engagement der Suchtpräventionsbeauftragten im Leipziger Gesundheitsamt lebte, ist es inzwischen über eine zusätzlich festangestellte Person institutionalisiert worden. In der Praxis zeigt sich, dass insbesondere die freizeitbezogenen Aktivitäten zusehends eine Mischform zwischen dem Lebenskompetenzkonzept und dem Alternativen-Ansatz annehmen. Zugleich wird immer mehr eine Ausweitung des primärpräventiven Ansatzes auf sekundärpräventive Aspekte erforderlich, was die Schülermultiplikatoren zum Teil überfordert.

Die Entstehung des *zweiten Projekts* geht auf eine Kooperation von Suchtpräventionsstellen aus der Schweiz, Vorarlberg und Liechtenstein im Jahr 1992 zurück. Das sekundärpräventive Projekt „step-by-step" richtet sich an in der Schule tätige Personen. Lehrer und Lehrerinnen sollen durch schulinterne Fortbildungen und die Bereitstellung von Informationsmaterialien zur Früherkennung und Frühintervention bei suchtgefährdeten Schülern und Schülerinnen qualifiziert werden (Uhl / Springer 2002, 79). Sie erhalten Informationen über Verhaltensauffälligkeiten und psychosoziale Probleme von Schülern und Schülerinnen sowie Unterstützung bei der Gesprächsführung. Zugleich wird ihnen ein Überblick über das in ihrer Region vorhandene soziale Netzwerk bei Suchtproblemen zur Verfügung gestellt, um die Kooperation mit außerschulischen Institutionen der Jugendhilfe, der Erziehungsberatung, der Drogen- und Alkoholberatung und des schulmedizinischen Dienstes zu fördern. Inzwischen ist das Angebot um einen Internet-Informationsdienst und eine schulische Telefon-Hotline ergänzt worden. Das Projekt zielt darauf ab, Schulen mittels flankierender sozialer Dienste zur Umsetzung ihrer Möglichkeiten der Krisenintervention im Vorfeld einer Suchtentwicklung zu ermutigen und Schülern und Schülerinnen eine konstruktive Problembewältigung sowie einen positiven Schulabschluss zu ermöglichen.

In den letzten Jahren hat sich das Projekt in allen österreichischen Bundesländern verbreitet, und es kommt z. T. auch in deutschen Schulen zum Einsatz. Es stellt eine Option für Schulen dar, die seit 1998 im österreichischen Suchtmittelgesetz verankerte Verpflichtung zum Handeln bei Suchtgefährdung umzusetzen (www.bmbwk.gv.at 2006).

Auch das *dritte Projekt* arbeitet sekundärpräventiv. Es handelt sich um die „Drug Scouts" des Suchtzentrums Leipzig e. V. (www.drugscouts. de 2006). Die Drug Scouts sind 1996 als ehrenamtliches Projekt aus der Techno- und Partyszene entstanden; seit 1998 arbeiten sie professionell mit zwei Festangestellten. Anlass für die Gründung waren Beobachtungen in der Partyszene, dass das Wissen über verschiedene Substanzen sehr gering ist und daher hoher Aufklärungsbedarf besteht. Die Drug Scouts verstehen sich als „Safer Use"-Projekt, das den Konsum von Drogen und das Bedürfnis nach Rausch akzeptiert, aber die gesundheitlichen Risiken minimieren will. Im Vordergrund steht der „risikoarme Konsum". Zu dem Zweck haben sie eine eigene Broschüre entwickelt, den „Partydrogen Safer Use Guide", und Infoblätter zu einzelnen Substanzen. Die Arbeitsweise besteht in Infoständen vor Ort (z. B. auf Parties), in Streetwork in der Fußgängerzone in Leipzig mit Hilfe eines Bauchladens, in der Internetarbeit (Information und Beratung per e-mail), in der Telefonberatung („Drogentelefon") und in der Jugendarbeit. Zur Arbeit mit Jugendlichen wird in Jugendclubs eine sogenannte „Drogenzone" eingerichtet – ein speziell gestalteter Raum, in dem sich die Mitarbeiter mit ihrem Infomaterial als Gesprächspartner anbieten (Sting/Stockmann 2004).

Die Drug Scouts sind ein kreatives, erfolgreiches Projekt, dem es gelingt, die Zielgruppe der jugendlichen Drogenkonsumenten zu erreichen. Durch ihre Öffentlichkeitsarbeit, die gegen die Repression von Drogen und auf die Förderung der Kommunikation über Rausch und Drogen gerichtet ist, haben sie allerdings immer wieder Probleme mit offiziellen Stellen. Durch die drogenpolitischen Rahmenbedingungen sind der Arbeit im Bereich der akzeptanzorientierten Suchtprävention in Deutschland Grenzen gesetzt, die in anderen Ländern nicht in dieser Weise vorhanden sind. So ist z. B. das Wiener Projekt „ChEckiT" in der Lage, im Rahmen von

Großveranstaltungen ein sogenanntes „drug checking" durchzuführen, um zirkulierende Substanzen auf ihre Inhaltsstoffe zu überprüfen und vor eventuellen Gesundheits- und Konsumrisiken zu warnen. Dies eröffnet Chancen für einen engen Kontakt zu drogennahen Personengruppen und für eine über die substanzbezogene Beratung hinausgehende Präventions- und Unterstützungsarbeit (www.checkyourdrugs.at 2006).

7.1.3   Mutter-, Vater-Kind-Kuren als Beispiel für Rehabilitation

Das moderne Kurkonzept ist beschreibbar als medizinisches wie auch psychosoziales Leistungsangebot. Vielmehr ist die Aufgabe einer Kur nicht mehr nur in der Reparatur eines Defekts, sondern in der Erlangung eines Lebensgleichgewichts, das durch die Stärkung der Funktionsreserven, Selbstbeteiligungs- und Abwehrkräfte erreicht werden soll, zu sehen. Bereits 1977 schreibt Hartmann, dass das „Ziel einer Rehabilitation (…) ist, den Kranken nicht zu zeigen, was sie nicht mehr können, sondern sie zu überzeugen, was sie noch können und was bei eigener Anstrengung noch ausbaufähig ist" (Hartmann 1977, 40). Entsprechend konstatiert Kirschner (1994, 21), dass in einer Kur die Restgesundheit entfaltet und die Gesundheitspotenziale gestärkt werden sollten. Gesundheitspotenziale deuten an, dass

> „eine salutogenetische Ausrichtung mehr an Gewicht [gewinnt] als bisher: Der Aspekt des Wohlbefindens, die Lebensqualität und der Aufbau und die Nutzung gesundheitlicher Schutzfaktoren einschließlich sozialer Ressourcen rückt neben die bisher chronische Auseinandersetzung mit Risikoverhaltensweisen" (Liebing 1994, 118).

Eine spezifische Rehabilitationsmaßnahme ist die Mutter-Kind-Kur, die als ein „Angebot der Gesundheitshilfe und -förderung, das sich in seinen Inhalten auf die besonderen Situationen, Lebenslagen sowie Gesundheitsbelastungen von Frauen einstellt", beschrieben wird (Neitemeier 1994, 1). Die Mutter-Kind-Kur besteht aus drei Segmenten: den psychosozialen Hilfestellungen, der medizinischen Betreuung und der Therapie, wobei sich körperliche, psychische und soziale Facetten der Rehabilitation ergänzen. Wie bei Rehabilitationsmaßnahmen allgemein müssen bei den Müttern, die eine Mutter-Kind-Kur beantragen, körperliche und/oder psychische Gesundheitsgefährdungen vorliegen, damit eine Maßnahme von der Krankenkasse bezahlt wird. Nach Borchert/Collatz (1993, 457) zählen Frauen mit Kindern zu den vulnerablen Bevölkerungsgruppen. Dies trifft vor allem auf Frauen und Kinder aus benachteiligten Wohnverhältnissen zu. Für sie kann vor allem die Wohnortferne des Kurorts von gesundheitsfördernder Bedeutung sein. Städtler (1994, 25) bezeichnet den kurbedingten Ortswechsel und den für die Kurpatienten entstehenden Abstand als eine besonders günstige Rahmenbedingung. Bei Kuren im

Rahmen der Müttergenesung bekommen die Teilnehmerinnen durch den Abstand zu ihrem Alltag die Chance,

> „den Zusammenhang von Alltagsproblemen, belastenden Lebenssituationen und Gesundheitsbeschwerden zu erkennen und somit die Voraussetzung für Veränderungen im persönlichen Umfeld und den eigenen Bewältigungsstrategien zu schaffen" (Deutsches Müttergenesungswerk 1995, 9).

Ein weiterer Vorzug von Müttergenesungskuren liegt darin, dass die Kurheime in der Regel relativ klein sind. „Unter diesen Voraussetzungen wachsen Vertrauen und Offenheit leichter, wird die Basis für ein annehmendes und warmherziges Klima einfacher zu legen sein" (Schweidmann 1992, 288).

Kurerwartungen: Viele Personen, die eine Kur in Anspruch nehmen, sehen den Kurort als einen Zufluchts- bzw. Erholungsort an, verknüpft mit der Hoffnung, dass körperliche Beschwerden behandelt werden, ohne dass sie selbst dazu beitragen. Eine solche Grundhaltung läuft dem Anliegen einer Mutter-Kind-Kur und grundsätzlich einer Rehabilitation zuwider. „In der Rehabilitation hilft dem Patienten nicht (nur) die Behandlung, sondern in erster Linie das, was er lernt, um es dann über lange Zeit selbst zu Hause auszuüben" (Kijanski 1989, 100). Es wird festgestellt, dass an einer Müttergenesungskur teilnehmende Frauen zu Beginn einer Beratung nur selten eigene Bedürfnisse nennen. Bei den meisten Frauen steht der Wunsch nach Erholung der Kinder an erster Stelle der Kurerwartungen (Koppe / Neumann-Brak 1993, 325).

Praxis der Mutter-Kind-Kuren: Aus den Kurerwartungen ergibt sich die Praxis gesundheitsbildender Maßnahmen. Sie haben in aller Regel in der Förderung von Selbstvertrauen, Aufbau eines positiven Selbstwertgefühls, der Selbstaufmerksamkeit, der Umsetzung eigener Bedürfnisse und Ansprüche oder grundsätzlich im Ressourcenbewusstsein zu liegen. Becker (1992, 103 f) unterteilt Ressourcen in dem von ihm entwickelten Anforderungs-Ressourcen-Modell in interne und externe Ressourcen. Die internen Ressourcen unterteilt er wiederum in physische und psychische. Physische Ressourcen versteht Becker als „bestimmte körperliche Dispositionen, die auf einem Kontinuum von hoher konzeptioneller Vulnerabilität bis hoher Invulnerabilität einzuordnen sind" (Becker 1992, 104). Beispiel für eine interne psychische Ressource ist die seelische Gesundheit, die als persönliche Fähigkeit zur Bewältigung interner und externer Anforderungen verstanden wird. Auch die externen Ressourcen unterteilt Becker in physische und psychische. Die externen physischen Ressourcen „sind äußere Lebensbedingungen, die die Befriedigung primärer physischer Bedürfnisse des Menschen erleichtern und der Erhaltung bzw. Förderung der Gesundheit dienlich sind" (Becker 1992, 103).

Günstige familiale Bedingungen z. B. werden zu den externen psychosozialen Ressourcen gezählt. Der gesundheitsbildenden Praxis geht es um die Förderung der internen und soweit möglich externen Ressourcen. Eine methodische Möglichkeit bieten Übungen zur Sinnenarbeit (Homfeldt 1991) – in und mit der Natur, z. B. beim Wandern in Form von Naturerleben und Erinnerungsreisen (Hazard 1994, 267). Übungen zum Essen / Ernähren wie auch Bewegen und Kleiden stärken das Körperbewusstsein. Bei Rollenspielen treten Bewältigungsstrategien in den Vordergrund.

Kurnachbereitung: Da die Stärkung von Schutzfaktoren und die Umsetzung einer in der Kur entstehenden Motivation in gesundheitsförderndes Handeln im eigenen Alltag zeitaufwändig und trainingsintensiv ist, lässt sich die Wirksamkeit einer Kur nicht durch Einzelmaßnahmen erzielen. Aus diesem Grund ist eine zeitliche Ausdehnung von gesundheitsbildenden Übungen nach der Kur wichtig (Brühl 1995, 71; Eberle 1990, 39). In der Kurnachbereitung sollen die während der Kur initiierten Reflexions- und Veränderungsprozesse erneut aufgegriffen, unterstützt und weitergeführt werden mit dem Ziel, der Frau eine dauerhafte Verbesserung ihres Befindens und ihrer Gesundheit zu ermöglichen (Göbel 1992, 5).

Vater-Kind-Kuren: Seit dem Sommer 2002 können auch Väter mit Kindern eine Kur in Anspruch nehmen (Ruhl 2004, 209). Grundsätzlich gibt es zu den Mutter-Kind-Kuren keinen Unterschied. Inzwischen ist erkannt worden, „dass Männer in deutlich schlechterem Gesundheitszustand als Mütter in eine Eltern-Kind-Kur kommen" (Ruhl 2004, 210). Sie sind in Kliniken anders anzusprechen als Frauen („Männer ‚öffnen‘ sich nicht so schnell"). Aufgrund der immer noch geringen Zahl der Vater-Kind-Kuren (ungefähr 5 % der Eltern-Kind-Kuren werden von Männern wahrgenommen) gibt es immer noch zu wenig Vater-Kind-fundierte Programme.

7.1.4 Schulbezogene Jugendhilfe und Gesundheitsförderung

Die Schule hat zunehmend ungefiltert mit gesellschaftlichen Problemlagen zu tun, die sie lösen soll: mit vielfältigen Formen sozialer Ungleichheit; mit diversen Integrationsproblematiken, nicht zuletzt aufgrund sprachbezogener Defizite; mit Perspektivenlosigkeit aufgrund fehlender Zukunftschancen, obwohl sie immer noch als „Zuteilungsapparat für Lebenschancen" firmiert. Die Schule soll präventiv wirken gegenüber mancherlei gesellschaftlich bedingten gesundheitlichen Gefährdungen, die nachweislich an Lebenslagen gebunden sind (Homfeldt 2003, 265), z. B. Drogengebrauch, Gewalt, AIDS, Rauchen. Thematisch sind alle diese vier Themen so brisant, dass sie in die Schule gehören. Aber aufgrund gesellschaftspolitischer Überforderung ist der mit der Schule verknüpfte Erziehungsauftrag zum Scheitern verurteilt, da diese nur sehr bedingt die Lebenswelt von Kindern und Jugendlichen erreicht – außerhalb wie innerhalb der Schule.

In den zurückliegenden Jahrzehnten hat sich die Schere zwischen schulischem Selbstverständnis und den Selbstverwirklichungswegen der Jugend stetig vergrößert, so dass Böhnisch fragt (2001, 114), wie die Schule die Verbindung zur Jugendwelt erhalten und selbst Teil dieser Jugendwelt sein kann. Kinder und Jugendliche haben die Tag für Tag wiederkehrende Aufgabe, ihre Schülerrolle zu bewältigen und zu reproduzieren. Dazu benötigen sie soziale und emotionale Energien, welche die Schule als unverändert sozialräumlich blockierte Einrichtung (Böhnisch 2001) nicht herzustellen hilft; das Elternhaus hat nach wie vor diese Energien zu liefern, ist jedoch mit dieser Aufgabe zunehmend stärker überfordert.

Die angedeuteten Facetten belegen, dass Schule Hilfe braucht, nicht jedoch in Gestalt gesundheitserzieherischer Unterstützung von außen oder in Gestalt eines „schulsozialarbeiterischen Rettungsdienstes", sondern im Sinne einer „Neu-Organisation von Schule als Lern- und Lebensraum von Heranwachsenden über ihre Schulzeit hinweg durch die Gestaltung einer neuen Kultur des Aufwachsens" (Prüß 2001, 32). Um sie haben sich in der Schule mehrere Professionen so zu bemühen, dass sie zu einem Ort sozialer Bildung werden kann. Wie Unterrichten durch Lehrkräfte ist Schulsozialarbeit als schulbezogene Jugendhilfe strukturell zu verankern. Damit würde Schule zu einer neuen Organisation mit arbeitsteiliger professioneller Kompetenz auf Augenhöhe. Tendenziell unterstützt der „Zwölfte Kinder- und Jugendbericht" von 2005 dieses Anliegen, indem er Bildung – Betreuung – Erziehung als Zusammenhang darstellt.

Zweifelsfrei sind Gesundheit und ihre Förderung nicht das zentrale Anliegen von Schule. Gesundheitsförderung ist jedoch ein sozialpolitisches Programm, das Schüler, Lehrkräfte wie auch Eltern darin unterstützen kann, ein biopsychosoziales Wohlbefinden im Sozialraum Schule so aufzubauen, dass Bildungsprozesse möglichst chancengleich gestaltbar sind. Dies gelingt in dem Maße, wie sich Schule selbst als Organisation zu einem gesundheitsbezogenen Erfahrungsraum entwickeln kann, der es ermöglicht, gesunde Lebens-, Lehr- und Lernformen zu initiieren und zu institutionalisieren. Die in der Ottawa-Charta benannten fünf Handlungsebenen (Person, Gruppe, Institution, soziales Umfeld / Gemeinwesen, Gesamtpolitik) stellen sicher, dass sich Gesundheitsförderung nicht nur auf Teilbereiche des Schullebens beschränkt. Eine gesundheitsfördernde Schule impliziert demnach:

- den Aufbau einer gesünderen Lebensweise der Personen
- den Aufbau gesundheitsförderlicher Kooperationen (Teamarbeit)
- die Entwicklung eines gesunden Schulprofils

- die Stärkung der Verbindung mit dem sozialen Umfeld als Öffnung zum Gemeinwesen und Nutzung seiner Ressourcen
- die Veränderung von Gesundheitsförderung auf der Ebene der Gesamtpolitik (Schulgesetze).

Vor allem auf den ersten vier Ebenen kann der schulbezogenen Jugendhilfe eine formgebende Aufgabe zufallen. In der Ganztagsschule gewinnt sie dabei noch einmal zusätzliche Relevanz. Zwar ist das Thema Ganztagsschule bildungs- und gesellschaftspolitisch auf Bundes- wie Länderebene „in", und es scheint auch konzeptionell unter sozialpädagogischem wie schulpädagogischem Aspekt einen Prozess der Schulgestaltung anzustoßen – auffallend ist jedoch, dass die in Modellversuchen zur gesundheitsfördernden Schule gewonnenen Erkenntnisse bis dato noch nicht aufgenommen worden sind. So sind in Bezug auf die Entwicklung eines gesundheitsförderlichen Betriebsklimas noch keine gestaltungspraktischen Konsequenzen gezogen worden, auch nicht in Bezug auf die Feststellung, dass Krankheiten – u. a. chronische wie Asthma – im Lebenslagenbezug zu sehen sind, oder Ernähren / Essen zunehmend weniger in den Familien geregelt ist. Ernähren und Bewegen gehören historisch betrachtet zu den basalen Aufgaben Sozialer Arbeit. So gehört Ernährung von Menschen überall dort zum Aufgabenfeld der Sozialen Arbeit, „wo Armut, Nahrungsmittelkrisen und soziale Destabilisierungsprozesse die sättigenden privaten Mahlzeiten und Tischgemeinschaften gefährden" (Rose 2005, 20). Bewegung als Aufgabe Sozialer Arbeit findet sich unter anderen in der Jugendbewegung, aber auch in der Tradition der „jugend- und naturbewegten Reformpädagogik der Weimarer Zeit" (Hübner-Funk 2003, 6). Aktuelle Alarmmeldungen zur Ernährungslage bilden eine massive Herausforderung auch für die öffentlichen und freien Träger der Sozialen Arbeit. Phänomene der Fehl- und Überernährung geraten nach Themen des Hungers und der Mangelernährung vor 60 Jahren in den Fokus öffentlichen, auch gesamtpolitischen Interesses (Homfeldt / Ritter 2005; vgl. in Bezug auf globale Tendenzen Caraher 2002, 46 ff). Im Feld der Sozialen Arbeit richtet sich der Blick verstärkt auf Kinder- und Jugendeinrichtungen (Rose 2005, 20) und auf die Ganztagsschule. Hat die schulbezogene Jugendhilfe dieses Thema als ihr eigenes aufgenommen?

Der im Herbst 2005 erschienene „Zwölfte Kinder- und Jugendbericht", der die Gestaltung der Ganztagsschule als gemeinsame Aufgabe von Sozial- und Schulpädagogik thematisiert und in Bezug auf seinen Seitenumfang alle bisher erschienenen elf Berichte in den Schatten stellt, geht in keiner Weise auf die gesundheitsbezogene (speziell auch ernährungs- und bewegungsbezogene) Seite ganztägig organisierter Schulen ein (BMFSFJ 2005). Die „Ressource Gesundheit" wird einzig im Abschnitt zur „Bildung vor der Schule" erwähnt (Kap. 3.3), unter anderem in Bezug auf die Gesundheit sozial benachteiligter Kinder sowie in Bezug auf chronische Kinderkrankheiten. Es werden durchaus kritische Töne angeschlagen – etwa wenn es um das Nebeneinander von Lehrkräften und Fachkräften im Nachmittagsbetrieb geht. Es wird wiederholt konstatiert, Ganztagsschule solle „stärker den Bedürfnissen von Kindern gemäß" gestaltet werden (BMFSFJ 2005, 542); kurzum die Verwobenheit von Bildung, Betreuung und Erziehung solle als eine gemeinsame Gestaltungschance „aller bildungs- und lernrelevanten Akteure" (BMFSFJ 2005, 547) angestrebt werden. Konkretisierungen, z.B. im Hinblick auf gesundheitliche Aspekte, die das im Prinzip richtige Anliegen eines strukturellen Zusammenwirkens von Kinder- und Jugendhilfe und Schule präzisieren würden, fehlen jedoch. Die „Krisen im Prozeß des Aufwachsens" (BMFSFJ 2005, 555) machen sich – vor allem bei Kindern und Jugendlichen aus benachteiligten Bevölkerungsgruppierungen – in mangelnder Gesundheit, nicht nur objektiv, sondern auch in der Vorstellung der Kinder und Jugendlichen selbst bemerkbar. Sie sind in Bezug auf Ernähren und Bewegen unterversorgt. Wie soll dieses in der Gesundheitsforschung erkannte Problem in der Ganztagsschule strukturell bewältigt werden? Das Ziel der Schule ist nicht Gesundheit, sondern Bildung. Das Wohlbefinden der schulischen Akteure ist jedoch zentrale Voraussetzung und Bestandteil gelingender Bildungsprozesse (Sting et al. 2006). Eine an den Biografien der Schüler und Schülerinnen orientierte Bildungsarbeit gelingt am besten in einer Schule, in der die Strukturen der Gesundheitsförderung settingbezogen verankert sind.

7.2   Gesundheitsförderung in sozialen Netzwerken und in Gemeinwesen

In Anlehnung an den Setting-Ansatz können soziale Netzwerke und Gemeinwesen als Settings betrachtet werden, die zugleich eine „sozialräumliche" Dimension enthalten. Die Untersuchung des Zusammenhangs von sozialer und gesundheitlicher Ungleichheit hat gezeigt, dass sich soziale und gesundheitliche Benachteiligung an sozialräumlichen Strukturen festmachen lassen – z.b. am regionalen Vergleich verschiedener Stadtgebiete mit unterschiedlich gelagerter Bewohnerzusammensetzung innerhalb einer Stadt. Die Analyse sozialer Ungleichheit hat darüber hinaus inzwischen generell eine „sozialräumliche Perspektive" eingenommen, die Ungleichheiten entlang sozialer Beziehungsnetze und sozialgeographischer Konstellationen lokalisiert: Frühere Hierarchiemodelle wie „Klassen" oder „Schichten" scheinen in einer Gesellschaft mit „horizontalen Ungleichheiten" (z.B. Ethnizität, Geschlecht), mit struktureller, alle Schichten umfassender Arbeitslosigkeit und mit einer Zunahme von Alleinerziehenden und Single-Existenzen nicht mehr alle Deklassierungsprozesse zu erfassen. Stattdessen werden diese Hierarchien von einer generellen sozialen Spaltung in „innen" und „außen" überlagert, die *soziale Ausgrenzung* zu einem entscheidenden Kriterium macht (Anhorn 2005, 11 ff). „Soziale Ausgrenzung" bzw. „Exklusion" markiert den komplexen, mehrdimensionalen Verlust der Teilhabe am gesellschaftlichen Zusammenleben, bei dem beispielsweise Arbeitslosigkeit mit politischer Abkoppelung, mangelnden wirtschaftlichen Möglichkeiten und schlechten Wohnverhältnissen einhergeht (Kronauer 2002, 151 ff). Der Begriff „soziale Ausgrenzung" deutet ein Räumlichwerden sozialer Probleme an, eine Grenzziehung zwischen drinnen und draußen, die eine Übertragung auf konkrete Territorien bzw. Quartiere nahe legt. Trotz kritischer Einwände – etwa zur Willkür territorialer Deutungen sozialer Ausgrenzung städtischer Quartiere – hat sich die Verräumlichung in Diskussionen der Sozialen Arbeit inzwischen etabliert (Rathgeb 2005, 319 ff).

Hinsichtlich des sozialen Nahbereichs ist hervorgehoben worden, dass sich im Zuge der gesellschaftlichen Modernisierung traditionelle soziokulturelle Milieus ausdünnen und an Bedeutung verlieren: Der Klassenbezug einschließlich der dazugehörigen sozialen Beziehungen und Wertorientierungen stellt keine soziale Stütze mehr dar, die Zusammensetzung und der Stellenwert der Familie verändern sich, Lebensbereiche individualisieren sich und zersplittern. Eine Antwort auf diese Entwicklung ist das Konzept der *sozialen Netzwerke*: Soziale Netzwerke umschreiben Beziehungskonstellationen jenseits klassischer Verwandtschaftsverhältnisse, Milieus oder Klassen. Sie versuchen „mikrosoziale Strukturen" von Individuen und Haushalten zu erfassen, die die Gesamtheit der vorhandenen sozialen Interaktionen und Beziehungen enthalten (Paulus 1997, 175 ff). Die Analyse sozialer Netzwerke hat ergeben, dass von sozialer Ausgrenzung bedrohte Personen und Haushalte oft über schwache soziale Netzwerke verfügen, in denen sie wenig soziale Unterstützung oder informelle Hilfe bei Problemen erwarten können – dass also soziale Ausgrenzung in vielen Fällen zugleich soziale Isolation bedeutet.

In Bezug auf eine gruppenbezogene soziale Ausgrenzung wird auf die Zunahme räumlicher sozialer Segregationen und die Entstehung von eigenen „Armutskulturen" hingewiesen. Vor allem in Großstädten lässt sich eine wachsende Polarisierung in bevorzugte und marginalisierte Wohngebiete beobachten, wobei die Stadtpolitik in ihrem Bemühen um gute „Standortbedingungen" zusehends in imageträchtige und lukrative Bezirke und Projekte investiert und sozial schwächere Stadtgebiete vernachlässigt (Dangschat 1998, 33 ff). Ein Ergebnis dieser Entwicklung ist die Herausbildung sogenannter „sozialer Brennpunkte" bzw. „benachteiligter Stadt- oder Wohngebiete" (Löns 2000; Bruhns / Mack 2001). Benachteiligte Stadtgebiete sind durch eine Kumulation von Problemlagen gekennzeichnet: Hohe Anteile an Arbeitslosen, Sozialhilfeempfängern, Personen ausländischer Herkunft und Personen mit niedrigem Bildungsgrad gehen einher mit städtebaulichen Mängeln, schlechten Verkehrsanbindungen, fehlender Infrastruktur und einem wenig ansprechenden Wohnumfeld.

Soziale Ausgrenzung und Isolation lässt sich hier also – bezogen auf ganze Stadtgebiete – sozialräumlich verorten (Homfeldt 2000).

Sowohl im Bereich der sozialen Netzwerke als auch im Bereich des Stadtgebietes oder Gemeinwesens hat die soziale Ausgrenzung Auswirkungen auf die physische und psychische Gesundheit. „Netzwerkarbeit" und stadtteilbezogene „Gemeinwesenarbeit" sind deshalb Aufgabenfelder einer gemeindeorientierten Gesundheitsförderung geworden. Und beide Perspektiven haben etwas gemeinsam: den Ansatz an der gesundheitlichen Bedeutung sozialer Nahbereiche und kleinteiliger sozialräumlicher Strukturen. Im Unterschied zu klassischen Konzepten der Sozialen Arbeit stellen sie im Sinne der Ottawa-Charta zur Gesundheitsförderung die „Selbstbestimmung" der Betroffenen, die soziale Partizipation und das Empowerment ins Zentrum der Bemühungen.

7.2.1 Netzwerkinterventionen

Soziale Netzwerke umfassen sowohl primäre (familiäre) und informelle als auch berufliche, öffentliche und gemeindebezogene Beziehungsmuster. Um die Ausprägung und Gestaltung sozialer Netzwerke gezielt und professionell zu beeinflussen, ist zunächst eine detaillierte Analyse des bestehenden sozialen Netzwerks notwendig. Zu dem Zweck werden meist sogenannte „Netzwerkkarten" angefertigt, die eine Interpretation nach verschiedenen Dimensionen ermöglichen. In der Regel werden dabei vier Dimensionen unterschieden:

1. strukturelle Merkmale: groß / klein, dicht / locker, Zentrum / Cliquen / Sektoren
2. Beziehungsmerkmale bzw. Qualitäten: Stärke / Schwäche, Kontakthäufigkeiten, Kontinuitäten, Reziprozität, Uni- oder Multiplexität
3. normativer Gehalt: Wahl- oder Zwangsverbindungen, kulturelle Normen bzgl. Familie, Nachbarschaft usw.
4. funktionale Merkmale: Entwicklungs- und Sozialisationsaufgaben, Kommunikation, soziale Integration, soziale Regulation und Kontrolle, soziale Unterstützung (Nestmann 2000, 134).

Gesundheitliche Bedeutung erhalten soziale Netzwerke durch ihre Funktion der *sozialen Unterstützung*. Die Unterstützungsfunktion reicht von der emotionalen Unterstützung über die Hilfe beim Lösen von Problemen und die praktische bzw. materielle Unterstützung bis zur sozialen Integration und Beziehungssicherheit im Allgemeinen. Soziale Unterstützung (Social Support) wird als eine wichtige „soziale Ressource" gegenüber Gefährdungen, Schädigungen und Erkrankungen betrachtet. Ihr wird angesichts gesundheitlicher Belastungen und Beeinträchtigungen eine doppelte protektive Wirkung zugeschrieben: Zunächst gilt sie als „Puffer" zwischen belastenden Lebensereignissen und psychischer oder physischer Symptomatik. Soziale Unterstützung kann gemeinsam mit individuellem Bewältigungshandeln Belastung und Stress „abpuffern". In vielen Fällen kann eine Belastungssituation weniger durch individuelles Handeln als durch die Fähigkeit und Möglichkeit, im Bedarfsfall informelle Hilfe durch andere in Anspruch nehmen zu können, bewältigt werden. Auch das Wissen um konkrete Hilfen im Krankheitsfall wirkt stressmindernd und das Wohlbefinden fördernd. Von diesen Puffereffekten wird ein „Haupteffekt" sozialer Unterstützung unterschieden, der auch dann Gesundheit fördert, wenn keine Belastung und kein Stress wirksam werden. Soziale Unterstützung wirkt auch unabhängig von Krankheitsbedrohung gesunderhaltend, indem man sich sozial integriert erlebt und tagtäglich sozialen Rückhalt erfährt. Netzwerkintegration kann insgesamt ein Gefühl des Wohlbefindens, der Zuversicht und der positiven Stimmung begünstigen, indem soziale Bedürfnisse wie Anerkennung, Rückmeldung, Zuwendung, Intimität usw. erfüllt werden (Paulus 1997, 183 ff).

Gesundheitsförderung wird aus der Perspektive des Netzwerkkonzepts als *Netzwerkarbeit* bzw. *Netzwerkintervention* verstanden, deren Ziel es ist, die protektive Wirkung von Netzwerken zu verstärken. Sie soll dazu dienen, soziale Unterstützung im jeweiligen konkreten Fall als „Entlastung" oder „Erleichterung" zu gestalten (im Gegensatz zu sozialem Druck oder sozialer Kontrolle). Zu diesem Zweck muss der informelle und selbstbestimmte Charakter von sozialer Unterstützung bewahrt bleiben: Professionelle oder „Experten"-Hilfe darf nicht an die Stelle der informellen Hilfen treten, sondern sie muss bestehende Unterstützungs- und Hilfekontexte bestärken und bekräftigen. Deshalb wird als professionelle Grundhaltung der Ansatz des „Empowerment" favorisiert (Morbach 1997). Im Zentrum der netzwerkorientierten Sozialen Arbeit steht also immer eine Kooperation zwischen Professionellen, Betroffenen und deren sozialem Umfeld anstelle einer auf Dominanz angelegten Expertenbeziehung. Im Einzelnen können Netzwerkinterventionen auf verschiedenen Ebenen angesiedelt werden (Nestmann 2000, 141 ff):

1. Auf der *individuellen Ebene* geht es um Trainings oder Schulungen zur Entwicklung der „Helferkompetenz" (Gegenseitigkeit zulassen, Dosierung von Hilfe gegen Burn-out, angemessenes Helfen lernen) oder der Wahrnehmung von Unterstützung (z. B. Hilfe erkennen und annehmen).
2. Auf der Ebene von *Dyaden* werden Partner/-innen auf konkrete Hilfe vorbereitet (Ehemänner bei einer bevorstehenden Geburt, Freunde bei Raucherentwöhnungsprogrammen, Eltern bei der Rückkehr von Kindern aus Klinikaufenthalten), oder es werden im Rahmen von Patenschaften neue, künstliche Unterstützungsbeziehungen organisiert (erfahrene Mütter unterstützen überforderte Teenager-Mütter, Eltern helfen gewaltbereiten Eltern, Vermittlung von Leihgroßeltern).

3. *Gruppenbezogene Interventionen* arbeiten mit natürlichen oder künstlichen Gruppenzusammenhängen. Die bekannteste Kleingruppe ist die Familie; Familienhilfe bietet daher ein Einsatzfeld für Netzwerkinterventionen durch das Einbringen neuer Perspektiven, z. B. in „Helferkonferenzen". Weitere Ansätze sind sogenannte „Peer-Support"-Modelle, die auf den Unterstützungsfunktionen von Gleichbetroffenen aufbauen (z. B. in der AIDS- oder Suchthilfe) und die Organisation oder Unterstützung von Selbsthilfegruppen zu bestimmten gesundheitlichen Problemen.

4. Eine nächsthöhere Interventionsebene bezieht sich auf *soziale Netzwerke* insgesamt. Entweder geht es um den Aufbau neuer sozialer Netzwerke (z. B. bei ehemaligen Psychiatriepatienten oder Strafgefangenen) oder um die Auseinandersetzung mit größeren sozialen Strukturen (z. B. um den Umgang mit einer gewaltbereiten Jugendclique in einem Kontext von Familienangehörigen, Nachbarschaften, Erziehungs- und Gemeinweseninstitutionen).

5. Weitere Interventionsebenen sind schließlich die Ebene *formeller sozialer Systeme* und die *Gemeindeebene*. Im ersten Fall beschäftigt man sich mit Netzwerkstrukturen in Institutionen und Organisationen (z. B. in Betrieben). Im zweiten Fall wird das „Gemeinwesen" – die Nachbarschaft oder der Stadtteil – als soziales Netzwerk betrachtet, das mitsamt der gebauten und natürlichen Umwelt zum Gegenstand von Netzwerkinterventionen werden kann. Sowohl Einrichtungen der psychosozialen Versorgung als auch Stadtplanung, Verkehrsplanung und Wohngebietsgestaltung sind hierbei zu berücksichtigen. Auf dieser letzten, umfassendsten Ebene geht Netzwerkarbeit schließlich in die stadtteilorientierte, gesundheitsfördernde *Gemeinwesenarbeit* über.

7.2.2 Gesundheitsbezogene Gemeinwesenarbeit

Projekte zur Gesundheitsförderung im Gemeinwesen basieren auf dem „Regionenkonzept". Sie sind häufig in benachteiligten Stadtregionen oder Wohngebieten angesiedelt, um sich mehrfach überlagernde Problemkonstellationen zu bearbeiten. Die Chance der Gemeinwesenorientierung besteht darin, Projekte für sozial Benachteiligte nicht als Sonderaktivitäten für sozial Schwache erscheinen zu lassen, was die Gefahr der Stigmatisierung und Deklassierung in sich birgt. Stattdessen setzen sie am sozialen Nahraum und Lebensalltag der Zielgruppe an, bieten vor Ort gesundheitsrelevante Hilfen an und unterstützen bei der Problemlösung in einem gesamten Stadtgebiet. Der Gesundheitsbezug ist dabei mehr oder weniger explizit: einerseits geht es direkt um die Bereitstellung niedrigschwelliger gesundheitlicher Versorgung; andererseits geht es eher indirekt um die Bearbeitung gesundheitsrelevanter Faktoren

(z. B. Arbeitslosigkeit, Bildungsdefizite, schlechte Wohnverhältnisse, mangelhafte Infrastruktur). Gesundheitsförderung überschneidet sich in diesen Fällen mit sozialer Stadterneuerung (Buchholz-Weinert 1997; Löns 2000). Gemeinsame Leitbilder sind die „Lebensqualität" und das „Wohlbefinden" der Stadtteilbewohner. Die Vorgehensweise entspricht wie in der Netzwerkarbeit dem Empowerment: die Arbeit entfaltet sich in Kooperation mit den Betroffenen. Diese sollen ihre Sichtweise, ihre Bedürfnisse und Wünsche einbringen und dazu befähigt oder „ermächtigt" werden, die Verbesserung ihrer Lebensbedingungen selbst in die Hand zu nehmen (Herriger 2002). Auf diese Weise soll sich zum einen die „Lebensqualität" verbessern, darüber hinaus aber auch die „Lebensperspektive" verändern – z. B. durch eine Erhöhung des Selbstwertgefühls und eine Stärkung des Kohärenzempfindens nach dem salutogenetischen Modell von Antonovsky.

Ein Beispiel zur Verbesserung der Gesundheitsdienste im Stadtteil findet sich in der Stadt Köln. Ausgehend von Untersuchungen zum Zusammenhang von gesundheitlicher und sozialer Benachteiligung bei Kindern hat man sich dort im Rahmen der Umsetzung des WHO-Programms „Gesunde Städte" zum Ziel gesetzt, die Gesundheits- und Entwicklungschancen von sozial benachteiligten Kindern zu verbessern. Gemäß dem Regionen- oder Sozialraumansatz wurden zwei Stadtteile als soziale Brennpunkte ausgewählt (Bocklemünd und Höhenberg / Vingst). Durch die Kooperation von Professionellen aus verschiedenen Sozialdiensten und Jugendhilfeeinrichtungen wurde ein Gesundheitsbericht erstellt, der besondere lokale Problemlagen und Interventionsmöglichkeiten zum Vorschein brachte. Auf dieser Grundlage bildeten sich fünf Projektgruppen zu den Themen Suchtprävention, Gesundheits- und Wohnumfeld, herkunftsspezifische Geburtsvorbereitung, Gesundheit in der Ferienfreizeit „HöVi" und Frühförderung (Abel 2000).

Die nachhaltigste Wirkung hatte die Projektgruppe „Frühförderung", die Mitglieder aus dem Allgemeinen Sozialdienst, dem schulpsychologischen Dienst, dem Gesundheitsamt und den Kindertagesstätten umfasste. Angesichts einer Häufung von Entwicklungsauffälligkeiten unter Kindergartenkindern im Stadtteil Höhenberg / Vingst wurden im Rahmen einer ressortübergreifenden, interdisziplinären Kooperation wohnortnahe Förder- und Therapiemöglichkeiten geschaffen. Die Fördermaßnahmen wurden in das Regelangebot der Kindergartenbetreuung integriert. Sie beinhalteten drei verschiedene Ebenen:

1. Prävention durch Qualifizierung des Personals im Kindergartenbereich
2. flankierende Fördermaßnahmen in den Institutionen Kindergarten, Vorschule und Schule
3. Therapie im Frühbehandlungszentrum.

Ein wichtiger Bestandteil des Projekts war die Elternarbeit, um den betroffenen Eltern die Angst vor Stigmatisierung zu nehmen und um die
Bereitschaft zu längerfristiger Mitarbeit zu sichern. Die Eltern wurden
durch eine besonders behutsame Aufklärungs- und Informationsarbeit
für die Problematik sensibilisiert und zu gesundheitsbewusstem Handeln
angeregt, wobei die Besonderheiten der Interaktion mit sozial benachteiligten Familien berücksichtigt wurden. Diese beinhalten z. b. andere
Formen der Problemwahrnehmung; das Gefühl, dass Vorwürfe gemacht
werden; eine geringe Frustrationstoleranz; einen hohen Informations-
und Beratungsbedarf usw. (Abel 2000).

Ein zweites, eher indirekt auf Gesundheit bezogenes Beispiel der Gemeinwesenarbeit ist die „integrative Sanierung" in Trier-Nord. In einem
benachteiligten Wohngebiet wurde zunächst im Jahr 1983 ein „Bürger-
haus" gegründet, um durch Maßnahmen stadtteilorientierter Sozialer
Arbeit die soziale Infrastruktur zu verbessern. Anfang der 1990er Jahre
wurde bekannt, dass einige besonders von sozialen Problemen betroffene Wohnblocks in diesem Gebiet zum Verkauf angeboten wurden.
Daraus entstand die Idee, dass die Bewohner die Häuser selbst erwerben
sollten, um eine „integrative Sanierung" durchzuführen, bei der physische und soziale Sanierung miteinander verknüpft sind. Es wurden Ge-
nossenschaften gegründet und Wohnblocks mit 106 Wohnungen (ohne
Eigenkapital) gekauft. Über die Genossenschaft wurden die Bewohner
am Besitz und an der Verantwortung für die Sanierung beteiligt. Sie
konnten mitbestimmen, sich am Bewohnerrat beteiligen und Einfluss
auf die Planung und Umsetzung der Sanierung nehmen, was neue Verhaltensweisen und eine Aktivierung der Betroffenen hervorbrachte. Die
Sanierung selbst beseitigte Gesundheitsrisiken wie Hygienemängel,
Schädlingsbefall und feuchtes Raumklima. Sie wurde von arbeitslosen
Bewohnern im Rahmen von Beschäftigungs- und Qualifizierungspro-
jekten durchgeführt, was zu Bildungsgewinn und zur Eröffnung neuer Lebensperspektiven führte. Inzwischen ist daraus eine kommerziell
arbeitende Sanierungsfirma entstanden, die reguläre Arbeitsplätze mit
zusätzlicher sozialpädagogischer Begleitung geschaffen hat. Das Projekt
bringt auf diese Weise vielfältige Effekte im Sinne der „Salutogenese" mit
sich (Buchholz-Weinert 1997, 280).

Im „Weiterbildungsnetzwerk Eurosozial" sollten die Erfahrungen aus
Trier-Nord auf benachteiligte Stadtgebiete in anderen Städten und Ländern
übertragen werden. Zu diesem Zweck wurde eine „Dreiphasensequenz"
zur konsensstiftenden Zusammenarbeit entwickelt. Phase 1 bestand in der
Ermittlung der Gesundheitsvorstellungen bei den Betroffenen, aber auch
bei den mit ihnen befassten Experten/-innen. Phase 2 beinhaltete die Entwicklung einer integrierten Problemsicht und Problemdefinition. Phase
3 sollte zur Verbesserung von alten und zur Entfaltung von neuen integrierten Problemansätzen führen. Die beteiligten Wohngebiete befinden

sich in Trier (Rheinland-Pfalz), in Völklingen (Saarland), in Luxembourg (Luxemburg) und in Forbach (Lothringen, Frankreich). Inzwischen liegen insbesondere zum Bereich der Gesundheitsvorstellungen Ergebnisse des Projekts vor (Homfeldt 2000; Homfeldt / Steigleder 2003).

Die partizipative Perspektive bestimmte die Vorgehensweise von Anfang an. Die Gruppendiskussionen mit den Betroffenen dienten nicht nur der Erkenntnisgewinnung, sondern ebenso als Baustein im „Empowermentprozess". Die Betroffenen sollten zu erkennenden Subjekten in Bezug auf ihr Leben im benachteiligten Wohngebiet werden. Sie sollten sich über ihre Situation bewusst werden, Austauschmöglichkeiten erhalten und ihre Ressourcen und Fähigkeiten zur Veränderung erkennen. Dabei kam eine klare Problemsicht in Bezug auf die gesundheitliche Relevanz der eigenen Wohnsituation zu Tage. Diese war durch Problembereiche wie Feuchtigkeit und Schimmelbefall in den Wohnungen, durch ständige nervenaufreibende Auseinandersetzungen mit der Wohnungsgenossenschaft, durch Ungeziefer und Ratten, durch schlechte Verkehrsanbindungen (was z. B. das Erreichen besserer Schulen für Kinder fast unmöglich macht) sowie durch Mangel an öffentlichen Einrichtungen und durch das Fehlen eines attraktiven Umfelds (z. B. mit Spielplätzen) gekennzeichnet. Gesundheitliche Belastungen wie Asthma, nervöse Anspannung und Aggressivität wurden direkt mit diesen Nachteilen in Verbindung gebracht. Trotzdem wurde im Allgemeinen keine „Versetzung" in einen anderen Stadtteil gewünscht, sondern eher eine quartiersbezogene Verbesserung (Homfeldt 2000).

Gesundheitsförderung im Gemeinwesen setzt am Stadtteil, dem überschaubaren, fassbaren und veränderbaren Lebensort an; seine strukturellen Beschränkungen und Beeinträchtigungen müssen in einem kooperativen und interaktiven Prozess wahrgenommen werden. Gemeinsam werden anschließend Wege einer partizipativen, selbstbestimmten Verbesserung der Lebensqualität erarbeitet. Projekte dieser Art können Erfolge aufweisen; sie verhelfen in vielen Fällen zu einem Aktivierungsschub der Beteiligten. Allerdings geraten sie in eine Spannung zwischen punktuellen Verbesserungen im Stadtteil und dem sich gegenwärtig verschärfenden Segregations- und Ausgrenzungsdruck auf benachteiligte Stadtgebiete. Der Setting-Ansatz in der Gesundheitsförderung hat am jeweiligen Setting und dessen Ressourcen seine Grenzen. Die Gefahr der Verdinglichung des Sozialraums, die das Verfestigen und Unsichtbarmachen sozialer Ausgrenzung entlang der Trennungslinien der „gespaltenen Stadt" enthält (Reutlinger 2005, 93 ff), muss ebenso kritisch reflektiert werden wie die Tatsache, dass die sozialen Netzwerke von Personen sich zunehmend von Ortsgrenzen und territorialen Fixierungen lösen (Straus 2005, 83 f).

Inwiefern Gesundheitsförderung langfristig die soziale und gesundheitliche Situation in einem Gemeinwesen verbessern kann, wird auch davon abhängen, inwiefern sie eine über den Stadtteil hinausgehende Öffentlichkeit und einen politischen Druck mobilisieren kann, der Ressourcen außerhalb der betroffenen Gebiete im Sinne eines quartiersbezogenen sozialen Ausgleichs erschließt.

7.3   Soziale Arbeit in der Krankenversorgung

Aufgaben der Sozialen Arbeit im Rahmen der gesundheitlichen Versorgung stellen den – historisch gesehen – am frühesten und den am breitesten ausgebauten Bereich der gesundheitsbezogenen Sozialen Arbeit dar. Soziale Arbeit im Gesundheitswesen ist bis heute das größte und zugleich das innerhalb der Fachdiskussion am wenigsten zur Kenntnis genommene Aufgabenfeld der gesundheitsbezogenen Sozialen Arbeit. In den letzten Jahren hat sich für diesen Bereich ein neuer Überbegriff ausgebreitet, der aus dem angelsächsischen „clinical social work" abgeleitet ist und dessen Inhalt bis heute noch nicht eindeutig geklärt ist: die *Klinische Sozialarbeit* (Geißler-Piltz et al. 2005). Klinische Sozialarbeit umfasst zunächst die beiden klassischen Arbeitsfelder des „Sozialdienstes im Krankenhaus" und der „Sozialen Arbeit in Rehabilitationskliniken". Darüber hinaus bezeichnet sie einen eigenständigen Ansatz mit neuen Aufgaben der Sozialen Arbeit in der gesundheitlichen Versorgung, die nicht unbedingt an Kliniken und Krankenhäuser gebunden sind.

7.3.1   Soziale Arbeit im Krankenhaus

Betrachtet man die Definition des „Krankenhauses" nach dem deutschen Sozialgesetzbuch (SGB V, §107), kann man schnell die dahinter verborgene Problematik erkennen: Krankenhäuser werden dort als „Einrichtungen" beschrieben, in denen durch ärztliche und pflegerische Hilfeleistung Krankheiten, Leiden und Körperschäden festgestellt, geheilt oder gelindert werden sollten oder Geburtshilfe geleistet werde und in denen die zu versorgenden Personen untergebracht und verpflegt werden könnten (Ansen et al. 2004, 21 f). In dieser Definition findet sich kein Hinweis auf die Soziale Arbeit: Bis heute muss diese Disziplin um ihren professionellen Status und um ihre fachliche Anerkennung in der Kooperation mit anderen Berufsgruppen wie Ärzten, Pflegepersonal und Psychologen kämpfen.

Einweisungsgrund in ein Krankenhaus ist eine „somatische Dysfunktion" – dies gilt auch für den Bereich der Psychiatrie (Hey 1997, 32); d. h. Ärzte legen fest, wer in ein Krankenhaus kommt und warum. Sie bestimmen auch die Art der Behandlung, bis hin zu Bereichen wie der Rehabilitation Drogenabhängiger, in denen die von Ärzten unmittelbar zu erbringenden Dienstleistungen laut Rechtssprechung des Bundessozialgerichts als „kontraindiziert" gelten. Die Institutionen der Krankenversorgung werden damit auf medizinisch definierte Teilfunktionen festgelegt. Die Medizin beansprucht eine nicht hinterfragte Vorrangstellung im System der Krankenversorgung, während andere Berufsgruppen zuarbeitende Funktionen erfüllen.

Aufgrund der im bisherigen Verlauf der Darstellung sichtbar gewordenen hohen Bedeutung der sozialen Dimension des Krankheitsgeschehens ist diese Engführung des Blickwinkels auf Gesundheit und Krankheit problematisch – nicht nur wegen der damit verbundenen Statusprobleme von Sozialarbeiter/-innen im Krankenhaus. Die „Deutsche Vereinigung für den Sozialdienst im Krankenhaus" (DVSK, neuerdings: DVSG – Deutsche Vereinigung für Sozialarbeit im Gesundheitswesen) merkt kritisch an, dass die soziale Dimension von Krankheit zwar theoretisch im Gesundheitswesen anerkannt wird, dass diese Erkenntnisse aber nur halbherzig in der Praxis umgesetzt werden und dass die somatische Beurteilung von Krankheit nach wie vor „überproportional gelehrt, gefördert und beforscht wird" (DVSK 1999, 5).

Faktisch hat sich die Soziale Arbeit inzwischen trotz dieser Widrigkeiten als Berufsgruppe in Krankenhäusern etabliert. Auch wenn die Soziale Arbeit in der amtlichen „Statistik der Berufe im Gesundheitswesen" nicht gesondert aufgeführt wird, waren Mitte der 1990er Jahre über 4000 Sozialarbeiterinnen und Sozialarbeiter in Krankenhäusern in Deutschland beschäftigt (Hey 1997, 29; DVSK 1999, 9). Seither ist die Tendenz steigend; im Jahr 1999 betrug ihre Zahl bereits 5378 Beschäftigte (Hoffmann 2002, 411 f). Die Soziale Arbeit rangiert damit noch vor Psychologen/-innen und Diätassistentinnen; Hey sieht sie neben den Ärzten und Pflegekräften zu einer „dritten Dimension" im Krankenhaus aufsteigen. Angesichts der geringen Bedeutung im Verhältnis zu Ärzten und Pflegekräften scheint diese Einschätzung allerdings etwas überzeichnet. Im Vergleich zum Gesamtpersonal in Krankenhäusern machen Sozialarbeiter/-innen nur ca. 0,4 % der Beschäftigten aus. Daraus lässt sich folgern, dass ein Sozialarbeiter die biomedizinische Arbeit von ca. 25 Ärzten in sozialer Hinsicht vervollständigt.

Hey sieht den Ausbau der Sozialen Arbeit im Krankenhaus darin begründet, dass sie den dysfunktionalen Effekten der funktionalen Engführung von Krankenversorgungsinstitutionen entgegenwirkt. Der Gang ins Krankenhaus bringt soziale Folgeprobleme mit sich (im Bereich der Arbeit, der Finanzen, des Wohnens und der Angehörigen), die einer eigenen Bearbeitung bedürfen. Zugleich bringt die Abgrenzung der stationären Behandlung von anderen Instanzen sozialer und pflegerischer Betreuung Schnittstellen- und Übergangsprobleme auf dem Weg zur ambulanten Versorgung hervor, die ebenfalls in den Aufgabenbereich der Sozialen Arbeit fallen. Schließlich ergeben sich parallel zur Krankenbehandlung soziale Integrationsprobleme, die „in irgendeiner Weise zur Entstehung der Krankheit beitragen oder die für die Bewältigung von Krankheit von Bedeutung sind" (Hey 2000, 164). In einem umfassenden Sinn hat Soziale Arbeit also mit „sozialen Problemen" zu tun, die im Umfeld eines Krankheitsgeschehens und einer Krankenbehandlung auftreten.

Es gibt nun drei Gründe, die dafür sprechen, dass Soziale Arbeit im Krankenhaus in Zukunft an Bedeutung gewinnt und sich vom „Nothelfer" zur „Regelleistung" entwickelt. Da ist zum einen die demografische Veränderung der Gesellschaft: Durch die Alterung der Bevölkerung nehmen pflegebedürftige Patienten zu, die einer verstärkten pflegerischen und sozialen Betreuung bedürfen. Der zweite Grund liegt in der Verlagerung des Krankheitsspektrums hin zu chronischen Krankheiten. Durch die Vermehrung chronischer Krankheiten nehmen Langzeitbehandlungen zu, die mehrere Bereiche umfassende Rehabilitationsmaßnahmen erfordern. Beiden Patientengruppen wird das medizinisch ausgerichtete, isoliert arbeitende Krankenhaus immer weniger gerecht (Witthöft 2000, 191 f). Drittens bringt gerade der Erfolg des Krankenhauses bei der Lebensrettung und Lebenserhaltung immer mehr Zustände „bedingter Gesundheit" hervor, Zustände behinderten oder in irgendeiner Form beeinträchtigten Lebens, deren Konsequenzen für die betroffenen Menschen hinsichtlich ihrer weiteren sozialen Existenz bisher außerhalb der Verantwortung des Krankenhauses liegen, die aber in vielen Fällen einer professionellen sozialen Unterstützung bedürfen (DVSK 1999, 7).

Betrachtet man das Aufgabenspektrum des Sozialdienstes im Krankenhaus, dann kann man feststellen, dass er an der Krankenbehandlung oder Therapie im engeren Sinn nicht beteiligt ist. Organisatorisch wird er in der Regel an die Verwaltungsleitung des Krankenhauses angebunden. Seine Tätigkeit konzentriert sich auf flankierende präventive und rehabilitative Aspekte der Krankenbehandlung (DVSK 1999, 5, 13). Aus diesem beschränkten Zugang, der sich aus der fachlichen Zuständigkeit für „soziale Probleme" ableiten lässt, ergeben sich eine Reihe von unverwechselbaren Anteilen von Sozialer Arbeit im Krankenhaus, die von keiner anderen Berufsgruppe übernommen werden können. So umfassen die Aufgaben des Sozialdienstes die biografisch erweiterte Sozialanamnese, die Bearbeitung aktueller psychosozialer Probleme, die akute Konfliktbewältigung bzw. Krisenintervention, die Hilfe bei der Lebensgestaltung und die Hilfe zur Verbesserung des Selbsthilfepotenzials, die Suchtkrankenbetreuung, verschiedene Vermittlungstätigkeiten und Einzelhilfen sowie Aufgaben im Bereich Organisation / Administration / Evaluation (DVSK 1999, 16 f). Methodisch hat man es vor allem mit Beratungssituationen zu tun, die ergänzt werden um Verwaltungs- und Organisationsaufgaben sowie um personenbezogene Maßnahmen des Empowerment und der Kompetenzförderung. Die Notwendigkeit dieser psychosozialen Anteile an der Krankenversorgung wird dadurch unterstrichen, dass Sozialleistungen seit dem Jahr 2005 in der Leistungskodierung der Krankenhäuser berücksichtigt werden und damit in beschränktem Umfang zu den abrechenbaren Leistungen eines Krankenhauses zählen (DVSG 2005).

7.3.2 Soziale Arbeit in der Rehabilitationsklinik

Neben dem Krankenhaus gibt es in der stationären Versorgung den Bereich der Vorsorge- und Rehabilitationskliniken. Soziale Arbeit hat in diesem Bereich zwar keinen gesetzlichen Auftrag, aber in der Praxis hat sie inzwischen einen festen Platz eingenommen. Dies hängt mit dem Wandel von der allgemeinen Kur zur fachspezifischen Vorsorge und Rehabilitation zusammen. Die Kur war auf die allgemeine Erholung fernab der sozialen Realität des Patienten gerichtet. Sie vertrauten auf die Wirkungen sogenannter ortsgebundener Heilmittel, wie Klima, Bäder, Heilwasser und unspezifischer physiotherapeutischer Anwendungen. Die fachspezifische Rehabilitation zielt dagegen auf spezifische Maßnahmen zur Beseitigung der Ursachen bestimmter Behinderungen und Beeinträchtigungen oder der Minderung ihrer Folgen. „Ist für die Kur gerade das Absehen von der sozialen Lebenswelt kennzeichnend, so ist für die Rehabilitation der Bezug auf die realen sozialen Bedingungen konstitutiv" (Mans 2000, 177). Der Rehabilitationsauftrag besteht in der Wiederherstellung der „möglichst uneingeschränkten Teilhabe eines Menschen am sozialen Leben in Gesellschaft, Familie und Arbeit" (Mans 2000, 177), was einen Bezug auf die soziale Realität des betroffenen Menschen unverzichtbar macht.

Das veränderte Rehabilitationsverständnis führte in Verbindung mit der Zunahme chronischer Erkrankungen zu einem enormen Ausbau der Bettenkapazitäten, insbesondere vom Beginn der 1970er Jahre bis zum Beginn der 1990er Jahre. In psychosomatischen Rehabilitationskliniken beispielsweise stieg die Bettenzahl von 1.000 Betten im Jahr 1972 auf 6.500 Betten im Jahr 1992. Ein weiterer Anstieg bis heute ist zu vermuten, da von 1991 bis 2000 die Gesamtbettenzahl aller Vorsorge- und Rehabilitationseinrichtungen weiter von 144.172 Betten auf 189.822 Betten angestiegen ist (BMGS 2002). Zugleich gibt es immer mehr Großkliniken mit 150 und mehr Betten. Dieser Ausbau ist die Voraussetzung dafür, neben den zentralen Berufsgruppen der Ärzte, Psychologen und Pflegekräfte auch in größerem Umfang Sozialarbeiterinnen und Sozialarbeiter einzustellen (Mans 2000, 178). Im Jahr 1999 waren insgesamt 1.580 Sozialarbeiterinnen und Sozialarbeiter in Vorsorge- und Rehabilitationskliniken beschäftigt (Hoffmann 2002, 411 f).

Neben einzelnen sozialen, verwalterischen und organisatorischen Hilfen ist die Arbeitsfähigkeit – und im Besonderen die Gefährdung der beruflichen Teilhabe am gesellschaftlichen Leben – zum Hauptaufgabenfeld der Sozialen Arbeit in der Rehabilitation geworden. Die Rentenversicherungsträger als die Hauptkostenträger im Rehabilitationsbereich sind vor allem dann zuständig, wenn die Arbeits- und Leistungsfähigkeit bedroht ist. Damit gewinnen die Beurteilung der beruflichen Leistungsfähigkeit im Entlassungsbericht und arbeitsbezogene Behandlungselemente während der Rehabilitation an Bedeutung. Dazu gehören z. B. Belastungserprobungen, Arbeitsversuche sowie sozial- und ergotherapeutische Maßnahmen zur Erhaltung oder Wiederherstellung der Arbeitsfähigkeit. Durch Konzentration auf diese arbeitsbezogenen Aspekte hat sich die Soziale Arbeit inzwischen fest im Rehabilitationsteam verankert und ein eigenes fachliches Profil ausgebildet. Rehabilitation ohne die Soziale Arbeit ist heute nicht mehr denkbar (Mühlum / Gödecker-Geenen 2003, 24 ff).

Parallel dazu hat sich vom Rehabilitationsangleichungsgesetz aus dem Jahr 1974 bis zu den Empfehlungen zur Weiterentwicklung der Rehabilitation der Rentenversicherungsträger von 1996 ein „ganzheitlicher Rehabilitationsbegriff" entwickelt, der die Integration eines Menschen in den gesamten sozialen Lebensbereich – in Familie, Arbeit und Gesellschaft – anstrebt. Darin wird eine über Beruf und Arbeit hinausgehende soziale Dimension der Rehabilitation betont. Durch Bezug auf ein umfassendes, biopsychosoziales Krankheitsmodell wird die „Multiprofessionalität des Rehabilitationsteams" und die „Interdisziplinarität der Rehabilitationsbehandlung" heraus gestellt (Mans 2000, 180). Auf dieser Grundlage sind vor allem im Bereich der psychosomatischen Rehabilitation integrierte, multiprofessionelle Behandlungskonzepte entstanden, die der Sozialen Arbeit einen festen Platz im Gesamtbehandlungsplan zuweisen. Das Konzept der psychoanalytisch orientierten „Psychosomatischen Fachklinik St. Franziska Stift" in Bad Kreuznach versteht die Therapie in einem umfassenden Sinn als

„Möglichkeit für den Patienten, in unterschiedlichen Lebensbereichen auf dem Hintergrund seiner Lebensgeschichte psychosoziale Konflikte und ihre innerpsychischen Grundlagen zu erarbeiten und Alternativen der Lebensgestaltung im stärkeren Einklang mit inneren Bedürfnissen und äußeren Möglichkeiten zu entwerfen" (Mans 2000, 180f).

Zu diesem Zweck wird der stationäre Therapieraum in unterschiedliche, aufeinander abgestimmte Therapiefelder aufgeteilt: in Einzel- und Gruppenpsychotherapie, Gestaltungstherapie, Konzentrative Bewegungstherapie, Sozialberatung und Sozialtherapie, Entspannungstherapie, interaktive Stationsgruppen, Gesundheitsbildung und Ernährungsberatung.

Solche Weiterentwicklungen der Rehabilitation sind durch die Sparpolitik im Zuge der Gesundheitsreform vorerst gestoppt worden. Seither wird die Inanspruchnahme von Rehabilitationsleistungen auf verschiedenen Ebenen erschwert. Von der Sozialen Arbeit verlangt diese Entwicklung eine inhaltliche Beschränkung auf die beruflichen Aspekte der Rehabilitation und auf die klassischen Arbeitsformen des Sozialdienstes, der weitgehend dem Aufgabenspektrum des Sozialdienstes im Krankenhaus entspricht (Mans 2000, 184 ff).

7.3.3 Zwischen Konkurrenz und Kooperation: Jugendhilfe und Jugendpsychiatrie

Mit Blick auf das historische wie auch aktuelle Verhältnis zwischen Kinder- und Jugendhilfe und Kinder- und Jugendpsychiatrie verwenden Fegert und Schrapper (2004, 19 ff) die Metapher der „Stiefgeschwister". Sie hätten einen gemeinsamen Vater, den Staat und seine Politik sowie Programme zur Sicherung von Normalität und Integration der nachwachsenden Generationen, aber verschiedene Mütter, die Sozialpädagogik und die Medizin.

Das System der Jugendhilfe verfügt über eine Vielzahl ausdifferenzierter Hilfeangebote, die „das Aufwachsen junger Menschen durch Erziehungs- und Bildungsprozesse begleiten, fördern und unterstützen" (Schone 2004, 29). Schone stellt drei zentrale Zielsetzungen der Jugendhilfe heraus (2004, 32):

- die (Wieder-)Herstellung der Erziehungsfähigkeit der Eltern (Familie)
- die Hilfe bei Ablösungs- und Verselbständigungsprozessen von Jugendlichen
- Sicherung eines dauerhaften Lebensortes für Kinder / Jugendliche außerhalb der eigenen Familie (im Rahmen stationärer Settings).

In der Kinder- und Jugendpsychiatrie stehen Diagnostik und Behandlung psychosozialer Störungen im Vordergrund professionellen Handelns. Libal und Fegert (2004, 243 ff) unterscheiden folgende Behandlungsmodalitäten: eine ambulante, stationäre, teilstationäre Behandlung, Eltern-Kind-Einheiten sowie eine „Behandlung im natürlichen Umfeld". Die ambulanten Therapiemaßnahmen sollten im Vordergrund stehen, um eine größtmögliche Nähe zum psychosozialen Lebensumfeld der Kinder und Jugendlichen sicherzustellen. Stationäre bzw. teilstationäre Behandlung soll dann erfolgen, wenn der Schweregrad einer psychischen Erkrankung die ambulanten therapeutischen Möglichkeiten übersteigt (z. B. wenn eine Selbst- oder Fremdgefährdung nicht mehr ausgeschlossen werden kann). So konstatiert Franken:

> „Psychiatrische Diagnosen bleiben auf Krisen und damit auf Behandlungsansätze beschränkt. Am Anfang steht die Diagnose, die qua Auftrag vom Vorhandensein einer Störung / Krankheit ausgeht" (Franken 1998, 107).

Worin bestehen nun Konfliktlinien im Verhältnis der Disziplinen zueinander (Dörr 2005b, 63)? Sie lassen sich auch 2006 noch überschreiben mit

„Erziehungsbedürftigkeit versus Krankheit". Grundsätzliche Grenzsetzungen relativieren sich jedoch bereits durch wechselseitige Verweisungszusammenhänge. So stellen Du Bois und Ide-Schwarz (2001, 1428) fest, dass sich beide Seiten – Jugendhilfe wie Jugendpsychiatrie – in Augenblicken von Überforderung und Überlastung einer der anderen Disziplin fremden Argumentation und Logik bedienen. So werde von Seiten der Jugendhilfe bei „schwierigen Kindern und Jugendlichen" eine psychiatrische Diagnose gefordert, mit der Begründung, die Probleme lägen nicht im Feld von Erziehungsbedürftigkeit. Institutionen der Jugendpsychiatrie verwiesen hingegen in analogen Situationen auf die Notwendigkeit sozialpädagogischer Interventionen, da jugendpsychiatrische Maßnahmen „eine zu große Gefahr der Stigmatisierung eines an sich nicht pathologischen Verhaltens" (1428) in sich trügen. Die Autoren folgern, beide Systeme würden in Überschneidungssituationen auf Argumentationsweisen des jeweils anderen zurückgreifen. So stellte Blandow bereits 1990 fest: „Keine der beiden Instanzen ist in Wirklichkeit das, was sie im eigenen Selbstverständnis ist" (Blandow 1990, 11).

Überschreiben lassen sich die Konfliktlinien jedoch auch durch das Spannungsgefüge „umfassender Zuständigkeit und Spezialisierung". Umfassende Zuständigkeit seitens der Jugendhilfe impliziert eine ständige kritische Reflexion des eigenen Handelns. Im Gegensatz zur Jugendpsychiatrie vermag die Jugendhilfe nicht auf ein System standardisierter Handlungsmuster zurückzugreifen (Winkler 2004, 36). So vermerkt Wolf (1998, 53), angesichts komplexer, indirekter und vielfach diffuser pädagogischer Handlungsstrategien erscheine der Anspruch psychotherapeutischer und allemal psychiatrischer Interventionen verführerisch überschaubar, unmittelbar und zielgerichtet.

Dem entspricht auch eine unterschiedliche Bewertung des eigenen Handelns. Wird das Scheitern von Jugendlichen in einer sozialpädagogischen Einrichtung tendenziell als Misserfolg für die Fachkräfte gesehen (Gintzel 1989, 17) – es sei denn, Handeln von Jugendlichen lasse sich durch eine psychische Erkrankung erklären (wer erfolgreich unter den Verdacht gestellt werde, psychisch krank zu sein, habe erheblich schlechtere Chancen, die Probleme auf andere Faktoren zurückzuführen) (Wolf 1998, 48) –, so werden im Gegensatz dazu wiederholt auftretende Probleme Jugendlicher in der Psychiatrie nach erfolgter Therapie nicht als Unzulänglichkeit der psychiatrischen Fachkräfte gesehen. Nach der Überweisung an die Jugendhilfe werden neue Krisen „wiederum eher als Versagen der Jugendhilfeeinrichtungen und ihrer MitarbeiterInnen definiert" (Gintzel 1989, 17).

Aus einer solchen Konfliktlinie ergibt sich eine Problemlage, die bei gegenseitiger Inanspruchnahme Relevanz gewinnt. „Der Ruf nach Unterstützung durch das jeweils andere System wird vor allem dort laut, wo die eigenen Möglichkeiten an Grenzen stoßen" (Fegert / Schrapper 2004, 21). Gintzel (1989) vermutet zwischen den Systemen vor allem dort Konkurrenz, wo

- Zuständigkeiten ineinander übergehen
- Hilfeansätze nicht transparent und verständlich sind
- Eingriffe in den jeweils anderen Bereich erfolgen
- Erkenntnisse, Theorien und Arbeitsansätze nicht diskutiert, sondern dominant eingesetzt werden
- wenig Kommunikation stattfindet
- negative Erfahrungen in der Zusammenarbeit mit Einzelnen generalisiert werden.

Zwölf Jahre später formulieren Darius, Hellwig und Schrapper (2001, 75) fast spiegelbildlich dazu Kooperationsleitlinien in Krisensituationen, u. a.:

- Kooperation unter Gleichen (Anerkennung und Akzeptanz der Besonderheiten des Anderen)
- eine Gewinnerwartung für beide Seiten (Kooperation muss sich für beide Seiten lohnen)
- ein Mindestmaß an gemeinsamen Zielen und Überzeugungen (zur Vermeidung von Unklarheiten im Einzelfall)
- allgemeingültige und passende Strukturen und Verfahren.

2004 stellen Fegert und Schrapper schließlich – auf die Leitlinien Bezug nehmend – fest: Die beste Form, wechselseitige Vorurteile abzubauen, ist, sich gegenseitig besser kennenzulernen. Eine Möglichkeit dazu stellt die „gegenseitige und frühzeitige Einbindung in die Hilfeplanung oder die Behandlungsplanung" dar (Fegert / Schrapper 2004, 23 f).

7.3.4 Klinische Sozialarbeit

Die Diskussion um die „Klinische Sozialarbeit" stellt den Versuch dar, eine über den Sozialdienst hinaus weisende Berufsfeldbestimmung der Sozialen Arbeit im Gesundheitswesen zu etablieren. Die Klinische Sozialarbeit geht vom Sozialdienst im Krankenhaus als klassischem Feld aus, beschreibt aber weitergehende Aufgaben, Methoden und Arbeitsweisen. Insbesondere ist sie immer wieder bestrebt, gegen die Verengung des Sozialdienstes auf pragmatische, sozialadministrativ zu lösende Probleme, die durch andere Berufsgruppen vordefiniert werden, das eigenständige fachliche Profil der Sozialen Arbeit einzubringen und eine gleichberechtigte Koordination statt eine hierarchische Unterordnung der im Gesundheitswesen beteiligten Professionen zu erreichen.

In den USA hat sich „Clinical Social Work" seit etwa 1960 als abgrenzbarer Spezialbereich innerhalb der Sozialarbeit etabliert. Zunächst im Bereich der Psychiatrie entstanden, beschäftigt sie sich inzwischen generell mit „Menschen in konkreten Notlagen wie Krankheit, Behinderung oder andere(n) erhebliche(n) psychosoziale(n) Beeinträchtigungen" (Ansen

2000, 17). In ähnlicher Weise spricht Hey im deutschen Sprachraum von „Klinischer Sozialarbeit", wenn

„Soziale Arbeit sich fallorientiert mit Problemlagen sozialer Desintegrati-on befasst, die in engem Zusammenhang mit Phänomenen auftreten, die als Krankheiten gelten und deshalb typischerweise in Institutionen des Gesundheitswesens bedient werden" (Hey 2000, 166 f).

Eine solche Definition legt Soziale Arbeit nicht ausschließlich auf den Bereich der stationären Versorgung fest. Sie bezieht sich auch auf vielfältige Aufgaben im Bereich der ambulanten Betreuung und Versorgung. In allen Fällen wird der Auftrag der Klinischen Sozialarbeit als Bereitstellung und Erschließung von sozialen Ressourcen und als Unterstützung beim Aufbau psychosozialer Kompetenzen beschrieben (Hey 1997, 35).

Die konkrete Ausgestaltung der Klinischen Sozialarbeit steht noch aus. Während in anderen Arbeitsfeldern der Sozialen Arbeit eher integrative Zugänge verfolgt werden (z. B. in der gesundheitsbezogenen Gemeinwesenarbeit), sind die Profilierungsversuche der Klinischen Sozialarbeit eher von Abgrenzungen bzw. von der Verteidigung gegen die Dominanz der Medizin bestimmt – obwohl auch hier ein ganzheitlicher Zugang zum Menschen und seinen Problemen zugrunde gelegt wird. Ansen grenzt Klinische Sozialarbeit scharf von jeder Form der Therapie ab. In seiner Sichtweise müssen klinische Sozialarbeiterinnen und Sozialarbeiter mit anderen Professionen in multiprofessionellen Teams kommunizieren können. Sie müssen zu dem Zweck Ergebnisse anderer Disziplinen über biologische und psychische Aspekte von Erkrankungen zur Kenntnis nehmen. Ihr eigentliches fachliches Profil orientiert sich jedoch nicht an der Behandlung von Menschen, sondern an der Verbesserung der Lebensumstände. Sie beschäftigen sich mit akuten Schwierigkeiten und Defiziten in den Bereichen Wohnung, Arbeitsplatz, Finanzen, soziale Beziehungen, soziale Netze, Erziehung und Bildung. Sie entwickeln deshalb keine speziellen Hilfen für Patienten mit spezifischen Erkrankungen (z. B. für Krebskranke), sondern Hilfe auf einer übergeordneten Ebene (Ansen 2000, 19 ff). Neben der Erschließung von Ressourcen im Umfeld beinhaltet die Klinische Sozialarbeit auch die Initiierung sozialer Lern- und Bildungsprozesse, indem sie Kompetenzen im Umgang mit Beeinträchtigungen vermittelt und mit Hilfe der sozialen Beratung und Bildung ein angemessenes Verständnis für die soziale Realität fördert (Ansen 2000, 21 f).

Einen anderen Zugang verfolgt Hey: Obwohl er feststellt, dass es Probleme mit dem Therapieanspruch gibt, da „Therapie" sowohl berufsrechtlich als auch sozialrechtlich fast ausnahmslos für Ärzte monopolisiert ist, setzt er sich für eine „Sozialtherapie" als eigenen methodischen Schwerpunkt der Klinischen Sozialarbeit ein (Hey 2000, 167). Er hofft, dass eine verbindliche inhaltliche Ausformulierung und berufsrechtliche Normierung des bisher noch nicht besetzten Begriffs der „Sozialtherapie" der Sozialen Arbeit einen verbindlichen Auftrag im Gesundheitswesen zuweisen kann. Um die professionellen Kompetenzbereiche zwischen Medizin, Psychotherapie und Sozialer Arbeit schärfer zu differenzieren, greift er auf etablierte Klassifikationssysteme personaler Funktionsstörungen zurück. Die medizinischen und psychotherapeutischen Dienstleistungen sind schon seit längerem durch die Klassifikationssysteme ICD-10 und DSM IV relativ verbindlich geregelt. Diese müssten um ein Klassifikationssystem ergänzt werden, dass soziale Funktionsprobleme erfassen kann und diese in eine übergreifende Klassifikation von Störungen integriert. Zu dem Zweck empfiehlt er das „Person-In-Environment-System" (PIE). „Im PIE werden insgesamt vier Störungsfaktoren identifiziert, von denen einer (1) sich mit Problemen in sozialen Rollen und ein weiterer (2) sich mit Umgebungsproblemen im Gemeinwesen befasst" (Hey 2000, 169). Beide zusammen erfassen den Wirkungsbereich bzw. das Aufgabenfeld der Sozialen Arbeit. Weitere Faktoren sind (3) psychische Erkrankungen, die im DSM IV benannt sind, und (4) körperliche Erkrankungen, die im ICD-10 beschrieben werden.

Der Klinischen Sozialarbeit ein derartiges Klassifikationsschema zugrunde zu legen, verspricht auf der einen Seite Terrainsicherung für die Soziale Arbeit im Bereich der gesundheitlichen Versorgung. Auf der anderen Seite hat dieser Ansatz seine Tücken: Er neigt wie die Medizin und die Psychologie zu einer individualisierenden Betrachtungsweise von Gesundheitsproblemen, die soziale Probleme zwar thematisiert, den Lösungsansatz aber am einzelnen Individuum festmacht. Zugleich stellt er die dominanten medizinischen Ursachenerklärungen für Erkrankungen nicht in Frage, sondern ergänzt sie nur um zusätzliche soziale Faktoren, deren Relevanz vermutlich weiterhin von untergeordnetem Gewicht bleiben dürfte. Schließlich konzentriert er sich auf die Diagnose von Störungen und Problemen, was dem kompetenz- und ressourcenorientierten Vorgehen in der Gesundheitsförderung widerspricht.

Ausgehend vom PIE-Klassifikationsschema entwirft Hey Perspektiven für die Entwicklung geeigneter Sozialtherapien, die soziale Funktionsstörungen bearbeiten sollen. Er stellt dabei eine „fallorientierte Lebenslagenanalyse" ins Zentrum, die für die jeweilige Person angemessene Unterstützungsprozesse konzipiert. Der Unterstützungsprozess orientiert sich am Verfahren des „Case Management". Das Case Management oder Unterstützungsmanagement soll verschiedene Hilfsmöglichkeiten unter komplexen Bedingungen aufeinander abstimmen und zugleich die Selbstbestimmungs- und Selbsthilfefähigkeiten der Person bewahren. Für die Soziale Arbeit entsteht in dem Zusammenhang eine breite Palette an Aufgaben, die von der Begleitung und Beratung über die Koordination der Hilfsmaßnahmen bis zu eigenen fachspezifischen Unterstützungsprogrammen reicht. Hey beschreibt diese Aufgabenpalette am Beispiel des Unterstützungsprozesses für einen Alkoholiker, dessen erste Anlaufstelle die Suchtberatung ist und für den dementsprechend die Suchtberaterin das Case Management während des gesamten Behandlungsprozesses übernimmt (Hey 2000, 174 f).

Die beiden Bestimmungsversuche von Ansen und Hey machen deutlich, dass sich die Klinische Sozialarbeit zwischen der weitgehenden Nichtbeachtung durch die Medizin und einer tendenziellen Selbstüberschätzung noch auf ungesichertem Terrain bewegt. Allerdings gewinnt sie als behandlungsorientierte Fachsozialarbeit an Profil, und mit der steten Zunahme an chronisch Erkrankten und Pflegebedürftigen in unserer Gesellschaft wird sie zu einem immer unverzichtbareren Bestandteil des Gesundheitswesens. Ihre methodische Profilierung – vor allem im Case Management (Löcherbach et al. 2005) – sollte sich jedoch einbetten in die Profilierung einer allgemeinen Sozialen Arbeit als Expertin für das Soziale im Gesundheitswesen. In diesem Sinne betonen Geißler-Piltz et al., dass die Klinische Sozialarbeit keine neue Erfindung ist, sondern Sozialarbeit im besten Sinne – also Expertin für eine soziale Beratung, Begleitung und Behandlung, „die den *sozialen* Menschen mit seinen psychosozialen Belastungen und Krisen, Behinderungen und Nöten in und mit seinem Umfeld wahrnimmt und in vernetzter gemeindenaher Kooperation (be-)handelt" (Geißler-Piltz et al. 2005, 156). Das heißt jedoch, sich wie die anderen Professionen den fachlichen Ansprüchen zu stellen im Bereich von Qualitätssicherung und -management und in der Schärfung eines unverwechselbaren Kompetenzprofils.

7.3.5 Integrierte Versorgung

Wir wollen diesen Abschnitt mit einem Fallbeispiel aus dem Alltag stationärer Altenhilfe beginnen:

Herr A. ist auf eigenen Wunsch seit mehreren Jahren in einem kirchlichen Heim in einer deutschen Großstadt untergebracht, nachdem er – fast ein Jahrzehnt Witwer – festgestellt hat, Haus und Garten nicht mehr versorgen zu können. Herr A. ist im dreiundneunzigsten Lebensjahr, stark schwerhörig, er sieht sehr schlecht und hat – wie er sagt – „dritte Zähne". Er lebt sehr zurückgezogen in seinem Zimmer, nur selten werden die Vorhänge aufgezogen. Das „Wägelchen" wird nur benutzt, wenn ihn Besuch im Heim „ausführt". Dabei ist das Gehen – auch mit Stütze – immer beschwerlicher geworden. Zu beschwerlich ist auch der Weg zur Toilette – zumeist jedenfalls, so dass eine Windel nötig geworden ist. Herr A. ist mit den Pflegekräften sehr zufrieden. Er mag sie und wird gemocht. Obwohl sie aufgrund ihrer Aufgabenvielfalt in Eile sind, bleibt immer noch Zeit für ein kurzes Gespräch, das naturgemäß lautstark zu führen ist. Gelegentlicher Körperkontakt durch das Halten einer Hand und das kurze Streichen über das spärliche weiße Haar tut Herrn A. sichtlich gut.

Immer wieder findet er auch ein offenes Ohr für Feststellungen wie „hat ja doch alles keinen Zweck mehr", „wenn's doch nur erst zu Ende wär'". Zuspruch und Ermutigung geben neuen Lebensmut, Erleichterung und Lebensqualität auf engem Raum.

Eines Tages tritt ein abrupter Wechsel ein. Blut wird in der Windel entdeckt. Die Heimärztin ordnet eine Untersuchung im Krankenhaus an. Möglicherweise ist es ein Darmtumor. In enger Kooperation mit der Pflegedienstleitung wird verabredet, „niedrigschwellig" vorzugehen. Untersuchung beim Proktologen, Abwarten des Befundes – Herr A. litt unter Darmpolypen – dann weitersehen.

Ob Folgendes nun mit der anstehenden Untersuchung beim Darmspezialisten außerhalb des Hauses zusammenhängt – ist schwer einzuschätzen. Zwei Nächte vor dem Termin stürzt Herr A. im Badezimmer, fällt schwer und zieht sich – wie später im Krankenhaus registriert wird – eine Oberschenkelhalsfraktur zu. Die Nachtwache vernimmt sein Hinfallen, schaut im Badezimmer nach und ruft den Notfallwagen. Herr A. wird ins nächstgelegene Krankenhaus transportiert – ohne seine Prothesen, einzig mit dem Deckblatt seiner Akte, in der die wichtigsten Angaben zu Person, Angehörigen, ärztlichen Befunden festgehalten sind. Ohne Prothesen ist Herr A. kaum ansprechbar. Auch sonst ist das Sprechen mühsam geworden. Den Ärzten der Notfallchirurgie reicht jedoch ihr Versuch einer fehlgeschlagenen Kontaktaufnahme zur Feststellung eines „Verdachts auf Demenz". Dies wird vermerkt im Aufnahmebogen, dazu die weiteren Hinweise aus dem Deckblatt der Akte des Heimes. Die nächste Angehörige, die Tochter von Herrn A. eilt, nachdem sie vom Krankenhaus informiert worden ist, dass ihr Vater dort eingewiesen worden ist, ins Krankenhaus. Es wird ihr das Überweisungsblatt aus dem Befund „Verdacht auf Demenz" zur Unterschrift vorgelegt wegen des nötigen ärztlichen operativen Eingriffs am Oberschenkel. Eigentlich hätte Herr A. dem Eingriff zustimmen müssen. Die Tochter weigert sich zu unterschreiben. Ihr Vater höre sehr schlecht, und sehe auch sehr schlecht, könne sich mit den nötigen Prothesen jedoch sehr wohl ausdrücken und auch seinen Willen artikulieren. Ungläubige bedeutungsvolle Blicke – eine Querulantin, die Schwierigkeiten bereiten will? Die Tochter macht sich auf den Weg ins Heim, holt Brille, Hörgerät, auch die „dritten Zähne". „Verdacht auf Demenz" wird herausgenommen.

Wozu dieses Fallbeispiel? Ein Minimum an Koordination in dieser prekären Situation hätte Schwierigkeiten vermeiden können. Notfälle kommen vor. Die betroffenen Patienten müssen auch zur Erhebung des Befundes ins Krankenhaus. Aber warum ohne Prothesen?

Die gegenwärtig vorhandenen Strukturen in der stationären Altenhilfe, die vorrangig bestimmt sind von der Verwahrung und Versorgung verbrauchter Körper, tragen den unterschiedlichen Bedarfsgegebenheiten alter Menschen in der Regel zu wenig Rechnung. Dies betrifft vor allem die zumeist mit krisenhaften Ausdrucksformen verknüpften

Übergänge, sowohl zwischen ambulanter und stationärer Versorgung wie auch bei stationärer Versorgung in unterschiedlichen Einrichtungen (z. B. Wechsel vom Krankenhaus ins Heim). So konstatiert Schaarschmidt:

> „Eine Barriere der interdisziplinären Kooperation und Koordination ist das mangelnde Wissen über die jeweiligen Handlungsgrundlagen der anderen Professionen und Versorgungsbereiche. Fehlende Kenntnisse provozieren Antagonismen in den Rollenerwartungen an die anderen Berufsgruppen und implizieren eine ungenügende Zusammenarbeit oder vielfältige Möglichkeiten von Fehlerquellen" (Schaarschmidt 2001, 117).

In interinstitutionellen Arbeitsweisen und Qualitätszirkeln lassen sich Fehlverständnisse und mangelnde Kenntnis aus dem Weg räumen. Unser Beispiel enthält ein Plädoyer für eine *Integrierte Versorgung*, „die aus einem Kontinuum von aufeinander abgestimmten Maßnahmen besteht, in der medizinische, pflegerische, soziale, psychosoziale und finanzielle Hilfen so ineinander greifen, dass die Betroffenen eine adäquate Antwort auf ihre individuelle Problematik finden" (BMFSFJ 2001, 161). Die Koordination Integrierter Versorgung kann zu einer vorrangigen Aufgabe Sozialer Arbeit werden, indem sie Unterstützungsleistungen wirksam plant, organisiert und koordiniert mit dem Ziel, dass der Adressat möglichst aus eigener Kraft seine Anliegen bewältigt – im Fallbeispiel sein Einverständnis zur Operation der Oberschenkelhalsfraktur gibt. Die zentrale Methode Integrierter Versorgung ist das Case Management, eine in der Sozialen Arbeit zwischenzeitig grundlegend gewordene Methode zur Fall- und Systemsteuerung (Mennemann / Greuel 2006).

Bei der Integrierten Versorgung wird der Koordinator / die Koordinatorin nicht selten mit Barrieren und Blockaden, die aus Handlungsunsicherheiten vor allem rechtebezogener Art resultieren, aber auch mit paradoxen Logiken des Handelns konfrontiert sein. Diese können aus differenten Handlungslogiken von Medizin, Recht und Pflege und Sozialer Arbeit resultieren, ungeachtet dessen, was für den alten Menschen in seinem Sinne das Naheliegendste ist.

Integrierte Versorgung ist ein Kernthema der Gesundheitsreform von 2004. Sie ist ein Organisationskonzept gesundheitsbezogener Dienstleistung, in der die einzelnen Leistungserbringer zur Optimierung der Versorgung kooperieren. Auf der Basis gemeinsamer Budgetverantwortung bezieht die Integrierte Versorgung möglichst alle gesundheitlichen Aktivitäten mit ein: Prävention, Kuration, Rehabilitation, Pflege und auch Gesundheitsförderung. Gedacht ist die Integrierte Versorgung als Alternative zur segmentierten Regelversorgung.

Es fragt sich nun, was die Soziale Arbeit zu dieser „Versorgungsform" beitragen kann. Für die Soziale Arbeit interessant ist, dass ihre Umsetzung nicht auf die §§ 140a–d SGB V beschränkt sein muss. Bei entsprechender agency sind möglicherweise neuartige Praxisnetze denkbar, etwa im Bereich der psychiatrischen Versorgung oder für pflegerische Vernetzungsformen, z. B. für die Krankenhausnachsorge und in der Behindertenhilfe. Zentral ist jeweils das zielgerichtete und koordinierte Handeln aller an der Versorgung Beteiligten. Dies lässt sich auch als Case Management fassen. Wäre aufgrund dieser Methodenkompetenz im Case Management die Integrierte Versorgung ein mögliches Handlungsfeld für die Soziale Arbeit? Gerahmt ist eine solche Profilierung gegenwärtig von der gesundheitspolitischen Tendenz zu mehr Vertragswettbewerb zwischen den Leistungsanbietern, einer stärkeren Individualisierung gesundheitsbezogener Risiken (z. B. eigenverantwortlicher Gesundheitsvorsorge) und einer verstärkten finanziellen Eigenbeteiligung bei Regelleistungen.

Andererseits: Wenn aber der Patient bzw. der Versicherte im Mittelpunkt der Versorgung steht mit einem freiem Wahlrecht zwischen den Angeboten der Regelversorgung und den erweiterten Angeboten in einer Integrierten Versorgung, dann könnte die Soziale Arbeit als die Profession, deren Stärke darin liegt, den Einzelnen in seinen Lebensbezügen zu betrachten, eine steuernde Funktion übernehmen und auf diesem Wege einen Beitrag zu einem *sozialen* Gesundheitssystem leisten. Case Management kann für Kostenträger, denen es vorrangig um Effizienz und Effektivität in den Versorgungsprozessen geht, durchaus attraktiv sein, da es als Methodenset zur personenbezogenen Dienstleistung ein transparentes, konzeptgebundenes Arbeiten verspricht. Die Integrierte Versorgung birgt also Chancen und Entwicklungspotenziale für die Soziale Arbeit, um deren Realisierung sie sich allerdings aktiv zu bemühen hätte.

7.4   Interprofessionelle Kooperation[6]

Die Zunahme chronischer Erkrankungen sowie demografische Veränderungen mit immer älteren, multimorbiden Menschen machen die Beteiligung verschiedener Berufe an der Gesundheitsarbeit notwendig, deren Leistungen miteinander zu koordinieren sind. Durch differenzierte Zusammenarbeit und Methodenvielfalt lassen sich die Vorteile der Spezialisierung nutzbar machen und ihre Nachteile mindern (Schaarschmidt 2001, 56). Die Vertreter Sozialer Arbeit treffen dabei auf Ärzte, Pflegepersonal, Psychologen, Physiotherapeuten und weitere Berufe, mit denen Sie ihre Leistungen abzustimmen haben.

In der Jakarta Declaration der WHO von 1997 wird indirekt wie direkt zur interprofessionellen Kooperation aufgerufen: Zum einen bei der „Stärkung gesundheitsbezogener Gemeinschaftsaktionen", zum anderen durch „die Schaffung neuer gleichberechtigter Partnerschaften für Gesundheit" (Brößkamp-Stone 2005, 3). Nach Badura und Feuerstein (1994, 11) sowie Schweitzer (1998, 39 ff) hat es das deutsche Gesundheitssystem noch nicht geschafft, ein koordiniertes Zusammenwirken von Versorgungseinrichtungen, Berufsgruppen, Patienten und ihren Angehörigen umzusetzen. Behandlungsphasen, die ein Patient bei einer Krankheit durchläuft, greifen zuwenig ineinander, so dass Versorgungsbrüche entstehen.

Interprofessionelle Kooperation lässt sich definieren als „Handlungen mindestens zweier Parteien" in einem Feld professioneller Dienstleistungen. Dabei soll ein gemeinsames Arbeitsergebnis erzielt werden (Schweitzer 1998, 26). Angesichts unterschiedlicher Kooperationspraktiken lassen sich verschiedene Kooperationsformen unterscheiden. Die Kooperationsformen resultieren aus der Gegebenheit, ob zu erbringende Leistungen produktbestimmt oder produktbegleitend erzielt werden; ob Abstimmungen über sie hierarchisch oder gleichberechtigt erfolgen; ob sie gemeinsam oder getrennt erbracht werden und der Patient/Klient als Akteur mit eingebunden ist (Wöhrl 1993, 233). Letztendlich ist eine interprofessionelle Kooperation immer auch abhängig von den sozialen Kompetenzen der Kooperationspartner. Entsprechend führt Wöhrl sechs idealtypische *Kooperationsformen* an, die er in *additive* und *integrative* Formen unterteilt. Zu den additiven rechnet Wöhrl die berufsstrukturell geregelte, die konzeptionsgeregelte, die zuarbeitende und die konsultative Kooperation. Additiv sind Kooperationsformen dann, wenn die Kooperationspartner eher nebeneinander als miteinander agieren. Zu den integrativen Kooperationsformen rechnet Wöhrl (1993, 233 f) die teamartige und die partizipative Kooperation. Im Gegensatz zu den additiven Formen werden hier Leistungen gemeinsam, also interprofessionell erbracht. Besonders interessant ist für den Arbeitszusammenhang von „Sozialer Arbeit und Gesundheit" die teamartige Kooperation.

In der Teamarbeit sind die Beteiligten gleichberechtigt bei der Erbringung von Leistungen. Im Idealfall vollziehen sich „gemeinsame Entscheidungen, gelingende Kooperation, Zusammenhalt einer Organisation (…) über die Vermittlung von Unterschieden, d. h. über Konflikt und nicht durch Ausschaltung von Konflikten" – so Buchinger (2004, 211). Eine erfolgreiche Teamarbeit benötigt Führung, jedoch nicht im Sinne einer Vorgesetztenfunktion oder im Sinne eines Vorgebens von Verhältnissen, sondern im Sinne eigener Steuerungskompetenz und Teamfähigkeit (Buchinger 2004, 227; Voigt 2004, 175).

Teamarbeit ist überall dort erforderlich, wo eine direkte Zusammenarbeit bei der Leistungserstellung erforderlich ist, z. B. bei komplexen Problemstellungen. Komplexe Aufgaben lassen sich durch Methodenvielfalt und Effektivität besser lösen. Nicht zuletzt deshalb gilt Teamarbeit als „Synonym für eine moderne und erfolgreiche Arbeitsorganisation" (Antoni 2000, 7). Besonders wichtig ist dabei ein ausgewogenes Verhältnis zwischen Eigenständigkeit und Aufeinanderbezogensein der Kooperationspartner. Fehlt diese Balance, besteht die Gefahr der Verselbständigung einer Profession, die Gefahr diffuser Verantwortlichkeiten sowie die Gefahr der Blockierung von Sachlösungen. Nicht zuletzt aus diesem Grunde ist Differenzakzeptanz grundlegend bzw. der Respekt vor anderen Sichtweisen und Meinungen (Besemer et al. 1998, 58).

Im Gesundheitswesen wird trotz Kooperationsbereitschaft einzelner Akteure unterschiedlicher Professionen eine schlechte Kooperation beklagt. „Insgesamt läuft wenig zusammen" (Gödecker-Geenen/Nau/Weis 2003, 119), was zum einen auf divergierende Interessen, des Weiteren auf ungünstige bzw. diffuse organisatorische Rahmenbedingungen, aber auch auf unklare Professionsverständnisse zurückgeführt wird. Mit ihren spezifischen Merkmalen ist die Soziale Arbeit von Hause aus im Sozial- und nicht im Gesundheitswesen verortet. Tatsächlich versteht sich die Soziale Arbeit als Anwalt für die Belange Betroffener (Haupert 2002, 65). Im Zuge des sozialen Wandels ist die Soziale Arbeit zunehmend stärker in Handlungsfeldern des Gesundheitswesens gefragt (Homfeldt 2002a, 317). Hier ist es ihr jedoch noch nicht hinlänglich gelungen, sich im Sinne eines teamarbeitsbezogenen Verständnisses integrativer Kooperation zu etablieren. Hörmann umschreibt dies kritisch mit dem Begriff des „Lückenbüßers" (1997, 17). Auch andere Autoren stellen die Unterordnung Sozialer Arbeit fest (Hoffmann 1996, 39). Für die Qualität der interprofessionellen Kooperation ist es wichtig, dass die Soziale Arbeit eigene, für sie spezifische Aufgaben und Funktionsbereiche hat, mit denen sie sich von anderen Professionen unterscheiden kann. Für ein Zustandekommen von interprofessioneller Kooperation ist charakteristisch, dass Aufgaben und Rollen klar verteilt sind. Für die Sozialarbeit im Gesundheitswesen sind dies Beratung, Begleitung, Vermittlung und Intervention (v. Kardorff 1999, 346) auf der Basis der Kenntnis sozialer Problem- und Lebenslagen. Dewe weist darauf hin, dass in der jeweiligen Situationsgestaltung dabei weniger eine wissenschaftsbasierte Kompetenz zählt, sondern „vielmehr die jeweils situativ aufzubringende Fähigkeit und Bereitschaft, einen lebenspraktischen Problemfall kommunikativ auszulegen" (Dewe 2002, 108).

In fachlicher Hinsicht unterscheiden sich die Kompetenzen der Sozialen Arbeit in ihren unterschiedlichen Handlungsfeldern nicht wesentlich. Sie liegen im Bereich von sozialer Beratung, Ressourcenaktivierung, Koordination und Vermittlung (Nau/Gödecker-Geenen 2003; Lazarus 2000, 165; Student et al. 2004, 43). Erforderlich sind Kenntnisse über soziale Zusammenhänge und Arbeitsmethoden. Nach Student, Mühlum und Student sind diese fachlich psychosozialen Kompetenzen von Sozialarbeitern nicht durch neue zu ersetzen, sondern zu profilieren (Student et al. 2004, 101). Dies ist insbesondere deshalb wichtig, weil das Wissens- und Methodenrepertoire der Sozialen Arbeit für andere Berufsgruppen nach wie vor unklar ist (Dewe 2002, 107; Ansen et al. 2004, 18).

In der Literatur zur interprofessionellen Kooperation (z.B. in den Handlungsfeldern Krankenhaus, Psychiatrie und Hospiz/Palliative

Care) werden insbesondere für das Handlungsfeld Krankenhaus Chancen und Probleme angesprochen (Hedtke-Becker et al. 2003; Bollinger / Hohl 1981). Wie die Befragungen von Bollinger und Hohl vor 25 Jahren (1981) zeigen, leiden Sozialarbeiter darunter, zur „Sozialfeuerwehr" degradiert zu werden, die ihre Position im Krankenhaus ständig unter Beweis stellen muss – wie übrigens auch Psychologen und Pflegekräfte (Wollschläger 1996, 155 f; Beske et al. 1993, 191). Eine quasi selbstverständliche Überordnung der Mediziner erfolgt aus dem Rückgriff auf ein traditionsreiches Rollenverständnis als klassische Profession, während bei Sozialarbeitern nach wie vor Unsicherheit in der beruflichen Identität besteht (Blanke 1995, 158).

Vor dem Hintergrund des festgestellten Bedarfs an interprofessioneller Kooperation werden Forderungen laut, die Kooperationsvoraussetzungen zu verbessern. Eines der ersten Projekte, in denen es um eine langfristige Verbesserung der interprofessionellen Kooperation im Gesundheitswesen geht, ist das Projekt MESOP (Medizin, Soziale Arbeit, Pflege). Es entstand aus der Forderung, „verstärkt Wissen und Fähigkeiten interprofessioneller Kooperation zu vermitteln" (Kaba-Schönstein 2000, 145 f). Das Projekt basiert auf der Annahme, dass im Aus- und Weiterbildungsbereich viel für die Verbesserung einer interprofessionellen Kooperation getan werden kann (Schmerfeld / Schmerfeld 2004, 198 ff). So weisen Schmerfeld und Schmerfeld (2004) darauf hin, dass es kaum Lehrveranstaltungen gebe, in denen gezielt Kooperationskompetenzen vermittelt würde. Das Ziel des Forschungsprojekts lag darin, interdisziplinäre Lehrangebote so zu entwickeln, dass bereits während der Ausbildung die entsprechenden Kompetenzen und das nötige Wissen für eine interprofessionelle Kooperation angebahnt werden. Ergebnisse des Projekts MESOP zeigen, dass es weniger an der Bereitschaft oder den individuellen Fähigkeiten der Professionellen mangelt, sondern in erster Linie an den Voraussetzungen auf der strukturellen Ebene. Deshalb ist es nötig, neben Kompetenzen auf der interdisziplinären Ebene und auf der Organisationsebene im Handlungsfeld (Krankenhaus, Psychiatrie, Öffentlicher Gesundheitsdienst usw.) die notwendigen Voraussetzungen für eine interprofessionelle Kooperation zu schaffen.

8   Problemstellungen und Zukunftsaufgaben

8.1   Gesundheitsförderung in Handlungsfeldern der Sozialen Arbeit: Stand und Aufgaben

Der Durchgang durch verschiedene Praxisfelder hat eine Spannung aufgezeigt zwischen einer mit hohen Ansprüchen verbundenen, umfassenden Gesundheitsförderung und einer eher im Schatten anderer Professionen agierenden und um ihre fachliche Anerkennung ringenden „Sozialarbeit im Gesundheitswesen". Es zeigt sich: Je weiter die gesundheitsbezogene Soziale Arbeit vom Aufgabenspektrum der Medizin entfernt ist, desto souveräner und offensiver tritt sie auf. Und in allen Institutionen, in denen sich gesundheitsbezogene Soziale Arbeit etablieren konnte, fällt es schwer, durch die Gesundheitsperspektive strukturelle Veränderungen zu erreichen.

Gesundheitsförderung im Gemeinwesen wird in zwei der vorgestellten Praxisbeispiele als „integrative Sanierung" realisiert. Gesundheitsförderung geht in diesem umfassenden Konzept einher mit der Bekämpfung von Arbeitslosigkeit, mit dem Ausbau der sozialen Infrastruktur, mit Demokratisierung und der Förderung von Partizipation im Sinne des Empowerment. Bei der Arbeit in sozial benachteiligten Stadtgebieten werden im Kern soziale und sozialpädagogische Ansätze um die gesundheitliche Perspektive erweitert. Gesundheitsförderung ist mit „sozialer Gestaltung" insgesamt verknüpft und in einem Bereich angesiedelt, in dem das traditionelle Gesundheitswesen bisher kaum eine Rolle spielte. Es handelt sich also um eine neuartige Gesundheitsarbeit mit einzelnen Ansätzen, die jedoch bisher wenig etabliert ist.

Ein Bereich, der an weiterer Bedeutung gewinnen wird, ist die *Gesundheitsförderung in der Schule*. Traditionell ist dieser Bereich im Schnittfeld von Schule und Öffentlichem Gesundheitsdienst angesiedelt. Er umfasst historisch die Gesundheitserziehung und die Schulgesundheitspflege. Seit 1990 gibt es den Versuch eines Perspektivenwechsels hin zur „gesundheitsfördernden Schule", die als Schulentwicklungsmodell propagiert wird. Von unterrichtsbezogenen Projekten (z.B. „Gesundes Pausenbrot" in Sachsen) über die Raumgestaltung, die Einrichtung von Schulgärten und die Thematisierung des Schulklimas bis zur Frage des Leistungsdrucks und der Schulorganisation soll „Gesundheit" als Kriterium für die Schul- und Unterrichtsgestaltung dienen.

Wie die aktuelle Schul- und Bildungsdebatte im Anschluss an PISA zeigt, steht Gesundheitsförderung in einem massiven Konflikt mit anderen Interessen (Leistungsanforderungen, Karrierechancen, Standortdebatte), in denen es wenig Raum für gesundheitliche Belange gibt. Zugleich wird anhand praktischer Erfahrungen eine generelle „Trägheit" der Institution Schule und der Lehrerkollegien beklagt, die nur eine geringe Offenheit für Veränderungen aufweisen. Für die Soziale Arbeit gibt es in diesem Bereich Ansatzpunkte über Einzelprojekte und in der Kooperation mit Einzelinstitutionen, vor allem in Verbindung mit dem ÖGD und grundlegend in Gestalt einer gesundheitsförderlich wirkenden schulbezogenen Jugendhilfe (Homfeldt 2005a).

Prävention ist der vermutlich am besten etablierte, eigenständigste Bereich gesundheitsbezogener Sozialer Arbeit. Aufgabenfelder sind hier vor allem Sucht-, AIDS- und Gewaltprävention. Die Arbeit ist zwischen ÖGD, freien Trägern (Projekte, Beratungsstellen o. ä.) und im Verbund mit anderen Institutionen angesiedelt. Sie findet oft in multiprofessionellen Teams statt – hier kann der Anspruch der interdisziplinären Kooperation am ehesten eingelöst werden. Problematisch ist die Abhängigkeit dieses Bereichs von gesellschaftlichen Problem- und Normalitätsdefinitionen (z. B. bzgl. des Drogengebrauchs). Die Soziale Arbeit hat hierzu noch keine ausreichende reflexive Kompetenz entwickelt, die der Gefahr der Moralisierung, der Sozialdisziplinierung und der Stigmatisierung von abweichendem Verhalten durch Prävention vorbeugt. Am stärksten ausgeprägt ist diese Reflexivität in der AIDS-Prävention. Aufgrund der nach wie vor nicht absehbaren Möglichkeit der Heilung von AIDS könnte sich anhand dieser Krankheit insgesamt der „Prototyp" eines neuen Agierens im Gesundheitssystem herausbilden, der die Interdisziplinarität im Umgang mit der Krankheit betont und der den Bereich der Prävention und der sozialen Betreuung bzw. Begleitung aufwertet. Insgesamt kann man als generelles Grundproblem der Prävention festhalten, dass die strukturelle Ebene (zumindest in Deutschland) zu wenig beachtet wird und kaum veränderbar scheint. Die praktische Umsetzung von Prävention liegt nach wie vor hauptsächlich auf der Verhaltensebene.

Soziale Arbeit in klassischen Institutionen des Gesundheitswesens (Krankenhaus, Klinik) hat sich seit Anfang des 20. Jahrhunderts etabliert und ist trotz geringer Beachtung innerhalb der eigenen Profession immer breiter ausgebaut worden. Sie bleibt der Medizin fachlich untergeordnet und hat einen „Hinterzimmer"-Status, von dem aus sie um fachliche Anerkennung und Eigenständigkeit kämpft. Vor allem das Krankenhaus gilt als „letzte Instanz" des Gesundheitswesens und bleibt damit feste Bastion der Macht des medizinischen Systems bei gesundheitlichen Problemen. Trotz dieser scheinbaren Unerschütterlichkeit gibt es auch in diesem Bereich offene Diskussionen: um das Problem der Kostenexplosion im Gesundheitswesen, aus dem der Konflikt zwischen der Machbarkeit und der Bezahlbarkeit von Leistungen angesichts fortschreitender medizinisch-technischer Entwicklungen entspringt; um die begrenzte Heilbarkeit von chronischen Erkrankungen. Obwohl die Institution „Krankenhaus" sehr stabil erscheint, existiert sie in ihrer jetzigen Form erst seit knapp 150 Jahren (seit den Entdeckungen von Semmelweis um 1860). Und in Randbereichen stellt sich trotz vieler Widerstände zusehends die Frage nach einer umfassenderen, interdisziplinären Gesundheitsperspektive, die Einsichten der Gesundheitsförderungsdiskussion immer noch relevant erscheinen lässt.

Insgesamt kann man sagen, dass es seit der Verkündung der Ottawa-Charta von 1986 um die Gesundheitsförderung leiser geworden ist. Die hohen Ansprüche an eine durchgreifende, gesamtgesellschaftliche Veränderung mit Hilfe des Leitmotivs „Gesundheit" konnten ebenso wenig eingelöst werden wie die Hoffnung auf eine Schwächung der Machtposition des medizinischen Systems zugunsten anderer Professionen – z. B. der Sozialen Arbeit. Allerdings haben sich seither schleichend und von der eigenen Profession oft unbemerkt immer mehr gesundheitsbezogene Arbeitsbereiche der Sozialen Arbeit etablieren können. Gesundheitsbezogene Soziale Arbeit ist damit zu einem eigenen, wenn auch heterogenen Teilgebiet der Sozialen Arbeit geworden, das unserer Ansicht nach wichtige Impulse für andere Arbeitsgebiete liefern kann (z. B. durch den positiven Zugang des Wohlbefindens und der Salutogenese).

Grundsätzlich kann der Sozialen Arbeit eine Schlüsselaufgabe bei der Auseinandersetzung mit einer stetig wachsenden gesundheitlichen Benachteiligung zukommen. Mit ihren spezifischen Methoden –– sofern diese kompetent umgesetzt werden –– können Sozialarbeiter / Sozialarbeiterinnen besonders gut benachteiligte Bevölkerungsgruppen erreichen. In diesem Sinne kann die Soziale Arbeit sowohl die *Gesundheitsarbeit im Sozialwesen* wie auch die *Sozialarbeit im Gesundheitswesen* qualifizieren: letztere, indem sie dazu beiträgt, krankheitsbedingte soziale Benachteiligung zu reduzieren; erstere, indem sie die Gefahren sozial bedingter gesundheitlicher Benachteiligung vermeiden hilft (Zurhorst 2000, 226).

Die Klinische Sozialarbeit ist als derzeit neu entstehende „Fachsozialarbeit" dabei, sich zwischen Sozial- und Gesundheitswesen zu einer wichtigen Spezialprofession zu entwickeln. Dies wird ihr nach der Phase überwiegend programmatischer Überlegungen gelingen, sofern sie ein analytisch ausgefeiltes und begründetes Wissens- und Methodenprofil zu entwickeln in der Lage ist (Geißler-Piltz et al. 2005; Dörr 2002, 4).

8.2   Qualität und gesundheitsbezogene Soziale Arbeit

Seit den 1990er Jahren hat sich die Qualitätsdebatte im Themenfeld Gesundheit ebenso wie in der Sozialen Arbeit wie kein anderer Bereich entwickelt. Dies ist zum einen auf die leeren Kassen in beiden Feldern zurückzuführen, aber auch auf den gestiegenen Anspruch eines überprüfbaren Leistungsgeschehens von Klienten / Nutzern gesundheits- und sozialarbeitsbezogener Dienstleistungen.

Nach wie vor ist es für den Bereich der Prävention und Gesundheitsförderung schwierig, adäquate Strategien zur Qualitätssicherung zu entwickeln. Zum einen erklärt sich dies durch den umfassenden Geltungsanspruch der Gesundheitsförderung im Sinne der Ottawa-Charta von 1986. Zum anderen lassen sich gesundheitsförderliche Effekte nur langfristig erfassen. Nach der zeitweiligen Einstellung der Aktivitäten im Bereich der Gesundheitsförderung (Veränderung des § 20 SGB V) im Jahr 1996 haben sich insbesondere die Bundesvereinigung für Gesundheit und die Landesvereinigungen für Gesundheit um eine Schärfung des Qualitätsprofils bei Aktivitäten zur Gesundheitsförderung bemüht. Dabei wurden zur Orientierung der Anbieter – z. B. zu den Themen Stressregulation, Abnehmen und Bewegung – Leitfragen zur Prozess-, Struktur- und Ergebnisqualität aufgestellt. Ein intensives Bemühen um Methoden und Instrumente zur Qualitätssicherung ist auch in der Altenhilfe und Geriatrie registrierbar (Görres 2000, 69). Wie in der Prävention und Gesundheitsförderung werden statische Modelle der Qualitätssicherung methodisch als wenig adäquat bewertet.

> „Situationen, Handlungen, Mitarbeiter und vor allem Patienten sind nicht ohne weiteres miteinander vergleichbar und variieren nach Einrichtungen, Personal, zugrundegelegten Qualitätsindikatoren, Verfahrenstechniken und Pflegemodellen" (Görres 2000, 70).

Ähnlich schwierig ist es, die Produktqualität von Gesundheitsberatung im Sinne harter Fakten zu bestimmen (Piel 2001, 449). Transparenzansprüche in Bezug auf die Qualität im Gesundheitswesen wachsen nicht nur bei den Professionellen, sondern auch bei den Klienten – zumal eine Flut von Leistungsausweitungen, die aus medizinischer Sicht gar nicht indiziert sind, „d. h. nicht durch den tatsächlichen Bedarf, sondern durch die Eigendynamik der Angebotsentwicklung zu erklären sind" (Badura 1999, 15), den Markt überschwemmt haben. Patienten wünschen deshalb zunehmend, differenzierter über die Qualität von Behandlungsprozessen sowie über deren Ergebnisse und Risiken informiert zu werden, und zwar mit wissenschaftlicher Evidenz. Mit der Hinwendung zu einem neuen Selbstverständnis als „Dienstleistungsrahmen" sind Evaluation und Qualitätsberichterstattung zu Prozess, Struktur und Produkt professionellen Handelns unerlässlich geworden.

Wie ist nun der Stand pädagogischer Qualitätserörterungen, vor allem im Hinblick auf die gesundheitsbezogene Soziale Arbeit? Seit Beginn der 1990er Jahre ist Qualität ein zentraler Begriff in der Diskussion um die Verbesserung des Bildungswesens sowie der Einrichtungen der Kinder- und Jugendhilfe (Galiläer 2005). Wie auch in den Gesundheitswissenschaften haben Qualitätssicherung und -management „als Verfahren der Herstellung und Kontrolle von Qualität (…) im Bildungs- und Sozialwesen ubiquitäre

Verbreitung gefunden" (Galiläer 2005, 9). Dies wurde unter anderem verursacht durch das Streben des Bildungsstandortes Deutschland nach internationaler Wettbewerbsfähigkeit sowie durch den Ökonomisierungsdruck im Sozialwesen aufgrund von Veränderungen der Sozialstaatlichkeit in Europa – Stichwort: aktivierender Sozialstaat und seine Konsequenzen für die Professionalität (Dahme/Wohlfahrt 2004, 32 ff). Ging es Anfang der 1990er Jahre vor allem um eine grundsätzliche Verhältnisbestimmung von Sozialer Arbeit und Ökonomie, so geht es inzwischen um die Entwicklung praktischer Formen des Nachweises von Effektivität und Effizienz, indem fachlich fundierte Standards entwickelt werden (Galiläer 2005, 129) und indem der äußere Druck als Input und Chance für die Professionalisierung genutzt wird, sich mit Struktur- und Handlungslogiken Sozialer Arbeit auseinanderzusetzen und ihre spezifischen Merkmale als personen- und gemeinwesenbezogener Dienstleistung zu begreifen.

Inzwischen liegen in den USA Überlegungen zu einer „Evidence-based Social Work-Practice" vor. So ist 2004 die erste Ausgabe des „Journal of Evidence-Based Social Work" u. a. mit Beiträgen wirksamer Behandlung von Anorexie und Bulimie erschienen. Evidenzbasierte Praxis verpflichtet Berufstätige, ihre Arbeit sowohl nach berufsethischen wie auch epistemologischen Maximen zu gestalten, um so den Adressaten/-innen bestmögliche Angebote zu unterbreiten.

In Bezug auf eine gesundheitsbezogene Soziale Arbeit gibt es im Sinne einer Evidenzbasierung zwei Möglichkeiten, um Wirkungen sozialarbeiterischen Handelns im Gesundheitsfeld zu erfassen: Entweder bedient man sich eines Konzeptes aus einer Bezugswissenschaft – oder man zieht Qualitätsparameter aus der eigenen Disziplin heran, um das professionelle Handeln wissenschaftlich zu begründen. Im ersten Fall besteht die Gefahr, dass die Evidenzbasierung unter das Credo der Effizienz, der Wirtschaftlichkeit und der Quantifizierung gerät. Ziegler erkennt darin eine Tendenz zur Ökonomisierung sozialer Dienstleistungen, welche die kritischen, gesellschaftsverändernden Impulse Sozialer Arbeit und ihre Orientierung an der Subjektivität der Adressaten aus den Augen verliert (Ziegler 2005). Demgegenüber müsste sich Soziale Arbeit konsequent auf die zweite Möglichkeit stützen und entlang ihrer Handlungs- und Wirkungsmöglichkeiten qualitativ orientierte Verfahren der Evaluation und der Diagnostik einsetzen, wie sie z. B. von Hanses im Konzept der „biographischen Diagnostik" entwickelt worden sind (Hanses 2002).

8.3   Ausbildung und Beschäftigung

Seit mehr als 15 Jahren bieten Universitäten und Fachhochschulen gesundheitsbezogene Aus- und Weiterbildung an. So stellt Kälble (2000, IX 3.2, 1) fest: Die in den letzten Jahren zu beobachtende dynamische

Entwicklung und qualitative Erweiterung der gesundheitsbezogenen Studienangebote vollzog sich ungeachtet der bislang noch weitgehend ungeklärten Debatten um die bildungspolitischen Rahmenbedingungen, den arbeitsmarkpolitischen Bedarf und die Zielvorstellungen einer Modernisierung des Gesundheitswesens. Kälble registriert an den Hochschulen uneinheitliche Studienstrukturen, denen ein unüberschaubarer Anstellungsmarkt entspricht. Für Ausbildung und Markt fordert der Autor Transparenz in Bezug auf Fachkompetenz, u. a. eine Klärung zwischen Pflege, Sozialer Arbeit und Gesundheitswissenschaften. Analog zu den postgradualen Public-Health-Studiengängen sollten sowohl Übereinstimmungen der Mindeststandards wie auch das Vernetzungspotential genutzt werden. Chancen dafür könnte das neue Graduierungssystem (bei BA- und MA-Studiengängen) in Deutschland (Kälble 2002, 131 ff), aber auch in den anderen europäischen Ländern bieten (Hamburger et al. 2004 ff).

Hervorzuheben ist der „European Master in Health Promotion". Entwickelt wurde dieser als deutschsprachiges Programm an der Hochschule Magdeburg (von Eberhard Göpel); inzwischen wurde er in zwölf europäischen Ländern weiterentwickelt. Der postgradual strukturierte Masterstudiengang kann berufsbegleitend absolviert werden. Er ist auf fünf Semester ausgelegt und stützt sich auf ein multimedial geprägtes Selbststudium mit Präsenzphasen und internationalen Summer-Schools. Der Studiengang will für Leitungsfunktionen im Themenfeld von Gesundheitsförderung und Prävention qualifizieren.

Gesundheitsberufe sind zumeist weniger auf dem Gebiet der Gesundheit als der Krankheit tätig. So stellt Meifort fest:

> „Zunehmend geraten die Versorgungsbedürfnisse chronisch Kranker, alter und behinderter Menschen, Suchtkranker, sozial schwacher Familien ins Zentrum der Gesundheitsarbeit. In allen Einrichtungen ist ein zunehmender Einsatz von (…) sozialpädagogischen Berufen zu beobachten" (Meifort 2000, IX 1, 1).

Dabei rücken die Anforderungsprofile im Berufsfeld Gesundheit näher zusammen: tendenziell von einem medizinisch-pflegerischen zu einem sozialpräventiven. Diese Tendenz wird gestärkt durch die steigende Bedeutung häuslicher Betreuung und Unterstützung sowie der präventiven Intervention gegenüber der kurativen. Abzuwarten bleibt, welche berufsfeldbezogenen Möglichkeiten das voraussichtlich 2006 in Kraft tretende Präventionsgesetz für die Soziale Arbeit bietet. So stellt Franzkowiak fest, dass bis heute für Soziale Arbeit im Krankenversorgungssystem keine ausgewiesenen heilberuflichen Regelungen existierten, nicht einmal für Kernaufgaben wie den Krankenhaussozialdienst, Sozialarbeit in der Psychiatrie und Rehabilitation in suchttherapeutischen Kliniken und Nachsorgeeinrichtungen. Für das Handlungsfeld Prävention stelle sich die Situation noch nachteiliger dar. Es fehle – so Franz-kowiak (2006, 23) – an berufsverbandlichen Strukturen. Präventiv tätige Sozialarbeiter agierten in verinselten Arbeitsfeldern, für die es keine verbindlichen Rahmenbedingungen bzw. Arbeitsplatzbeschreibungen gibt wie etwa für den Sozialdienst im Krankenhaus durch den DVSG (früher DVSK). Fehlende verbandliche Strukturen erschweren es, z. B. im Handlungsfeld Prävention ein in der Sozialen Arbeit vorherrschendes professionelles Grundverständnis durchzusetzen, das einer biopsychosozialen Sicht auf Gesundheit, Risiko und Krankheit nahe steht. Dabei verfügt Soziale Arbeit über eigenständige Ansätze bei der lebensweltlichen Ressourcenaktivierung, dem Empowerment, einem auf Selbstbestimmung ausgelegten Akteursverständnis und einem Verständnis von sozialer Bildung als einer reflexiven Gestaltungsaufgabe für die eigene Lebenspraxis. Trotz dieser – Soziale Arbeit betreffend – eher skeptischen Einschätzungen zum Berufsfeld „Gesundheit" bleibt das „Prinzip Hoffnung" unverdrossen stark. Gesundheitsbezogene Soziale Arbeit hat Zukunft, u. a.

- in der Planung, Koordination und Vernetzung häuslicher und stationärer Pflege
- in der Mitwirkung bei Evaluation, Qualitätssicherung und –management
- in der hauptamtlichen Unterstützung von Selbsthilfeaktivitäten
- in einer gesundheitsförderlichen Ausrichtung der sozialpädagogischen Familienhilfe
- in der Leitung und Steuerung von Sozialstationen (v. Kardorff 1999, 357).

Die Entwicklung beruflicher Perspektiven für Soziale Arbeit hängt letztendlich davon ab, wie das Thema Gesundheit weiterentwickelt wird: „Als Ware auf dem Markt medizinischer Konsumgüter oder als Fähigkeit zur verantwortungsbewussten Gestaltung des eigenen Lebens" (v. Troschke 1995, 345).

8.4   Forschungsaufgaben

Während die gesundheitsbezogene Soziale Arbeit im Bereich der Profession trotz unscharfer Professionsprofile und fehlender gesetzlicher Regelungen an immer mehr gesundheitsbezogenen Arbeitsfeldern beteiligt ist, hat sie sich bisher nicht zu einem schlüssigen Handlungs- und Wissensfeld mit eigenem Forschungsverständnis und eigenen Forschungsaufgaben entwickeln können. In der interdisziplinären Kooperation wird sie daher ebenso wie in der innerdisziplinären Selbstbeschreibung noch kaum als eigenständiger Aufgabenbereich wahrgenommen. Zukünftige Forschungsaufgaben sollten an Forschungstraditionen der Sozialen Arbeit anknüpfen und diese auf das Themenspektrum gesundheitlicher Fragestellungen anwenden (Homfeldt / Sting 2005a, 296 ff). Dabei lassen sich unserer Einschätzung nach fünf zentrale Zugänge unterscheiden:

1. eine historische und theoretische Aufarbeitung der Gesundheitsbezüge der Sozialen Arbeit
2. biografische Analysen, welche die Orientierung am einzelnen Menschen und dessen Perspektiven, Entwicklungsanforderungen und Handlungsmöglichkeiten betonen
3. lebensweltliche und gruppenbezogene Analysen, welche die Einbettung in soziokulturelle Milieus und gruppenbezogene Lebensstile, Praxisformen und Settings berücksichtigen
4. sozialstrukturelle Untersuchungen, die das Verhältnis von sozialer Position und gesundheitlichem Status und daraus abgeleiteten Bewältigungsanforderungen erforschen
5. grenzüberschreitende, internationale Untersuchungen, die – bezogen auf EU-Europa – Gesundheit im Spektrum veränderter Sozialstaatlichkeit mit ihren Folgen einer sich wandelnden Professionalität Sozialer Arbeit analysieren und die – über Europa hinaus – Gesundheit und Gesundheitsgefährdung in Folge neuer Armutsformen und neuer Aufgabenstellungen für die Soziale Arbeit in ihr Blickfeld nehmen.

Darüber hinaus zeichnet sich für die Zukunft eine *sechste Forschungsaufgabe* ab, die aus der Genetisierung der Lebens- und Gesundheitsgeschichte eines jeden Menschen resultiert (Franzkowiak 2006, 16 f). Es wird zunehmend denkbar, dass präventionsorientierte Sichtweisen auf Lebenslagen – noch bevor sie die Chance einer umfassenden Entfaltung hatten – Gefahr laufen, durch Sicherungssysteme der prädiktiven Medizin abgelöst zu werden. Die Forschungsaufgabe der Sozialen Arbeit liegt hier im forschungsethischen Wächteramt als Menschenrechtswissenschaft gegenüber einer prädiktiv vorgehenden Medizin, der es um ein detektivisches Lesen im Erbgut und um die Suche nach riskanten Genotypen geht. Soziale Arbeit kann hierbei ihre Erfahrungen im Umgang mit Stigmatisierungstendenzen einbringen und sich gegen die Selektionsmechanismen und Risikozuschreibungen einer genetischen Diagnostik und Beratung wenden.

Ein Wort des Dankes

richtet sich an Bianca Kreid, die den Text kritisch gelesen und uns wichtige Anregungen gegeben hat; an Marie Schneider, die große Teile des Literaturverzeichnisses erstellt hat; an Sandra Steigleder, die bei Text und Literatur eine aufwendige Endredaktion vorgenommen hat, bevor dieser dem Verlag übergeben wurde; vor allem auch an Edda Jager, die unermüdlich und gewissenhaft Teile des Manuskripts geschrieben und auch redaktionell bearbeitet hat.

Unser Dank richtet sich außerdem an Birgit Schröder, Marie-Paule Kieffer-Krier, Jenny Maag, deren Diplomarbeiten wertvolle Anregungen geliefert haben. Schließlich danken wir dem Ernst Reinhardt Verlag, vor allem Frau Christina Henning, für die engagierte Betreuung und Begleitung unseres Textes.

Hans Günther Homfeldt und Stephan Sting
Trier und Klagenfurt, im Juli 2006

Anmerkungen

[1] Wichtige Impulse für diesen Abschnitt hat uns die Diplomarbeit von Birgit Schröder: „Von der Säuglingsfürsorge zu Schwangershaft und Mutterschutz heute – ein Beitrag zur Verortung Sozialer Arbeit", Trier 2005, gegeben.

[2] Vgl. hier insbesondere das Internet-Portal www.gesundheitliche-chancengleichheit.de. Im Portal vereint ist das bundesweite Verbundprojekt „Gesundheitsförderung bei sozial Benachteiligten" von der Bundeszentrale für gesundheitliche Aufklärung (BZgA), von der Bundesvereinigung für Gesundheit und auch der Landesvereinigungen für Gesundheit, Krankenkassen, Wohlfahrtsverbänden und weiteren Partnerorganisationen. Zum einen enthält das Portal eine komfortabel recherchierbare Datenbank mit über 2700 Projekten der Gesundheitsförderung, insbesondere bei sozial Benachteiligten, zum anderen viele weitere Informationsressourcen rund um das Thema gesundheitliche Aufklärung.

[3] Während „horizontale Ungleichheiten" soziale Differenzen und Verschiedenheiten umfassen, die nicht von vornherein in eine hierarchische oben-unten-Struktur einzupassen sind, bezeichnen „vertikale Ungleichheiten" Formen der sozioökonomischen Benachteiligung und Ausgrenzung, der Spaltung der Gesellschaft in arm und reich, mächtig und ohnmächtig.

[4] Anregungen für dieses Kapitel hat uns die Diplomarbeit von M.-P. Kieffer-Krier „Agency, Resilienz und Leiblichkeit als Komponenten der Salutogenese – Ihre Bedeutung für eine gesundheitsbezogene Soziale Arbeit" (Trier 2005) geliefert.

[5] Die Sozialschichten wurden in folgender Weise unterschieden: I = akademische Berufe (z. B. Ärzte, Richter), II = leitende Angestellte, IIIN = qualifizierte Angestellte mit nicht-manueller Tätigkeit, IIIM = Facharbeiter mit manueller Tätigkeit, IV = minderqualifizierte Arbeiter, V = ungelernte Arbeiter.

[6] Das nachfolgende Kapitel orientiert sich an der Diplomarbeit von Jenny Maag: „Die Soziale Arbeit in multiprofessionellem Team – drei Handlungsfelder aus dem Gesundheitswesen im Vergleich" (Trier 2005).

Literatur

Abel, M. J. (2000): Stadtteilorientierte Projekte zur Verbesserung der Gesundheitschancen von Kindern. In: Altgeld, T., Hofrichter, P. (Hrsg.): Reiches Land – kranke Kinder? Frankfurt a. M., 179–192

Allmer, H. (1990): Gesundheitsverhalten als intentionales und volitives Geschehen. In: Schwarzer, R. (Hrsg.): Gesundheitspsychologie. Göttingen, 117–130

Altgeld, T. (2004): Jenseits von Anti-Aging und Work-Out? Wo kann Gesundheitsförderung bei Jungen und Männern ansetzen und wie kann sie funktionieren? In: Altgeld, T. (Hrsg.): Männergesundheit. Neue Herausforderungen für Gesundheitsförderung und Prävention. Weinheim / München, 265–286

–, Richter, A., Schmidt, T.-A. (2003): Können Gesundheitsförderung und Prävention Grenzen zwischen Gesundheits- und Sozialbereich überwinden? In: Prävention 26 (2), 40–43

Anaut, M. (2003): La résilience. Surmonter les traumatismes. Paris

Anhorn, R. (2005): Zur Einleitung: Warum sozialer Ausschluss für Theorie und Praxis Sozialer Arbeit zum Thema werden muß. In: Anhorn, R., Bettinger, F. (Hrsg.): Sozialer Ausschluss und Soziale Arbeit. Wiesbaden, 11–41

Ansen, H. (2000): Klinische Sozialarbeit und methodisches Handeln. In: Sozialmagazin 25 (2), 14–27

–, Gödecker-Geenen, N., Nau, H. (2004): Soziale Arbeit im Krankenhaus. München / Basel

Antoni, C. H. (2000): Teamarbeit gestalten. Grundlagen, Analysen, Lösungen. Weinheim / Basel

Antonovsky, A. (1997): Salutogenese. Zur Entmystifizierung der Gesundheit. Deutsche erweiterte Ausgabe von A. Franke. Tübingen

Arbeitsgemeinschaft Asthmaschulung im Kindes- und Jugendalter e. V. (2002): Qualitätsmanagement in der Asthmaschulung von Kindern und Jugendlichen. München / Wien / New York

Arlt, I. (1921): Die Grundlage der Fürsorge. Wien

Augustin, R., Metz, K., Heppekausen, K., Kraus, L. (2005): Tabakkonsum, Abhängigkeit und Änderungsbereitschaft. Ergebnisse des Epidemiologischen Suchtsurvey 2003. In: Sucht (51), Sonderheft 1, 40–48

Badura, B. (1999): Evaluation und Qualitätsberichterstattung im Gesundheitswesen – Was soll bewertet werden und mit welchen Maßstäben? In: Badura, B., Siegrist, J. (Hrsg.): Evaluation im Gesundheitswesen. Weinheim / München, 15–42

–, Feuerstein, G. (Hrsg.) (1994): Systemgestaltung im Gesundheitswesen. Zur Versorgungskette der hochtechnisierten Medizin und den Möglichkeiten ihrer Bewältigung. Weinheim / München

Bäcker, G., Bispinck, R., Hofemann, K., Naegele, G. (2000): Sozialpolitik und soziale Lage in Deutschland. Band 2: Gesundheit und Gesundheitssystem, Familie, Alter, soziale Dienste. Opladen

Banerji, D. (2002): A fundamental shift in the approach to international health by WHO, UNICEF, and the World Bank: Instances of the practice of „intellectual facism" and totaltarism in some Asian countries. In: Navarro, V. (Hrsg.): The political economy of social inequalities. Consequences for health und quality of life. Amityville / New York, 239–270

Barmer Ersatzkasse (2002): Ein Handbuch zum Umgang mit asthmakranken Kindern im Unterricht. Berchtesgaden

Baron, R. (1983): Die Entwicklung der Armenpflege in Deutschland vom Beginn des 19. Jahrhunderts bis zum Ersten Weltkrieg. In: Landwehr, R., Baron, R. (Hrsg.): Geschichte der Sozialarbeit. Hauptlinien ihrer Entwicklung im 19. und 20. Jahrhundert. Weinheim / Basel, 11–71

Bartholomeyczik, S. (Hrsg.) (1988): Beruf, Familie und Gesundheit bei Frauen. Berlin

Bauch, J., Bartsch, N. (2003): Gesundheitsförderung als Zukunftsaufgabe. In: Prävention 26 (1), 3–6

Bauman, Z. (1995): Moderne und Ambivalenz. Das Ende der Eindeutigkeit. Frankfurt a. M.

Baumert, J., Klieme, E., Neubrand, M., Prenzel, M., Schiefele, U., Schneider, W., Stanat, P., Tillmann, K.-J., Weiß, M. (2001): PISA 2000. Basiskompetenzen von Schülerinnen und Schülern im internationalen Vergleich. Opladen

Baune, B. T., Zeeb, H., Kuçuk, N., Krämer, A. (2004): Gesundheitszustand und gesundheitliche Versorgung von Migranten und Deutschen im Vergleich. In: Krämer, A., Prüfer-Krämer, L. (Hrsg.): Gesundheit von Migranten. Weinheim / München, 87–99

Bayer, R. (1994): AIDS und die Politik der Prävention. In: Rosenbrock, R. (Hrsg.): Präventionspolitik. Gesellschaftliche Strategien der Gesundheitserziehung. Berlin, 346–357

Beck, U. (Hrsg.) (1995): Eigenes Leben. Ausflüge in die unbekannte Gesellschaft, in der wir leben. München

Becker, P. (1992): Die Bedeutung interpretativer Modelle von Gesundheit und Krankheit für die Prävention und Gesundheitsförderung. Anforderungen an allgemeine Modelle von Gesundheit und Krankheit. In: Paulus, P. (Hrsg.): Prävention und Gesundheitsförderung. Köln, 91–107

Becker, W. (1995): Professionalisierung – ein Qualitätskonzept für die Gesundheits- und Sozialpflege? In: Meifort, B., Becker, W. (Hrsg.): Berufliche Bildung für die Pflege- und Erziehungsberufe. Bielefeld, 197—219

– (2002): Mehr Zufriedenheit und ein deutliches Profil. Für ein neues Curriculum in der Altenpflegeausbildung. In: Blätter der Wohlfahrtspflege 5, 185–188

Belschner, W., Müller-Dohm, S. (1992): AIDS-Prävention bei Jugendlichen allgemein. In: Forum Jugendhilfe, Sonderheft: Jugend und AIDS, Bonn, 4–29

Bender, D., Lösel, F. (1998): Protektive Faktoren der psychisch gesunden Entwicklung junger Menschen. Ein Beitrag zur Kontroverse um saluto- versus pathogene Ansätze. In: Margraf, J. et al. (Hrsg.): Gesundheits- oder Krankheitstheorie? Saluto- versus pathogenetische Ansätze im Gesundheitswesen. Berlin, 118–145

Bengel, J., Strittmatter, R., Willmann, H. (1998): Was erhält Menschen gesund? Antonovskys Modell der Salutogenese – Diskussionsstand und Stellenwert. Köln

Bennack, J. (1990): Gesundheit und Schule. Zur Geschichte der Hygiene im preußischen Volksschulwesen. Köln

Benner, P. (2000): Stufen zur Pflegekompetenz. 3. Auflage. Bern

Bergmann, K. E., Bergmann, R. (1997): Krankheitsprävention und Gesundheitsförderung in der Familie. Berlin

Besemer, I. et al. (Hrsg.) (1998): Team(s) lernen Teamarbeit. Lernkonzepte für Gruppen- und Teamarbeit. Weinheim

Beske, F., Brecht, J. G., Reinkemeier, A.-M. (Hrsg.) (1993): Das Gesundheitswesen in Deutschland. Struktur – Leistungen – Weiterentwicklung. Köln

Blandow, J. (1990): Scheitert ein ganzheitlicher lebensweltorientierter Hilfeansatz an der Konkurrenz von Institutionen und Professionen? In: Gintzel, U., Schone, R. (Hrsg.): Zwischen Jugendhilfe und Jugendpsychiatrie: Konzepte und Methoden – Rechtsgrundlagen. Münster, 8–20

Blanke, U. (Hrsg.) (1995): Der Weg entsteht beim Gehen. Sozialarbeit in der Psychiatrie. Bonn

Blümel, K. H. (1929): Tuberkulosefürsorge. In: Dünner, J. (Hrsg.): Handwörterbuch der Wohlfahrtspflege. Berlin, 690–695

Böhnisch, L. (1997): Sozialpädagogik der Lebensalter. Eine Einführung. Weinheim / München 1997

– (2001): Die soziale Verlegenheit der Schule. In: Melzer, W., Sandfuchs, U. (Hrsg.): Was Schule leistet. Weinheim / München, 111–124

–, Arnold, H., Schröer, W. (1999): Sozialpolitik. Weinheim / München

–, Funk, H. (2002): Soziale Arbeit und Geschlecht. Weinheim / München

–, Schröer, W., Thiersch, H. (2005): Sozialpädagogisches Denken. Weinheim / München

Böllert, K. (1995): Zwischen Intervention und Prävention. Neuwied / Kriftel

– (2001): Prävention und Intervention. In: Otto, H.-U., Thiersch H. (Hrsg.): Handbuch Sozialarbeit / Sozialpädagogik. Neuwied / Kriftel, 1394–1396

Bohnsack, R. (1995): Auf der Suche nach habitueller Übereinstimmung. Peergroups, Cliquen, Hooligans und Rockgruppen als Gegenstand rekonstruktiver Sozialforschung. In: Krüger, H.-H., Marotzki, W. (Hrsg.): Erziehungswissenschaftliche Biographieforschung. Opladen, 258–275

Bollinger, H., Hohl, J. (Hrsg.) (1981): Sozialarbeiterinnen und Ärzte im Krankenhaus. Eine Studie zum beruflichen Alltag. Frankfurt a. M. / New York

Borchert, H., Collatz, J. (1993): Die Gesundheit der Mütter in Europa – Effektivität, Effizienz und Umsetzung von Müttergenesungskuren (Abstract). In: Das Gesundheitswesen 8–9, 457

Bormann, C. (2002): Frauen. In: Homfeldt, H. G., Laaser, U., Prümel-Philippsen, U., Robertz-Grossmann, B. (Hrsg.): Studienbuch Gesundheit. Neuwied / Kriftel, 29–43

Bourdieu, P. (1982): Die feinen Unterschiede. Frankfurt a. M.

– (1990): Die biographische Illusion. In: Bios 1, 75–81

Bowlby, J. (1995): Bindung. Historische Wurzeln, theoretische Konzepte und klinische Relevanz. In. Sprangler, G., Zimmermann, P. (Hrsg.): Die Bindungstheorie. Stuttgart, 17–26

Brieskorn-Zinke, M., Köhler-Offierski, A. (1997): Gesundheitsförderung in der Sozialen Arbeit. Eine Einführung für soziale Berufe. Freiburg i. Br.

Brößkamp-Stone, U. (Hrsg.) (2005): Weltgesundheitsorganisation. Autorisierte deutsche Fassung der „Jakarta Declaration on Leading Public Health Promotion into the 21st Century". In: www.weltgesundheitstag.de, 21.01.2005

Brückner, M., Thiersch, H. (2005): Care und Lebensweltorientierung. In: Thole, W. et al. (Hrsg.): Soziale Arbeit im öffentlichen Raum. Wiesbaden, 137–149

Brühl, A. (1995): Evaluation von Reha-Maßnahmen am Beispiel des Gesundheitstrainings (Rehaklinikum Bad Salzdetfurth). In: Bartsch, N., Meyer, A.-W. (Hrsg.): Chance Gesundheit: Wie viel Gesundheit braucht die Gesellschaft? Hildesheim, 70–89

Bruhns, K., Mack, W. (2001): Aufwachsen und Lernen in der Sozialen Stadt. Kinder und Jugendliche in schwierigen Lebensräumen. Opladen

Bruno, J. (1912): Die Mutterschaftsversicherung und ihre Bedeutung für die Säuglingsfürsorge. Heidelberg

Buchholz-Weinert, M. (1997): „Hauptsache gesund"? Ansätze der Gesundheitsförderung durch Gemeinwesenarbeit in benachteiligten Stadtgebieten. In: Homfeldt,

H.G., Hünersdorf, B. (hrsg.): Soziale Arbeit und Gesundheit. Neuwied / Kriftel, 269–285

Buchinger, K. (2004): Gruppenarbeit und Teamarbeit in Organisationen. Ideologie und Realität. In: Velmerig, C. O. et al. (Hrsg.): Teamarbeit. Konzepte und Erfahrungen – eine gruppendynamische Zwischenbilanz. Weinheim / München, 210–245

Bundesamt für Gesundheit (BAG) (2002): Migration und Gesundheit. Strategische Ausrichtung des Bundes 2002–2006. Bern

Bundeskoordination Frauengesundheit (BKF) (Hrsg.) (2003): Frauen – Leben – Gesundheit. Bremen

Bundesminister für Gesundheit (BMG) (Hrsg.) (1993): Modellprojekt „Schizophreniebehandlung in der Familie" (im Modellverbund Psychiatrie). Baden-Baden

Bundesministerium für Familie, Senioren, Frauen und Jugend (BMFSFJ) (1996): Erster Altenbericht zur Lage der älteren Generation in der Bundesrepublik Deutschland. Die Lebenssituation älterer Menschen in Deutschland. Bonn

– (2001): Dritter Altenbericht zur Lage der älteren Generation in der Bundesrepublik Deutschland. Alter und Gesellschaft. Berlin

– (2002): Vierter Altenbericht zur Lage der älteren Generation in der Bundesrepublik Deutschland: Risiken. Lebensqualität und Versorgung Hochaltriger unter besonderer Berücksichtigung demenzieller Erkrankungen. Berlin

– (2002): Elfter Kinder- und Jugendbericht. Bericht über die Lebenssituation junger Menschen und die Leistungen der Kinder- und Jugendhilfe in Deutschland. Berlin

– (2005): Zwölfter Kinder- und Jugendbericht. Bericht über die Lebenssituation junger Menschen und die Leistungen der Kinder- und Jugendhilfe in Deutschland. Berlin

Bundesministerium für Gesundheit (Hrsg.) (2000): Qualitätsmanagement in gesundheitsfördernden Einrichtungen. Leitfragen zur Umsetzung. 2. Auflage, Bonn

Bundesministerium für Gesundheit und Frauen (BMGF) (2005): Österreichischer Frauengesundheitsbericht 2005. Wien

Bundesministerium für Gesundheit und soziale Sicherung (BMGS) (2002): Statistisches Taschenbuch Gesundheit 2002. Berlin

– (BMGS) (2005): Statistisches Taschenbuch Gesundheit 2005. Berlin

Bundesministerium für Jugend, Familie, Senioren und Frauen (BMJFSF) (1999): Untersuchung zur gesundheitlichen Situation von Frauen in Deutschland. Eine Bestandsaufnahme unter Berücksichtigung der unterschiedlichen Entwicklungen in West- und Ostdeutschland. Berlin

Bundesministerium für soziale Sicherheit und Generationen (BMSG) (2002): Das Gesundheitswesen in Österreich. Wien

Bundeszentrale für gesundheitliche Aufklärung (BZgA) (Hrsg.) (1996): Sexualität und Konzeption aus der Sicht der Jugendlichen und ihrer Eltern. Köln

– (1996a): Handbuch Gesundheitsförderung und Erlebnispädagogik in der Jugendarbeit. Köln

– (1998): Gesundheit von Kindern. Epidemiologische Grundlagen. Köln

– (2003): AIDS von a–z. Fragen, Antworten, Informationen zu AIDS, HIV und zum Test. Köln

– (2004): Die Drogenaffinität Jugendlicher in der Bundesrepublik Deutschland. Teilband illegale Drogen. Köln

Burmeister, J. (2000): Gesundheit, Selbsthilfe und Selbsthilfeunterstützung. In: Sting, S., Zurhorst, G. (Hrsg.): Gesundheit und Soziale Arbeit. Weinheim / München, 71–78

Butke, S., Kleine, A. (2004): Der Kampf für den gesunden Nachwuchs. Geburtshilfe und Säuglingsfürsorge im deutschen Kaiserreich. München

Butollo, W., Gavranidou, M. (1999): Intervention nach traumatischen Ereignissen. In:

Oerter, R. (Hrsg.): Klinische Entwicklungspsychologie. Ein Lehrbuch. Weinheim, 459–477

Byrne, D. (2004): Gesundheit für alle ermöglichen. Ein Reflexionsprozess mit Blick auf eine neue gesundheitspolitische Strategie der EU. In: www.reflection-health-strategy@cec.eu.int

Campbell, T. L. (2000): Familie und Gesundheit. Zum Stand der Forschung. In: Kröger, F., Hendrischke, A., Mc Daniel, S. (Hrsg.): Familie, System und Gesundheit. Systemische Konzepte für ein soziales Gesundheitswesen. Heidelberg, 225–241

Caplan, G. (1964): Principles of Preventive Psychiatry. London / New York

Caraher, M. (2002): Food and health national and international policy perspectives. In: Adams, L., Amos, M., Munro, J. (Hrsg.): Promoting health. Politics and practice. London / Thousand Oaks / New Delhi, 46–51

Carpenter, M. (2000): Health for some: global health and social development. In: Community Development Journal 4, 336–351

Clark, N. M. et al. (Hrsg.) (1999): Childhood asthma. In: Environmental Health Perspectives 3, 421–429

Cockeram, W. C. (2005): Health lifestyle theory and the convergence of agency and structure. In: Journal of Health and Social Behaviour 1, 51–67

Currie, C., Roberts, C., Morgan, A., Smith, R., Settertobulte, W., Samdal, O., Rasmussen, V. B. (Hrsg.) (2004): Young People's Health in Context. Health Behaviour in School-Aged Children (HBSC) study: international report from the 2001 / 2002 survey. Kopenhagen

Dahme, H.-J., Wohlfahrt, N. (2004): Entwicklungstendenzen einer neuen Sozialstaatlichkeit in Europa und Konsequenzen für eine Soziale Arbeit. In: Homfeldt, H. G., Brandhorst, K. (Hrsg.): International vergleichende Soziale Arbeit. Baltmannsweiler, 24–38

Dangschat, J. S. (1998): Warum ziehen sich Gegensätze nicht an? Zu einer Mehrebenen-Theorie ethnischer und rassistischer Konflikte um den städtischen Raum. In: Heitmeyer, W., Dollase, R., Backes, O. (Hrsg.): Die Krise der Städte. Frankfurt a. M., 21–96

Darius, S., Hellwig, J., Schrapper, C. (2001): Krisenintervention und Kooperation als Aufgabe von Jugendhilfe und Jugendpsychiatrie in Rheinland-Pfalz. Koblenz

Deutsches Müttergenesungswerk (Hrsg.) (1995): Müttergenesungskuren 1994. Die gesundheitliche und soziale Lage der Kurteilnehmerinnen. Berlin

Deutsche Vereinigung für Sozialarbeit im Gesundheitswesen (DVSG) (2005): Prozedurenklassifikationen im Operationen- und Prozedurenschlüssel (OPS). Kodierung von Sozialarbeitsleistungen seit 2005 möglich. Mainz

Deutsche Vereinigung für Sozialarbeit im Krankenhaus (DVSK) (1999): Sozialarbeit im Krankenhaus. Mainz

Dewe, B. (2002): Handlungslogische Probleme „klinischer Sozialarbeit" und professionstheoretische Perspektiven für ein praktizierbares Handlungsmuster. In: Dörr, M. (Hrsg.): Klinische Sozialarbeit. Hohengehren, 104–119

Dickersbach, M. (2004): Interkulturelle Gesundheitsförderung als Handlungsfeld der Kommunen. In: Krämer, A., Prüfer-Krämer, L. (Hrsg.): Gesundheit von Migranten. Weinheim / München, 173–182

Döge, P. (2004): Abschied vom starken Mann. Gender Mainstreaming als Beitrag zur Männergesundheit. In: Altgeld, T. (Hrsg.): Männergesundheit. Neue Herausforderungen für Gesundheitsförderung und Prävention. Weinheim / München, 233–242

Dörner, K., Plog, U. (1992): Irren ist menschlich – Lehrbuch der Psychiatrie / Psychotherapie. Bonn

Dörr, M. (2002): Gesundheit und soziale Differenz: Die Gender-Perspektive. In: Homfeldt, H. G., Laaser, U., Prümel-Philippsen, U., Robertz-Großmann, B. (Hrsg.): Studienbuch Gesundheit. Neuwied, 65–84
– (Hrsg.) (2002): Klinische Sozialarbeit. Baltmannsweiler
– (2005): Soziale Arbeit in der Psychiatrie. München/Basel
Domenig, D. (2004): Transkulturelle Kompetenz – eine Querschnittsaufgabe. In: Departement Migration Schweizerisches Rotes Kreuz (Hrsg.): Migration – eine Herausforderung für Gesundheit und Gesundheitswesen. Zürich, 57–70
Drogenbeauftragte der Bundesregierung (Hrsg.) (2003): Drogen- und Suchtbericht 2003. Berlin
– (2004): Drogen- und Suchtbericht 2004. Berlin
Du Bois, R., Ide-Schwarz, H. (2001): Psychiatrie und Jugendhilfe. In: Otto, H.-U., Thiersch, H. (Hrsg.): Handbuch Sozialarbeit, Sozialpädagogik. 2. völlig neu überarbeitete Auflage. Stuttgart 1424–1433

Eberle, G. (1990): Leitfaden Prävention. Sankt Augustin
Ecarius, J. (1999): Biographieforschung und Lernen. In: Krüger, H.-H., Marotzki, W. (Hrsg.): Handbuch erziehungswissenschaftliche Biographieforschung. Opladen, 89–105
Eckhardt, A. (1994): Im Krieg mit dem Körper. Hamburg
Edel, U. (1993): Die Entwicklung des Mutterschutzrechtes in Deutschland. Baden-Baden
Eggelston, P. A. (Hrsg.) (1999): The environment and asthma in U.S. inner cities. In: Environmental Health Perspectives 3, 439–450
Eickhoff, C. (2000): Schutz oder Risiko? Familienumwelten im Spiegel der Kommunikation zwischen Eltern und ihren Kindern. Köln
Elias, N. (1981): Über den Prozeß der Zivilisation. Erster Band. Frankfurt a. M.
Emirbayer, M., Mische, A. (1998): What is agency? In: American Journal of Sociology 4, 962–1023
Erben, R., Franzkowiak, P., Wenzel, E. (1986): Die Ökologie des Körpers. Konzeptionelle Überlegungen zur Gesundheitsförderung. In: Wenzel, E. (Hrsg.): Die Ökologie des Körpers. Frankfurt a. M. , 13–120
Esping-Andersen, G. (1990): The Three Worlds of Welfare Capitalism. Cambridge

Faltermaier, T. (1991): Subjektive Theorie von Gesundheit: Stand der Forschung und Bedeutung in der Praxis. In: Flick, U. (Hrsg.): Alltagswissen über Gesundheit und Krankheit. Heidelberg, 45–58
– (1994): Gesundheitsbewußtsein und Gesundheitshandeln. Über den Umgang mit Gesundheit im Alltag. Weinheim
– (2005): Gesundheitspsychologie. Stuttgart
–, Kühnlein, J., Burda-Viering, M. (1998): Gesundheit im Alltag. Laienkompetenz in Gesundheitshandeln und Gesundheitsförderung. Weinheim/München
Favazza, A. R., Conterio, K. (1989): Female habitual selfmutilators. In: Acta Psychiatric Scandinavia 79, 283–289
Fegert, J. M., Schrapper, C. (Hrsg.) (2004): Handbuch Jugendhilfe – Jugendpsychiatrie. Weinheim/München
Fischer, A. (1933): Geschichte des deutschen Gesundheitswesens. Band 1. Berlin
Fischer-Rosenthal, W. (1999): Biographie und Leiblichkeit. In: Alheit, P. (Hrsg.) (1999): Biographie und Leib. Gießen, 15–43
Franke, A. (1997): Zum Stand der konzeptionellen und empirischen Entwicklung des Salutogenesekonzepts. In: Antonovsky, A.: Salutogenese. Tübingen, 169–190
Franken, S. (1998): Ein Ort zum Leben nach Krisen. Seelisch verletzte Jugendliche zwischen Jugendhilfe und Jugendpsychiatrie. In: Köttgen, G. (Hrsg.): Wenn alle

Stricke reißen: Kinder und Jugendliche zwischen Erziehung, Therapie und Strafe. Bonn, 100–116

Franzkowiak, P. (1990): Professionelle in der AIDS-Prävention mit Jugendlichen. Ergebnisse einer qualitativen Explorationsstudie bei Prophylaxe-Fachkräften aus Nordrhein-Westfalen und West-Berlin. In: Neue Praxis 3, 207–220

– (1996): Risikokompetenz. Eine neue Leitorientierung für die primäre Suchtprävention? In: Neue Praxis 26 (5), 409–425

– (2003): Zum Verhältnis von Sozialer Arbeit und Gesundheitsförderung. In: Prävention 26 (1), 25–28

– (2006): Präventive Soziale Arbeit im Gesundheitswesen. München/Basel

–, Sabo, P. (1999): Von der Drogenprävention zur Entwicklungsförderung und Risikobegleitung. In: Prävention 22 (3), 90–94

–, Wenzel, E. (2001): Gesundheitserziehung und Gesundheitsförderung. In: Otto, H.-U., Thiersch, H. (Hrsg.): Handbuch Sozialarbeit/Sozialpädagogik. Neuwied/Kriftel, 716–722

Fredersdorf, F. (1998): Bildung und Sucht. Eine biographische Studie zu den pädagogischen Aspekten der Suchtbewältigung. Geesthacht

Freitag, M., Hurrelmann, K. (Hrsg.) (1999): Illegale Alltagsdrogen. Weinheim/München

Frevert, U. (1984): Krankheit als politisches Problem 1770–1880. Göttingen

Frey, C. (2004): Überlebende von Folter und Krieg: Eine Herausforderung an unser Sozial- und Gesundheitswesen. In: Departement Migration Schweizerisches Rotes Kreuz (Hrsg.): Migration – eine Herausforderung für Gesundheit und Gesundheitswesen. Zürich, 159–180

Frey, M. (1998): „Bürger riechen nicht". Die Hygienisierung des bürgerlichen Alltags durch Wasser und Seife im achtzehnten und frühen neunzehnten Jahrhundert. In: Roeßiger, S., Merk, H. (Hrsg.): Hauptsache gesund! Gesundheitsaufklärung zwischen Disziplinierung und Emanzipation. Marburg, 9–21

Friedrich, M. (1992): AIDS-Prävention bei Mädchen unter besonderer Berücksichtigung von schwierigen Lebenssituationen. In: Forum Jugendhilfe, Sonderheft: Jugend und AIDS, Bonn, 30–41

Galiläer, L. (2005): Pädagogische Qualität. Perspektiven der Qualitätsdiskurse über Schule, Soziale Arbeit und Erwachsenenbildung. Weinheim/München

Garcia, S. (2001): AIDSprävention bei Jugendlichen. Eine qualitative Untersuchung im Kanton Zürich. Bern

Garms-Homolová, V., Schaeffer, D. (2000): Ältere und Alte. In: Schwartz, F. W. (Hrsg.): Das Public Health Buch: Gesundheit und Gesundheitswesen. München, Jena, 536–549

Geißler-Piltz, B., Mühlum, A., Pauls, H. (2005): Klinische Sozialarbeit. München/Basel

Gerber, U., v. Stünzner, W. (1999): Entstehung, Entwicklung und Aufgaben der Gesundheitswissenschaften. In: Hurrelmann, K., Laaser, U. (Hrsg.): Handbuch Gesundheitswissenschaften. Berlin, 9–64

Gerhard, U. (1997): Frauen in der Geschichte des Rechts. Von der Frühen Neuzeit bis zur Gegenwart. München

Gerling, V., Naegele, G. (2001): Sozialpolitik ab 1945. In: Jansen, B., Karl, F. (Hrsg.): Soziale Gerontologie. Ein Lehrbuch für Lehre und Praxis. Weinheim, 197–210

Gintzel, U. (1989): Jugendhilfe und Jugendpsychiatrie – Zwischen Konkurrenz und Kooperation. In: Institut für Soziale Arbeit e. V. (Hrsg.): Jugendhilfe und Jugendpsychiatrie – Zwischen Konkurrenz und Kooperation. Münster, 10–22

Göbel, B. (1992): Wege aus der Überlastung. Begleitende psychosoziale und medizinische Hilfen für Frauen und Mütter in der Müttergenesung. Hameln

Göckenjan, G. (1985): Kurieren und Staat machen. Gesundheit und Medizin in der bürgerlichen Welt. Frankfurt a. M.

Gödecker-Geenen, N., Nau, H., Weis, I. (2003): Der Patient im Gesundheitswesen der Zukunft – Welche Kompetenzen werden benötigt? In: Gödecker-Geenen, N., Nau, H., Weis, I. (Hrsg.): Der Patient im Krankenhaus und sein Bedarf an psychosozialer Betreuung. Eine empirische Bestandsaufnahme. Münster/Hamburg/London, 119–133

Göpel, E. (2002): Gesundheitsförderung und bürgerschaftliches Engagement. In: Röhrle, B. (Hrsg.): Prävention und Gesundheitsförderung. Band 2, Tübingen, 31–74

Göppel, R. (1997): Ursprünge der seelischen Gesundheit. Risiko- und Schutzfaktoren in der kindlichen Entwicklung. Würzburg

Görres, S. (2000): Qualitätssicherung und Evaluation. In: Wahl, H. W., Tesch-Römer, C. (Hrsg.): Angewandte Gerontologie in Schlüsselbegriffen. Stuttgart, 68–73

Goffman, E. (1974): Das Individuum im öffentlichen Austausch. Frankfurt a. M.

Gottstein, A. (1913): Aufgaben der Gemeinde und der privaten Fürsorge. In: Mosse, M., Tugendreich, G. (Hrsg.): Krankheit und soziale Lage. München, 721–786

– (1918): Volksspeisung, Schulkinderspeisung, Notstandsspeisung, Massenspeisung. In: Gärtner, A. (Hrsg.): Weyl's Handbuch der Hygiene. Leipzig, 229–285

Gredig, D. (2000): Tuberkulosefürsorge in der Schweiz. Zur Professionsgeschichte der Sozialen Arbeit. Bern

Greuèl, M., Mennemann, H. (2006): Soziale Arbeit bei Integrierter Versorgung. München/Basel

Grobe, T. G., Schwartz, F. W. (2003): Arbeitslosigkeit und Gesundheit (Gesundheitsberichterstattung des Bundes, Heft 13). Berlin

Grotjahn, A. (1912): Soziale Pathologie. Berlin

Grunert, C. (2003): Arbeitsmarktsituation von Dipl.-Päd's – allgemein gut. In: sozial extra 27 (5), 6–9.

Grunow, D. (1987) Ressourcen wechselseitiger Hilfen im Alltag. In: Keupp, H., Röhrle, B. (Hrsg.): Soziale Netzwerke. Frankfurt a. M., 245–267

– (1994): Die Bedeutung der Familie für das Gesundheitsverhalten ihrer Mitglieder. In: Grunow, D., Hurrelmann, K., Engelbert, A.: Gesundheit und Behinderung im familialen Kontext. München, 9–66

Gunkel, S., Kruse, G. (2004): Salutogenese und Resilienz – Gesundheitsförderung, nicht nur, aber auch durch Psychotherapie? In: Gunkel, S., Kruse, G. (Hrsg.): Salutogenese, Resilienz und Psychotherapie: Was hält gesund? Was bewirkt Heilung? Hannover, 5–68

Gutachten 2005 des Sachverständigenrates zur Begutachtung der Entwicklung im Gesundheitswesen: Koordination und Qualität im Gesundheitswesen. (Deutscher Bundestag 09.06.2005). Berlin

Haberlandt, M., Höfer, R., Keupp, H., Seitz, R., Straus, F. (1995): Risiken und Chancen der Entwicklung im Jugendalter. In: Kolip, P., Hurrelmann, K., Schnabel, P.-E. (Hrsg.): Jugend und Gesundheit. Weinheim/München, 87–109

Hähner-Rombach, S. (1998): Von der Aufklärung zur Ausgrenzung. Folgen der bakteriologischen Krankheitserklärung am Beispiel der Tuberkulose. In: Roeßiger, S., Merk, H. (Hrsg.): Hauptsache gesund: Gesundheitsaufklärung zwischen Disziplinierung und Emanzipation. Köln, 59–76

Hamburger, F., Hirschler, S., Sander, G., Wöbcke, M. (Hrsg.) (2004–2006): Ausbildung für soziale Berufe in Europa. Band I-IV. Frankfurt a. M.

Hammer, E. (1995): Selbstmanagement, Case Management und Sozialmanagement als Anforderungen an Soziale Arbeit in stationären Einrichtungen. In: Hedtke-Becker, A. et al. (Hrsg.): Profile Sozialer Altenarbeit mit alten Menschen. Berlin/Frankfurt a. M. 1995, 185–192

Hammerschmidt, P., Tennstedt, F. (2002): Der Weg zur Sozialarbeit. Von der Armenpflege bis zur Konstitution des Wohlfahrtstaats in der Weimarer Republik. In: Thole, W. (Hrsg.): Grundriss Soziale Arbeit. Opladen, 63–76

Hanesch, W. (1995): Armut und Krankheit in Deutschland. In: Laaser, U., Gebhardt, K., Brößkamp, U. (Hrsg.): Armut und Gesundheit (2. Beiheft der Zeitschrift für Gesundheitswissenschaften). Weinheim/München, 6–26

Hanses, A. (2002): Biographische Diagnostik als Veränderung professioneller „Interaktionsordnung". In: Dörr, M. (Hrsg.): Klinische Sozialarbeit – eine notwendige Kontroverse. Baltmannsweiler, 86–102

– (Hrsg.) (2004): Soziale Arbeit und Biographie. Baltmannsweiler

Harms (1924): Tuberkolosefürsorge bei Kindern und Jugendlichen. In: Klumker, C. (Hrsg.): Gesundheitspflege und Erziehung in der Jugendfürsorge. Langensalza, 35–39

Hartmann, F. (1977): Wandlungen im Verhältnis von Kurpatienten zum Kurort. In: Titgemeyer, U. (Hrsg.) (1977): Kur – Kunst – Kreativität: Alternative Angebote in einem umfassenden Gesundheitstraining am Kurort. Tagung vom 19.–21. August 1977 (Loccumer Protokolle), 16–47

Haupert, B. (2002): Klinische Sozialarbeit aus professionstheoretischer Perspektive oder von der theoretischen und professionellen Fremdbestimmung Sozialer Arbeit zur Selbstbestimmung. In: Dörr, M. (Hrsg.): Klinische Sozialarbeit – eine notwendige Kontroverse. Baltmannsweiler, 65–85

Hazard, B. (1994): Modellversuch zur Gesundheitsförderung am Kurort. Eine kritische Überprüfung von Methoden und Ansätzen. Baden-Baden

Hedtke-Becker, A., Hoevels, R., Schwab, M. (Hrsg.) (2003): (Familien-)Medizin und Sozialarbeit – ein Kooperationsmodell. Biopsychosoziale Behandlung chronisch kranker Menschen im internistischen Krankenhaus. Das KISMED-Projekt in der Praxis. Hockenheim

Heinemann, H. (2003): Gesundheitsförderung und Prävention. In: Beauftragte der Bundesregierung für Migration, Flüchtlinge und Integration (Hrsg.): Gesunde Integration. Berlin/Bonn, 29–31

Helmert, U., Mielck, A. (1998): Gesundheitliche Ungleichheit. In: Hurrelmann, K., Laaser, U. (Hrsg.): Handbuch Gesundheitswissenschaften. Weinheim/München, 519–535

Henriques, C. (1929): Kinderspeisung. In: Dünner, J. (Hrsg.) (1929): Handwörterbuch der Wohlfahrtspflege. Berlin, 399–400

Hering, S., Münchmeier, R. (2003): Geschichte der Sozialen Arbeit. Eine Einführung. Weinheim/München

Herpertz, S., Saß, H. (1994): Offene Selbstbeschädigung: In: Nervenarzt 65, 296–306

Herriger, N. (2002): Empowerment in der Sozialen Arbeit. Stuttgart

Herzlich, C. (1991): Soziale Repräsentationen von Gesundheit und Krankheit und ihre Dynamik im sozialen Feld. In: Flick, U. (Hrsg.): Alltagswissen über Gesundheit und Krankheit. Heidelberg, 293–302

Hey, G. (1997): Sozialdienst im Krankenhaus als Aufgabenfeld Sozialer Arbeit. In: Homfeldt, H. G., Hünersdorf, B. (Hrsg.): Soziale Arbeit und Gesundheit. Neuwied/Kriftel, 29–40

– (2000): Klinische Sozialarbeit. Zu den Aufgaben Sozialer Arbeit in Einrichtungen des Gesundheitswesens. In: Sting, S., Zurhorst, G. (Hrsg.): Gesundheit und Soziale Arbeit. Weinheim/München, 163–175

Hirt, R. (1999): Soziale Arbeit in stationären Einrichtungen der Altenhilfe. In: Chassé, K. A., v. Wensierski, H.-J. (Hrsg.): Praxisfelder der Sozialen Arbeit. Eine Einführung. Weinheim/München, 222–255

Hörmann, G. (1997): Zur Funktion der Sozialarbeit im Gesundheitswesen. In: Homfeldt, H. G., Hünersdorf, B. (Hrsg.): Soziale Arbeit und Gesundheit. Neuwied, 11–27

– (1999): Stichwort: Gesundheitserziehung. In: Zeitschrift für Erziehungswissenschaft, 2. Jg. (1), 5–29

Hofemann, K., Naegele, G. (2000): Sozialpolitik und soziale Lage in Deutschland. Band 2, Wiesbaden

Hoffmann, P. (1996): Sozialarbeit im Gesundheitswesen. In: Schwarzer, W. (Hrsg.): Lehrbuch der Sozialmedizin für Sozialarbeit, Sozial- und Heilpädagogik. Dortmund, 37–45

– (2002): Soziale Arbeit im Gesundheitswesen. In: Schwarzer, W. (Hrsg.): Lehrbuch der Sozialmedizin für Sozialarbeit, Sozial- und Heilpädagogik. Dortmund, 411–412

Hoffmann-Nowotny, H.-J. (1973): Zur Soziologie des Fremdarbeiterproblems. Eine theoretische und empirische Analyse am Beispiel der Schweiz. Stuttgart

Holland, D., Lachiotte, W. J., Skinner, D. (Hrsg.) (1998): Identity and agency in cultural worlds. London

Homfeldt, H. G. (Hrsg.) (1991): Sinnliche Wahrnehmung – Körperbewusstsein – Gesundheitsbildung. Weinheim

– (Hrsg.) (1994): Anleitungsbuch zur Gesundheitsbildung. Baltmannsweiler

– (Hrsg.) (1999): „Sozialer Brennpunkt" Körper. Baltmannsweiler

– (2000): Gesundheitsvorstellungen in benachteiligten Wohngebieten. In: Sting, S., Zurhorst, G. (Hrsg.): Gesundheit und Soziale Arbeit. Weinheim / München, 103–115

– (2002a): Soziale Arbeit im Gesundheitswesen und in der Gesundheitsförderung. In: Thole, W. (Hrsg.): Grundriss Soziale Arbeit. Ein einführendes Handbuch. Opladen, 317–330

– (2002b): Asthmakranke Kinder aus Armutslagen. In: Päd Forum 2, 114–117

– (2003): Schule im sozialpädagogischen Blick. In: Homfeldt, H. G., Schulze-Krüdener, J. (Hrsg.): Handlungsfelder der Sozialen Arbeit. Baltmannsweiler, 262–286

– (2005a): Gesundheitsförderung in der Ganztagsschule. Beiträge zu einer schulbezogenen Jugendhilfe. In: Spies, A., Stecklina, G. (Hrsg.): Die Ganztagsschule. Band 2: Keine Chance ohne Kooperation – Handlungsformen und institutionelle Bedingungen. Bad Heilbrunn, 120–133

– (2005b): „… ab sechzig gibt's keine Brücke mehr". In: Thole, W. et al. (Hrsg.): Soziale Arbeit im öffentlichen Raum. Wiesbaden, 187–198

–, Ots, T. (1997): Eine vernachlässigte Dimension von Gesundheit – die anthropologische Perspektive. In: Homfeldt, H. G., Hünersdorf, B. (Hrsg.): Soziale Arbeit und Gesundheit. Neuwied / Kriftel / Berlin, 69–90

–, Ritter, A. (2005): Das dicke Kind. Herausforderungen für die Soziale Arbeit. Baltmannsweiler

–, Schröer, W., Schweppe, C. (2006): Transnationalität, soziale Unterstützung, agency. Nordhausen

–, Steigleder, S. (2003): Gesundheitsvorstellungen und Lebenswelt. Subjektive Vorstellungen von Bewohnern benachteiligter Wohngebiete über Gesundheit und ihre Einflussfaktoren. Weinheim / München

–, Sting, S. (2005): Soziale Arbeit und Gesundheit. Vergessene Zusammenhänge und Forschungsaufgaben. In: sozial extra 29 (9), 41–44

–, – (2005a): Forschungsperspektiven einer gesundheitsbezogenen Sozialen Arbeit. In: Schweppe, C., Thole, W. (Hrsg.): Sozialpädagogik als forschende Disziplin. Weinheim / München, 291–305

Hübner-Funk, S. (2003): Körperbezogene Selbstsozialisation. Varianten sozio-kultureller Überformung Jugendlicher „Bodies". In: Diskurs 1, 5–9

http://de.wikipedia.org/wiki/Gesundheitswesen_Schweiz, 20.5.05

Hünersdorf, B. (1997): Theorien der Gesundheit auf dem Prüfstand der Sozialen Arbeit. In: Homfeldt, H. G., Hünersdorf, B. (Hrsg.): Soziale Arbeit und Gesundheit. Neuwied / Kriftel, 43–67

– (1999): Die Vernachlässigung des Leibes in der lebensweltorientierten Sozialpädagogik. In: Homfeldt, H. G.: „Sozialer Brennpunkt" Körper. Baltmannsweiler, 97–103

Hueppe, F. (1893): Ueber die Ursachen der Gährungen und Infectionskrankheiten und deren Beziehungen zum Causalproblem und zur Energetik. Berlin

Hurrelmann, K. (1990): Familienstress, Schulstress, Freizeitstress. Gesundheitsförderung für Kinder und Jugendliche. Weinheim / Basel
– (1994): Sozialisation und Gesundheit. Weinheim / München
– (1994a): Die Rolle der Familie für die Gesundheitsentwicklung von Kindern und Jugendlichen. In: Grunow, D., Hurrelmann, K., Engelbert, A.: Gesundheit und Behinderung im familialen Kontext. München, 67–136
– (2000): Gesundheitssoziologie. Weinheim / München
–, Franzkowiak, P. (2003): Gesundheit. In: Bundeszentrale für gesundheitliche Aufklärung (Hrsg.): Leitbegriffe der Gesundheitsförderung. Schwabenheim, 52–55
–, Klotz, T., Haisch, J. (Hrsg.) (2004): Lehrbuch Prävention und Gesundheitsförderung. Bern / Göttingen / Toronto / Seattle
–, Kolip, P. (Hrsg.) (2002): Geschlecht, Gesundheit und Krankheit. Männer und Frauen im Vergleich. Bern
–, Laaser, U. (1998): Entwicklung und Perspektiven der Gesundheitswissenschaften. In: Hurrelmann, K., Laaser, U. (Hrsg.): Handbuch Gesundheitswissenschaften. Weinheim / München, 17–45

Huth, S., Roccioletti, C. (2001): Gesellschaftliches Handlungsfeld HIV / AIDS. In: Becker, T. et al. (Hrsg.): Diffusion und Globalisierung. Wiesbaden, 250–319

Illich, I. (1980): Selbstbegrenzung. „Tools of Conviviality". Reinbek
International Obesity Task Force (IOTF) (2005): IOTF demands action on childhood obesity crisis. In: http://www.iotf.org/popout.asp?linkto=http://www.iotf.org/media/IOTFmay12.htm, 13.01.2005

Jacob, W. J. (1978): Krankheit und Kranksein. Anthropologische Grundlagen einer Theorie der Medizin. Heidelberg
Jaeschke, B. (1999): Soziale Sicherung. In: Bundesvereinigung für Gesundheit (Hrsg.): Gesundheit: Strukturen und Handlungsfelder. Loseblattwerk IV 1, Neuwied
Jans, K. W., Happe, G. (1986): Jugendwohlfahrtsgesetze. Texte jugend- und familienrechtlicher Vorschriften mit einer erläuternden Einführung. Köln
Jochimsen, H. (2005): Sozialpädagogische Unterstützung von Mädchen mit selbst verletzendem Bewältigungshandeln. (Diplomarbeit) Trier
Julius, H., Goetze, H. (2000): Zur Prävention von Behinderungen unter psychologischen Aspekten: Resilienz. In: Borchert, J. (Hrsg.): Handbuch der sonderpädagogischen Psychologie. Göttingen, 294–304

Kaba-Schönstein, L. (2000): Ausbildung zur interndisziplinären Kooperation von Sozialer Arbeit, Medizin und Pflege – eine Befragung von Lehrenden, Lernenden und Praxisexperten der Sozialen Arbeit. In: Ortmann, K., Waller, H. (Hrsg.): Sozialmedizin in der Sozialarbeit. Berlin, 145–155
Kälble, K. (2000): Gesundheitsbezogene Studiengänge an Universitäten und Fachhochschulen. In: Bundesvereinigung für Gesundheit (Hrsg.) (2000): Gesundheit: Strukturen und Handlungsfelder. Loseblattwerk IX 3.2, Neuwied, 1–25
– (2002). Entwicklung der Studiengänge im Bereich Gesundheit. In: Klüsche, W. (Hrsg.): Entwicklung von Studium und Praxis in den Sozial- und Gesundheitsberufen. Mönchengladbach, 119–140
Kant, I. (1993): Der Streit der Fakultäten. In: Ders.: Schriften zur Anthropologie, Geschichtsphilosophie, Politik und Pädagogik 1. Frankfurt a. M., 261–393

Kardorff, E. v. (1999): Soziale Arbeit und soziale Dienste im Gesundheitswesen. In: Chassé, K. A., v. Wensierski, H.-J. (Hrsg.): Praxisfelder der Sozialen Arbeit. Weinheim / München, 343–359

– (2003): Lebensstil / Lebensweise. In: Bundeszentrale für gesundheitliche Aufklärung (BZgA) (Hrsg.): Leitbegriffe der Gesundheitsförderung. Schwabenheim, 145–148

Kaseje, D. Menberu, R. Ochieng, M. Oindo, M. (2002): AIDS – Eine Krankheit der Armut. In: Entwicklungspolitik, 16. Jg., 25–30

Kastner, P., Silbereisen, R. K. (1988): Die Funktion von Drogen in der Entwicklung Jugendlicher. In: Bartsch, N., Knigge-Illner, H. (Hrsg.): Sucht und Erziehung, Band 2: Sucht und Jugendarbeit. Weinheim / Basel, 23–32

Kaufmann, F.-X. (2003): Varianten des Wohlfahrtsstaats. Der deutsche Sozialstaat im internationalen Vergleich. Frankfurt a. M.

Keil, A. (1989): Sinnlich Wissen schaffen – Gesundheit als konkrete Utopie. In: Böllert, K., Otto, H.-U. (Hrsg.) (1989): Soziale Arbeit auf der Suche nach Zukunft. Bielefeld, 101–111

– (1999): Zur Leibhaftigkeit menschlicher Existenz. In: Alheit, P. (Hrsg.): Biographie und Leib. Gießen, 73–88

Keupp, H. (2000): Gesundheitsförderung als Ermutigung zum aufrechten Gang. Eine salutogenetische Perspektive. In: Sting, S., Zurhorst, G. (Hrsg.): Gesundheit und Soziale Arbeit. Weinheim / München, 15–40

Kieffer-Krier, M.-P. (2005): Agency, Resilienz und Leiblichkeit als Komponenten der Salutogenese – Ihre Bedeutung für eine gesundheitsbezogene Soziale Arbeit. (Diplomarbeit) Trier

Kijanski, H.-D. (1989): Gesundheitstraining in der Rehabilitation. Grundlagen, Probleme und Möglichkeiten. In: Prävention 4, 99–103

Kirsch-Woik, T., Fährmann, K. (2003): Die Bekämpfung von HIV / AIDS – der deutsche Beitrag. In: Entwicklung und Zusammenarbeit. 44. Jg. (2), 56–59

Kirschner, C. (1994): Bedeutung und Inhalt der Gesundheitsförderung. In: Hazard, B. (Hrsg.): Gesundheitsförderung zur aktiven Vorsorge und Rehabilitation. Baden-Baden, 21–23

Klaus, M. H., Kennel, J. H. (1983): Die Mutter-Kind-Bindung in der perinatalen Phase. In: Klaus, M. H. (Hrsg.): Mutter-Kind-Bindung. Über die Folgen einer frühen Trennung. München, 17–34

Kleiber, D. (1990): Ergebnisse der AIDS-Prävention bei i. v. Drogenabhängigen. In: Prävention – Zeitschrift für Gesundheitsförderung, 90–94

Klein, G. (2002): Frühförderung für Kinder mit psychosozialen Risiken. Stuttgart

Klie, T. (2000): Rechtliche Rahmenbedingungen: Auf dem Weg zum Pflegerecht. In: Rennen-Allhoff, B., Schaeffer, D. (Hrsg.): Handbuch Pflegewissenschaft. Weinheim / München, 271–281

Klocke, A. (2001): Armut bei Kindern und Jugendlichen. (Gesundheitsberichterstattung des Bundes, Heft 3). Berlin

Klotzbach, G., Franke, B. (1998): Prävention von Gleichen für Gleiche – Der Peer-Ansatz. In: ajs-info (Aktion Jugendschutz Sachsen e. V.) 3, 2–5

Körber, J. M. (2003): Prävention mit Migranten. In: Beauftragte der Bundesregierung für Migration, Flüchtlinge und Integration (Hrsg.): Gesunde Integration. Berlin / Bonn, 32–35

Kolip, P. (1994): Problembewältigung invulnerabler und auffälliger Jugendlicher. Zum Zusammenhang zwischen Coping-Stilen und subjektiven Situationsmerkmalen. In: Zeitschrift für Gesundheitspsychologie 2, 122–134

– (1997): Geschlecht und Gesundheit im Jugendalter. Die Konstruktion von Geschlechtlichkeit über somatische Kulturen. Opladen

– (Hrsg.) (1999): Programme gegen Sucht. Weinheim / München

– (2002): Gesundheitswissenschaften: Eine Einführung. Weinheim / München

–, Hurrelmann, K., Schnabel, P.-E. (Hrsg.) (1995): Jugend und Gesundheit. Weinheim / München

–, – (2002): Geschlecht – Gesundheit – Krankheit. Eine Einführung. In: Hurrelmann, K., Kolip, P. (Hrsg.): Geschlecht, Gesundheit und Krankheit. Männer und Frauen im Vergleich. Bern, 13–31

–, Koppelin, F. (2002): Geschlechtsspezifische Inanspruchnahme von Prävention und Krankheitsfrüherkennung. In: Hurrelmann, K., Kolip, P. (Hrsg.): Geschlecht, Gesundheit und Krankheit. Männer und Frauen im Vergleich. Bern, 491–504

–, Nordlohne, E., Hurrelmann, K. (1995): Der Jugendgesundheitssurvey 1993. In: Kolip, P., Hurrelmann, K., Schnabel, E.-P. (Hrsg.): Jugend und Gesundheit. Weinheim / München, 24–48

Koppe, G., Neumann-Brak, I. (1993): Vom Mütter- zum Frauengenesungswerk. In: Deutscher Caritasverband (Hrsg.) (1993): Caritas '94: Jahrbuch des Caritasverbandes. Freiburg, 323–327

Koppelin, F., Müller, R. (2004): Macht Arbeit Männer krank? In: Altgeld, T. (Hrsg.): Männergesundheit. Neue Herausforderungen für Gesundheitsförderung und Prävention. Weinheim / München, 121–134

Krämer, A., Baune, B. T. (2004): Migrationen: eine Herausforderung für die Gesundheitswissenschaften und die gesundheitliche Versorgung. In: Krämer, A., Prüfer-Krämer, L. (Hrsg.): Gesundheit von Migranten. Weinheim / München, 9–19

Kramer, D. (1983): Das Fürsorgesystem im Dritten Reich. In: Landwehr, R., Baron, R. (Hrsg.): Geschichte der Sozialarbeit. Hauptlinien ihrer Entwicklung im 19. und 20. Jahrhundert. Weinheim / Basel

Kronauer, M. (2002): Exklusion. Die Gefährdung des Sozialen im hoch entwickelten Kapitalismus. Frankfurt a. M. / New York

Krüger, G., Maschewsky, W., Osborg, E. (1992): Männliche Jugendliche aus sozialen Randbereichen und AIDS. In: Forum Jugendhilfe, Sonderheft: Jugend und AIDS, Bonn, 42–52

Krüger, H.-H., Marotzki, W. (Hrsg.) (1995): Erziehungswissenschaftliche Biographieforschung. Opladen

–, – (1999): Handbuch erziehungswissenschaftliche Biographgieforschung. Opladen

Kruse, A., (2002): Gesund Altern. Stand der Prävention und Entwicklung ergänzender Präventionsstrategien. Heidelberg

Künzel-Böhmer, J., Bühringer, G., Janik-Konecny, T. (1993): Expertise zur Primärprävention des Substanzmißbrauchs. Baden-Baden

Laaser, U., Hurrelmann, K. (1998): Gesundheitsförderung und Krankheitsprävention. In: Hurrelmann, K., Laaser, U. (Hrsg.): Handbuch Gesundheitswissenschaften. Weinheim / München, 395–424

Labisch, A. (1989): Gesundheitskonzept und Medizin im Prozeß der Zivilisation. In: Labisch, A., Spree, R. (Hrsg.): Medizinische Deutungsmacht im sozialen Wandel. Bonn, 15–36

– (1992): Homo Hygienicus. Gesundheit und Medizin in der Neuzeit. Frankfurt a. M. / New York.

Ladwig, A., Gisbert, K., Wörz, T. (2001): Kleine Kinder – starke Kämpfer. Resilienzförderung im Kindergarten. In: Theorie und Praxis der Sozialpädagogik 4, 43–48

Langstein, L. (1929): Säuglingsfürsorge. In: Dünner, J. (Hrsg.): Handwörterbuch der Wohlfahrtspflege. Berlin, 547–555

Lazarus, H. (2000): Grundriss einer Sozialpädagogischen Psychiatrie. In: Ortmann, K., Waller, H. (Hrsg.): Sozialmedizin in der Sozialarbeit. Berlin, 157–166

Lebenslagen in Deutschland (2001): 1. Armuts- und Reichtumsbericht der Bundesregierung. Berlin

– (2005). 2. Armuts- und Reichtumsbericht der Bundesregierung. Berlin

Lenz, K., Rudolph, M., Sickendiek, U. (1999): Alter und Altern aus sozialgerontologischer Sicht. In: Lenz, K., Rudolph, M., Sickendiek, U. (Hrsg.): Die alternde Gesellschaft: Problemfelder gesellschaftlichen Umgangs mit Altern und Alter. München/Weinheim, 7–96

Lenzen, D. (1991): Krankheit als Erfindung. Medizinische Eingriffe in die Kultur. Frankfurt a. M.

– (1997): Die priesterliche Funktion des medizinischen Gewerbes. In: Mabuse 105 (1–2), 45–51

Leppin, A., Pieper, E., Szirmak, S., Freitag, M., Hurrelmann, K. (1999): Prävention auf den zweiten und dritten Blick: Differenzielle Effekte eines kompetenzorientierten Suchtpräventionsprogramms. In: Kolip, P. (Hrsg.): Programme gegen Sucht. Weinheim/München, 215–234

Libal, G., Fegert, J. M. (2004): Kinder- und Jugendpsychiatrische Therapie und Interventionsmaßnahmen. In: Fegert, J.M., Schrapper, C. (Hrsg.): Handbuch Jugendhilfe – Jugendpsychiatrie. Weinheim/München, 243–250

Liebel, M. (1983): König Subjekt. In: deutsche jugend 1, 360–367

Liebing, D. (1994): Tendenzen der Gesundheitsbildung in der medizinischen Rehabilitation der Rentenversicherungsträger. In: Prävention 4, 117–118

Lilienthal, G. (1985): Der „Lebensborn e. V.“: Ein Instrument nationalsozialistischer Rassenpolitik. Stuttgart/New York/Mainz

Lindner, W., Freund, T. (2001): Der Prävention vorbeugen? In: Freund, T., Lindner, W. (Hrsg.): Prävention. Zur kritischen Bewertung von Präventionsansätzen in der Jugendarbeit. Opladen, 69–96

Lippe, R. z. (1978): Sinnenbewußtsein. Reinbek

Loch, W. (1999): Der Lebenslauf als anthropologischer Grundbegriff einer biographischen Erziehungstheorie. In: Krüger, H.-H., Marotzki, W. (Hrsg.) (1999): Handbuch erziehungswissenschaftliche Biographieforschung. Opladen, 69–88

Löcherbach, P. et al. (Hrsg.) (2005): Case Management. Fall- und Systemsteuerung in der Sozialen Arbeit. 2. Auflage München/Basel

Löns, N. (2000): Gesundheitsförderung in benachteiligten Stadtteilen. In. Sting, S., Zurhorst, G. (Hrsg.): Gesundheit und Soziale Arbeit. Weinheim/München, 116–127

Lösel, F., Bliesener, T., Köferl, P. (1990): Psychische Gesundheit trotz Risikobelastung in der Kindheit: Untersuchung zur „Invulnerabilität“. In: Seiffge-Krenke, I. et al. (Hrsg.): Krankheitsverarbeitung bei Kindern und Jugendlichen. Berlin, 103–123

Lohaus, A. (1993): Gesundheitsförderung und Krankheitsprävention im Kindes- und Jugendalter. Göttingen/Bern/Toronto/Seattle

Lohmann, S. (1984): Altenhilfe. In: Oswald, W. D. (Hrsg.): Gerontologie. Stuttgart, 11–18

Lorenz, R. (2004): Salutogenese. München

Maag, J. (2005): Die Soziale Arbeit im multiprofessionellen Team – drei Handlungsfelder aus dem Gesundheitswesen im Vergleich. (Diplomarbeit) Trier

Mancoske, R. J. (1997): The international AIDS crisis. In: Hokenstad, M. J., Midgley, J. (Hrsg.): Issues in International Social Work. Washington, 125–145

Mans, E. J. (2000): Soziale Arbeit in der psychosomatischen Rehabilitationsklinik. In: Sting, S., Zurhorst, G. (Hrsg.): Gesundheit und Soziale Arbeit. Weinheim/München, 176–187

Mansel, J. (1998): Zukunftsperspektive und Wohlbefinden von sozial benachteiligten Jugendlichen. In: Mansel, J., Brinkhoff, K. P. (Hrsg.): Armut im Jugendalter. Weinheim/München, 141–157

Marotzki, U. (1995): Forschungsmethoden der sozialwissenschaftlichen Biographieforschung. In: Krüger, H.-H., Marotzki, W. (Hrsg.): Erziehungswissenschaftliche Biographieforschung. Opladen, 55–89

Marsen-Storz, G., Lehmann, H. (1998): „Kinder stark machen". Moderne Aufklä-
rungsstrategien in der Suchtprävention. In: Roeßiger, S., Merk, H. (Hrsg.): Hauptsache gesund! Gesundheitsaufklärung zwischen Disziplinierung und Emanzipation (Ausstellungskatalog). Marburg, 120–129
Maschewsky-Schneider, U. (2002): Gender Mainstreaming im Gesundheitswesen –
die Herausforderung eines Zauberwortes. In: Verhaltenstherapie und Psychosoziale Praxis 34 (3), 493–503
Masten, A.-S. (2000): Children who overcome adversity to succeed in life. In: www.
extension.umn.edu / distribution / familydevelopment / components / 7565_
06.html
– (2001): Resilienz in der Entwicklung: Wandel des Alltags. In: Röper, G. et al.
(Hrsg.): Entwicklung und Risiko. Perspektiven einer klinischen Entwicklungspsychologie. Stuttgart, 192–219
–, Best, K. M., Garmezy, N. (1990): Resilience and development: contribution from
the study of children who overcome adversity. In: Development and Psychopatho-
logy 4, 425—444
–, Coatsworth, J. D., Douglas, J. (1998): The development of competence in favourab-
le and unfavourable environments: Lessons from successful children. In: American
Psychologist, 53 (2), 205–220
Meifort, B. (2000): Berufsbildung im Gesundheitswesen. In: Bundesvereinigung für
Gesundheit (Hrsg.): Gesundheit: Strukturen und Handlungsfelder. Loseblattwerk
IX 1, Neuwied
– (2002): Qualifikation ist der Schlüssel. Die Altenhilfe braucht eine bessere und ei-
genständige Ausbildung. In: Blätter der Wohlfahrtspflege 5, 181–184.
Mensink, G. (2004): Essen Männer anders? In: Altgeld, T. (Hrsg.): Männerarbeit.
Neue Herausforderungen für Gesundheitsförderung und Prävention. Wein-
heim / München, 155—169
Mersmann, H. (1998): Gesundheit von Schulanfängern – Auswirkungen sozialer Be-
nachteiligung. In: Bundeszentrale für gesundheitliche Aufklärung (BZgA) (Hrsg.):
Gesundheit von Kindern. Köln, 60–78
Mhen, H. v. d. et al. (1997): The contribution of childhood environment to the expla-
nation of socioeconomic inequalities in health in adult life: a retrospective study.
In: Social Science of Medicine, Vol. 44, 13–24
Midgley, J. (1996): Involving social workers in economic development. In: Internati-
onal Social Work 1, 13–24
Mielck, A. (2000): Soziale Ungleichheit und Gesundheit. Bern / Göttingen / Toron-
to / Seattle
– (2002): Gesundheitliche Ungleichheit: Empfehlungen für Prävention und Gesund-
heitsförderung. In: Homfeldt, H. G., Laaser, U., Prümel-Philippsen, U., Robertz-
Grossmann, B. (Hrsg.): Studienbuch Gesundheit. Neuwied / Kriftel, 45–63
Milz, H. (1995): Persönliche Gesundheit in ökosozialer Verantwortung. In: Göpel,
E., Schneider Wohlfahrt, U. (Hrsg.): Provokationen zur Gesundheit. Frankfurt a.
M., 17–32
Mirowsky, J., Ross, C. E. (2003): Education, social status, and health. New York
Morbach, J. (1997): Empowerment als professionelle Grundhaltung und Methode in
Sozialer Arbeit und Gesundheitsförderung. In: Homfeldt, H. G., Hünersdorf, B.
(Hrsg.): Soziale Arbeit und Gesundheit. Neuwied / Kriftel, 155–174
Mühlum, A. (2005): Rehabilitation. In: Otto, H.-U., Thiersch, H. (Hrsg.): Handbuch
Sozialarbeit / Sozialpädagogik. 3. Auflage. München / Basel, 1481–1489
–, Bartholomeyczik, S., Göpel, E. (1997): Sozialwissenschaft, Pflegewissenschaft,
Gesundheitswissenschaft. Freiburg im Breisgau
–, Gödecker-Geenen, N. (2003): Soziale Arbeit in der Rehabilitation. München / Basel
Müller, R. (1995): Thesen zur Gesellschaftlichkeit von Gesundheit. In: Laaser, U.,

Gebhardt, K., Brößkamp, U. (Hrsg.): Armut und Gesundheit (2. Beiheft der Zeitschrift für Gesundheitswissenschaften 1995). Weinheim/München, 27–38

Müller, W. (2004): Versorgung von Kindern und Jugendlichen. In: Krämer, A., Prüfer-Krämer, L. (Hrsg.): Gesundheit von Migranten. Weinheim/München, 75–86

Münch, R., Lazardzig, J. (2002): Inszenierung von Einsicht und Überblick. Hygieneausstellungen und Prävention. In: Stöckel, S., Walter, U. (Hrsg.): Prävention im 20. Jahrhundert. Weinheim/München, 78–95

Münchmeier, R. (1997): Geschichte der Sozialen Arbeit. In: Harney, K., Krüger, H.-H. (Hrsg.): Einführung in die Geschichte von Erziehungswissenschaft und Erziehungswirklichkeit. Opladen, 271–309

Münder, J. et al. (Hrsg.) (1998): Frankfurter Lehr- und Praxiskommentar zum KJHG, Münster

Muschg, A. (1994): Herr, was fehlt Euch? Zusprüche und Nachreden aus dem Sprechzimmer des heiligen Grals. Frankfurt a. M.

Muthesius, H. (1950): Reichsjugendwohlfahrtsgesetze. Stuttgart/Köln

Naegele, G. (1998): Lebenslagen älterer Menschen. In: Kruse, A. (Hrsg.): Psychosoziale Gerontologie. Band 1: Grundlagen, Göttingen, 106–128

Naidoo, J., Wills, J. (2003): Lehrbuch der Gesundheitsförderung. Köln

Nau, H., Gödecker-Geenen, N. (2003): Der Patient im Mittelpunkt des Behandlungsprozesses – eine Vision? Zur psychosozialen Situation der Patienten in der Institution Krankenhaus – Eine Einführung. In: Gödecker-Geenen, N., Nau, H., Weiß, I. (Hrsg.): Der Patient im Krankenhaus und sein Bedarf an psychosozialer Beratung. Münster/Hamburg/London, 9–19

Navarro, V. (Hrsg.) (2002): The political economy of social inequalities. Consequences for health und quality of life. Amityville/New York

Neitemeier, S. (1994): Mutter-Kind-Kuren – Was können sie bewirken? In: Deutsches Müttergenesungswerk (Hrsg.) (1994): Presse-Information 1994, Nr. 250

Nestmann, F. (2000): Gesundheitsförderung durch informelle Hilfe und Unterstützung in sozialen Netzwerken. Die Bedeutung informeller Hilfen im Alltag von Gesundheitssicherung und Gesundheitsförderung. In: Sting, S., Zurhorst, G. (Hrsg.): Gesundheit und Soziale Arbeit. Weinheim/München, 128–146

Neumann, H. (1996): Psychosoziale Aspekte der Rehabilitation asthmakranker Kinder und Jugendlicher. In: Michels, H.-P. (Hrsg.) (1996): Chronisch kranke Kinder und Jugendliche. Psychosoziale Betreuung und Rehabilitation. Tübingen, 69–102

Nowak, D. et al. (Hrsg.) (1996): Prevalence of respiratory symptoms, bronchial-hyperresponsiveness and atrophy among adults: West and East Germany. In: Eur Resir J, Vol. 9, 2541–2552

OECD (Hrsg.) (2004): OECD Health Data 2004. Paris
– (Hrsg.) (2005): OECD Health Data 2005. Paris

Österreichisches Bundesinstitut für das Gesundheitswesen (ÖBIG) (Hrsg.) (2004): Öffentliche Ausgaben für Prävention und Gesundheitsförderung in Österreich 2001. Wien

OMEGA Gesundheitsstelle/Health Care Center Graz (2004): Jahresbericht 2004. Graz

Ortmann, K., Waller, H. (Hrsg.) (2005): Gesundheitsbezogene Sozialarbeit. Eine Erkundung der Praxisfelder. Baltmannsweiler

–, Schaub, H.-A. (2003): Zu den Beziehungen zwischen Sozialarbeit und Gesundheitswissenschaften. In: Zeitschrift für Gesundheitswissenschaften 1, 80–92

Ostner, I. (2004): Familiale Solidarität. In: Beckert, J. et al. (Hrsg.): Transnationale Solidarität. Frankfurt a. M., 78–94

Ottawa-Charta zur Gesundheitsförderung (1995). In: Göpel, E., Schneider-Wohlfahrt, U. (Hrsg.): Provokationen zur Gesundheit. Frankfurt a. M., 279–283

Palentien, C., Settertobulte, W., Hurrelmann, K. (1998): Gesundheitsstatus und Gesundheitsverhalten von Kindern als Grundlage der Prävention. In: Bundeszentrale für gesundheitliche Aufklärung (BZgA) (Hrsg.): Gesundheit von Kindern. Epidemiologische Grundlagen. Köln, 79–89

Paulus, P. (1997): Soziale Netzwerke, soziale Unterstützung und Gesundheit. In: Homfeldt, H. G., Hünersdorf, B. (Hrsg.): Soziale Arbeit und Gesundheit. Neuwied/Kriftel, 175–203

– (2000): Gesundheitsfördernde Schulen als Gegenpotential zum Leben? In: Altgeld T., Hofrichter, P. (Hrsg.): Reiches Land – kranke Kinder? Frankfurt a. M., 235–259

Peeters, M. (1997): Konzeption zur mädchenspezifischen Primärprävention von HIV und AIDS für Mädchen mit einem erhöhten Infektionsrisiko. Düsseldorf

Pelikan J. M. (2005): Das gesundheitsfördernde Krankenhaus (GFKH), eine nachhaltige Strategie der Förderung positiver Gesundheit durch Krankenhäuser. Weinheim/München

–, Nowak, P. (2002): Das Gesundheitsfördernde Krankenhaus. Konzepte, Beispiele und Erfahrungen aus dem Internationalen Netzwerk Gesundheitsfördernder Krankenhäuser. Bericht im Auftrag des Bundesministeriums für soziale Sicherheit und Generationen. Wien

–, Wolff, S. (Hrsg.) (1999): Das Gesundheitsfördernde Krankenhaus. Konzepte und Beispiele zur Entwicklung einer lernenden Organisation. Weinheim/München

Perrig-Chiello, P., Perren, S. (2005): Impact of past transitions on well-being in middle age. In: Willis, S. L., Martin, M. (Hrsg.): Middle adulthood. Thousand Oaks, 143–178

Pestalozzi, J. H. (1799/1971): Pestalozzi über seine Anstalt in Stans. Weinheim/Basel

Petermann, F. (1997): Patientenschulung und Patientenberatung – Ziele, Grundlagen und Perspektiven. In: Petermann, F. (Hrsg.): Patientenschulung und Patientenberatung – ein Lehrbuch. Göttingen/Bern/Toronto/Seattle

–, Noeker, M., Bode, U. (1987): Psychologie chronischer Krankheiten im Kindes- und Jugendalter. Weinheim/München

–, Walter, H.-J. (1997): Patientenschulung mit asthmakranken Kindern und Jugendlichen. In: Petermann, F. (Hrsg.): Patientenschulung und Patientenberatung – ein Lehrbuch. Göttingen/Bern/Toronto/Seattle

Petermann, H., Müller, H., Kersch, B., Röhr, M. (1997): Erwachsenwerden ohne Drogen. Ergebnisse schulischer Drogenprävention. Weinheim/München

Pettenkofer, M. v., Ziemssen, H. v. (1882): Handbuch der Hygiene und der Gewerbekrankheiten. Leipzig

Piechotta, G. (2000): Weiblich oder kompetent? Der Pflegebedarf im Spannungsfeld von Geschlecht, Bildung und gesellschaftlicher Anerkennung. Bern/Göttingen

Piel, N. (2001): Qualitätsmanagement und Qualitätssicherung von Gesundheitsberatung. In: Brinkmann-Göbel, R. C. (Hrsg.): Handbuch für Gesundheitsberater. Bern, 445–465

Prüß, F. (2001): Schulsozialarbeit zwischen Systemzwang und lebensweltlicher Orientierung: Anpassung oder Innovation? In: Gilde Soziale Arbeit. Gilde Rundbrief 2, 23–36

Puhl, R. (2004): Risikofaktor Vater? In: Altgeld, T. (Hrsg.) (2004): Männergesundheit. Neue Herausforderungen für Gesundheitsförderung und Prävention. Weinheim/München, 207–215

Raphael, D. (2000): The question of evidence in health promotion. In: Health Promotion International 4, 355–367

Rathgeb, K. (2005): Sozialer Raum als Ressource. Vom Nutzen der Gemeindestudien für die Soziale Arbeit. In: Anhorn, R., Bettinger, F. (Hrsg.): Sozialer Ausschluss und Soziale Arbeit. Wiesbaden, 319–333

Rauschenbach, T. (1999): „Dienste am Menschen" – Motor oder Sand im Getriebe des Arbeitsmarktes? In: Information für die Beratungs- und Vermittlungsdienste der Bundesanstalt für Arbeit 28, 2293–2313

Reinhardt, D. (Hrsg.) (1999): Asthma bronchiale im Kindesalter. Berlin/Heidelberg/New York

Reutlinger, C. (2005): Gespaltene Stadt und die Gefahr der Verdinglichung des Sozialraums – eine sozialgeographische Betrachtung. In: Projekt „Netzwerke im Stadtteil" (Hrsg.): Grenzen des Sozialraums. Wiesbaden, 87–106

Riedel, M. (2000): Soziale Ungleichheit und Gesundheit. In: Wirtschaft und Gesellschaft 26 (1), 119–135

Rittner, V. (1995): Selbstbehauptung mit dem Körper. Fitneß und Sportlichkeit als Körperideale und neue soziale Zwänge. In: Göpel, E., Schneider-Wohlfahrt, U. (Hrsg.): Provokationen zur Gesundheit. Frankfurt a. M., 195–210

– (1999): Körper und Identität. Zum Wandel des individuellen Selbstbeschreibungsvokabulars in der Erlebnisgesellschaft. In: Homfeldt, H. G. (Hrsg.): „Sozialer Brennpunkt" Körper. Baltmannsweiler, 104–116

Robert Koch Institut (2003): HIV/AIDS in Deutschland – Eckdaten und Trends. Epidemiologische Kurzinformationen des AIDS-Zentrums im Robert-Koch-Institut. Stand: Ende 2003. In: http://www.rki.de/INFEKT/AIDS_STD/AZ.HTM, 10.3.2004

Roeder, I. (2000): Stress in children with asthma: coping and social support in school. Enschede

Rohmann, U. H., Hartmann, H. (1992): Autoaggression. Grundlagen und Behandlungsmöglichkeiten. Dortmund

Rolland, J. S. (2000): Krankheit und Behinderung in der Familie. Modell für ein integratives Behandlungskonzept. In: Kröger, F., Hendrischke, A., Mc Daniel, S. (Hrsg.): Familie, System und Gesundheit. Systemische Konzepte für ein soziales Gesundheitswesen. Heidelberg, 62–104

Rose, L. (2005): „Überfressene" Kinder – Nachdenklichkeiten zur Ernährungs- und Gesundheitserziehung. In: neue praxis 1, 19–34

Rosenbrock, R. (1987): Prävention von AIDS. Herausforderung an die Gesundheitswissenschaften. In: Prävention 3, 67–91

– (1994): Der HIV-Test ist eine Antwort – aber auf welche Fragen? Vom Nutzen einer Diagnose für Prävention und Therapie. In: Rosenbrock, R., Kühn, H., Köhler, B. M. (Hrsg.): Präventionspolitik. Gesellschaftliche Strategien der Gesundheitssicherung. Berlin, 358–382

– (1998): Gesundheitspolitik. In: Hurrelmann, K., Laaser, U. (Hrsg.): Handbuch Gesundheitswissenschaften. Weinheim/München, 707–751

– (1998a): Wa(h)re Gesundheit. In: Roeßiger, S., Merk, H. (Hrsg.): Hauptsache gesund! Gesundheitsaufklärung zwischen Disziplinierung und Emanzipation (Ausstellungskatalog). Marburg, 202–216

– (2000): Gesundheitspolitische Rahmenbedingungen. In: Rennen-Allhoff, B., Schaeffer, D. (Hrsg.): Handbuch Pflegewissenschaft. Weinheim/München, 187–216

– (2004): Prävention und Gesundheitsförderung – Gesundheitswissenschaftliche Grundlagen für Politik. In: Das Gesundheitswesen 4, 146–152

–, Gerlinger, T. (2004): Gesundheitspolitik. Eine systematische Einführung. Bonn

Rosenhaupt, H. (1927): Die Hilfsorgane der Gesundheitsfürsorge, ihr Wirkungskreis und ihre Ausbildung. In: Gottstein, A. (Hrsg.): Handbuch der sozialen Hygiene und Gesundheitsfürsorge. Band 4, Berlin, 678–714

Rothenburg, E.-M. (2001): Gesundheitshilfe und Gesundheitsförderung – Reformbedarf für das SGB VIII? In: Zentralblatt für Jugendrecht 9, 317–327

Sachsse, U. (1994): Selbstverletzendes Verhalten. Göttingen

–, Esslinger, K., Schilling, L. (1997): Vom Kindheitstrauma zur schweren Persönlichkeitsstörung. In: Fundamenta Psychiatrica 11, S, 12–20

Sachße, C., (1986): Mütterlichkeit als Beruf. Sozialarbeit, Sozialreform und Frauenbewegung 1871–1929. Frankfurt a. M.

–, Tennstedt, F. (1988): Geschichte der Armenfürsorge in Deutschland. Fürsorge und Wohlfahrtspflege. Band 2, Stuttgart / Berlin / Köln / Mainz

–, – (1992): Der Wohlfahrtsstaat im Nationalsozialismus. Geschichte der Armenfürsorge in Deutschland. Band 3, Berlin / Köln

Sächsische Landesvereinigung für Gesundheitsförderung (2000): Handreichung zur 8. Sächsischen Gesundheitswoche. Gesundheit der Kinder. Dresden

Sächsisches Staatsministerium für Soziales, Gesundheit, Jugend und Familie (Hrsg.) (2000): Suchtprävention in Sachsen. Analyse 2000. Dresden

Salmen, A. (1990): Erfordernisse der AIDS-Prävention bei schwulen und bisexuellen Männern. In: Prävention 3, 94–97

Salomon, A. (1998): Grundlegung für das Gesamtgebiet der Wohlfahrtspflege. In: Thole, W., Galuske, M., Gängler, H. (Hrsg.): KlassikerInnen der Sozialen Arbeit. Neuwied / Kriftel, 131–145

Schaarschmidt, H. (2001): Zentrale Parameter im Handlungsfeld der einrichtungsübergreifenden Kooperation im Gesundheitssystem. In: Dieffenbach, S. et al. (Hrsg.): Kooperation in der Gesundheitsversorgung. Neuwied, 46–59

Schabel, E. (1995): Soziale Hygiene zwischen sozialer Reform und Biologie. Fritz Rott (1878–1959) und die Säuglingsfürsorge in Deutschland. Husum

Scheerer, S. (1995): Sucht. Reinbek

–, Vogt, I. (Hrsg.) (1989): Drogen und Drogenpolitik. Frankfurt a. M. / New York

Scheipl, J., Heimgartner, A. (2004): Ausbildung für soziale Berufe in Österreich. In: Hamburger, F., Hirschler, S., Sander, G., Wöbcke, M. (Hrsg.): Ausbildung für soziale Berufe in Europa. Frankfurt a. M., Band 1, 114–139

Scherr, A. (2002): Männer als Adressatengruppe und Berufstätige in der Sozialen Arbeit. In: Thole, W. (Hrsg.): Grundriß Soziale Arbeit. Opladen, 377–385

Schipperges, H. (1990): Das Bild der Gesundheit im Spiegel der Geschichte. In: Friedrich Jahresheft VIII: Gesundheit. Seelze-Velber, 14–16

Schivelbusch, W. (1983): Das Paradies, der Geschmack und die Vernunft. Eine Geschichte der Genussmittel. Frankfurt a. M. / Berlin / Wien

Schlack, H. G. (1998): Lebenswelten von Kindern als Determinanten von Gesundheit und Entwicklung. In: Bundeszentrale für gesundheitliche Aufklärung (BZgA) (Hrsg.): Gesundheit von Kindern. Köln, 49–59

Schleiermacher, F. D. E. (2000): Versuch einer Theorie des geselligen Betragens. In: Schleiermacher, F. D. E.: Texte zur Pädagogik, Band 1. Frankfurt a. M., 15–35

Schmacke, N., v. Schwarzkopf, H. (1992): Lehren aus AIDS: Anregungen für die Weiterentwicklung des öffentlichen Gesundheitsdienstes. In: Abholz, H.-H. (Hrsg.): Wer oder was ist „Public Health"? Hamburg, 115–127

Schmeißer, S. (2000): Selbstverletzung: Symptome, Ursachen, Behandlung. Berlin 2002

Schmerfeld, J., Schmerfeld, K. (2004): Kooperation. In: Kaba-Schönstein, L., Kälble, K. (Hrsg.): Interdisziplinäre Kooperation im Gesundheitswesen. Eine Herausforderung für die Ausbildung in der Medizin, der Sozialen Arbeit und der Pflege (Ergebnisse des Forschungsprojektes MESOP). Frankfurt a. M. , 198–202

Schmidt, R. (1986): Sozialarbeit in der Altenhilfe. Eine quantitative Bestandsaufnahme. In: Schmidt, R. (Hrsg.): Ausbildung und Praxisfelder für Sozialarbeit / Sozialpädagogik in der Altenarbeit. Berlin, 23–64

– (2003): Von der Altenhilfe zum sich ausdifferenzierenden Pflegewesen: Bruchstellen und Dimensionen der Neuordnung. In: Homfeldt, H. G., Schulze-Krüdener, J. (Hrsg.): Handlungsfelder der Sozialen Arbeit. Baltmannsweiler, 310–326

–, Klie, T. (1998): Neupositionierung Sozialer Arbeit mit alten Menschen? Wirkung von Wettbewerbselementen und neuen Steuerungsmodellen auf die Gestaltung einer Profession. In: Zeitschrift für Gerontologie und Geriatrie 5, 304–312

Schmitt, G. M., Kammerer, E. (1996): Zusammenfassende Gedanken zu einer psychosozialen bzw. psychotherapeutischen Betreuung chronisch kranker Kinder und Jugendlicher und ihrer Familien. In: Schmitt, G. M. et al. (Hrsg.): Kindheit und Jugend mit chronischer Erkrankung. Göttingen / Bern / Toronto / Seattle, 93–109

Schnabel, P.-E. (2001): Familie und Gesundheit. Bedingungen, Möglichkeiten und Konzepte der Gesundheitsförderung. Weinheim / München

Schneider, W., Stöver, H. (2000): Das Konzept „Gesundheitsförderung". Betroffenenkompetenz nutzen – Drogenberatung entwickeln. In: Heudtlass, J.-H., Stöver, H. (Hrsg.): Risiko mindern beim Drogengebrauch. Frankfurt a. M., 19–37

Schnurr, S. (1997): Sozialpädagogen im Nationalsozialismus. Eine Fallstudie zur sozialpädagogischen Bewegung im Übergang zum NS-Staat. Weinheim / München

Schöning, W. (2000): Langzeitarbeitslosigkeit und Kinderarmut. In: Butterwegge, C. (Hrsg.) (2000): Kinderarmut in Deutschland. Frankfurt a. M. / New York, 197–219

Schone, R. (2004): Das System Jugendhilfe im Überblick. In: Fegert, J.M., Schrapper, C. (Hrsg.): Handbuch Jugendhilfe – Jugendpsychiatrie. Interdisziplinäre Kooperation. Weinheim / München, 29–33.

Schröder, B. (2005): Von der Säuglingsfürsorge zu Schwangerenberatung und Mutterschutz heute – ein Beitrag zur Verortung Sozialer Arbeit. (Diplomarbeit) Trier

Schulte-Sasse, H. (2003): Was bedeutet Migration für die Gesundheit? In: Beauftragte der Bundesregierung für Migration, Flüchtlinge und Integration (Hrsg.): Gesunde Integration. Berlin / Bonn, 14–21

Schulz, W. (Hrsg.) (1996): Lebensgeschichten und Lernwege. Baltmannsweiler

Schwarzer, R., Leppin, A. (1990): Sozialer Rückhalt, Krankheit und Gesundheitsverhalten. In: Schwarzer, R. (Hrsg.): Gesundheitspsychologie. Göttingen, 395–414

Schweidmann, W. (1992): Psychosomatische Beschwerdebilder in Mütterkuren. In: Deutscher Caritasverband (Hrsg.): Caritas '93: Jahrbuch des deutschen Caritasverbandes. Freiburg, 286–288

Schweitzer, J. (1998): Gelingende Kooperation. Heidelberg

Schweppe, C. (2002): Soziale Altenarbeit. In: Thole, W. (Hrsg.): Grundriss Soziale Arbeit. Ein einführendes Handbuch. Opladen, 331–348

Seidel, H. C. (1998): Eine neue „Kultur des Gebärens". Die Medikalisierung von Geburt im 18. und 19. Jahrhundert in Deutschland. Stuttgart

Seiffge-Krenke, I. et al. (Hrsg.) (1996): Chronisch kranke Jugendliche und ihre Familien. Belastung, Bewältigung und psychosoziale Folgen. Stuttgart / Berlin / Köln

Sidler, N. (1991): Risikogruppen – gibt es die? Adressaten spezifischer Fragen der Suchtgefährdung. In: Carlhoff, H.-W., Wittemann, W. (Hrsg.): Drogenbekämpfung und Suchtprävention. Stuttgart, 83–92

Siegrist, J. (1995): Soziale Ungleichheit und Gesundheit: neue Herausforderungen an die Präventionspolitik in Deutschland. In: Laaser, U., Gebhardt, K., Brößkamp, U. (Hrsg.): Armut und Gesundheit (2. Beiheft der Zeitschrift für Gesundheitswissenschaften 1995). Weinheim / München, 54–63

Silbereisen, R. K. (1999): Differenzierungen und Perspektiven für Prävention aus entwicklungspsychologischer Sicht. In: Kolip, P. (Hrsg.): Programme gegen Sucht. Weinheim / München, 70–85

–, Kastner, P. (1987): Jugend und Problemverhalten. Entwicklungspsychologische Perspektiven. In: Oerter, R., Montada, L. (Hrsg.): Entwicklungspsychologie. Weinheim / München, 882–919

Soden, E. v. (1914): Das Frauenbuch. Stellung und Aufgaben der Frauen im Recht und in der Gesellschaft. Stuttgart

Spode, H. (1998): „Der Charakter des Rausches hatte sich total verändert." Historische Voraussetzungen der Alkoholismusprävention: Deutsches Reich, Bundesrepublik und DDR. In: Roeßiger, S., Merk, H. (Hrsg.): Hauptsache gesund! Gesundheitsaufklärung zwischen Disziplinierung und Emanzipation (Ausstellungskatalog). Marburg, 103–119

Sprang, T. (2004): Umsetzung der „Strategischen Ausrichtung des Bundes Migration und Gesundheit 2002–2006". In: Departement Migration Schweizerisches Rotes Kreuz (Hrsg.): Migration – eine Herausforderung für Gesundheit und Gesundheitswesen. Zürich, 44–54

Städtler, W. C. (1994): Zur Bedeutung und zum Inhalt der Gesundheitsförderung. In: Hazard, B. (Hrsg.): Gesundheitsförderung zur aktiven Vorsorge und Rehabilitation. Baden-Baden, 24–27

Statistisches Bundesamt (Hrsg.) (1998): Gesundheitsbericht für Deutschland. Wiesbaden

Steen, R. (2005): Soziale Arbeit im Öffentlichen Gesundheitsdienst. München/Basel

Stein-Hilbers, M. (1994): Handeln und behandelt werden: Geschlechtsspezifische Konstruktionen von Gesundheit und Krankheit im Jugendalter. In: Kolip, P. (Hrsg.): Lebenslust und Wohlbefinden. Beiträge zur geschlechtsspezifischen Jugendgesundheitsforschung. Weinheim/München, 83–100

Steinecke, V. (1999): Der Körper als Schauplatz von Machtkämpfen. In: Homfeldt, H. G. (Hrsg.) (1999): „Sozialer Brennpunkt" Körper. Baltmannsweiler, 33–48

Sting, S. (1994): Namenschreiben und Schriftkultur. In: Paragrana 3 (1), 50–61
– (2000): Gesundheit als Aufgabenfeld sozialer Bildung. In: Sting, S., Zurhorst, G. (Hrsg.): Gesundheit und Soziale Arbeit. Weinheim/München, 55–68
– (2002): Prävention statt Bildung? Sozialpädagogische Bildungsperspektiven am Beispiel einer gesundheitsbezogenen sozialen Bildung. In Liegle, L., Treptow, R. (Hrsg.): Welten der Bildung in der Pädagogik der frühen Kindheit und in der Sozialpädagogik. Freiburg i. Br., 92–103
– (2004): „Cannabisabhängigkeit" als neues Aufgabenfeld der Suchthilfe? In: Zeitschrift für Sozialpädagogik 2, (3), 226–239
– (2004a): Rauschrituale. Zum pädagogischen Umgang mit einem wenig beachteten Kulturphänomen. In: Wulf, C., Zirfas, J. (Hrsg.): Innovation und Ritual. (Zeitschrift für Erziehungswissenschaft, Beiheft 2/2004). Wiesbaden, 104–114
–, Blum C. (2003): Soziale Arbeit in der Suchtprävention. München/Basel
–, Kleber, S., Klinger, B., Pfeifer, C. (2006): Der Sächsische Bildungsplan – ein Leitfaden für pädagogische Fachkräfte in Kinderkrippen und Kindergärten. Weinheim/Basel
–, Stockmann, S. (2004): Von der Suchtprävention zur drogenbezogenen Bildung. In: Sturzenhecker, B., Lindner, W. (Hrsg.): Bildung in der Kinder- und Jugendarbeit. Weinheim/München, 215–224

Stöckel, S. (1996): Säuglingsfürsorge zwischen sozialer Hygiene und Eugenik: das Beispiel Berlins im Kaiserreich und in der Weimarer Republik. Berlin/New York
–, Walter, U. (2002): Prävention im 20. Jahrhundert. Historische Grundlagen und aktuelle Entwicklungen in Deutschland. Weinheim/München

Straus, F. (2005): Soziale Netzwerke und Sozialraumorientierung – Gemeindepsychologische Anmerkungen zur Sozialraumdebatte. In: Projekt „Netzwerke im Stadtteil" (Hrsg.): Grenzen des Sozialraums. Wiesbaden, 73–85

Stroß, A. M. (1995): „Gesundheitserziehung" zwischen Pädagogik und Medizin. In: Zeitschrift für Pädagogik 41 (2), 169–184
– (2000): Pädagogik und Medizin: Ihre Beziehungen in ‚Gesundheitserziehung' und wissenschaftlicher Pädagogik 1779–1993. Weinheim

Student, J.-C., Mühlum, A., Student, U. (Hrsg.) (2004): Soziale Arbeit im Hospiz und Palliative Care. München/Basel

Sturzenhecker, B. (2001): Beer education. Zur Kultivierung von Alkohol trinken mit Jungen. In: Sozialmagazin, 26 (5), 33–40

Taube, M., Heller, T., Schiller, F. (Hrsg.) (1911): Enzyklopädisches Handbuch des Kinderschutzes und der Jugendfürsorge. Leipzig
Tennstedt, F. (1998): Die Wurzeln des Wohlfahrtsstaates im Deutschen Kaiserreich von 1871. In: Röper, U., Jüllig, C. (Hrsg.): Die Macht der Nächstenliebe. Einhundertfünfzig Jahre Innere Mission und Diakonie 1848–1998. Berlin, 92–101
Tossmann, H. P. (1998): Drogenaffinität Jugendlicher in der Techno-Party-Szene. In: Bundeszentrale für gesundheitliche Aufklärung (BZgA) (Hrsg.): Prävention des Ecstasykonsums. Empirische Forschungsergebnisse und Leitlinien. Köln, 67–84
Troschke, J. v. (1995): Zukunft der Gesundheitsförderung und Prävention. In: Kolip, P. (Hrsg.): Jugend und Gesundheit. Weinheim / München, 333–346
– (1995a): Gibt es einen Paradigmenwechsel in der Prävention? In: Prävention 1, 3–6
Tucker, K. H. (1998): Anthony Giddens and modern social theory. London
Tugendreich, G. (1910): Die Mutter- und Säuglingsfürsorge. Kurzgefasstes Handbuch. Stuttgart

Uhl, A., Springer, A. (2002): Professionelle Suchtprävention in Österreich. Leitbildentwicklung der Österreichischen Fachstellen für Suchtprävention. Wien

Vanistendael, S., Lecomte, J. (2002): Le bonheur est toujours possible. Construire la résilience.
Villányi, D., Witte, M. D. (2004): Jugendkulturen zwischen Globalisierung und Ethnisierung. In: Zeitschrift für Erziehungswissenschaft, 7. Jg. (1), 58–70
Voigt, B. (2004): Team und Teamentwicklung. In: Velmerig, C. O. et al. (Hrsg.): Teamarbeit. Konzepte und Erfahrungen – eine gruppendynamische Zwischenbilanz. Weinheim / München, 157–207
Vollmann, J. (2001): HIV-Prävention bei jungen schwulen Männern. Eine medizinische Herausforderung. In: Das Gesundheitswesen 6, 392–397
Vollrath, M., Krüger, H.-P. (2002): Auftreten und Risikopotential von Drogen im Straßenverkehr. In: Blutalkohol 39, 32–39
Vossen, J. (2001): Gesundheitsämter im Nationalsozialismus. Rassenhygiene und offene Gesundheitsfürsorge in Westfalen 1900–1950. Essen

Waller, H. (1996): Gesundheitswissenschaften: eine Einführung in Grundlagen und Praxis. Stuttgart / Berlin / Köln
– (2001): Sozialepidemiologie und Sozialarbeit: Zur Bedeutung und zu den Umsetzungsmöglichkeiten sozialepidemiologischer Forschungsergebnisse in der Sozialen Arbeit. In: Mielck, A., Bloomfield, K. (Hrsg.): Sozialepidemiologie. Weinheim / München, 301–308
Walsh, F. (1998): Strenghtening family resilience. New York
Weber, G., Schneider, W. (1997): Herauswachsen aus der Sucht illegaler Drogen. Berlin
Weindling, P. (1989): Hygienepolitik als sozialintegrative Strategie im späten Deutschen Kaiserreich. In: Labisch, A., Spee, R. (Hrsg.): Medizinische Deutungsmacht im sozialen Wandel des 19. und 20. Jahrhunderts. Bonn, 37–55
Weiß, H., Neuhäuser, G., Sohns, A. (Hrsg.) (2004): Soziale Arbeit in der Frühförderung und Sozialpädiatrie. München / Basel
Wenzel, E. (1983): Die Auswirkungen von Lebensbedingungen und Lebensweisen auf die Gesundheit. In: Bundeszentrale für gesundheitliche Aufklärung (BZgA) (Hrsg.): Europäische Monographien zur Forschung in Gesundheitserziehung. Band 5. Köln

Werner, E. (1999): Entwicklung zwischen Risiko und Resilienz. In: Opp, G. (Hrsg.): Was Kinder stärkt: Erziehung zwischen Risiko und Resilienz. München, 25–36

Weyrather, I. (1993): Muttertag und Mutterkreuz. Der Kult um die deutsche Mutter im Nationalsozialismus. Frankfurt a. M.

WHO, Regional Office for Europe (1985): Einzelziele für „Gesundheit 2000". Frankfurt a. M., Deutsche Zentrale für Volksgesundheitspflege

Wichern, J. H. (1849/1962): Die Innere Mission der deutschen evangelischen Kirche. Eine Denkschrift an die deutsche Nation. In: Wichern, J. H.: Sämtliche Werke. Band I. Berlin/Hamburg, 176–310

Wilkinson, R. G. (2001): Kranke Gesellschaften. Soziales Ungleichgewicht und Gesundheit. Wien/New York

Will, F. (1992): Neue Akzente für Pädagogen/innen in der AIDS-Prävention. In: Bundesarbeitsgemeinschaftsaktion Jugendschutz (Hrsg.): Stuttgart, 180–185

Winkler, M. (2004): Sozialpädagogik. Theoretische Grundlagen und Handlungskonzepte der Jugendhilfe. In: Fegert, J. M., Schrapper, C. (Hrsg.): Handbuch Jugendhilfe – Jugendpsychiatrie. Weinheim/München, 35–48

Winter, R. (2001): Männer. In: Otto, H.-U., Thiersch, H. (Hrsg.): Handbuch Sozialarbeit/Sozialpädagogik. Neuwied, 1160–1168

–, Neubauer, G. (2004): Ein normales „Muss": Jungen und Gesundheit. In: Altgeld, T. (Hrsg.): Männergesundheit. Neue Herausforderungen für Gesundheitsförderung und Prävention. Weinheim/München, 35–48

Witte, M., Sander, U. (Hrsg.) (2006): Intensivpädagogische Auslandsprojekte in der Diskussion. Baltmannsweiler

Witthöft, E. (2000): Sozialdienst im Allgemeinkrankenhaus und in der Rehabilitationsklinik. In: Sting, S., Zurhorst, G. (Hrsg.): Gesundheit und Soziale Arbeit. Weinheim/München, 188–194

Wöhrl, H.-G. (1993): Die Bedeutung teambezogener, interdisziplinärer Angebote der Personenqualifizierung für die Leistungsfähigkeit der medizinischen Rehabilitation. In: Heipertz, W. et al. (Hrsg.): Die Aus-, Fort- und Weiterbildung für die Aufgaben der Rehabilitation. Ulm, 231–240

Wolf, K. (1998): Sozialpädagogische Betreuung oder Behandlung? Kinder zwischen Heimerziehung und Psychiatrie. In: Köttgen, C. (Hrsg.): Wenn alle Stricke reißen: Kinder und Jugendliche zwischen Erziehung, Therapie und Strafe. Bonn

Wolffersdorff-Ehlert, C. v. (1989): Die Cannabis-Szenen. In: Scheerer, S., Vogt, I. (Hrsg.): Drogen und Drogenpolitik. Frankfurt a. M./New York, 373–378

Wollschläger, M. (1996): Das Berufsbild des Psychologen in der psychiatrischen Klinik. Eine historische und qualitativ-empirische Untersuchung psychologischer Arbeit in den Kliniken des Landschaftsverbandes Westfalen-Lippe. Tübingen

Wulf, C. (1996): Aisthesis, soziale Mimesis, Ritual. In: Mollenhauer, K., Wulf, C. (Hrsg.): Aisthesis/Ästhetik. Weinheim, 168–179

–, Althans, B., Audehm, K., Bausch, C., Göhlich, M., Sting, S., Tervooren, A., Wagner-Willi, M., Zirfas, J. (2001): Das Soziale als Ritual. Zur performativen Bildung von Gemeinschaften. Opladen

Wustmann, C. (2004): von den Stärken der Kinder ausgehen. Das Konzept der Resilienz und seine Bedeutung für das pädagogische Handeln. In: unsere jugend 10, 402–412

Zander, M. (2000): (Kinder-)Armut als Handlungsauftrag für die Soziale Arbeit. In: Butterwegge, C. (Hrsg.): Kinderarmut in Deutschland. Frankfurt a. M./New York, 286–308

Ziegler, H. (2005): What Works in Social Work. Challenging the Political Agenda. In: Sommerfeld, P. (Hrsg.): Evidence-Based Social Work – Towards a New Professionalism? Bern, 31–51

Zimmermann, I., Korte, W., Freigang, M. (2000): Kinder, Gesundheit und Armut aus der Sicht der Gesundheitsberichterstattung in Hamburg. In: Altgeld, T., Hofrichter, P. (Hrsg.): Reiches Land – kranke Kinder? Frankfurt a. M., 109–125

Zurhorst, G. (2000): Die Zukunft der Gesundheitsförderung. Gesundheitsförderung als soziales Projekt? Bericht über ein Symposium. In: Sting, S., Zurhorst, G. (Hrsg.): Gesundheit und Soziale Arbeit. Weinheim/München, 220–229

Sachregister

Agency 13, 33, 95, 117, 138
AIDS/HIV 32f, 164f
Alte Menschen 153–156
Anforderungs-Ressourcen-Modell 179f
Armut 32f, 55, 101–103, 131f, 134f,
142, 153, 182
Aus- und Weiterbildung 213

Behinderung 160, 194, 198
Belastungs-Bewältigungs-Paradigma 72
Benachteiligung, gesundheitliche 127, 210
–, soziale 10, 94, 99, 101–103, 107f,
113, 120, 131, 157, 184, 187f
Berufsfeld Gesundheit 213
Bewältigung 120
Bildung 117, 121
–, soziale 118–122
Bindung 114f, 121
Biografie 80f, 93, 113, 137, 143f, 171
Biografische Bildungsforschung 82f
Biografisches Lernen 81–86

Case Management 200–204
Cholera 45f

Demoralisierung 106
Diätetik 43

Empowerment 112, 146, 163, 186, 188,
190
Erkrankungen, allergische 140
–, chronische 14f, 25, 91, 125, 127,
133f, 140, 162, 193f, 210
–, demenzielle 155
–, Herz-Kreislauf- 98, 150, 159f
–, psychische 27, 200
Evidenzbasierung 212f
Exklusion 184f

Familie 123–127
Fitness 96–98
Forschung 214f
Frauengesundheit 149–152

Geschlechtsspezifik 101, 145, 146–153
Gesundheit, Alltagsvorstellungen von
90–92
–, öffentliche 41f, 45, 111
Gesundheitsarbeit, alltägliche 92
–, im Sozialwesen 14, 17, 157, 160
Gesundheitsaufklärung 42–45
Gesundheitsausgaben 21f, 29f
Gesundheitsberichterstattung 132, 149
Gesundheitsbewusstsein 37, 40, 68,
92–94
Gesundheitsbezogene Gemeinwesenar-
beit 187–191, 208
Gesundheitsbezogene Soziale Arbeit 44,
79, 123, 147–150, 163, 208, 210–212,
214
Gesundheitsbildung 89, 195
Gesundheitsdienst 10, 13, 17, 22f, 109,
111f, 135, 152, 162, 167f, 188, 208
Gesundheiterziehung 42, 125
Gesundheitsfördernde Schule 181f, 208
Gesundheitsförderung 16f, 29f, 47,
53f, 75, 117, 148, 152f, 157f, 181f,
208–210
–, familienbezogene 129f
–, gemeindeorientierte 185, 187, 190,
208
–, sozialpädagogische 17, 31, 76, 169
Gesundheitsförderungsgesetz 29
Gesundheitsforschung 12, 69, 99–101,
150
Gesundheitsfürsorge 10f, 43, 53–66,
157
Gesundheitskatechismus 42
Gesundheits-Krankheits-Kontinuum
77, 114
Gesundheitsmodelle 69–80
–, biomedizinisches Modell 69–71
–, Lebensweisen-Modell 74–76
–, Risikofaktorenmodell 71–73
–, Salutogenese-Modell 76–80, 93
Gesundheitspflege 11, 13, 53, 57
Gesundheitspolitik 31f, 34–36

Gesundheitspsychologie 11–13, 147
–, sozial-kognitive 73f
Gesundheitssystem/Gesundheitswesen
    20–24, 27f, 30f, 112, 152, 204, 209
Gesundheitswissenschaften 11–14, 88,
    147

Hygiene 45–50

Individualisierung 47f, 79, 100
Integrierte Versorgung 201–204
Interprofessionelle Kooperation 168,
    204–207
Invulnerabilität 113

Jugendalter 139–146
Jugendhilfe 9, 67, 196–198
–, schulbezogene 180–183
Jugendpsychiatrie 196–198

Kinder 130–139
–, asthmakranke 133–136
–, übergewichtige 132, 137–139
Klinische Sozialarbeit 191, 198–201,
    210
Körper 137f
Körperbewusstsein 93f, 119, 137f, 148
Körperdisziplinierung 38, 42, 98
Körperkultur 37–45, 96–98
Kohärenzgefühl („sense of coherence")
    77–79, 99, 105f, 117, 120
Krankenhaus 112, 191–194, 209f
–, gesundheitsförderndes 29
Krankenversicherung 19, 21-23, 62
Kuren 178—180, 194
–, Mutter-Kind- 178–180
–, Vater-Kind- 180

Lebensalter 123
Lebensbewältigung 143–146
Lebenserwartung 25, 103
Lebensführung 40, 80, 126
Lebenskompetenzförderung 172f, 176
Lebenslage 153
Lebensqualität 15, 105, 178, 190
Lebensstil 75, 95, 125
Lebensweise 14, 25, 42, 46, 48, 54, 56,
    74–76, 89f, 119, 134, 141f, 163ff, 181
Lebensweltorientierung 138
Lifespan-Forschung 123

Männergesundheit 147–149
Massenspeisungen 49f

Medizinische Polizey 45
Migration 31, 78, 108–112
Mortalität 102f, 134, 150
Mutterschutz 62–67

Netzwerkinterventionen 186f

Ottawa-Charta 16, 31, 75, 124,
    161–163, 172, 181, 210

Patientenschulung 136
Pest 41
Pflege 128f, 154–156
Pflegeversicherung 154f
Prävention 9, 17, 23, 29, 52, 72–74,
    130, 148, 158–160, 163, 188, 209,
    211
–, AIDS- 33, 112, 161, 164–168, 209
–, primäre 29f, 158f, 169
–, sekundäre 29, 158f, 169, 174f
–, Sucht- 74, 121, 161, 168–177, 209
–, tertiäre 29, 158f, 169, 174f
–, verhaltensbezogene 53, 73
–, verhältnisbezogene 53, 73
Präventionsgesetz 34, 211, 214
Präventionskonzepte 170–177
–, abstinenzorientierte 174
–, akzeptanzorientierte 175, 177
Präventionskritik 161
Präventionsprogramme 74, 109, 138,
    167, 173
Public Health 9, 11–13, 23, 156, 168,
    213

Qualitätssicherung 211–213

„Rassenhygiene" 55
Rehabilitation 9, 22, 29, 59, 159f, 169,
    178, 194–196, 214
–, medizinische 160
–, berufliche 160, 169
–, soziale 160, 169
–, suchtspezifische 169
Reinlichkeit 42
Resilienz 112–117, 120f, 143
Risikofaktorenmodell 71–73
Risikoverhalten 72f, 141f, 171
Rituale 120f

Säuglingsfürsorge 63–67
Säuglingssterblichkeit 61
Salutogenese 77–80, 91, 93, 105, 117,
    189

Schadensminimierung (harm reduction) 174
Schularztwesen 47f
Schulhygiene 54
Schutzfaktoren 16, 73, 113f, 159, 172, 178, 180
Schwangerenberatung 65–67
Selbstbestimmung 11, 40, 75f, 119, 149, 153, 161, 185
Selbstreport 81–86
Selbstverletzendes Handeln 143–145
Selbstwirksamkeit 74, 97, 146
Setting/Setting-Ansatz 28, 145, 158, 164, 183, 190, 215
Sexualerziehung 166
Somatische Kultur 119, 124
Sozialarbeit im Gesundheitswesen 14, 17, 157, 160, 192, 206, 209
Sozialhygiene 51–53, 60, 64
Soziale Netzwerke 126, 184f
Soziale Unterstützung 126, 134, 185f
Sozialkapital 107
Sozialpolitik 19f
Sozialstaatstypologien 19–21

Sozialtherapie 199f
Stress 72, 96–98, 126
Subjekt 88
Substanzkonsum 26f, 141, 173
Sucht 124, 159, 170–173

Teamarbeit 205
Tuberkulosefürsorge 55–61

Übergänge 81f, 121, 123, 125, 203
Ungleichheit, gesundheitliche 10, 36, 87, 99–108, 123, 127, 132–135, 153
–, horizontale 100f, 183
–, soziale 9f, 19f, 36, 99–108, 123, 131–133, 142, 153, 183
–, vertikale 100f

Volkspflege 49

Weltgesundheitsorganisation (WHO) 69, 75, 119, 124, 160, 204
Widerstandsressourcen 78f, 94, 117
Wohlbefinden 11, 16, 69, 77, 83, 94, 115, 142, 147, 165, 178, 181, 183, 186

H.-G. Homfeldt | U. Laaser | U. Prümel-Philippsen |
B. Robertz-Grossmann (Hg.)

Studienbuch Gesundheit

Soziale Differenz | Strategien | Wissenschaftliche Disziplinen
2002. 324 Seiten. (978-3-497-01809-3) kt

Der vorliegende Sammelband besteht aus drei Themengruppen:

- er thematisiert soziale Differenz bzw. soziale Ungleichheit auf einer adressatenbezogenen Ebene;
- er erörtert gesundheitsbezogene Strategien (z.B. Erziehung, Bildung, Aufklärung, Beratung, Berichterstattung);
- er stellt wissenschaftlich-disziplinäre Standorte dar (Psychologie, Soziologie, Pflege, Soziale Arbeit, Gesundheitswissenschaften.)

Mit diesen drei Dimensionen werden personale, handlungs- und erkenntnisbezogene Komponenten von Gesundheit zusammengeführt. Durch die Akzentsetzung auf soziale Differenzen (Abschnitt 1) geben die Beiträge eine Antwort auf die aktuelle gesundheitspolitische Debatte zum Themenfeld „Gesundheit und soziale Benachteiligung". Mit der Akzentsetzung „Strategien" (Abschnitt 2) offerieren sie begriffliche Klärungen und auf der Ebene der disziplinären Diskurse (Abschnitt 3) wird ein Spektrum erkenntnisbezogener Sichtweisen geliefert, die vor allem die interdisziplinäre Fundierung von Public Health anregen können.

EV reinhardt

www.reinhardt-verlag.de

Die UTB-Reihe
Soziale Arbeit im Gesundheitswesen

Hrsg. von Hans Günther Homfeldt und Albert Mühlum

Ausgewiesene Fachleute führen in die einzelnen Aufgabenge-
biete der Sozialen Arbeit im Gesundheitswesen ein. Alle Bände
sind nach einer vergleichbaren Struktur gegliedert, die für jedes
Handlungsfeld detailliert herausgearbeitet wird.

Herausgeber und Autoren geben mit dieser Reihe eine übersicht-
liche Orientierung für Studierende der Sozialpädagogik bzw.
Sozialarbeit und für Berufseinsteiger im Gesundheitswesen.

 Albert Mühlum | Norbert Gödecker-Geenen
Soziale Arbeit in der Rehabilitation
2003. 171 Seiten. 21 Abb. 2 Tab.
UTB-S (978-3-8252-2473-8) kt

Das Buch führt in den Arbeitsbereich Soziale Arbeit in der Rehabilitation ein: Zentrale Begriffe werden definiert, die Autoren
stellen Formen der Rehabilitation, ausgewählte Konzepte und
Qualitätsstandards übersichtlich dar und diskutieren politische,
ethische sowie rechtliche Aspekte – vor allem relevante Aus-
schnitte des neuen Sozialgesetzbuches (SGB IX).
Ein übersichtlicher Informationsband für Studierende der Sozialarbeit / Sozialpädagogik und für Berufseinsteiger.

ℝV reinhardt
www.reinhardt-verlag.de

Stephan Sting | Cornelia Blum
Soziale Arbeit in der Suchtprävention
2003. 167 Seiten.
UTB-S (978-3-8252-2474-5) kt

Das vorliegende Buch bietet einen systematischen Einblick in die Suchtprävention aus der Sicht einer gesundheitsorientierten Sozialen Arbeit. Von erziehungs- und sozialwissenschaftlichen Fragestellungen ausgehend, wird das Feld der Suchtprävention vor allem im Hinblick auf seinen Beitrag zu einer gesundheitsförderlichen Persönlichkeitsentwicklung und Lebenspraxis in unserer Gesellschaft betrachtet.

Hans Weiß | Gerhard Neuhäuser | Armin Sohns
Soziale Arbeit in der Frühförderung und Sozialpädiatrie
2004. 176 Seiten. 9 Abb. 5 Tab.
UTB-S (978-3-8252-2548-3) kt

Die Autoren stellen die professionellen Hilfen für Kinder und ihre Familien, die durch eine Behinderung oder deprivierende Lebensbedingungen in ihrer Entwicklung gefährdet sind, vor. Die beiden Arbeitsfelder Frühförderung und Sozialpädiatrie werden hinsichtlich ihres Selbstverständnisses, ihrer Strukturen, Berufsgruppen und Arbeitsprinzipien beschrieben. Neben der geschichtlichen Entwicklung der Frühförderung und Sozialpädiatrie werden auch ethische Fragestellungen angesprochen. Speziell behandelt der Band die Aufgaben, die sich für SozialpädagogInnen in diesen beiden Arbeitsfeldern ergeben.

℞ reinhardt
www.reinhardt-verlag.de

Johann-Christoph Student | Albert Mühlum | Ute Student
Soziale Arbeit in Hospiz und Palliative Care
2004. 171 Seiten. 6 Abb. 4 Tab.
UTB-S (978-3-8252-2547-6) kt

Der Band bietet eine systematische Einführung in die Soziale Arbeit in Hospizeinrichtungen und auf Palliativstationen und ihre Angebote für sterbende und trauernde Menschen. Dazu gehören auch die Auseinandersetzung mit der eigenen Sterblichkeit, die mitmenschlich-solidarische und gesellschaftspolitische Herausforderung sowie rechtliche und ethische Fragen. Im Zentrum steht die Unsicherheit des Menschen gegenüber Sterben, Tod und Trauer. Hospizbewegung und Palliative Care wollen das Sterben in den Alltag zurückholen und für alle Beteiligten erträglicher machen.

Harald Ansen | Norbert Gödecker-Geenen | Hans Nau
Soziale Arbeit im Krankenhaus
2004. 149 Seiten. 10 Abb. 3 Tab.
UTB-S (978-3-8252-2561-2) kt

Das Buch führt grundlegend in das Arbeitsfeld „Soziale Arbeit im Krankenhaus" ein. Ausführlich erläutert werden die zentralen Handlungsansätze, die institutionellen und rechtlichen Rahmenbedingungen und die Besonderheiten der Beratungssituation im Rahmen der Akut-Behandlung. Methodische Grundlagen, Qualitäts- und Handlungskonzepte sowie Instrumente der Leistungsdokumentation des Arbeitsbereiches werden vorgestellt. Der Band geht auch auf die neuen Versorgungsmodelle des Gesundheitswesens wie die „Integrierte Versorgung" und das „Disease-Management" ein und versucht eine Rollendefinition für die Soziale Arbeit im Gesundheitswesen der Zukunft.

 **reinhardt**
www.reinhardt-verlag.de

Rainer Steen
Soziale Arbeit im Öffentlichen Gesundheitsdienst
2005. 159 Seiten.
UTB-S (978-3-8252-2654-1) kt

Der Öffentliche Gesundheitsdienst (ÖGD) ist die „dritte Säule" im Gesundheitswesen – neben der meist privatisierten ambulanten Gesundheitsversorgung durch Arztpraxen und dem stationären Versorgungssystem durch Kliniken. Um dem doppelten Mandat gerecht zu werden, einerseits Gesundheitshilfe zu leisten und andererseits Kontrollen durchführen zu müssen, sind multiprofessionelle Teams gefragt. Dazu gehören auch Sozialarbeiter und -pädagogen, die sich dem gesetzlichen Auftrag entsprechend um Gesundheitsförderung kümmern. Beratung bei Schwangerschaftskonflikten, AIDS und Drogenproblemen – all dies sind beratende Tätigkeiten, die dem ärztlichen Handeln meist nachgeordnet sind. Hier ist ein Betätigungsfeld für Soziale Arbeit entstanden, das sich auch der Förderung und Prävention widmet, inkl. interkultureller Gesundheitsförderung, Suchtprävention und Sexualpädagogik.

Brigitte Geißler-Piltz | Albert Mühlum | Helmut Pauls
Klinische Sozialarbeit
2005. 171 Seiten.
UTB-S (978-3-8252-2697-8) kt

Die AutorInnen geben einen Überblick über Entwicklung, Arbeitsfelder, Zielgruppen und methodische Grundlagen der Klinischen Sozialarbeit.
Von Klinischer Sozialarbeit wird gesprochen, wenn die SozialarbeiterInnen/SozialpädagogInnen in „direkter Praxis" eigene Beratungs- und Behandlungsaufgaben wahrnehmen. Adressaten sind Familien und einzelne Klienten bzw. Patienten, deren Belastung reduziert und deren Problembewältigungsverhalten durch methodisch geleitete Einflussnahme verbessert werden soll.

ℝ reinhardt
www.reinhardt-verlag.de

Margret Dörr
Soziale Arbeit in der Psychiatrie
2005. 166 Seiten.
UTB-S (978-3-8252-2696-1) kt

Das Buch entwirft einen Blick auf das psychiatrische Handlungsfeld und wie es von den in der Sozialen Arbeit Tätigen erfüllt werden kann. Die Autorin zeigt die für die Soziale Arbeit bedeutsamen strukturellen Merkmale in diesem Tätigkeitsfeld auf und macht die methodisch-professionelle Eigenständigkeit der Sozialen Arbeit sichtbar.

Peter Franzkowiak
Präventive Soziale Arbeit im Gesundheitswesen
2006. 162 Seiten. 2 Abb. 11 Tab.
UTB-S (978-3-8252-2737-1) kt

Ob ein Mensch gesund oder krank ist, hängt in hohem Maße von den psychosozialen Einflüssen ab, die ihn umgeben. So kann eine soziale Notlage gesundheitliche Beeinträchtigungen nach sich ziehen. Praxisbeispiele aus der Gemeinde, Psychiatrie, Altenhilfe oder Pflegeprävention veranschaulichen die wichtigsten Handlungsansätze der Sozialen Gesundheitsarbeit in Prävention und Gesundheitsförderung.

Marius Greuèl | Hugo Mennemann
Soziale Arbeit in der Integrierten Versorgung
2006. 153 Seiten. 13 Abb.
UTB-S (978-3-8252-2760-9) kt

Integrierte Versorgung ist ein völlig neues vertrags- und leistungsrechtliches Element im bundesdeutschen Gesundheitswesen. Die Autoren erklären Begriff und System der Integrierten Versorgung und zeigen, was die Soziale Arbeit im Gesundheitswesen nach dieser Strukturreform leisten kann. Das Buch gibt einen umfassenden Einblick in die Praxis der Integrierten Versorgung und bereitet SozialpädagogInnen auf ihre Aufgaben vor.

℞ reinhardt
www.reinhardt-verlag.de

Rüdiger Lorenz
Salutogenese

Grundwissen für Psychologen, Mediziner,
Gesundheits- und Pflegewissenschaftler
Mit einem Geleitwort von H. G. Petzold
2., durchges. Auflage 2005
208 Seiten. 14 Abb.
(978-3-497-01790-4) kt

Weshalb bleiben manche Menschen
gesund, wenn andere krank werden?
Auf der Suche nach einer Antwort auf
diese Frage entwickelte Aaron Anto-
novsky das Konzept der „Salutogenese". Lange Zeit hatte sich
die Medizin vorwiegend mit der „Pathogenese", also dem, was
krank macht, beschäftigt. Antonovsky untersuchte stattdessen,
was den Menschen selbst unter widrigen Bedingungen gesund
hält – mit weitreichenden Konsequenzen für die medizinische
Forschung und Praxis.

Anschaulich stellt der Autor die theoretischen Bausteine des
Salutogenese-Konzeptes dar und ordnet sie kritisch ein. Er
gibt einen Überblick über den Stand der Forschung und zeigt,
welche Bedeutung das Konzept für andere aktuelle Forschungs-
gebiete (Säuglingsforschung, Entwicklungspsychologie, Emoti-
onsregulation) hat.

Als Konzept der Gesundheitsförderung und Prävention ist Salu-
togenese vor allem für die Praxis relevant, insbesondere für die
Psychotherapie. Zahlreiche Fallbeispiele illustrieren, wie man das
Salutogenese-Konzept in der Psychotherapie fruchtbar machen,
Ressourcen nutzen und Selbstheilungskräfte fördern kann.

 reinhardt
www.reinhardt-verlag.de

R. Mathias Dunkel
Das Kreuz mit dem Kreuz

Rückenschmerzen psychosomatisch
verstehen und behandeln
2004. 138 Seiten. 9 Abb.
(978-3-497-01696-9) kt

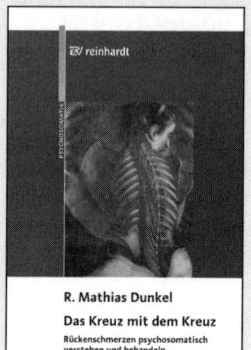

R. Mathias Dunkel
Das Kreuz mit dem Kreuz
Rückenschmerzen psychosomatisch
verstehen und behandeln

Volkskrankheit Rückenschmerzen: Sie machen die zweitgrößte Gruppe aller chronischen Schmerzleiden aus. Die Behandlungskosten sind enorm – und nicht immer führt die Behandlung zum gewünschten Erfolg. Denn oft wird übersehen, dass die Psyche bei Schmerzerkrankungen eine entscheidende Rolle spielt. Die rein körperliche Behandlung von Muskeln, Wirbeln und Bandscheiben greift meist zu kurz. Linderung oder gar Heilung auf Dauer sind oft nur möglich, wenn man die Psychosomatik von Rückenschmerzen berücksichtigt.

Wissenschaftlich fundiert und verständlich erklärt der Autor das Phänomen Rückenschmerz aus bio-psycho-sozialer Sicht: Welche biologischen, psychologischen und soziologischen Funktionen haben Schmerzen? Wie erleben wir sie? Wie wirkt sich Stress aus? Welche Rolle spielen Gefühle und innere Spannungen? Was ist ein „Schmerzgedächtnis"? Der Autor gibt einen Überblick über die verschiedenen Behandlungsmöglichkeiten und zeigt anhand von Fallbeispielen, wie psychosomatische Therapie wirken und helfen kann. So lässt sich der Rückenschmerz als Chance zum Innehalten und zur Veränderung nutzen.

℞ reinhardt
www.reinhardt-verlag.de

Wolfgang George
Patientenintegration

Mit einem Leitfaden zum
Patientenassessment
2006. 160 Seiten.
(978-3-497-01839-0) kt

Wolfgang George
Patientenintegration
Mit einem Leitfaden zum
Patientenassessment

Die Zusammenarbeit zwischen Ärzten und Patienten in unserem Gesundheitswesen ist oft schwierig. Ärzte beklagen sich über eine zu passive Haltung der Patienten; Patienten fühlen sich nicht umfassend informiert.

Um das Zusammenspiel zwischen Behandlungsteam und Betroffenen sowie deren Angehörigen zu verbessern, hat Wolfgang George einen Leitfaden mit einem Patientenassessment entwickelt. Den Fachkräften helfen dabei

- zahlreiche Checklisten, Verlaufspläne und tabellarische Übersichten (z. B. für Patientengespräche),
- Features zur Vertiefung,
- praxisnahe Fallbeispiele (wie sieht z. B. ein gelungener Krankenhausaufenthalt aus?).

Ein wertvoller Ratgeber für alle Akteure im Gesundheitswesen.

www.reinhardt-verlag.de

Wolfgang und Ute George
Angehörigenintegration in der Pflege

Unter Mitarbeit von Y. Bilgin,
G. Dannenmaier, G. Drouven,
W. Hargens. Mit einem Vorwort von
U. Prümel-Philippsen
2003. 262 Seiten. 9 Abb. 41 Tab.
(978-3-497-01676-1) kt

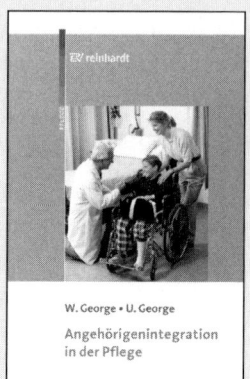

W. George • U. George

Angehörigenintegration
in der Pflege

In der professionellen Pflege bemüht man sich zunehmend um eine adäquate Integration der Angehörigen im Gesundheitswesen. Dieses Buch zeigt fachlich fundiert und praxisnah, wie die einzelnen Berufsgruppen im Gesundheitswesen die Angehörigenintegration verbessern können. Dabei werden die einzelnen Schritte im Versorgungsprozess untersucht: Vom Erstkontakt über Informations-, Beratungs- und Konfliktgespräche bis hin zur Rückkehr des Patienten ins eigene Heim bieten sich zahlreiche Möglichkeiten, Angehörige sinnvoll einzubinden und damit Genesung und Wohlbefinden des Patienten zu fördern. Besonderen Herausforderungen wie der Sterbebegleitung, Intensivstation oder der Situation von Eltern erkrankter Kinder wird ebenfalls Rechnung getragen. Diskutiert werden außerdem die Angehörigenintegration als Unterrichtsthema in Ausbildung und Lehre und die Konsequenzen für ein Qualitätsmanagement im Gesundheitswesen.
Mit Literaturempfehlungen, Glossar und Schlüsselbegriffen am Ende jedes Kapitels – besonders für Ausbildung und Studium geeignet!

℞ reinhardt

www.reinhardt-verlag.de